인문한국불교총서 7

테마Thema 한국불교 7

* 이 저서는 2011년 정부(교육과학기술부)의 재원으로 한국연구재단의 지원을 받아 수행된 연구임(NRF-2011-361-A00008)

인문한국불교총서 ❼

테마 Thema
한국불교7

동국대학교 불교문화연구원
HK연구단 엮음

동국대학교출판부

머리말

불교는 인도에서 성립된 후 중앙아시아와 중국을 거쳐 약 1700년 전에 한반도에 들어왔다. 인도불교는 수행의 과정을 거쳐 세상의 이치(dharma)에 대한 깨달음을 추구하였고 생사윤회의 길에서 벗어나고자 하였다. 인도불교의 이러한 지향점은 이질적 세계였던 중국에 수용된 뒤에 토착화와 새로운 변용의 과정을 거쳐야 했다. 붓다와 시간적·공간적으로 멀리 떨어져 있는 중국인들이 스스로 붓다가 되기 위해서는, 누구나 붓다가 될 수 있는 성품을 본래 가지고 태어났다고 하는 강한 확신이 필요했다. 그 결과 중국불교에서는 깨달음이 '본래 깨달아 있음(本覺)'으로, 붓다가 '붓다의 성품(佛性)'으로 변형되어 이해되었다. 또한 세상의 이치인 다르마도 '조건들의 일어남(緣起)'에서 '본성의 일어남(性起)'으로 다르게 인식되었다. 이러한 양상은 중국적 사유 방식인 본성론적 사고에서 비롯되었다. 중국불교에서는 이를 바탕으로 교학에서는 천태종과 화엄종, 실천에서는 정토종과 선종이 독자적 성격을 띠며 발전하게 되었다.

이처럼 본성론에 의거해 성립된 중국불교의 교리와 사상은 같은 한자 문화권인 한국과 일본에도 영향을 미쳤다. 다만 한국의 경우에는 그 수용 방식에서 조금은 다른 양상을 보였는데, 여러 학파 및 교파의 이론과 각각의 대립적 주장들을 융합하고 조화시키려는 통섭적 경향이 두드러졌다. 한국불교의 사상적 독창성을 상징하는 원효는 여러 학설 사이의 화쟁을 주장하였고, 한국 선불교의 대표자인 지눌은 간화선과 화엄으로 요약되는 선과 교의 일치를 추구하였다. 조선 후기 불교 전통에서 나타난 선과 화엄, 염불의 결합 시도 또한 한국불교 특유의 융섭적 특성을 보여 주는 사례이다. 본성론에 기초하여 다양한 학파와 종파가 성립된 것은 중국에서였지만, 종합과 통섭의 사고는 한국에서 보다 분명히 나타난 한국불교의 특성이라고 말할 수 있다.

동국대학교 인문한국(HK)연구단은 한국불교가 갖는 로컬의 특성을 글로벌한 시각에서 조명하여 글로컬리티의 확장성을 구현하려는 방향의 연구를 수행하고 있다. 본 연구단의 아젠다는 '글로컬리티의 한국성: 불교학의 문화 확장 담론'으로서, 2011년 9월부터 2021년 8월까지 총 10년간 HK사업을 수행 중이며, 현재 3단계 2년차 사업이 진행되고 있다. 1단계 3년간은 한국불교의 '원형의 고유성'을 탐색하여 연간 9개씩 27개의 주제를 다루었고 그 결과물로『테마 한국불교』1~3을 출간한 바 있다.

2단계에서는 한국불교의 '소통의 횡단성'에 초점을 맞추어, 〈문헌과 사상〉에서 '텍스트'와 '콘텍스트', 〈종교와 문화〉에서 '권력과 종교', '문화와 의례'로 유형화하여 특성화 연구를 하였다. 텍스트로는 신라 원효의『기신론소』와『금강삼매경론』, 의상의『법계도기』, 경흥의『삼미륵경소』와 둔륜의『유가론기』, 고려 일연의『삼국유사』를 선정하여 한국적 사유의 독창적이며 보편적인 특징을 도출하였다. 콘텍스트에서는 사본, 금석문, 과문, 교판, 교관, 선교 겸수를 테마로 하여 횡단 문화의 교차적 관점에서 한국불교의 융합적 성격을 추출하였다. 권력과 종교는 승역·승군, 호국·호법, 정교, 정토, 지옥, 윤회의 주제를 다루고 문화와 의례에서는 불교 설화, 어록, 언해불서, 불탑, 갈마, 청규를 주제어로 불교의 한국적 변용과 전개 과정을 살펴보았다.

본서 『테마 한국불교』 7은 로컬과 글로벌이 융합된 한국불교의 글로컬한 특성을 '변용의 확장성'이라는 관점에서 접근한 3단계 아젠다 연구의 첫 결실이다. 3단계 1년차 성과에 해당하는 본 『테마 한국불교』 7에서는 〈인물과 문헌〉 영역에서 사상가인 원효와 원측, 텍스트로는 범망경과 고승전, 〈종교와 문화〉 영역에서는 종교와 미래 유형으로 영험과 디지털인문학, 문화와 의례에서 불교가사와 재회의 8개 테마를 선정하여 '확장성의 탐색'이라는 시각에서 다루어 보았다. 각 테마는 글로컬리티의 시각에서 한국불교의 장기 지속 및 시대적 변화상은 물론 인도 이후 동아시아 세계 속에서의 횡단 문화적 지형과 그로부터 도출된 한국적 특성을 동시에 조명해 보고자 하였다.

『테마 한국불교』 시리즈는 다양한 영역과 주제를 포괄하여 한국불교의 전체상을 종합적으로 그려 보는 동국대학교 HK연구단의 공동 연구서이다. 10년간 진행되는 HK 아젠다 연구의 성과물이 모두 10권의 책으로 결실을 맺게 되면, 한국불교의 다채로운 양상과 융합적 특성을 한눈에 바라보면서 의미 있는 비교사적 담론을 제기할 수 있을 것이다.

2019년 8월
동국대학교 불교문화연구원장·HK연구단장
김종욱

차 례

머리말_ 김종욱 · 5
총 설_ 김용태 · 15

제1부 인물과 문헌

사상가

원효元曉　　　　　　　　　　　　　　　　_ 조윤경 ● 39

Ⅰ. 원효의 생애와 저술 … 40
　　원효 사상의 시대성 40/ 원효의 전기 41/ 원효의 저작 45

Ⅱ. 화쟁和諍과 회통會通 … 47
　　언어와 의미의 이중주 47/ 이제二諦를 둘러싼 화쟁논법 51/ 무이중도無二中道에 나타난 화쟁·회통 58

Ⅲ. 일심一心과 무애無礙 … 63
　　원효의 사교판 63/ 일심이문一心二門 66/ 무애의 경지 68

Ⅳ. 동아시아에 미친 원효의 영향 … 71
　　법장과 종밀에 미친 영향 71/ 일본 나라奈良불교에 미친 영향 74

■ 화쟁, 수평적 소통으로 무한을 열다 • 76

원측圓測 _이수미 ● 83

Ⅰ. 원측의 생애와 법상유식종 … 84
원측의 생애 84/ 원측 전기의 재평가 88/ 자은파慈恩派와 서명파西明派 89

Ⅱ. 원측의 저술과 사상 … 93
『해심밀경소』와 『인왕경소』 93/ 원측과 신·구 유식 97/ 원측과 오성각별설五性各別說 100

Ⅲ. 원측 교학과 동아시아·티베트 불교 … 102
중국 화엄에의 영향 102/ 신라의 원측 유식학 계승 104/ 일본 유식에서의 원측 인식 107/ 둔황·티베트 불교에의 영향 109

Ⅳ. 원측 연구의 현황과 과제 … 111
신·구역 유식의 이분법 재고 111/ 원측 교체론敎體論의 중요성 114/ 티베트역본의 활용 117

■ 시대와 틀을 넘어서는 경전 주석가 원측 • 119

텍스트

범망경梵網經　　　　　　　　　　　　　　　　_ 이자랑 ● 123

　Ⅰ. 보살계의 수용과 『범망경』의 탄생 … 124
　　십선계와 삼취정계　124/ 보살계 사상의 중국 유입　126/ 『범망경』의 탄생　128

　Ⅱ. 『범망경』의 구성과 내용 … 131
　　하권 선행 성립설　131/ 범망계의 제정 의도　133/ 범망 10중계　135/ 범망 48경계　138

　Ⅲ. 『범망경』의 동아시아 유포와 주석서 … 141
　　『범망경』과 『보살영락본업경』　141/ 지의와 법장　144/ 의적과 태현　146/ 젠주(善珠)와 계율 부흥 운동　148

　Ⅳ. 범망계의 수지와 한국적 실천 … 150
　　이타행으로서의 파계 긍정　150/ 일분수一分受와 자서수계　152/ 원돈계 사상에 미친 영향　154

　■ 순純대승적 삶을 지향한 동아시아불교도의 계율서 • 157

고승전高僧傳　　　　　　　　　　　　　　　　_ 김호귀 ● 163

　Ⅰ. 고승전이란 무엇인가 … 164
　　고승전의 의미　164/ 고승전의 성격　166/ 고승전의 가치　168

Ⅱ. 동아시아 고승전의 출현과 전승 … 171

중국의 고승전 171/ 일본의 고승전 178/ 한국의 고승전 184

Ⅲ. 한국의 고승전과 선종의 계보 … 188

『해동고승전』과『동사열전』 189/『직지심체요절』과『통록촬요』 191/『해동불조원류』와『조계고승전』 194

Ⅳ. 고승전의 인물과 시대성 … 197

고승열전의 특수성 197/ 시대성의 발현 199/ 인물에 새겨진 군상 201

■ 고승으로 보는 한국불교사 • 204

제2부 종교와 문화

종교와 미래

영험靈驗　　　　　　　　　　　　　　_ 박광연 ● 211

Ⅰ. 불교의 감응관과 중국적 변용 … 212

영험과 감응 : 불교의 감응관 212/ 천인감응론과 지괴志怪 213/ 신이승과 서상瑞像 215

Ⅱ. 삼국 및 통일신라 시대의 불교적 영험관 … 217

중국 영험담의 수용 217/ 사리 · 다라니 신앙의 유행 220/『삼국유사』의 신주 · 감통 222

Ⅲ. 고려시대의 불교적 영험관 … 224
　　신 인식과 영험에 대한 기대 224 / 몽골 침입과 신이사관의 확산 226

Ⅳ. 조선시대의 불교적 영험관 … 228
　　오대진언과 『영험약초언해』 228 / 유교적 변용과 민간신앙화 230

■ 영험, 불보살과 인간의 소통 • 233

디지털인문학　　　　　　　　　　　　　　　_박보람 • 237

Ⅰ. 디지털인문학이란? … 238
　　디지털인문학의 정의 239 / 디지털인문학의 역사 241

Ⅱ. 디지털인문학의 구분과 현황 … 246
　　디지털인문학의 분야 246 / 디지털인문학의 연구 분야 현황 250

Ⅲ. 디지털인문학에 대한 불교학의 대응 … 258
　　교육 분야의 디지털불교학 258 / 연구 분야의 디지털불교학 259

■ 디지털인문학 시대, 한국의 불교학이 나아갈 길 • 271

문화와 의례

불교가사佛教歌辭　　　_ 김기종 ● 279

Ⅰ. 가사문학과 불교가사 … 280
　불교가사의 개념과 범위　280/ 불교가사와 화청和請　281/ 가사의 발생과 불교가사　283

Ⅱ. 17·18세기 불교가사의 판각 … 286
　침굉枕肱의 가사 작품　286/『염불보권문』의 불교가사　290/ 지형智瑩의 불교가사　298

Ⅲ. 19세기 불교가사의 대중화 … 303
　남호南湖의〈광대모연가〉·〈장안걸식가〉303/〈자책가〉와〈토굴가〉306/ '회심곡'류 불교가사　312

Ⅳ. 20세기 불교가사의 새로운 전개 … 317
　경허鏡虛·만공滿空·한암漢巖의〈참선곡〉317/ 용성龍城의 대각교 가사　322/ 학명鶴鳴의 단형가사　326

■ 극락極樂 가기와 자성自性 찾기 • 331

재회齋會　　　_ 김성순 ● 335

Ⅰ. 재회齋會의 의미와 기원 … 336
　재회란 무엇인가　336/ 재승齋僧과 우란분재盂蘭盆齋　338/ 시식施食과 시아귀회施餓鬼會　340

Ⅱ. 한국불교 재회의 종류와 구성 … 344

재회의 종류 344 / 재회를 위한 의례집 347

Ⅲ. 망자의 천도를 위한 재회 … 349

평등한 구제의식: 수륙재 349 / 중음기의 망혼을 위한 천도의식: 사십구재 354

Ⅳ. 사후를 대비하는 산 자들의 재회 … 357

생전예수재의 교의적 배경과 역사 357 / 생전예수재의 절차와 구성 361

■ 한국불교의 재회와 불교문화 • 364

찾아보기 _ 370
저자 소개 _ 383

총 설

한국불교 확장성의 탐색: 글로컬리티의 서막

김용태(HK교수)

1. 한국불교의 '확장성'을 찾아서

동국대학교 인문한국(HK)연구단의 아젠다는 '글로컬리티의 한국성: 불교학의 문화 확장 담론'이다. 이는 글로벌과 로컬을 합성한 글로컬리티 glocality에 착안해 세계적 보편성과 지역적 특수성을 아울러, 한국학으로서 한국불교의 특징을 도출해 보려는 구상에서 기획되었다. 이를 위해 1단계 '원형의 고유성'(로컬), 2단계 '소통의 횡단성'(글로벌), 3단계 '변용의 확장성'(글로컬)을 단계별 목표로 삼아, 주변과 중심이라는 이원적 도그마를 극복하는 '융합적 지역성'의 관점에서 불교를 매개로 한 '한국성'을 추출해 보고자 한다.

아젠다 연구의 목표는 첫째로 한국 역사의 시공간을 종단하고 아시아 차원에서 횡단하여 내적 문화 확장의 정체성을 찾아보려는 것이다. 둘째로 특수와 주변(로컬), 보편과 중심(글로벌)의 길항 관계를 통해 양자의 교차와 융합을 통한 탈영역적 트랜스 지역성(글로컬)을 모색하는 것이다. 이는 글로컬리티의 한국성이 갖는 중층의 복합 구조를 규명하여 불교의 입장에서 한국성이 내포하는 에토스가 무엇인가를 밝히려는 시도이다. 이를 기반으로 한국형 문명 패러다임의 창출 가능성을 타진해 보고자 한다.

3단계 '변용의 확장성'은 〈인물과 문헌〉, 〈종교와 문화〉의 두 영역으로 나누어 각각 사상가와 텍스트, 종교와 미래 및 문화와 의례의 유형으로 구분하여 동아시아 세계와의 유기적 관계 속에서 한국불교의 글로컬리티를 추구하려는 것이다. 특히 불교를 축으로 하는 한국 역사 문화 전통의 특성인 한국성을 보편사적으로 파악하는 데 초점을 맞추며, 나아가 한국형 문명 패러다임의 모색이라는 관점에서 현대와 미래 사회에서 불교가 어떤 역할을 할 수 있는지를 전망해 보려 한다. 3단계 4년간의 영역별 유형과 32개의 테마는 다음과 같다.

연차	인물과 문헌				종교와 문화			
	사상가		텍스트		종교와 미래		문화와 의례	
1	원효	원측	범망경	고승전	영험	디지털 인문학	불교가사	재회
2	태현	승랑	기신론	대장경	수행	템플스테이	불교건축	의례집
3	균여	의천	점찰경	주석서	교단	불교명상	불교미술	상장례
4	지눌	휴정	지장경	불교잡지	여성	생태환경	불교음식	사찰문화

〈인물과 문헌〉은 사상가와 텍스트로 유형을 나누었다. 사상가는 한국불교의 역사와 사상을 대표하는 인물들을 엄선하였는데, 1단계 때 신라불교의 틀을 정립한 자장, 해동화엄의 창시자 의상, 임제선종의 법통을 이은 태고 보우와 나옹 혜근을 고찰한 연구를 이미 수행한 바 있어 한국

의 대표적 고승들을 전부 망라하게 된다. 원효와 원측, 태현과 승랑, 균여와 의천, 지눌과 휴정은 기신론, 유식, 계율, 중관, 화엄, 천태, 선 등 교학과 선종의 이론 및 수행 체계를 정립한 이들이다. 텍스트는 3단계에서 전략 특성화 주제로 연구 중인 동아시아 찬술 불전인 범망경, 대승기신론, 점찰경, 지장경이 포함되며 고승전, 대장경, 주석서, 근대 불교잡지도 다루게 된다. 동아시아의 관련 인물, 텍스트와 비교 연구를 수행하여 한국 불교 사유의 확장성을 탐색해 나갈 것이다.

〈종교와 문화〉에서는 종교와 미래, 문화와 의례로 구분하여 전통문화의 현대적 해석과 미래 가치의 탐색을 시도하려 한다. 종교와 미래에서는 영험, 수행, 교단, 여성의 테마와 함께 최근 중요한 분야로 각광받고 있는 디지털인문학, 템플스테이, 불교명상, 생태환경과 불교와의 관계를 다룰 것이다. 문화와 의례에서는 불교가사, 불교건축, 불교미술, 불교음식의 역사성과 현대적 의의를 살펴보고 재회, 의례집, 상장례, 사찰문화가 갖는 종교문화적 의미를 추구해 본다. 이는 불교가 현대 사회에서 어떠한 기능을 할 수 있는지를 진단하고 글로벌 시대에 어떤 문명 패러다임을 창출할 수 있는지 탐색해 보는 기회가 될 것이다.

2. '고유성'과 '횡단성'의 발현: 로컬리티와 글로벌리티의 축적

1단계 '원형의 고유성'에서는 한국적 고유성의 추출을 연구 목표로 하여 로컬리티의 특수성을 기반으로 한 글로컬리티의 적용 가능성을 탐색해 보았다. 이에 〈사유와 가치〉, 〈종교와 국가〉, 〈문화와 교류〉의 세 영역으로 나누어 영역별로 세 개의 특화된 주제어를 선정하였다. 〈사유와 가치〉는 사상, 윤리, 내세, 〈종교와 국가〉는 권력, 전쟁, 재화, 〈문화와 교류〉는 사람, 문자, 의례를 주제어로 하였는데, 1단계 3년간 수행한 27개의 지정 테마는 다음과 같다.

1단계 〈원형의 고유성〉

연차	사유와 가치			종교와 국가			문화와 교류		
	사상	윤리	내세	권력	전쟁	재화	사람	문자	의례
	전수	공동체	계세	왕권	기원	생산	수용	표기	재회
1	유식	충의	하늘	제정일치	원력	사전	자장	변체한문	팔관회 연등회
2	화엄	신의	조상	왕즉불	위령	사노	의상	향찰	수륙재
3	선	세간	무격	불국토	계율	사장	태고 나옹	구결 현토	향도 결사

　1단계 아젠다 연구의 수행 결과 한국불교는 인도는 물론 중국, 일본과도 다른 독특한 문화적 원형을 형성하였고 그러한 특성이 장기적으로 지속되고 내재적으로 전개·발전되었다는 점에서 고유성을 찾을 수 있었다. 그 특징은 불교 수용 이전에 있었던 토착적 사유 및 신앙과의 접합과 융섭, 국가권력과의 강한 연대와 상호 공생, 외래문화의 수용과 자국적 변용으로 요약된다. 또 독선과 배제, 갈등과 대립, 타율적 이식과 정체 등과 대비되는 개념으로 포용과 융화, 절충과 조화, 주체적 수용과 발전이라는 키워드를 가지고 설명이 가능하다. 한국불교의 고유성은 수용과 접변, 토착적 기반에 뿌리를 둔 연속과 외래문화의 내재적 확장을 매개로 형성·전개되었다. 그 과정에서 타자와 주체, 특수와 보편 사이의 마찰과 대립이 나타나기도 했지만 연쇄적인 계기적 전환을 거치면서 또 다른 차원의 한국적 고유성을 형성하게 되었다. 또한 축적된 문화적 토양을 근

간으로 시대의 변화를 거치면서 다층의 새로운 스펙트럼을 생성해 냈다. 이러한 전개 과정을 통해 결국 특수와 보편이 교차 융합된 제3의 한국적 로컬리티가 형성되기에 이르렀다.

이어 2단계 '소통의 횡단성'에서는 동아시아 차원의 횡단성 추출을 연구 목표로 하여 글로벌리티의 보편성을 기반으로 한 글로컬리티의 적용 가능성을 모색해 보았다. 이를 위해 영역을 〈문헌과 사상〉, 〈종교와 문화〉로 집약하여 보다 압축적인 연구를 수행하였다. 〈문헌과 사상〉에서는 텍스트와 콘텍스트의 연결 구조를 통해 문헌과 사상의 수용 및 변용 과정을 설명하고, 인도 및 동아시아 세계와의 횡단 문화적 접변을 통한 글로벌리티의 투영 양상을 살펴보았다. 〈종교와 문화〉에서는 권력과 종교, 문화와 의례에 나타난 변화 양태와 역사적 전개 과정을 구체적 사례와 함께 비교사적 관점에서 조망하였다. 내세관과 가치의 전환 문제, 의례와 문학의 발현 양상을 아시아 차원의 문화 교류 및 상호 영향의 틀 속에서 검토하고 그 결과로 나타난 지역성을 집중적으로 조명하였다. 2단계의 영역과 유형, 24개의 세부 주제는 다음과 같다.

2단계 〈소통의 횡단성〉

연차	문헌과 사상				종교와 문화			
	텍스트		콘텍스트		권력과 종교		문화와 의례	
1	기신론소	삼미륵경소	사본	교관	승역·승군	정토	불교설화	불탑
2	법계도기	금강삼매경론	금석문	교관	호국·호법	지옥	어록	갈마
3	유가론기	삼국유사	과문	선교	정교	윤회	언해불서	청규

〈문헌과 사상〉의 텍스트에서는 신라 원효의 『기신론소』와 『금강삼매

경론』, 의상의 『법계도기』, 경흥의 『삼미륵경소』와 둔륜의 『유가론기』, 고려시대 일연의 『삼국유사』와 같이 불교 사상은 물론 역사 관련 대표 문헌을 선정하여 한국적 사유의 본질을 탐색하고, 중국·일본과의 비교 연구를 수행하였다. 콘텍스트에서는 한국불교사 전체를 관통하는 기록 유산인 사본, 금석문, 과문을 택하여 그 자료적 가치를 동아시아적 관점에서 조명하였다. 또한 교학 및 경전의 단계를 분류하는 교판·교학과 관행의 일치, 선과 교의 겸수 등을 대립이나 갈등이 아닌 동아시아 횡단 문화의 교차적 관점에서 융합과 공존의 구조로 설명하였다.

〈종교와 문화〉의 권력과 종교에서는 승역·승군, 호국·호법, 정치·종교 문제를 구체적으로 검토하고, 불교와 국가의 관계나 전쟁과 폭력에 대한 대응 및 인식을 중점적으로 다루었다. 또한 불교가 동아시아에 지대한 영향을 미친 내세관과 관련하여 정토, 지옥, 윤회를 한국인의 가치관 및 정체성 형성이라는 시각에서 검토해 보았다. 문화와 의례에서는 불교설화, 어록, 언해불서를 주제로 하여 문자 및 언어 생활, 문학으로 확산된 불교적 세계를 발굴하였다. 이어 불탑, 갈마, 청규를 테마로 하여 인도에서 중국을 거쳐 한국에 이르기까지 불교 신앙과 계율이 어떻게 변용되고 전개되었는지를 살펴보았다.

3. '인물과 문헌'에서의 글로컬리티의 탐색

본 『테마 한국불교』 7에 수록된 〈인물과 문헌〉 영역의 4개 테마를 사상가(원효, 원측)와 텍스트(범망경, 고승전)로 나누어 '확장성의 탐색'이라는 시각에서 글로컬리티의 원형성을 모색해 보았다.

1) 사상가

원효

원효는 한국불교를 대표할 뿐 아니라 동아시아 불교 사상의 정립에 큰 영향을 미친 독창적 사상가이다. 그는 분열에서 통일로 나아가는 시대적 여건 속에서 다양한 불교 학설들을 망라하여 주체적으로 흡수하였고 자신만의 독자적 이론을 세워 사상적 통합을 도모하였다. 이에 원효의 생애와 사상을 시대성의 발현이라는 측면에서 살펴보고 그의 저작과 전기를 검토하였다. 또한 화쟁과 회통의 관점에서 언어와 의미의 이중주, 이제二諦를 둘러싼 화쟁논법, 중도에 대한 회통 문제를 다루었다. 이어 일심과 무애라는 키워드를 통해 원효의 사교판과 일심이문 및 무애의 경지를 고찰해 보았다. 끝으로 중국 화엄과 선의 이론적 틀을 정립한 법장과 종밀, 일본 나라불교에 미친 원효의 영향을 동아시아 차원에서 비교사적으로 접근하였다.

원효는 100여 종, 200여 권에 달하는 방대한 양의 저술을 지었지만 현재는 20여 종이 전하고 있다. 저술의 주제도 구사와 성실, 삼론과 열반, 지론과 섭론, 법상과 계율, 법화와 화엄, 기신론과 정토 등 불교 교학과 사상의 대부분의 영역에 걸쳐 있다. 그는 이처럼 다양한 불교 교리를 평등한 시각에서 바라보고 각각의 장점을 회통시키는 개방적 방식을 취하였다. 원효는 여러 학파의 다양한 언어적 가르침이 진리의 한 부분을 담고 있음을 전제로 독특한 화쟁논법을 구사하였다. 이는 유와 공과 같은 이제에 치우치지 않고 개별성과 보편성을 소통시키는 중도 개념에 잘 드러나 있다. 종종 무이無二라는 표현을 사용하여 궁극적 중도를 드러내는데, 둘이 없다는 무이는 일미로 표현되는 완전한 평등과 무차별의 경지를 드러낸 것이다.

원효는 대승의 평등과 무애 사상으로 여러 교설을 일승으로 회통하였다. 그는 삼승통교·삼승별교·일승분교·일승만교의 사교판을 세웠는데, 교판의 목적은 경전이나 사상의 우열을 가리는 것이 아니라 경전의 기능과 성격을 밝히는 데 초점이 있었다. 나아가 그는 『기신론』의 일심이문의 구도를 통해 자신의 사상 체계를 정립했고, 중관의 공과 유식의 유를 회통시켰다. 그에게 무이중도는 일심과 다르지 않은 것이었는데, 일심의 진여문과 생멸문을 통과 별, 즉 보편과 특수의 관계로 정의하여 두 문이 일체법을 총괄한다고 보았다.

원효의 사상은 동아시아 전역에 전해졌고 그의 저작은 법장, 종밀과 같은 중국 논사들에게 널리 인용되면서 사상적 영감을 불러일으켰다. 그리고 일본 나라시대의 각 종파에 미친 영향 또한 적지 않았다. 이처럼 원효의 사상은 동아시아불교의 구심점이 되었고 그의 저술과 사상은 둔황이나 투루판까지 유포되었다. 원효는 진여문과 생멸문, 공과 유, 평등과 차별 등을 수평적으로 소통시켜 보편성과 개별성 가운데 어느 한쪽에 치우치지 않는 철학을 전개해 나갔다. 이러한 그의 사상은 현대 사회의 복잡다단한 모순과 갈등 속에서 대립하는 주체들에게 화해와 상생의 길을 여는 실마리를 제공할 수 있다.

원측

7세기에 살았던 원측은 신라 출신이지만 중국에서 주로 활동한 학승으로 인도에서 신유식을 전수해 온 현장의 제자이자 저명한 유식 사상가로서 널리 알려져 있다. 원측의 생애를 소개하고 전기 자료의 문제점을 검토한 후, 현장에서 비롯된 법상유식종이 규기의 자은파와 원측의 서명파로 나뉘어 사상적 경쟁을 했다는 통설에 대해 재고해 보았다. 원측의 저술 가운데서는 『해심밀경소』와 『인왕경소』의 내용을 중점적으로 소개하고 원측이 신·구의 유식 사상을 어떻게 받아들이고 오성각별설에 대해서는 어떤 입장을 취했는지를 개관하였다. 원측의 교학은 동아시아는 물론 티베트불교에도 영향을 미쳤는데 중국의 화엄학, 신라와 일본의 유식학과 아울러 둔황과 티베트불교에까지 어떤 사상적 울림을 주었는지 살펴보았다. 그리고 신·구역 유식의 이분법 재고, 원측 교체론의 중요성, 티베트역본의 활용을 중심으로 원측 연구의 현황과 과제를 생각해 보았다.

원측의 이미지는 『송고승전』에 수록된 전기 기록에서 윤색된 도청과 비방 문제 때문에 후대에 왜곡되어 전해져 왔다. 하지만 20세기 초에 신라 최치원이 쓴 「휘일문」과 중국 송복의 「서명사원측법사불사리탑명」의 존재가 알려지면서 원측의 도청설이 위조이며 규기 비방설 또한 재평가되어야 한다는 논의가 일었다. 또한 원측이 법상유식종의 방계·이계異系에 속한다는 것이 정설이었지만, 새로운 자료를 근거로 원측의 교학과 위상을 재고해야 한다는 인식이 생겨나고 있다.

원측이 살았던 시대에는 현장의 신유식이 전래되어 기존 구유식과의 이론적 상이점이 부각되고 여러 이론적 쟁점을 둘러싼 대립적 논쟁이 펼쳐졌다. 그 논쟁의 지형은 구유식과 신유식, 진제와 현장, 일체개성과 오성각별과 같은 이분법적 구도를 형성하였고, 이는 원측 교학에 대한 연구에도 마찬가지로 적용되어 왔다. 원측에 대한 지금까지의 논의는 신·구의 대립적 사상 진영 중 원측이 어느 쪽에 속하는가, 그렇지 않으면 두 입장을 원측이 어떤 식으로 절충하려 했는가 하는 점이었다. 하지만 원측 스스로가 소위 구유식과 신유식을 대립된 사상 체계로 바라보았을까

하는 근본적 의문이 제기되고 있다.

이처럼 동아시아 유식불교를 이분법적으로 바라보는 것에 대한 문제점은 꾸준히 지적되어 왔다. 원측 교학의 연구에서 핵심 논의가 되어야 할 것은 그의 사상적 기반이 어디에 있었는가가 아니라, 상반되어 보이는 구유식과 신유식의 이론들이 원측의 교학 체계 내에서 어떤 이론적 관점과 기준하에서 수용되고 있는가가 관건일 것이다. 또 신유식과 구유식 간의 특정 이론을 둘러싼 논쟁과 대립을 무비판적으로 확대 적용하여 동아시아 유식 전체를 대립적으로 나누어 설명하는 단순화의 함정에도 빠져서는 안 된다. 무엇보다 원측은 시대와 틀을 넘어선 경전 주석가이자 치열한 유식 사상가였음을 잊지 말아야 한다.

2) 텍스트

범망경

『범망경』은 중국에서 찬술된 독자적인 보살계 경전이다. 여기서는 인도의 십선계와 삼취정계, 보살계 사상의 중국 유입과 『범망경』의 탄생 문제를 다루어 보았고, 『범망경』의 구성과 내용에 대해 하권 선행 성립설을 소개한 후 범망계의 제정 의도와 범망 10중계, 범망 48경계를 정리하였다. 이어 『범망경』의 동아시아 유포에 대해 검토하였는데, 『보살영락본업경』과의 관계, 중국 천태의 지의와 화엄의 법장, 신라의 의적과 태현의 『범망경』 수용, 일본의 젠주와 이후 계율 부흥 운동에 미친 영향 등을 살펴보았다. 끝으로 '범망계의 수지와 한국적 실천'이라는 항목에서 이타행으로서의 파계 긍정, 일분수一分受와 자서수계, 원돈계 사상에 미친 영향 등을 되짚어 보았다.

대승불교의 이상적 인간상은 중생 구제의 이타행을 중시하는 보살이었다. 그렇기에 기존의 성문계와는 다른 대승의 가르침을 실현할 수 있는 독자적인 보살계가 필요하였다. 초기에는 '십선계'가 나왔지만 대승행을 실현하는 대표적 보살계로 자리 잡은 것은 '삼취정계'였다. 보살계는 담무참이 418년경에 『유가사지론』 「보살지」에 해당하는 『보살지지경』을 한역하면서 중국에 처음 소개된 것으로 보인다. 곧이어 431년에 구나발마가 「보살지」의 이역인 『보살선계경』을 번역하였다. 이후 중국에서 찬술된 독자적인 보살계 경전이 바로 『범망경』이었다. 이 경전은 450~480년 사이에 등장했는데 편찬지에 대해서는 여러 설이 제기된 바 있다. 또한 상하 2권이 동시에 성립되었는지 아니면 보살계경을 설하는 하권이 먼저 만들어져 유포되다가 상권이 덧붙여졌는지도 여전히 논란거리이다.

동아시아의 『범망경』 관련 주석서는 현존하는 것만도 29부에 달한다. 그중 최초의 주석서는 천태 지의의 『보살계의소』 2권으로 『범망경』에 삼취정계를 적극적으로 도입하여 해석한 점이 특징이다. 또 다른 주목할 만한 주석서인 법장의 『범망경보살계본소』는 지의의 입장과 차이가 있으며 현실주의적 경향이 강하다. 신라에서는 원효의 『범망경보살계본사기』가 최초인데 지의소의 영향을 받으면서도 '이타'와 같은 용어에 근거해 독자적 보살관을 전개시켰다. 또 의적의 『보살계본소』는 범망계와 칠중계를 명확히 구별하는 등 삼취정계 중 율의계를 중시하였다. 태현의 『범망경고적기』는 『범망경』 상하권을 모두 주석한 것으로 보살의 범계행을 무범無犯이라고 인정하였다. 일본에서도 태현의 영향을 받아 젠주의 『범망경약초』가 나온 이후 교넨의 『범망계본소일주초』에서 볼 수 있듯이 가마쿠라 시기의 계율 부흥 운동을 계기로 『범망경』에 대한 관심이 크게 높아졌다.

신라의 주석서에 나타나는 특징 중 하나는 이타행으로서의 파계 긍정 현상이다. 원효는 '달기보살'이라는 독자적 개념을 사용하여 보살의 행은 중생 구제의 이타행이므로 설혹 범계를 하더라도 무범이며 복이라고 설하였다. 또 하나의 특징은 수계 방식으로서 일분수의 허용이다. 태현은 보살계는 하나의 계를 받아도 혹은 다수의 계를 받아도 모두 수계가 성립하여 보살이 될 수 있다고 하였고 자서수계도 종타수계도 방법이 다르지 복덕의 차이는 없다고 보았다. 이는 범망계의 원돈계 사상을 뒷받침하는 주요 근거로 사용되었고 일본 불교계에 큰 영향을 미쳤다. 이처럼 『범망경』은 순수 대승을 지향하는 대승불교도의 계율서로서 동아시아불교에 확고히 자리 잡아 오늘에 이르고 있다.

고승전

고승전은 말 그대로 고승들의 삶을 담은 생생한 전기이다. 여기서는 고승전의 의미와 성격, 가치를 살펴본 후 '동아시아 고승전의 출현과 전승' 문제를 중국, 일본, 한국의 순서로 소개하였다. 이어 '한국의 고승전과 선의 계보'를 『해동고승전』과 『동사열전』, 『직지심체요절』과 『통록촬요』, 『해동불조원류』와 『조계고승전』과 같은 텍스트를 중심으로 고찰하였다. 여러 고승전에는 다양한 인물의 군상이 등장하고 또 당시의 시대성이 녹아 들어가 있다. 따라서 이를 통해 한국불교의 역사와 사상, 문화의 도도한 흐름을 한눈에 읽을 수 있다.

1600년이 넘는 오랜 세월 동안 불교가 한국사에서 큰 역할을 하고 뿌리 깊은 전통으로 자리 잡은 것은 수많은 고승들이 배출되어 불법을 널리 펴고 수행하며 중생 구제에 힘을 쏟았기 때문이다. 고승들의 자취가 그대로 한국불교의 역사였기에 그들의 삶과 사고를 제대로 이해하고 이를 법고창신의 계기로 활용하는 것이 필요하다. 하지만 고승들의 행위와 역할이 잘못 알려지거나 아니면 후대로 전해지지 않는 경우도 허다하다. 유명무실하다는 말처럼 이름만 남아 있고 행적이 전하지 않아 전설적 인물로만 기억되는 수많은 고승들이 있다. 현존하는 몇몇 고승전을 통해서나마 주요 고승들의 삶의 발자취를 좇을 수 있어서 그나마 다행이다.

불교가 수용된 이후 수많은 고승들이 활약하였고 그 족적이 여러 기록들을 통해 전승되었지만, 체계적 승전으로 현존하는 가장 오래된 것은 고려 후기인 13세기 초에 지어진 각훈의 『해동고승전』이다. 『해동고승전』 또한 전체는 남아 있지 않고 「유통」에 해당하는 2권만 전하는데, 여기에는 부처의 일대기와 불전의 결집, 그리고 불교의 중국 전래를 다룬 후 한반도에 불교가 들어와 꽃을 피우게 되는 삼국시대에 활동한 순도와 마라난타, 아도, 원광과 자장 등 고승들의 면모를 생생히 기록해 놓았다. 고려시대에는 『삼국유사』를 비롯하여 『석가여래행적송』, 『직지심체요절』 등이 출현하여 불교의 역사를 이해할 수 있는 지남서가 되었다. 조선 후기에는 인도 이래 불법의 유통과 선의 전등을 기록한 『서역중화해동불조원류』가 나왔고, 한국 고승들의 행장을 19세기까지 망라한 『동사열전』과 『조계고승전』도 전형적 고승전으로 남아 있다. 이러한 광의의 고승전들을 통해 원효, 의상, 의천, 지눌, 휴정 등 한국불교를 대표하는 이들의 삶과 주요한 사상이 오늘날까지 전해질 수 있었다.

이처럼 한국불교에서 고승의 진면목은 한국 불법의 원류와 정체성을 상징적으로 나타내며, 학파와 종파의 계승, 사상의 수용과 발전, 신앙 및 수행의 뿌리를 여실히 보여 준다. 고승들은 시대의 한계를 극복하고 불법의 계승과 확산을 위해 노력한 이들이고, 여러 물줄기가 모여 강이 되고 바다로 흘러들면서, 불교는 한국인의 심성과 관념, 문화를 대변하는 주류 전통으로 이어져 올 수 있었다.

4. '종교와 문화'에서의 글로컬리티의 탐색

본 『테마 한국불교』 7에 수록된 〈종교와 문화〉 영역의 네 개 테마를 종교와 미래(영험, 디지털인문학), 문화와 의례(불교가사, 재회)로 나누어 '확장성의 탐색'이라는 시각에서 검토해 보았다.

1) 종교와 미래

영험

불교는 수행을 동반한 고도의 철학 체계이지만 대중에게는 신앙과 영험이 불교에 다가설 수 있는 매력적인 연결고리였다. 영험은 한국 및 동아시아는 물론 인도에서도 불교가 대중의 호응을 얻는 데 큰 역할을 하였다. 먼저 불교의 영험과 감응관을 소개하고 중국적 변용으로서 천인감응론과 지괴志怪, 신이승神異僧과 서상瑞像에 대해 살펴보았다. 다음으로는 삼국 및 통일신라의 불교적 영험관을 중국 영험담의 수용, 사리·다라니 신앙의 유행, 『삼국유사』에 나타난 신주·감통을 대상으로 검토하였다. 고려시대에도 불교의 영험관은 크게 중시되었는데, 여기서는 신神 인식과 영험에 대한 기대, 몽골 침입과 신이사관의 확산에 주목하였고, 조선시대는 오대진언과 『영험약초언해』, 유교적 변용과 민간신앙화를 주제로 다루었다.

한국의 경우 『법화경』 관련 영험담을 모은 『법화경집험기』, 『해동법화전홍록』, 『법화영험전』과 『금강경』 관련 일부 문헌을 제외하면 영험담만을 별도로 모아 놓은 문헌은 찾아보기 어렵다. 중국이나 일본에서 여러 종류의 영험담이 전해지고 있는 것과는 상황이 다른 것이다. 하지만 한국에서 불교 영험에 대한 인식이나 관념이 전혀 없었던 것은 물론 아니다. 『삼국유사』, 『동문선』, 『영험약초』, 『사리영이기』 등에 실린 수많은 영험담과 탑 봉안물 등의 물질 자료를 통해 불교적 영험, 즉 감응·감통의 다채로운 모습을 확인해 볼 수 있다.

인간의 공덕에 대해 불보살이 보응하는, 쌍방이 소통하는 관계를 형성한 감응(감통)은 동아시아에서 불교의 대중 교화 및 불교를 활용한 통치에 추동력과 전형을 제공하였다. 불교적 영험관은 불교가 들어온 초기부터 늘 존재하였지만, 토착 신앙과의 경쟁이나 조화를 거치면서 변용되기도 하였고, 시대 상황과 필요에 의해서 그 내용과 성격이 변하였다. 고대의 자연신, 조상신 등과 불보살은 때로는 갈등하고 때로는 타협하면서 점차 습합과 공조를 이루었다. 또한 몽골 침입 이후 고려 사회를 예로 들면, 특히 신이사관이 널리 확산되면서 사리 분신 등의 영험담이 많이 만들어지게 되었다.

고려시대에는 공적 제의가 신과 교통하는 이적과 영험을 기대하는 종교 의례로서 작동하고 이를 승려나 무당이 거행하기도 했지만, 유교정치를 실현하고자 한 조선의 지식인들은 제의를 유교적으로 재편하는 과정에서 더 이상 구체적인 영험을 기대하지 않았다. 조선 후기에는 양난을 경험하고 17세기 이후 가뭄 등 재해가 이어지면서 주술적 행위에 대한 요구가 다시금 제기되기도 하였다. 조선 후기 이후 불교적 영험과 여기에 담겨 있는 다양한 계층의 수요에 대한 연구가 이루어진다면 불보살과 인간이 소통하는 매개인 영험을 한국사 전체에 적용시켜 새로운 논의를 전개할 수 있을 것이다.

디지털인문학

현 시대는 아날로그로부터 디지털로의 이행이 거스를 수 없는 추세가 되었고 디지털과 인문학이 결합한 디지털인문학이 각광을 받고 있다. 이러한 때에 불교학, 특히 한국의 불교학은 어떠한 방향으로 이를 접목시켜 나아가야 할 것인지를 고민하지 않을 수 없게 되었다. 이에 디지털인문학의 정의와 역사를 살펴보고, 디지털인문학의 분야와 연구 현황을 검토하였다. 또한 디지털인문학에 대한 불교학의 대응 문제를 교육과 연구로 나누어 되짚어 보았다.

디지털인문학은 연구와 교육 그리고 그 밖의 분야에서 새롭게 주목받으며 많은 작업이 이루어지고 있다. 연구 분야는 디지털에 의한 인문학, 그리고 디지털 시대를 인문학적 입장에서 조망하는 두 측면으로 크게 나눌 수 있다. 현재 한국 불교학에서도 디지털 시대의 인문학에 대한 대응이 이루어지고는 있지만 다른 나라들과 비교해 보면 장기적이고 체계적인 기획보다는 단편적이고 임기응변적인 성격이 짙은 것이 사실이다. 데이터 마이닝과 시각화 단계의 빈약, 연구 기술의 공용 플랫폼화 미비라는 한계점을 분명히 지적할 수 있다.

한국의 디지털인문학과 디지털불교학은 문화콘텐츠와 밀접한 연관을 맺고 있기 때문인지 디지털 아카이브에 지나치게 편중되어 있다. XML/TEI/온톨로지 등의 디지털인문학적 기술을 이용하여 자료의 의미와 맥락을 함께 고려하는 작업은 거의 진전을 이루지 못하고 있으며, 데이터 마이닝과 시각화 단계의 디지털불교학 업적은 거의 전무한 실정이다. 또한 디지털 아카이브조차도 어떤 기술을 사용하여 어떤 구조로 설계했으며 어떤 표준을 준수했는지 등의 과정이 거의 공개되지 않은 채 결과만을 제공함으로써, 관련 기술들이 국제적으로 표준화되어 재사용되거나 개선되는 일이 매우 드물다. 무엇보다 공용 플랫폼화에 대한 인식과 의지가 부족한 점이 기술 발전의 기회를 가로막는 장애 요인이 되고 있다.

아직도 한국 불교학은 디지털인문학의 시대적 흐름을 제대로 이해하거나 대응하지 못하고 있는 것으로 보인다. 단지 시류에 편승하는 단편적 대처로는 세계적인 추세를 좇기에도 급급하여 선도할 수 있는 가능성을 찾기 어렵다. 이렇게 된 가장 근본적인 이유는 '현장성의 결여'라고 생각된다. 이는 '현재 여기에서 살아가는 사람들의 삶'에 대한 무관심이라고 옮길 수 있는데, 삶과 동떨어진 학문은 원래 불교가 지향하는 바는 아닐 것이다. 이를 해결하기 위해서는 근본적 질문과 해답을 찾기 위한 이해의 노력이 필요하다. 디지털 현상은 인간 욕구의 새로운 표현 방식일 뿐이며 따라서 욕구와 그로 인한 고통, 그로부터의 해탈을 핵심 연구 대상으로 삼는 불교학에서 이는 필수적으로 다루어져야 할 대상이고, 디지털인문학은 이를 위한 가장 유용한 수단임에 틀림없다.

2) 문화와 의례

불교가사

조선 후기에는 불교 교리와 신앙의 지향점을 대중에게 널리 알리기 위해 불교가사 창작이 성행하였다. 먼저 가사문학의 범주에 드는 불교가사의 개념과 범위, 화청和請, 가사의 발생에 대해 살펴보고, 17·18세기 불교가사 가운데 침굉, 『염불보권문』, 지형의 작품을 소개하였다. 또한 19

세기 불교가사의 대중화 문제를 남호의 〈광대모연가〉·〈장안걸식가〉, 〈자책가〉와 〈토굴가〉, '회심곡'류 불교가사를 통해 검토하였다. 끝으로 20세기 불교가사의 새로운 전개 상황을 경허·만공·한암의 〈참선곡〉, 용성의 대각교 가사, 학명의 단형가사를 중심으로 고찰해 보았다.

불교가사는 불교의 사상 및 교리를 승려와 일반 대중들에게 보다 쉽게 전달하기 위해 지어진 것이다. 현재 전하는 불교가사에는 대체로 정토 사상과 선 사상이 담겨 있으며, 이 두 사상은 불교가사의 내용 및 성격을 유형화하는 주요 기준으로 적용할 수 있다. 정토 사상에 입각해 고해인 사바세계에서 벗어나 서방극락정토로 왕생하기를 바라고 권면하는 내용의 작품들과, 극락왕생에 관심을 두기보다 인간의 '자성'을 보다 강조하며 참선 수행을 통해 자성을 깨치고 자신의 본래면목을 찾을 것을 권하는 가사들로 구분된다. 전자는 '왕생 노래' 또는 '왕생계 불교가사', 후자는 '참선 노래' 또는 '참선계 불교가사'라고 부를 수 있다.

왕생계 불교가사와 참선계 불교가사는 서로 구별되는 몇 가지 특징을 보인다. 왕생계 불교가사는 작자가 확실하지 않거나 여러 사람들에 의해 성립된 것으로 여겨지는 작품들, 그리고 작자 미상인 불교가사가 주종을 이룬다. 이러한 유형의 가사는 정토 왕생 등 사후의 문제를 다루고 있고, 내용을 알기 쉽게 써서 일반 대중 사이에서 널리 회자되게 되었다. 또한 불교 재회 때 불리기도 했는데, 불교의식 음악인 화청은 왕생을 노래한 것이 대부분이다.

이에 비해 참선계 불교가사는 대상이 주로 승려 계층이며, 작자 또한 대부분 유명한 선사들이다. 그렇기에 대개 그들이 남긴 어록이나 문집에 수록되어 있다. 일반적으로 불교가사라고 하면 왕생 노래를 떠올릴 수 있지만, 참선 수행을 강조하고 그 방법을 제시하는 작품들도 불교가사의

한 축을 이루고 있다. 더욱이 작가가 알려진 작품들은 왕생계 불교가사보다 참선계 불교가사의 비중이 더 큰 것이 사실이다. 이러한 불교가사의 두 계열은 염불과 선이라는 조선 후기 불교계의 수행 경향을 반영하고 있고, 작가 및 향유층의 지향 및 관심이 '극락 가기'와 '자성 찾기'의 두 갈래 길로 나뉘어 있었음을 잘 보여 준다.

재회

불교의례에서 재회는 가장 핵심적인 의식이며 삶과 죽음을 넘나드는 본질적 염원을 담고 있다. 먼저 재회의 의미와 기원을 재승齋僧과 우란분재, 시식과 시아귀회를 통해 살펴보고, 한국불교의 특징적 재회의 종류와 재회를 위한 의례집에 대해 정리하였다. 이어 망자의 천도를 위한 재회로서 평등한 구제의식을 담은 수륙재, 중음기의 망혼을 위한 천도의식인 사십구재를 다루었다. 끝으로 사후를 대비하는 산 자들의 재회인 생전예수재의 교의적 배경 및 역사와 절차를 소개하였다.

재회의 설행을 위해서는 재회의 설판을 요청하고 참여하는 재자와 악기 연주자, 범패와 진언을 하는 어산魚山과 작법무를 추는 작법승, 법주, 증명법사 등이 필요하다. 또한 의식의 절차와 범패, 진언 등을 모아 놓은 의문, 즉 의례집이 있어야 한다. 재회의 단에 걸리는 감로탱, 또는 감로도는 망혼의 천도를 목적으로 한다. 재의식의 감로도는 목련경신앙, 시아귀신앙, 정토신앙, 인로왕보살신앙, 지장신앙 등이 복합적으로 융합하여 형성된 것이다. 그렇기에 감로도는 보통 정토내영도, 정토접인도, 칠여래탱화, 지옥도, 육도도 등이 함께 구성되거나 독립된 각각의 탱화로 만들어진다. 감로도는 한국에만 있는 것으로 하나의 탱화에 상·중·하단의 장면을 모두 그려 놓았다.

재의 절차를 진행하는 데는 범패가 필수적 요소이다. 불교의 전래 이후 불교음악도 중국에 들어왔는데, 중국에서 가장 이른 시기에 창작된 범패는 3세기 초에 조조의 아들 조식이 지었다고 하는 어산범패이다. 한국에서는 신라 진감 선사가 830년에 당에서 돌아와 옥천사(현 쌍계사)에서 범패를 전했다는 기록이 남아 있다. 또 9세기 일본 승려 엔닌의 『입당구법순례행기』에서도 신라의 범패 전승 양상을 확인할 수 있다. 범패는 부처의 영축산 회상을 재현한다는 상징적 의미를 지니며, 창송을 통해 불교 교의를 들려주고 불보살의 명호를 부르며 의식 절차를 이끌어 가므로, 각종 불교의례에서 빠지지 않고 들어간다.

한국불교에서 현존하는 범패 관련 의식집은 조선 후기에 간행된 것들인데, 1661년에 지선에 의해 판각된 『오종범음집』이 대표적이며, 1748년 대휘가 범패승의 계보를 기록한 『범음종보』도 나왔다. 1826년에 백파 긍선이 쓴 『작법귀감』도 재공의식에 관한 작법 절차를 담은 의례집으로 범패의 교본이라 할 수 있다. 한편 재의 절차 속에서 '작법'이라는 이름으로 이루어지는 불교무용인 작법무는 바라무, 착복무, 법고무, 타주무가 대표적이다. 불교의식인 재회에는 한국인들의 역사적 경험과 신앙, 현실의 고난을 이겨내고 구원을 얻기 위한 실천적 열망을 담고 있다. 또한 동아시아에서 한국의 재회는 불교의 오랜 문화전통을 계승하고 전수해 왔다는 점에서 역사적 의미를 가진다.

지금까지 '한국불교 확장성의 탐색: 글로벌리티의 서막'이라는 아젠다 연구 목표를 설정한 3단계 1년차의 여덟 개 테마 내용을 요약 정리해 보았다. 〈인물과 문헌〉 영역에서는 한국불교의 대표적 사상가로 원효와 원측, 텍스트로는 『범망경』과 『고승전』을 살펴보았고, 〈종교와 문화〉에서는 종교와 미래 유형으로 영험과 디지털인문학을 다루고 문화와 의례는 불교가사와 재회를 소개하였다. 다음에 나올 『테마 한국불교』 8은 3단계 2년차의 여덟 개 주제를 다루게 되며, 이는 '변용의 확장성'이라는 3단계 아젠다 연구의 두 번째 성과물이다. '확장성의 생성'을 연구 목표로 하는 8년차 테마는 〈인물과 문헌〉에서 사상가로는 유식과 중관 사상의 선구자인 태현과 승랑, 텍스트로 『기신론』과 『대장경』을 선정하였고, 〈종교와 문화〉는 종교와 미래에서 수행과 템플스테이, 문화와 의례에서 불교건축과 의례집을 택하여 연구 성과를 도출할 것이다.

본 HK연구단의 3단계 아젠다 목표는 '변용의 확장성'이다. 불교는 1700년 전에 한국에 전래된 이후 토착적 전통과의 마찰과 대립, 포용과 융합을 거쳐 변화를 거듭하였고 이는 장기 지속의 내재적 고유성을 창출하는 것으로 이어져 왔다. 한편 시간적으로는 불교의 탄생 이후 현대까지, 공간적으로는 인도에서 동아시아로 연결되는 불교문화권의 거대한 횡적 네트워크 속에서 교류와 소통의 역사성과 세계사적 보편화 과정을 장기간 경험하였다. 이는 로컬리티(특수성)가 글로벌리티(보편성)와 만나 한국이라는 시공간의 제한을 뛰어넘는 문명 접변의 코드를 생성해 내었음을 의미한다. 이러한 기반 위에서 3단계에서는 글로컬리티(확장성)의 창출 문제를 집중적으로 다루게 되며, 이를 통해 한국형 문명 패러다임 담론을 펴 나갈 수 있기를 기대한다.

제1부

인물과 문헌

사상가

원효

원측

텍스트

범망경

고승전

사상가

원효 元曉

조윤경

I. 원효의 생애와 저술

　원효 사상의 시대성/ 원효의 전기/ 원효의 저작

II. 화쟁和諍과 회통會通

　언어와 의미의 이중주/ 이제二諦를 둘러싼 화쟁논법/ 무이중도

　無二中道에 나타난 화쟁·회통

III. 일심一心과 무애無礙

　원효의 사교판/ 일심이문一心二門/ 무애의 경지

IV. 동아시아에 미친 원효의 영향

　법장과 종밀에 미친 영향/ 일본 나라奈良불교에 미친 영향

■ 화쟁, 수평적 소통으로 무한을 열다

I. 원효의 생애와 저술

원효 사상의 시대성

　한국불교를 대표하는 사상가를 한 명만 꼽아야 한다면, 상당수가 원효元曉(617~686)를 선택하지 않을까 생각한다. 원효의 사상은 과거에 중국과 일본을 비롯하여 둔황 및 투루판까지 영향을 미쳤으며, 현대에도 그 명성은 동아시아를 넘어 세계적으로 알려졌다. 말하자면, 원효는 비단 한국불교의 대표적 사상가만이 아니라, 동아시아불교를 대표하는 뛰어난 사상가로서, 그의 사상은 한·중·일을 횡단하면서 동시에 한국불교의 고유한 독자성을 현현하고 있다.

　한국불교사에서 원효와 같은 사상가가 탄생하게 된 시대적 배경은 무엇이었는지 되묻지 않을 수 없다. 그는 과연 어떤 시대를 호흡하면서 자신의 문제의식을 잉태하고, 다시 그것을 체계화된 사상으로 꽃피웠던 것일까? 자유로운 사상을 펼쳤던 원효의 시대는 역설적이게도, 신분 질서에 의해 개인의 삶이 제한되는 시대였다. 뿐만 아니라, 신라 사회는 오랜 전란에 시달렸던 백성들의 민심을 달래고 삼국을 통합해야 하는 과제가 있었다. 따라서 당시의 불교는 왕실과 귀족의 종교를 넘어 일반 대중들을 구원해야 하는 시대적 요청에 직면하고 있었다.

　또한, 사상적으로도 불교 사상의 다양한 계통을 분류하고 체계화해야 할 필요성이 있었다.[1] 원효가 활동하던 시기인 7세기 후반 신라 불교

1　김용태, 「원효의 사상적 입장과 승부수-중관과 유식의 중도적 입장과 불성」, 사람으

계는 중국에서처럼 여러 학파들 간의 경쟁과 대립 양상이 분명하게 존재하지 않았으며, 중국을 통해 소개된 성실학·섭론학·삼론학 등 다양한 불교 학설들을 종합적으로 연구하는 경향이 일반적이었다.[2] 한편, 중국에서는 현장이 인도에서 배워 온 호법 계통의 신유식이 기존의 구유식과 대립했지만, 신라에서는 중국에서와 같은 신유식과 구유식 간의 격렬한 충돌이 존재하지 않았으므로, 원효는 중국의 사상가들보다 자유로운 시각에서 여러 학설을 회통할 수 있었다.

이처럼 원효는 혼란을 딛고 통합을 이루어야 하는 시대정신 속에서 다양한 불교 학설들을 주체적으로 흡수하여 자신만의 독자적인 이론 체계를 완성했다.

원효의 전기

원효의 출가 동기 등이 기록된 사료는 많지 않은데, 이는 그가 환속하여 신라의 주류 불교계와 일정한 거리를 두고 있었으며, 제자를 양성하거나 교단에 참여하지 않았던 것과 관련이 있다. 9세기 초 고선사高仙寺 서당화상비誓幢和尙碑(800~808, 파편), 10세기 말『송고승전』「원효전」(988), 13세기 후반『삼국유사』「원효불기元曉不羈」(1281)가 대표적인 원효의 전기 자료이다.

서당화상비는 원효의 후손인 설중업薛仲業이 779~780년 일본에 사신으로 갔다가 원효를 흠모하는 일본인 고관을 만난 것을 계기로 건립이 추진되었다가, 20년이 지나 김언승金彦昇의 후원을 받아 세워졌다.

로 읽는 한국사 기획위원회,『언더그라운드 슈퍼스타』, 파주: 동녘, 2011, p.172
2 최연식,「元曉의 和諍사상의 논의방식과 사상사적 의미」,『보조사상』25, 2006, p.440

그 당시에는 서당화상비와 함께 거사 모습의 원효상이 조성되었다고 전한다. 서당화상비는 원효와 가장 가까운 시기에 만들어져 사료적 가치가 높음에도 불구하고 후대에 인용되지 않다가, 20세기에 들어 비석의 일부가 발견되고 그 내용의 절반 정도가 알려지게 되었다. 서당화상비에서는 원효의 유학 관련 기록은 확인할 수 없다.

또 다른 원효의 전기 자료인 『삼국유사』 「원효불기」에서는 서당화상비뿐만 아니라 화쟁국사비의 존재도 전혀 언급하지 않고 있다.[3] 대각국사 의천義天(1055~1101)은 원효비의 건립을 추진하였는데, 그의 사후 12세기 후반에 화쟁국사비가 경주 분황사에 세워졌고 현재는 귀부와 탁본 일부만 전해진다. 일연은 『삼국유사』 「원효불기」에서 원효의 행장이나 향전 등의 기록을 인용하여 원효의 생애를 소개하였는데, 요석공주와의 인연 등에 대한 기록은 다른 자료에는 보이지 않는 것이다.

원효의 명성은 한반도를 넘어 중국과 일본 등으로 퍼졌다. 특히 시대가 앞선 『송고승전』 「원효전」은 후대 원효 전기의 기본 사료로서, 『금강삼매경』과 원효의 관련성을 보여 주는 설화가 실려 있다. 또한 『송고승전』 「의상전」에서는 원효가 유학을 떠나려다 무덤 속에서 깨달음을 얻은 일화를 소개하고 있다. 13세기에 원효와 의상의 사상적 영향을 받아 일본의 화엄 교학을 발전시킨 묘에(明惠, 1173~1232)는 『화엄종조사회전華嚴宗祖師繪傳』[4]에서 원효와 의상을 '화엄종조사'로 추모하며 그들의 일생을 그림으로 묘사했다.

『삼국유사』는 원효가 617년 경상북도 경산시에 해당하는 압량군 불지촌의 밤골에서 태어났다고 전한다. 원효라는 이름은 훗날 스스로 지

---

3 김용태, 앞의 책, 2011, p.178
4 현재 京都 高山寺에 소장되어 있다.

은 것으로, '새벽'이라는 뜻이며 태양처럼 빛나는 부처의 가르침을 상징한다. 조부는 잉피공仍皮公이고 부친은 신라 17관등 중 제11위인 내마를 역임한, 골품제에 편입된 귀족 출신이다. 서당화상비 및 『삼국유사』에서는 원효가 일정한 스승을 따라서 배우지 않았다고 기록하고 있는데, 그는 하나의 교리 전통에 얽매이지 않고 전국 각지의 유명한 고승들을 두루 찾아다니며 그들과 교류하고 학문을 배웠다.

원효는 중국 유학을 두 차례 시도했지만, 결국 유학은 떠나지 않았다. 당시 중국에서는 인도에서 17년간 유학을 마치고 돌아온 현장이 신유식을 펼쳐 큰 반향을 불러일으켰고, 이에 원효도 새로운 교학을 배우고자 중국 유학행을 결심했다. 650년(진덕여왕眞德女王 4년) 30대 중반인 원효는 의상과 함께 육로로 요동까지 갔지만 고구려 수비대에 첩자로 오인되어 붙잡혀서 되돌아오게 되었다. 661년(문무왕文武王 원년) 원효는 의상과 함께 다시 유학길에 오르는데, 『송고승전』 「의상전」에서는 다음과 같이 기록하고 있다.

일행이 본국의 바닷가 당주 경계에 이르러, 큰 배를 구하여 바다를 건너려고 꾀하였다. 중도에서 갑자기 소나기를 만나, 하는 수 없이 길가의 동굴 속에 들어가 비바람을 피하였다. 이튿날 새벽녘에 바라보니 바로 고분 속 해골 옆이었다. 가랑비는 계속 추절거리고 땅은 진창인지라, 한 걸음도 내딛기 어려워 머무르느라 나아가지를 못하였다. 또다시 연도(무덤 속으로 들어가는 길) 안에서 잠을 자는데, 한밤중에 갑자기 귀신들이 나타났다. 원효가 크게 느낀 바 있어 말하기를, "어젯밤에 잘 때는 동굴이라 여겨서 편안하였는데, 오늘밤 잠자리에는 귀신 소굴이란 생각에 저주가 많구나. 그러니 알겠도다. '마음이 일어나면 온갖 법이 일어나고,

마음이 소멸하면 동굴과 무덤이 둘이 아니며, 또한 이 세상은 오직 마음먹기 나름이요, 온갖 법은 오로지 인식하기 나름인 것을.' 마음 밖에 달리 법이 없거늘 어찌 밖에서 구하리오. 나는 당나라에 가지 않겠다."며, 보따리를 챙겨 신라로 되돌아갔다.[5]

원효가 깨우친 이 일화는 후대에 해골 물을 마셨다는 내용이 첨가되어 널리 알려졌다. '마음이 일어나면 온갖 법이 일어나고, 마음이 소멸하면 동굴과 무덤이 둘이 아니다(心生故種種法生 心滅故龕墳不二)'라는 원효의 말은 혜홍 각범慧洪覺範(1071~1128)의 『임간록林間錄』에서 "마음이 일어나면 온갖 법이 일어나고 마음이 소멸하면 해골도 마찬가지다.(心生故種種法生 心滅故髑髏如是)"라는 게송으로 변형된다. 이 일화의 내용은 『대승기신론』을 연상시키는데, 원효는 이 사건을 계기로 유학을 접고 신라로 돌아가 교학을 연구하고 중생 교화에 힘쓰게 된다.

원효는 교학 연구와 집필을 계속하는 한편, 파계를 감행하고 자신을 '소성거사小姓居士'라고 지칭한다. 앞서 언급했듯이 원효와 요석공주의 결연은 『삼국유사』에서만 나오는데, 이는 신라 중대 왕실과 원효의 공조를 가능하게 한 상징적 사건이기도 하다.[6] 당시 신라에서는 삼국을 통일하기 위한 전쟁을 치르면서 죽음에 대한 두려움과 절망이 만연했고, 중생을 고통에서 구원하는 대승불교의 이념은 당시 시대적인 요청에 부합했다.

중생을 구제하기 위해 속세로 돌아온 원효가 불교계의 전면에 복귀하게 된 것은 『금강삼매경金剛三昧經』에 대한 해석을 집필한 것이 계기가

---

5 남동신, 『원효』, 서울: 새누리, 1999, pp.87~88
6 김용태, 앞의 책, 2011, p.185

되었다. 『송고승전』 「원효전」에 따르면, 신라 왕비의 병을 치유하기 위한 목적으로 용궁에서 『금강삼매경』을 가져와서, 대안大安이 흩어진 종이의 순서를 맞춘 뒤 이 경전을 8품으로 나누고, 원효를 시켜 소疏를 찬술하도록 하였다고 한다.[7] 이 『금강삼매경』에 대한 원효의 소인 『금강삼매경론金剛三昧經論』은 유식이나 중관 등 여러 다른 사상적 경향을 창조적으로 종합하여 일관된 사상 체계로 관통시킨 원효의 대표작이다. 이 소는 후대에 중국에서 그 지위가 '논서'로 격상되었다.

원효의 저작

원효가 남긴 저작은 매우 방대하다. 그가 남긴 저술의 종수에 대한 견해는 학자마다 다르지만, 기존에 밝혀진 87(89)종 180(191)여 권에 후쿠시 지닌(福士慈稔)이 확인한 11종과 김상현이 확인한 5종을 더하면 현재 대략 103종 202(+권수 미상 6종) 내지 208(+권수 미상 6종)권으로 추정된다.[8] 그 저술의 내용에 있어서도 구사와 성실, 삼론과 열반, 지론과 섭론, 법상과 계율, 법화와 화엄, 정토와 선법 등[9] 불교의 전 영역을 망라하고 있다. 그러나 그의 방대한 저술 가운데 현존하는 저술은 20여 종에 불과하고, 그 가운데 완본이 아닌 것도 있는데, 현존하는 저술 목록은 다음과 같다.

---

7 이러한 기록을 바탕으로 『금강삼매경』이 대안이나 원효 등에 의해 신라에서 찬술되었을 것이라고 주장하는 학자들도 있다.
8 고영섭, 『분황 원효의 생애와 사상』, 서울: 운주사, 2016, p.43
9 구체적인 목록은 고영섭, 위의 책, 2016, pp.48~53 참조.

1. 『대혜도경종요大慧度經宗要』 1권
2. 『법화경종요法華經宗要』 1권
3. 『화엄경소華嚴經疏』 전 10권 중 서문과 권3 일부
4. 『보살영락본업경소菩薩瓔珞本業經疏』 3권 중 서문과 하권
5. 『열반경종요涅槃經宗要』 2권 1책
6. 『미륵상생경종요彌勒上生經宗要』 1권
7. 『해심밀경소解深密經疏』 3권 중 서문
8. 『무량수경종요無量壽經宗要』 2권
9. 『불설아미타경소佛說阿彌陀經疏』 1권 1책
10. 『유심안락도遊心安樂道』 1권 1책
11. 『보살계본지범요기菩薩戒本持犯要記』 1권
12. 『범망경보살계본사기梵網經菩薩戒本私記』 2권 중 상권
13. 『금강삼매경론金剛三昧經論』 3권
14. 『대승기신론별기大乘起信論別記』 2권 1책
15. 『대승기신론소大乘起信論疏』 2권
16. 『이장의二障義』 1권 1책
17. 『판비량론判比量論』 1권의 일부
18. 『중변분별론소中邊分別論疏』 4권 중 3권
19. 『십문화쟁론十門和諍論』 2권 중 일부
20. 『발심수행장發心修行章』 1권
21. 『대승육정참회大乘六情懺悔』 1권
22. 〈미타증성게彌陀證性偈〉

원효의 방대한 저술 목록은 그의 학문적 깊이와 열정을 방증한다. 뿐

만 아니라, 저술과 관련한 갖가지 분야들은 그의 학문적인 열정이 어느 특정 종파의 시각으로 불교를 정의하는 방식이 아니라 다양한 불교 교리를 평등한 시각에서 바라보고 그것들의 장점을 회통시키는 개방적인 방식으로 표출되었음을 알려 준다. 이러한 그의 개방적인 학문 태도는 화쟁과 회통이라는 특수한 학문적 방법론을 탄생시킨다.

II. 화쟁和諍과 회통會通

언어와 의미의 이중주

원효의 화쟁과 회통이라는 방법론은 그의 독특한 언어관의 토대 위에서 구축된 것이다. 언어는 종종 의미를 나타내는 도구, 특히 의미를 온전히 담아내지 못하고 그로 인해 불필요한 오해를 불러일으키는 불완전한 도구로 받아들여진다. 언어는 궁극적 실재를 담아내지 못하는 한계가 있다고 보는 것은 중국을 비롯한 동아시아에 널리 퍼져 있던 관점으로, 이러한 시각을 대표하는 인물로 노자가 있다.

이와 같은 언어와 의미 사이의 긴장은 인도불교에서도 없었던 것은 아니지만, 불교가 중국으로 전래되고 나서 지식인들 사이에 줄곧 논쟁의 대상이 되었으며, 동아시아불교를 관통하는 문제의식으로 자리 잡았다. 당시의 여러 학문적 경향을 민첩하게 수용하고 시대적 고민에 대해 누구보다도 민감했던 원효가, 언어와 의미 사이의 균열과 긴장에 대해 의식했던 것은 어쩌면 너무 당연한 것일 수도 있겠다. 다음 구절은 이를 잘 나타내고 있다.

불의 성질이란 이름에서 뜻을 얻을 수는 없는 것이다. 이와 같이 불의 성질이 비록 얻어지지 않는다 하더라도 그 나무 속에는 불의 성질이 없지 아니한 것이다. 이러한 도리를 밝히고자 하여 불의 성질이란 이름을 말한 것이나 그 이름을 아무리 두드리고 쪼개어 보아도 다만 글자가 있을 뿐이다. 모든 글자를 다 찾아 돌아보아도 불의 성질은 얻어지지 않는다.[10]

원효는 "모든 언설은 오직 가명이므로 실재성이 결여되어 있다."[11]라고 생각했다. 그러나 한 가지 주의해야 할 점은, 의미가 언어 그 자체에 담겨 있는 것이 아니라고 해서, 그것이 곧 언어로는 진리를 표현할 수 없다는 소극적인 입장과 동일한 것은 아니라는 점이다. 최유진은 "원효는 모든 것이 언설과 다르고 떠나 있다는 것을 주장한다는 점에서 노자와 다르고, 비록 언어적인 표현과 그것이 지칭하고자 하는 것은 다를 수밖에 없지만, 표현이 불가능한 것은 아니고 언어적 표현 그 자체가 진리의 드러냄일 수 있다고 주장하는 것이 노자와의 또 다른 차이점이다."[12]라고 지적한다.

언어 그 자체는 불완전한 것이지만 이러한 언어를 사용해서 진리를 온전하게 드러낼 수 있다고 주장하는 원효의 언어관은 원효 이전에 있었던 삼론종의 언어관과 일맥상통한다. 원효는 중관과 유식 등 여러 학파의 학설을 두루 받아들여 자신만의 독창적인 화쟁논법을 탄생시킨다.

---

10 元曉, 『金剛三昧經論』 卷中(『大正藏』 34, 974a)
11 元曉, 『起信論疏』(『大正藏』 44, 207b)
12 최유진, 「원효에 있어서 화쟁과 언어의 문제」, 고영섭 편저, 『원효』, 서울: 예문서원, 2002, p.371

그는 『보살계본지범요기菩薩戒本持犯要記』에서 "부처의 도는 넓고 확 트여 아무런 장애도 없고 한곳에 국한되지 않으니, 항상 근거하는 바가 없어도 타당하지 않은 바가 없다. 그러므로 일체의 다른 주장들이 모두 부처의 주장이고, 온갖 학파의 학설들이 옳지 않은 것이 없어서, 팔만 가지 법문이 모두 이치에 들어갈 수 있다."라고 말한다.

그렇다면 원효의 언어관은 삼론종의 그것과 완전히 일치하는가? 삼론종과 원효 모두 깨달은 자의 '아무런 장애도 없고 한곳에 국한되지 않는(無礙無方)' 작용에서 온갖 다양한 교설들을 이치로 포용하기 때문에, 양자는 원론적인 측면에서 일맥상통한다. 그러나 삼론종은 타 학파의 교설을 집착과 미혹에서 비롯된 유소득의 견해로 간주하는 경우가 대부분이다. 따라서 삼론종에서 타 학파의 주장들은 결과적으로 깨달은 자의 무애한 언어를 통해 깨끗이 제거해야 할 대상, 즉 '미혹된 인식에서 비롯된 희론'이라는 지위에서 벗어나지 못한다. 반면, 원효는 타 학파의 교설에 대해서도 '부처의 주장'으로 포섭될 수 있는 가능성을 부여하며, "온갖 학파의 학설들이 옳지 않은 것이 없어서, 팔만 가지 법문이 모두 이치에 들어갈 수 있다."라고 포용한다. 따라서 타 학파의 언어에도 필연적으로 진리가 함축되어 있다고 간주하는 원효의 언어관은 이전의 사상가들과는 다른 자신만의 독창적인 가치를 보여 준다.

다시 말해, 원효는 언어가 진리를 나타낼 수 있으며, 여러 학파의 다양한 언어적 가르침이 진리의 한 부분을 담지하고 있다는 전제를 토대로 하여, 자신의 독자적인 화쟁논법을 구사한다. 그의 언어관은 삼론종의 그것과 시발점은 유사하지만, 원효가 지향하는 대승의 평등과 무애 사상이 불교 경론의 가르침에 국한되지 않고 타 학파의 교설까지도 일승으로 포용한 점은 삼론종의 배타적 태도와 구별된다. 이것은 원효 자신이 다양한 학문을 흡수하면서 그것들 사이의 충돌과 모순에 대해 고민했던 문제의식의 귀결점이기도 하다.

원효의 교학에서 가장 대표적인 특징은 화쟁과 회통에 있고, 이 화쟁과 회통은 또한 불가분의 관계이다. 김영태는 "원효의 화쟁 논리는 회통이 있음으로써 완성되는 것이므로, 화회가 그 바른 일컬음이라고 할 수 있다. 화쟁도 반쪽이고 회통도 반쪽이라 할 수 있으나 회통에 의해서 화쟁이 성립되는 것이라면 결국은 회통을 떠나서는 화쟁이나 화회가 존립 불가능하다고 할 수 있을 것이다."[13]라고 하였다. 한편, 화쟁과 회통의 범주를 구분하는 해석도 존재하는데, 박태원은 "'화쟁'은 '통섭'의 하위 개념이고 부분집합"[14]이라고 밝혀 회통이 화쟁을 포괄하는 관계를 이루고, "원효의 화쟁 사상은 그 시대 불교 사상계의 분열적 혼란을 해결하기 위한 미시 해석학적 방법"[15]이라고 정의한다.

이와 같이 화쟁과 회통에 대한 구체적인 정의는 학자들 간에 이견이 있다. 하지만 원효가 "화쟁·회통의 논리를 통해 인도불교와 중국불교 및 일본불교와 변별되는 한국불교의 전통과 고유성을 확보하여 종파성을 초월하고 통합불교를 지향"[16]했다는 방향성은 모두가 인정하는 지점이다. 또한 그의 화쟁과 회통의 사유 체계는 한국불교의 정체성을 대변하므로, 이에 대한 탐구는 한국철학의 정체성 확립과도 직결되는 문제이다.

---

13 김영태, 「『열반경종요』에 나타난 화회의 세계」, 고영섭 편저, 앞의 책, 2002, p.314
14 박태원, 『원효의 십문화쟁론』, 서울: 세창출판사, 2019, p.30
15 박태원, 위의 책, 2019, p.40
16 고영섭, 앞의 책, 2016, pp.113~114

이제二諦를 둘러싼 화쟁논법

원효 저술의 곳곳에 그의 화쟁논법이 나타나고 있는데, 그 가운데 대표적인 것으로 이제와 중도 개념에 나타난 화쟁논법이 있다. 우선 원효가 공유空有 이제를 어떻게 화쟁시키고 있는지 살펴보자. 원효는 『금강삼매경론』에서 다음과 같이 말한다.

> 여러 다른 견해들 사이에 쟁론이 일어날 때, 유의 견해와 동일하게 말하면 공의 견해와 상이하게 되고, 공의 집착과 동일하게 말하면 유의 집착과 상이하게 되어, 동일한 것과 상이한 것에서 그 쟁론만 더욱 확대된다. 또한 다시 저 두 가지와 모두 동일하면, 자기 내부에서 서로 충돌하게 되고, 저 두 가지와 모두 상이하면, 그 둘과 서로 다투게 되기 때문에, 동일하지도 않고 상이하지도 않게 말하는 것이다. 동일하지 않은 이유는 말하는 곧이곧대로 받아들이면 모두 허용할 수 없기 때문이고, 상이하지 않은 이유는 그 의미를 살려 말하면 허용되지 않는 바가 없기 때문이다. 상이하지 않기 때문에 저들의 인식에 위배되지 않고, 동일하지 않기 때문에 도리에 어긋나지 않으니, 인식에서와 이치에서 서로 위배되지 않는다.[17]

원효는 유의 견해와 공의 견해가 서로 쟁론이 일어날 때, 유견이나 공견 가운데 어느 한쪽에 치우치지 않아야 할 뿐 아니라, 양자와 모두 동일하거나 상이하지도 않아야 한다고 주장한다. 원효가 이렇게 주장하

---

17   元曉, 『金剛三昧經論』 卷中(『大正藏』 34, 982c)

는 까닭은 진리와 중생의 인식에 부합하기 위해서이다. 즉, 서로 대립하는 견해들과 동일한 입장을 취하면 보편적 진리에 부합할 수 없고, 서로 대립하는 견해들과 상이한 입장을 취하면 중생의 인식에 부합할 수 없다. 따라서 원효는 현상적 차원이나 초월적 차원 가운데 어느 한쪽만을 채택하지 않고, 보편성과 개별성을 소통시킨다.

김영일은 원효의 『대승기신론별기』의 공과 유에 대해 "이치의 시각으로 보면, 유는 동시에 공이 되고 공은 동시에 유가 되는 까닭에 서로 다르지 않으며, 생멸의 시각으로 보면, 유는 곧 공으로 변화되고 공은 곧 유로 변화되는 까닭에 서로 근본적으로 다르지 않다."[18]라고 설명한다. 즉, 원효는 이제를 평등한 한 쌍으로 보고 이제에 대한 수평적 논의를 펼치는데, 이치와 생멸의 시각 모두에서 공과 유는 서로 소통하고, 이 두 가지 대립 항들이 소통되는 화쟁이야말로 다시 진리를 입증하는 징표가 된다.

원효의 『보살영락본업경소』에서는 이제 사이의 관계를 다각적으로 고찰하고 있어서, 화쟁논법이 성립할 수 있는 근거가 무엇인지 살펴볼 수 있는 단서를 제공한다. 원효는 『보살영락본업경소』에서 이제를 개별적으로 해석(別釋)하면서 모두 네 가지 방식으로 논의를 전개하였다. 첫째는 '무와 유가 있는 문'이고, 둘째는 '둘(二)과 둘이 없음(無二)의 문'이고, 셋째는 '인연의 문'이고, 넷째는 '가명의 문'이다.[19] 이곳에서는 논의의 편의상 유식 삼성설의 맥락에서 풀이한 넷째 문을 제외하고 앞의 세 문을 중심으로 그가 이제를 전개한 방식을 고찰할 것이다.

우선, 원효는 첫째 '무와 유가 있는 문'에 대해서 다음과 같이 전개한다.

---

18 김영일,「元曉의 空有和諍論」,『한국불교학』64, 2012, p.230
19 元曉,『瓔珞本業經疏』卷下(『卍續藏』39, 248b)

무와 유가 있는 문(有無有門)은 분별성分別性으로서, 이치(理)와 현상(事)이 있다: 이치는 가명으로 있는데, '가명으로 있음(假有)'은 공이 아니므로 '유제有諦'라고 이름하며, 현상의 법은 진실로 없는데, '진실로 없음(實無)'은 공이므로, '무제無諦'라고 이름한다. 마치 『보살영락본업경』에서 "세제는 있으므로 공하지 않고, 무제는 공하므로 있지 않다."라고 한 것과 같다.

이와 같은 이제는 항상 그러하지 않음이 없으므로 하나도 아니며(不一), 실제 그러하지 않으므로 둘도 아니다(不二). 마치 『보살영락본업경』에서 "이제는 항상 그러하므로 하나가 아니고, 성인은 공을 관조하므로 둘이 아니다"라고 한 것과 같다. 이 가운데 '이제가 항상 그러하다'는 것은 '가명으로 있음(假有)'은 '가명으로 없음(假無)'을 이루지 않고, '진실로 없음(實無)'은 '진실로 있음(實有)'을 이루지 않기 때문인데, 이것은 여량지如量智의 분별이다. '성인이 공을 관조한다'는 것은 '가명으로 있음(假有)'이 '가명으로 있음(假有)'을 이루지 않고, '진실로 없음(實無)'이 '진실로 없음(實無)'을 이루지 않기 때문인데, 이것은 여리지如理智의 통달이다. 가유가 가유를 이루지 않는 까닭은 이름에 의거하여 가립한 것이 가유인데, 의거하는 대상(所依)인 명언을 얻을 수 없기 때문에, 의거하는 주체(能依)인 가유가 성립되지 않는다. 실무實無가 실무를 이루지 않는 까닭은 계탁하는 유를 버림으로써 실무를 세운 것인데, 버린 대상(所遣)인 실유實有를 얻을 수 없기 때문에, 버린 주체(能遣)인 실무도 성립되지 않는다. 그 여리지가 이와 같이 통달하기 때문에, '성인이 공을 관조하므로 둘이 아니다(不二)'라고 말한 것이니, 이것이 초문 이제初門二諦의 이치다. 이 가운데 불이는 바로 진여를 나타내니, 곧 중도 제일의제다.[20]

---

20 元曉, 『瓔珞本業經疏』 卷下(『卍續藏』 39, 248b~c)

초문에서는 유와 무의 분별로부터 출발한다. 그러나 그것은 서로 완전히 격절된 유와 무가 아니라 이치와 현상의 관계를 어떤 각도로 조망하는가에 따라 나뉜 유와 무이다. 말하자면, 초문에서는 '이치는 가명으로 있고(假有), 현상의 법은 진실로 없다(實無)'는 사실을 제시하고, 이 있음과 없음의 측면이 각각 유무 이제라고 규정한다. 그러므로 이 이제는 하나도 아니고(不一) 둘도 아닌(不二) 관계다. 여기서 원효는 불일과 불이를 각각 '여량지의 분별'과 '여리지의 통달'로 규정하는데, 자세한 내용은 다음과 같다.

〈표 1〉 초문의 不一과 不二

不一 (如量智의 분별)	不二 (如理智의 통달)
'假有'≠'假無'	'假有'≠'假有'
'實無'≠'實有'	'實無'≠'實無'

원효는 불일과 불이 모두 부정의 방식을 통해 정의한다. 앞에서 그가 제시한 이제는 '가명유(假有)'와 '실상무(實無)'였다. 이를 기초로 하여 불일은 '가유가 가무가 아니고' '실무가 실유가 아니라는 것', 즉 현상과 이치의 층위를 막론하고 대립 항(타자)과의 구분을 통해 유무 이제가 동일하지 않음을 나타낸다. 반면, 불이는 '가유가 가유가 아니고' '실무가 실무가 아니라는 것', 즉 현상과 이치의 층위를 막론하고 자기동일성을 부정함으로써 유무 이제가 다르지 않다는 통달通達을 나타낸다.

본래 초문에서 가명의 층위(事)와 실상의 층위(理)는 서로 유기적으로 얽힌 것이었지만, 불일과 불이에 대한 논의에 있어서 서로의 영역을 침범하지는 않는다. 한 가지 특이한 점은, 초문의 논의가 유와 무의 구별에서 출발했지만, 마지막에는 그러한 유나 무가 없고, 궁극적인 중도 제일의제는 유무가 둘이 아님이라는 점을 주지시키며 끝을 맺고 있는 점이다. 이 부분은 자연스럽게 둘째 문으로 연결되는데, 원효는 다음과 같이 말한다.

> 둘째, 이제(二)와 불이不二의 문이라는 것은, 앞에서 말한 일제의 유무 차별이 영속적이고 변하지 않는 것을 세제라고 하고, 유무가 모두 공하고 평등한 일미이기 때문에 제일의제라고 한다.[21]

둘째 문에서 원효는 앞의 논의를 이어 받아 유와 무의 관계성, 즉 불일과 불이로 이제를 새롭게 정의한다. 즉 유와 무의 영속적이고 불변하는 차별인 불일은 세제고, 유와 무의 평등한 일미인 불이는 제일의제라고 표명한다. 이러한 중층적인 이제 정의는 양나라 지장智藏(458~522)의 이중이제二重二諦나 삼론종의 삼중이제三重二諦에서 제이중이제와 유사하지만, 둘째 문에서 이제를 나누는 기준은 차별과 평등으로 수렴된다. 따라서 유무 이제(二)와 둘이 없음(無二)은 모두 절대의 시각에서 수평적 구도로 펼쳐진다.

한편, 셋째 인연문에서 원효는 앞의 두 문과 별도의 논리를 전개하고 있다.

> 셋째 '인연에서 본 이제의 문'은 제불이 이미 삼계의 제행에서 벗어났지만, 기연機緣을 만나 다시 육도에 들어간다. 이와 같이 감응하는 인연

21　元曉, 『瓔珞本業經疏』 卷下(『卍續藏』 39, 248c)

이 화합하니, '무가 아님'을 알아서 '유제有諦'라고 한다. 비록 무도 아니지만 유라고 할 수도 없다. 유라고 할 수 없으므로 일단 무라고 말한다. 비록 무라고 말하지만, 무는 존재하지 않는다. '유와 무가 모두 없음'을 '무제無諦'라고 한다. 『보살영락본업경』에서 "제불이 다시 범부가 되었으므로 공하지 않고, 무가 없으므로 유가 아니다."라고 한 것과 같다. 그러므로 (『보살영락본업경』의) 윗글과 같이 "인연이 모인 것을 유라고 이른 것이지, 유가 유라고 말한 것은 아니며, 인연이 흩어진 것을 무라고 이른 것이지, 유가 무라고 말한 것은 아니다."라고 한 것은 바로 이 문의 이제를 말한 것이다 …… 따라서 이 가운데 무제의 공은 진실하므로, 유제와 함께 하나가 되지 않으며, 유제의 법은 본래 생기하지 않으므로, 무제와 함께 둘이 되지 않는다. 그러므로 '공이 진실하므로 하나가 아니고, 본제가 생기하지 않으므로 둘이 아니다'라고 말한다. 이 문에서 이제는 바로 중도 제일의제다. 그러한 까닭은 유가 생기하지 않으므로 곧 무제가 되고, 무도 공하므로 곧 유제가 되니, 따라서 이제는 곧 중도가 된다. (『보살영락본업경』의) 윗글에서 '이제가 일제가 되어 하나의 합한 모습(二諦一諦一合相)'이라고 한 것과 같다.²²

셋째 문에서 원효는 유제와 무제를 인연의 측면에서 정의한다. 즉, 인연이 화합하는 측면에서 유와 무를 보면 '무가 아님'이 '유제有諦'고, '유와 무가 모두 없음'이 '무제無諦'다. 앞의 두 문과 비교하자면, 앞에서 '가유'는 공이 아니므로 '유제'라고 이름하며, '실상무(實無)'는 공이므로 '무제'라고 정의한 것과 유사하다. 즉, 유와 무가 모두 없는 실상은 가명과

---

22 元曉, 『瓔珞本業經疏』 卷下(『卍續藏』 39, 248c~249a)

인연을 초월한 것이다.

또한 그는 '인연이 모인 것을 유라고 이른 것이지, 유가 유라고 말한 것은 아니며', '인연이 흩어진 것을 무라고 이른 것이지, 유가 무라고 말한 것은 아니다'라고 한 『보살영락본업경』의 해석을 이와 연관시켜, '불일'과 '불이'로 이제를 정의한다. 즉, 인연이 흩어진 '무제의 공은 진실하므로, 유제와 함께 하나가 되지 않는다'고 하여, 공의 차원에서는 '불일'을 밝힌다. 또한 인연이 모인 '유제의 법은 본래 생기하지 않으므로, 무제와 함께 둘이 되지 않는다'고 하여, 유의 차원에서 '불이'를 논한다. 앞의 문에서 유와 무의 불일과 불이는 어디까지나 가명의 층위(事)나 실상의 층위(理)에 한정된 유무 관계에 대한 논의였다. 그러나 인연문에서는 인연의 화합과 본래적 모습을 수평선상에 놓고 자유롭게 넘나들며 그것들 간의 관계를 논의한다. 앞의 용어를 빌려 표현하면, '가유와 실무가 불일불이의 중도 제일의제'인 것이다.

그런데 사실, 일반적으로 '유'가 '불일'과 연결되고 '공'이 '불이'와 연결되는 것이 보다 자연스럽게 인식된다. 앞에서 초문 이제에서도 '성인이 공을 관조한다'는 것이 불이중도와 연관되었다. 그런데 원효는 인연의 차원에서 유가 곧 무제가 되고 무가 곧 유제가 되는, 유와 무의 수평적 상즉성을 전개한다. 이러한 수평적 상즉성이 담보될 때, 이제 가운데 어느 한 진리만 들어도 나머지 한 진리가 동시에 함께 현현할 수밖에 없고, 따라서 이제는 그 자체로 바로 중도가 될 수밖에 없다. 원효는 『보살영락본업경』의 '이제가 일제가 되어 하나의 합한 모습(二諦一諦一合相)'이 바로 이것을 의미하는 것이라 보았다.

한편, 원효가 공유이제를 화쟁할 때, 이 공과 유는 단순히 중생의 인식에서 그치는 것이 아니라, 여러 학파의 주장에 해당하는 것이기도 하다. 김영일은 원효가 논쟁과 화해의 형식을 통해 자신의 화쟁 사상을 전개해 나가는데, 특정한 논점에 서서 마치 당사자인 것처럼 논쟁을 하고 마지막에는 마치 제3자가 판결하는 것처럼 여러 가지 방법으로 학설들을 '화해'하는 모습을 취하고 있다고 지적한다.[23] 원효는 이러한 두 가지 대립되는 학설을 화쟁시키는 방법을 통해 진리에 한 걸음 더 다가설 수 있다고 보았다.

이와 같이, 원효가 사구를 자유롭게 구사하면서 화쟁의 논리를 펼친 근저에는 언어에 얽매이지 않고 언어를 자유자재로 구사하는, 개방적이고 긍정적인 학문 태도가 자리 잡고 있었다. 그는 『십문화쟁론』에서 다음과 같이 말한다. "나는 언설에 기탁하여 언어가 끊어진 법을 보여 준다. 마치 손가락에 기탁하여 손가락을 떠난 달을 보여 주듯이."

무이중도無二中道에 나타난 화쟁·회통

『보살영락본업경소』에서 원효는 팔부중도를 보편적 층위와 개별적 층위로 나누어 해석한다. 보편적인 층위에서는 앞에서 언급한 '무와 유가 있는 문', '둘(二)과 둘이 없음(無二)의 문', '인연의 문', '가명의 문'이 각각 네 쌍의 팔부중도의 의미를 모두 포함하고 있다. 그리고 개별적인 층위에서는 위의 네 가지 문이 네 쌍의 팔부중도에 각기 대응되고 있는데, 원효의 이러한 해석은 앞의 네 문의 의미를 압축적으로 개괄하는 역할을 겸한다.

---

23 김영일, 앞의 논문, 2012, p.234

만약 개별적인 측면에서 이 네 쌍을 해석하면, 저 앞의 네 문을 차례대로 나타낸다. 이것은 어떠한가? 이 가운데 '불일이면서 불이(不一亦不二)'라는 것은 저 첫 쌍의 이제가 양변을 떠났음을 드러내니, 유와 무는 영속적이므로 불일이며, 성인의 지혜가 공을 관조하므로 불이이기 때문이다. 둘째, '불상이면서 부단(不常亦不斷)'이라는 것은 제2문의 이제가 양변을 떠났음을 드러내니, 법계는 불변하므로 부단이며, 제일의제는 둘이 없으므로 불상이기 때문이다. 셋째, '불래이면서 불거(不來亦不去)'라는 것은 제3문의 이제중도를 드러내니, 인연이 화합해도 (그 인연이) 비롯되어 온 곳이 없으며, 인연이 산산이 흩어져도 가는 곳이 없기 때문이다. 넷째, '불생이면서 불멸(不生亦不滅)'이라는 것은 제4문의 이제중도를 드러내니, 가명을 무너뜨리지 않지만 생기함이 있는 것은 아니며, 실상을 나타내지만 소멸(하는 작용)이 있는 것은 아니기 때문이다. 이것이 '별문 팔불의 뜻'이라 이르는 것이다.[24]

앞의 두 문의 초점이 이제가 양변을 떠남에 있다면, 뒤의 두 문의 초점은 이제중도에 있다고 할 수 있다. 첫째 문에서 성인의 지혜를 통해 '불이', 즉 둘이 아님을 나타내었고, 둘째 문에서는 제일의제라는 경계를 통해 '무이無二', 즉 둘이 없음을 피력하고 있다. 팔불 가운데 '불일불이不一不異'를 『보살영락본업경』에서는 '불일불이不一不二'로 대신하고 있는데, 원효도 『보살영락본업경』의 경문을 따라서 해석을 진행하고 있다. 따라서 위의 논의에서 '불이'는 이제의 궁극적 지향으로서의 불이중도라는 기존의 의미가 희석되고, 동일성의 대척점에 있는 상이성에 대한 부

---

24 元曉, 『瓔珞本業經疏』卷下(『卍續藏』39, 249b)

정으로 자리매김하게 된다.

따라서 원효는 종종 '무이'라는 표현을 사용하여 중도의 궁극적인 경지를 나타낸다. 김영미는 무이중도에 대해 '진여의 근본인 체상'인 진제중도와 '진여를 근본으로 한 작용'인 속제중도가 둘이 없는 것이라고 정의하는데, 구체적으로는 다음과 같다.

『금강삼매경론』에서 원효는 속제를 일체세제법인 변계소집성으로, 진제를 시각의 원성실성으로, 속제중도는 의타기성으로, 진제중도는 본각의 원성실성으로, 속제중도와 진제중도가 둘이 없음을 무이중도라고 상정한다. 무이중도는 진제중도와 속제중도의 거래가 자유로운 '원과 같은 순환구조'를 보인다. 원효는 특이하게 속을 보내고 진을 드러내어 이제를 융합함을 보여, 억지로 버리는 부정이 아닌 자연스럽게 '긍정'으로 이끌어낸다. 무이중도는 원효의 깨달음 경지로 진제중도는 진여의 근본인 체상이고, 속제중도는 진여를 근본으로 한 작용이다.[25]

사실, 원효 이전의 동아시아불교 문헌에서는 '불이'와 '무이'를 구별하지 않았다. 그렇기에 원효가 '불이' 대신 '무이'라는 말을 사용했던 의도가 무엇이며, '불이'와 '무이'는 과연 무슨 관계인지에 대해 앞으로 심층적 논의를 통해 분명하게 구명해야 할 것이다. 위의 원효소에서 원효는 '불이'를 지혜와 관련해서 사용하고 있고, '무이'는 경계의 차원에서 다루고 있다. 따라서 '둘이 없음'은 '둘이 아님'보다 더 철저하게 둘을 부정하기 위한 의도에서 간택한 것으로 보인다. 즉, '불이'가 이제 자체는 인정

---

25 김영미,「삼론학의 不二中道와 원효의 無二中道 고찰」,『新羅文化』 50, 2017, p.27

한 다음에 이 두 가지 사이의 관계성을 별도로 지칭하기 위한 의도로 쓰일 여지가 있다면, '무이'는 '유도 아니고 무도 아니며, 허망도 아니고 진실도 아니며, 유위도 아니고 무위도 아니며, 차별도 아니고 평등도 아닌'[26] 일심의 절대 경지로서, 중도가 이제와 병렬적인 관계로 치부될 수 있는 가능성을 완전히 차단한다. 따라서 '무이'는 '일미'로 표현되는 완전한 평등과 무차별의 경지이다.

앞의 『보살영락본업경소』에서 원효는 여러 다양한 각도에서 이제를 논의하지만, 이제는 항상 중도와 상즉하는 관계로 표현된다. 따라서 원효의 중도는 이제를 초월하여 이제 밖에 독립적으로 존재하는 제3제가 아니라, 이제에 상즉한 제3제이다. 실제로 원효는 『보살영락본업경』에서 '이제의 밖에 홀로 있으면서 둘이 없다'라는 구절에 대해, 남북조시대의 일부 논사들이 주장했던 것처럼 '이제를 떠난 중도'라는 독립된 제3제가 있는 것으로 해석하지 않는다. 그는 중도가 이제의 무차별성을 나타내는 것이면서 이제의 상대성을 벗어난 것(無比無對)이라는 측면에서의 제3제라고 보고, "여래는 일심의 근원으로 돌아가니, 유도 아니고 무도 아니며, 허망도 아니고 진실도 아니며, 유위도 아니고 무위도 아니며, 차별도 아니고 평등도 아니므로 '이제의 밖'이라고 했다."[27]라고 풀이한다. 또한 『이장의』에 의하면, '홀로 있으면서 둘이 없다'라는 구절에서 무이는 능취能取와 소취所取라는 두 상이 없다는 의미로, '분별지가 없고 이공에 통달해서(無分別智通達二空)' 능소를 떠났기 때문에 '둘이 없다'고 표현한 것이다.[28]

---

26 元曉, 『瓔珞本業經疏』 卷下(『卍續藏』 39, 242c)
27 元曉, 위의 책, 242c
28 元曉, 『二障義』(『韓國佛敎全書』 1, 805b)

원효의 이제와 중도에 대한 관점은 이제관과 평등관에 그대로 적용된다. 이제관은 진제인 공성을 관조하는 것이며 평등관은 공공空空을 관조하는 것을 말하는데, 이제관과 평등관은 정체지와 후득지, 즉 공과 공공으로서 논리적인 선후가 없는 것은 아니다. 하지만 전체적인 이론 구조에서 보면 초지 이후에 양자를 동시에 구족하여야만 중도관이 성립하며, 원효가 두 관법 사이에 시간적인 격차를 두지 않았다는 점에서 원효의 이제관과 평등관은 삼론종의 '출입관이 곧 병관'이라는 해석의 전통을 따르고 있는 것으로 보인다. 적어도 두 관은 모두 초지에 귀속되는데, 초지 이상에서의 수행은 "일시에 돈입하는 비차제의 행"[29]이다. 이것은 천태 지의智顗(538~597)가 이제관과 평등관을 십회향에 귀속시키고, 시간적 간극이 있는 점진적인 수행의 단계로 설정했던 것과는 구별된다. 따라서 초지에서 이제관과 평등관을 방편으로 구족한다는 말은 무분별과 차별을 동시에 관조함, 즉 삼론 등에서 말하는 병관을 의미한다. 이와 관련하여, 『보살영락본업경』에서는 초지보살이 유와 무의 두 변을 평등하게 쌍으로 관조한다(有無二邊平等雙照)[30]고 표현하고 있어, 초지부터 병관의 시작이라고 본다.[31]

그리고 원효가 말하는 평등관은, 별도로 중도관의 경지가 있어서 아직 중도에는 도달하지 못한 상대적 평등이 아니라 '속제를 허깨비와 같이 관조하여 득得도 실失도 취하지 않는' 그 자체의 온전한 평등을 의미한다. 평등은 모든 차별이 해소된 공성에 머무르는 것에서 그치는 것이

---

29 오지연, 「천태 지의와 원효의 만남 – 일심삼관(一心三觀)을 중심으로 –」, 『佛教哲學』 1, 2017, p.93
30 『菩薩瓔珞本業經』 卷上(『大正藏』 24, 1017c)
31 조윤경, 「원효와 길장의 만남과 대화 –『금강삼매경론』의 출입관과 삼론종의 출입관 사이의 연속성과 비연속성에 대하여 –」, 『佛教哲學』 1, 2017, pp.135~136

아니라, 이 무분별의 통찰이 차별적 세계로 다시 나아갈 때만이 진정으로 평등하다고 할 수 있다.

『보살영락본업경소』에서 원효는 제3제를 무이제無二諦, 즉 '둘이 없는 진리'만이 아니라, 무진제無盡諦, 즉 '다함이 없는 진리'라고 표현하여, 중도가 차별과 무차별 모두에 얽매이지 않으면서 양자를 포용하고 있음을 나타낸다. 따라서 원효에게 중도는 현상세계의 다양성을 평등하게 구현하는 것 그 자체다.

III. 일심一心과 무애無礙

원효의 사교판

당시 교판은 여러 불교 경론을 체계적으로 배열하여 종합적으로 이해하기 위한 해석 틀에서 시작하여 자기 학파나 종파의 우월성을 자리매김하기 위한 도구적인 성격을 지니게 되었다. 원효는 『열반경종요』에서 특정 경전을 다른 경전보다 우위에 두었던 남조의 오시교판이나 북조의 사종판을 비판하고, "만약 한쪽에 집착하여 편향되면 두 학설 모두 잘못된 것이고, 만약 구분된 것에 따르고 자신의 주장이 없으면 두 학설 모두 얻을 것이다."[32]라고 하였다. 원효는 기본적으로 대승경전을 모두 구경료의로 간주하는 입장으로, 교판을 통해 자파의 우월성을 주장하는 것은 "소라 껍데기로 바닷물을 퍼내고, 대롱으로 하늘을 보는 것과 같다."[33]라고

---

32 元曉, 『涅槃宗要』(『大正藏』 38, 255b)
33 元曉, 『涅槃宗要』(『大正藏』 38, 255c)

비판하는데, 이러한 그의 일음교一音敎의 입장은 삼론종의 경전관과 상통한다.

원효가 교판을 전혀 하지 않은 것은 아니었지만, 그의 교판은 사상의 우열을 가리려는 것이 아니라 경전의 기능과 성격을 밝히는 데 초점이 있었다.[34] 원효는 삼승별교三乘別敎·삼승통교三乘通敎·일승분교一乘分敎·일승만교一乘滿敎를 분류한 사교판을 세우는데, 원효의 화엄 사상을 계승한 표원表員은 사교판에 대해 다음과 같이 설명한다.

> 신라의 원효 법사도 사교판을 세웠다. 첫째는 삼승의 별교이고, 둘째는 삼승의 통교이고, 셋째는 일승의 분교이고, 넷째는 일승의 만교이다. 삼승이 함께 배우는 것을 삼승교라고 하는데, 그 가운데 아직 법공을 밝히지 못한 것을 별상교라 하고, 법공을 두루 설하는 것을 통교라고 한다. 이승과 함께하지 않는 것을 수분교라고 하고, 보법을 완전히 밝힌 것을 원만교라고 한다.[35]

위의 인용문의 내용을 요약하면 다음과 같다.[36]

三乘別敎 – 四諦의 가르침·緣起經 등 – 법공을 밝히지 못함(未明法空)
三乘通敎 – 般若의 가르침·解深密經 등 – 제법공諸法空
一乘分敎 – 瓔珞經·梵網經 등 – 수분교隨分敎
一乘滿敎 – 華嚴經 普賢敎 등 – 원만교圓滿敎

---

34 정영근, 「원효의 사상과 실천의 통일적 이해」, 고영섭 편저, 앞의 책, 2002, p.480
35 表員, 『華嚴經文義要決問答』卷第四(『卍續藏』8, 439b)
36 고영섭, 「원효의 화엄학」, 고영섭 편저, 앞의 책, 2002, p.516

원효의 사교판은 우선 큰 틀에서 경론을 삼승과 일승으로 나눈 다음, 다시 삼승은 별교와 통교로 분류하고, 일승은 분교와 만교로 분류했다. '삼승이 함께 배우는 것을 삼승교三乘敎라고 하고', '이승二乘과 함께할 수 없는 것을 일승교一乘敎라고 한다'.37 삼승교는 법공에 대한 이해를 기점으로, 법공을 이해하지 못한 초기의 교설은 별교로, 법공을 밝히는 반야의 가르침과 『해심밀경』은 통교로 구분된다. 일승교에서 분교와 만교를 나누는 기준은 보법普法을 드러내었는지의 여부이다. 보법을 드러내지 못한 가르침은 수분교라고 하고, 『보살영락본업경』과 『범망경』이 이에 해당한다. 『화엄경』과 같이 보법을 밝힌 가르침은 원만교라고 한다. 한 가지 흥미로운 점은, 원효는 『법화경』을 일승교로 분류하지만 그것이 분교인지 만교인지에 대해 분명하게 밝히지 않았는데, 『법화경』은 문자 표현으로는 '불료의 언어도 있지만(此經亦有不了義語)', 실질적인 내용에 있어서는 '구경료의의 가르침(究竟了義之敎)'38으로 간주하고 있음을 알 수 있는데, 이것은 법장이 『화엄경』을 '별교일승'으로 보고 '동교일승'인 『법화경』보다 우위에 두었던 것과 구별된다.

원효의 사교판을 보면, 그가 『화엄경』을 높이 평가하고 중시하였음을 알 수 있는데, 실제로 그의 저술 가운데 『화엄경소』・『화엄경종요』・『화엄강목』 등 화엄과 관련한 저술이 많이 나타난다. 뿐만 아니라, 원효는 『대승기신론』을 상당히 중시하여, 『대승기신론』이 여러 대승경전의 핵심을 관통하는 유일한 논서라고 평가했다.39 원효는 『대승기신론』에서 다양한

---

37 表員, 『華嚴經文義要決問答』 卷第四(『卍續藏』 8, 439b)
38 元曉, 『法華宗要』(『大正藏』 34, 875c)
39 元曉, 『起信論疏』(『大正藏』 44, 206a)

사상을 체계화할 수 있는 방법을 찾았을 뿐만 아니라, 이론(입의분 및 해석분)·실천(수행신심분修行信心分)·신앙(권수이익분勸修利益分)을 하나의 틀 속에 총괄하는 논서로 보고, 『대승기신론』을 근간으로 자신의 사상과 실천의 다양성을 담아냈다.[40]

일심이문 一心二門

원효의 사상에서 『대승기신론』의 '일심이문'은 핵심적인 역할을 하는데, 그는 '일심이문'의 구도를 통해 자신의 사상 체계를 정립했을 뿐만 아니라, 중관의 공과 유식의 유를 회통시켰다. 위에서 언급한 바와 같이, 원효에게 무이중도는 곧 일심과 다르지 않은 것으로, 일심은 유도 아니며 공도 아닌 절대적 경지인 동시에 유와 공 모두를 통섭한다. 따라서 원효는 "일체의 제법은 모두 별도의 체가 없고, 오직 일심으로써 그 자체가 된다."[41]라고 하고 마음이 일체법을 통섭하는 것이야말로 소승과 구별되는 대승의 특징이라고 주장한다.

그런데 일심에는 두 가지 문이 있다. 하나는 마음의 있는 그대로의 본래적인 모습(심진여문心眞如門)이고, 다른 하나는 마음이 움직이고 변화하는 측면(심생멸문心生滅門)이다.[42] 기존 연구에서 원효소의 특징은 『대승기신론』의 '일심이문'에서 진여문에 해당하는 중관과 생멸문에 해당하는 유식을 종합하는 데 있다고 보았는데, 이러한 기존 연구의 이분법적 구도에 대한 비판과 아울러 기존과 다른 시각으로 원효소에 접근

---

40 정영근, 앞의 책, 2002, p.482
41 元曉, 『起信論疏』(『大正藏』44, 206a)
42 정영근, 앞의 책, 2002, p.483

하려는 다양한 시도들이 있었다.[43] 원효소에서는 진여문에도 유식의 유의 측면이 내포되어 있고 생멸문에도 중관의 공의 측면이 포함되어 있어 기존의 이분법적 대응 관계는 성립될 수 없지만, 중관과 유식을 화쟁하는 원효의 태도가 『대승기신론』의 '일심이문'에 반영되어 있다는 사실은 변함없다.[44] 원효는 『대승기신론』의 '일심이문'에 대해 다음과 같이 해석한다.

> '심진여문'은 『능가경』에서 '적멸한 것을 일심이라 한다'는 것을 해석한 것이고, '심생멸문'은 『능가경』에서 '일심이란 여래장을 말한다'고 한 것을 해석한 것이다. 왜냐하면 일체법은 생멸하지 않고 본래 적정하여 오직 일심이며, 이러한 것을 심진여문이라고 한 것이므로, (경에서) '적멸한 것을 일심이라 한다'고 했다. 또한 일심의 체는 본각이지만 무명에 따라 움직여서 생멸을 일으키기 때문에, 이 문에서는 여래의 성품이 감추어져 나타나지 않으니, 여래장이라고 한다. …… 이문二門이 이와 같은데 어찌하여 일심一心이 되는가? 더럽거나 깨끗한 일체법은 그 성질에 둘이 없고, 진실하고 망령된 두 문도 둘이 있을 수 없으므로, '일一'이라고 한다. 이 둘이 없는 곳은 제법의 중도실상(中實)으로서, 허공과 같지 않고 본성 그 자체가 신묘한 이해이므로, '심心'이라고 한다. 그러나 이미 둘이 없는데 어찌 하나(一)가 있을 수 있겠는가? 어떤 것도 있지 않은데, 무엇을 가지고 마음(心)이라 이를 것인가?[45]

---

43 이수미, 「공유논쟁(空有論爭)을 통해 본 원효(元曉)의 기신론관(起信論觀) 재고: 법장(法藏)과의 비교를 중심으로」, 『한국사상사학』 50, 2015, p.219
44 이수미, 위의 논문, 2015, p.218
45 元曉, 『起信論疏』(『大正藏』 44, 206c~207a)

일심은 이 두 가지 모습을 떠나서 초월적 실체로 존재하는 것이 아닌 이문을 계기로 성립하는 것이며, 이문은 일심을 전제로 하고 있는 것이다.[46] 원효는 이문을 통별, 즉 보편과 특수의 관계로 정의한다. 심진여문은 '일체법은 생멸하지 않고 본래 적정하여 오직 일심'으로, 이것은 염정에 공통된 보편적 모습(染淨通相), 즉 통상이다. 반면, 심생멸문은 '무명에 따라 움직여서 생멸을 일으키기 때문에, 이 문에서는 여래의 성품이 감추어져 나타나지 않는데', 이것은 염정을 개별적으로 드러내는(別顯染淨), 즉 별상이다. 이 통상과 별상은 모두 더럽거나 깨끗한 일체법을 총괄하여 통섭하기 때문에, 이 두 문은 서로 떨어질 수 없는 관계다.

위의 인용문에서 흥미로운 점은, 원효가 일심을 '이 둘이 없는 곳은 제법의 중도실상으로서, 허공과 같지 않고 본성 그 자체가 신묘한 이해'라고 설명하고 있는 부분이다. 그것은 앞에서도 언급했듯이, 중도가 '무이제'이면서 '무진제'인 것과도 상통하는데, '일一'이 '둘이 없음'에 해당한다면, '심心'은 '다함이 없음'과 대응하여 반야지혜의 신묘한 앎의 측면을 조망한 것이다. 원효는 중도가 경계로 규정되지도 혹은 지혜로 규정되지도 않는, 양자가 일체를 이룬 구경의 상태라고 보았고, 이는 후대 종밀의 일심 해석에 직접적인 영향을 주었다.

무애의 경지

원효는 『화엄경』의 "일체에 무애한 사람은 한 길로 생사를 벗어난다.(一切無碍人 一道出生死)"라는 구절을 따서 '무애가無碍歌'를 부르면서

---

46 정영근, 앞의 책, 2002, p.483

춤을 췄다고 전한다. 원효에게 무애는 대중 교화의 핵심을 담고 있는데, 고영섭은 무애가 화쟁·회통에 의해 일심의 근원으로 돌아가게 함으로써(歸一心源) 중생들을 풍요롭고 이익되게 하는(饒益衆生) 보살행의 핵심 코드라고 말한다.[47] 『화엄경』은 깨달음의 시각에서 불보살의 무애한 작용을 나타내는 대표적 경전이다. 원효는 『화엄경소』의 서문에서 '아무런 장애가 없는(無障無礙) 법계의 법문(法界法門)'에 대해 다음과 같이 말한다.

무릇 아무런 장애가 없는(無障無礙) 법계의 법문(法界法門)은 법이 없으면서 법이 아닌 것도 없고, 문이 아니면서 문이 아닌 것도 없는 것이다. 따라서 크지도 않고 작지도 않고(非大非小), 촉박하지도 않고 여유롭지도 않고(非促非奢), 움직이지도 않고 고요하지도 않고(不動不靜), 하나도 아니고 다수도 아니다(不一不多). 크지 않으므로 극미極微를 만들지만 남음이 없고, 작지 않으므로 태허大虛가 되지만 남음이 있다. 촉박하지 않으므로 삼세겁을 포함할 수 있고, 여유롭지 않으므로 체의 시각에서 한 찰나에 들어간다. 움직이지도 않고 고요하지도 않으므로, 생사가 열반이 되고 열반이 생사가 된다. 하나도 아니고 다수도 아니므로, 한 법이 일체법이고 일체법이 한 법이다. 이와 같이 아무런 장애가 없는 법(無障無礙之法)이 법계 법문의 묘술(法界法門之術)을 만들어 내니, 대보살들이 들어갈 바이고, 삼세제불이 나올 바이다.[48]

위의 인용문에서 무애는 "크지도 않고 작지도 않고(非大非小), 촉박하지도 않고 여유롭지도 않고(非促非奢), 움직이지도 않고 고요하지도 않

---

47 고영섭, 앞의 책, 2002, p.508
48 元曉, 『華嚴經疏』(『韓國佛敎全書』 1)

고(不動不靜), 하나도 아니고 다수도 아닌(不一不多)" 것으로 표현되는데, 이렇게 상대하는 두 법을 동시에 초극하는 방식은 또한 양자를 수평적으로 소통시키는 방식이기도 하다. 한편, 이러한 원효의 수평적 회통은 백제 혜균慧均의 『대승사론현의기大乘四論玄義記』의 「초장중가의初章中假義」에서 보이는 소疏−수竪−단單−쌍雙−통通의 변증법적 사유와 유사하다. 혜균은 현실에서 대립적으로 나타난 자타自他의 두 법이 서로 변증법적으로 융합할 때에 비로소 궁극적이고 완전한 초월이 이루어진다고 보았는데, 당시 이러한 변증법적 사유 체계는 화쟁·회통의 논리적 기초를 제공했다.

원효는 『금강삼매경』을 주석하면서 본각과 시각의 평등성을 상징적으로 나타내기 위해 소의 두 뿔(角)을 이용하였다고 한다. 『금강삼매경』의 이제관과 평등관은 또한 『대승기신론』의 일심이문一心二門과도 상통한다. 본각과 시각, 공과 유 등 현실에서 대립적인 것으로 나타나는 것들 사이에 실제 아무런 장애가 없다는 사실은 자연히 세간과 출세간 가운데 어느 한쪽으로 편중되는 것을 막고, 양자 사이의 경계도 모호하게 만든다. 이러한 원효의 성속불이의 대승 사상이 원효가 출가자의 신분을 포기하고 대중 교화에 힘쓰게 된 근간이 아니었을까. 그리고 현실의 온갖 차별상 속에서도 평등함을 잃지 않는 것이야말로 깨달음을 가늠해 볼 수 있는 척도가 아닐까.

IV. 동아시아에 미친 원효의 영향

법장과 종밀에 미친 영향

후쿠시 지닌은 『신라원효연구』에서 여러 승려들의 저작에 인용된 원효의 저술은 모두 25부가 넘으며, 그중 『화엄경소』·『대승기신론소』·『대승기신론별기』·『금강삼매경론』·『이장의』·『무량수경종요』·『십문화쟁론』·『화엄관맥의』·『반야심경소』·『금광명경소』·『아미타경소』·『판비량론』·『능가경소』·『능가경종요』·『능가경요간』·『승만경소』의 16부가 중국에 전해지고 있다고 지적하였다. 원효의 저술에 대한 인용은 화엄학자에 의한 인용이 가장 많고 특히 『화엄경소』와 『대승기신론소』에 집중되어 있다.

원효가 살아 있을 당시 이미 그의 저술이 중국에 전파되어 있었는데, 젠주(善珠, 724~797)의 『인명론소명등초因明論疏明燈抄』의 기록 등이 이를 뒷받침한다.[49] 원효의 『대승기신론소』가 언제 중국에 전해졌는지에 대한 명확한 기록은 없지만, 그것이 법장소에 미친 영향은 분명하고, 따라서 법장소가 성립했을 것으로 추정되는 695년경 이전에 중국에 전해졌다고 추정할 수 있다.

법장法藏의 『대승기신론의기』는 원효소로부터 지대한 영향을 받았으나 원효의 이름이나 저작을 한 번도 거론하지 않았다. 그 후 징관澄觀(?~839)·종밀宗密(780~841)·자선子璿(965~1038) 등도 원효를 인용하고

---

49 定源, 「둔황(敦煌) 사본에서 발견된 신라 원효(元曉)의 저술에 대하여」, 금강대학교 불교문화연구소, 『고대 동아시아 불교 문헌의 새로운 발견』, 서울: 씨아이알, 2010, p.127

있어, 중국의 화엄사들이 원효를 중요시했음을 알 수 있다.

종밀은 원효로부터 사상적 영향을 크게 받았는데, 이는 이미 송대의 자선이 인지하고 있었던 바이다. 양웨이종(楊維中)은 종밀과 원효의 세 가지 공통점으로, 첫째, 시대정신의 요청으로 각 학파나 종파를 회통하려는 목표가 있었고, 둘째, 둘 다 여래장계와 유식학을 융합하는 경전이 『대승기신론』·『능가경』·『원각경』 등이라고 보았고, 셋째, 중관학의 '비동비이非同非異'적인 중도관을 핵심 방법으로 삼았음을 꼽았다.[50]

구체적으로 종밀이 원효로부터 어떤 영향을 받았는지에 관해서는 김천학의 연구에 의해서 상세하게 밝혀지고 있다. 특히, 종밀은 『대승기신론소』를 저술할 때 기본적으로 법장의 『대승기신론의기』의 핵심을 요약하면서 자신의 이해를 반영하였는데, 이러한 까닭에 법장의 저술로 오인되기도 했다. 종밀은 『대승기신론소』에서 원효를 총 12회 인용하면서 자신의 기신론관을 반영한다.[51] 특히, 종밀소는 『대승기신론의기』 권중을 따르다가 '일심에 이문이 있다'고 한 부분에서 원효소를 인용하여, "이 둘이 없는 곳은 제법의 중도실상으로서, 허공과 같지 않고 본성 그 자체가 신묘한 이해이기 때문에 일심이라고 한다."라고 하였는데, 원효소에는 일심 대신에 마음이라고 되어 있는 점이 다를 뿐, 나머지는 같다.[52] 종밀은 마음에 신묘한 이해력이 있다는 원효소의 해석을 인용하여 법장의 소극적 일심 이해를 적극적 표현으로 바꾼다.[53] '신묘한 이해'에

---

50 楊維中, 「원효의 화쟁론과 종밀의 원융론」, 로버트 버스웰 외, 『동아시아 속 한국 불교사상가』, 서울: 동국대학교출판부, 2014, pp.117~118
51 김천학, 「종밀에 미친 원효의 사상적 영향-『대승기신론소』를 중심으로」, 『불교학보』 70, 2015, p.48
52 김천학, 위의 논문, 2015, p.49
53 김천학, 위의 논문, 2015, p.50

관한 해석사는 일관된 것으로, 법장은 원효소를 인용하면서 '生滅之相 莫非神解'를 '生滅之相莫非眞'으로 바꾸어 인용하는데, 종밀은 다시 의기의 '眞'을 '神解'로 돌려놓는다. 이 문장은 종밀의 『원각경대소석의초』에서도 활용되고, 연수의 『종경록』·『주심부』에서 '고덕의 해석'으로 인용되는데, 마음에 대한 원효의 독창적인 이해는 신라의 태현·당의 징관과 종밀·일본의 가마쿠라(鎌倉)시대 승려들을 포함한 동아시아불교 전체에 영향을 남겼다.[54]

종밀은 『금강삼매경론』을 중국에서 최초로 인용한 인물이다.[55] 그는 『금강삼매경론』을 인용하여 『원각경』이 『금강삼매경』과 마찬가지로 상법중생과 말세중생을 위해서 설해진 일미설이며, 중생들을 일심이라는 근원으로 돌아가게 하는, 『법화경』·『열반경』보다 뛰어난 경전이라고 주장했다.[56] 또한, 원효는 『금강삼매경론』에서 능취와 소취의 마음을 통해 집착을 제거하고 다시 생기지 않게 하는 본각공적심本覺空寂心을 체득하게 하는데, 종밀은 이러한 원효의 논리를 그대로 수용하고 있다.[57] 말하자면, 원효는 종밀이 사상을 구축하는 데 있어서 핵심적 사유를 제공한 인물이었다.

한편, 띵위엔(定源)은 원효소가 둔황 지역에 전파되어 둔황불교에 직접 영향을 주었음을 밝혔는데, 그 전파 경로는 신라로부터 장안을 경유하여, 둔황 지역에 이르렀을 것으로 보았다.[58] 뿐만 아니라, 그는 독일 국가 도서관에 소장된 투루판 문서를 열람하다가 우연히 Ch1245r 본의

---

54 김천학, 앞의 논문, 2015, pp.55~57
55 『원각경대소』에서 3회, 『원각경대소석의초』에서 5회, 『원각경약소초』에서 3회 인용.
56 김천학, 「원효와 종밀의 사상적 동이」, 『佛敎哲學』 3, 2018, pp.111~113
57 김천학, 위의 논문, 2018, pp.120~123
58 定源, 앞의 책, 2010, pp.135~136

단간이 원효소의 부분임을 발견했는데,[59] 이는 원효소가 중국을 거쳐 둔황뿐 아니라 투루판까지 전파되었음을 증명하는 것으로, 당시 원효소의 파급력과 영향력을 가늠해 볼 수 있는 중요한 발견이다.

일본 나라奈良불교에 미친 영향

원효의 저술이 언제 일본에 전해졌는지는 명확하지 않은데, 신라에 유학하여 화엄을 배운 대안사大安寺 심상審祥이 원효의 저술 32부 78권을 가지고 왔다고 알려졌고, 735년『유마종요』가 서사된 것을 기점으로 743년부터는『화엄경소』·『금강삼매경론』 등이 본격적으로 서사되었으며, 748년과 751~753년에는 원효의 여러 저술들이 집중적으로 서사되었다.[60]

원효 저술의 일본 유통에 대해서는 후쿠시 지닌에 의해 상세하게 연구되었다. 특히, 나라불교에서 각 종파에 미친 원효의 영향은 지대하여 법장을 능가할 정도였다. 법상종에서는 젠주를 중심으로『인명론소명등초』 등이 인용되었다. 화엄종에서도 화엄강사를 역임했던 지쿄(智憬),『오교장지사』를 저술한 주레(壽靈)에 의해 중시되었다. 예를 들면, 지쿄는 원효의『무량수경종요』에 대한 사기를 저술했으며, 주레의『오교장지사』에는 7문헌에서 22회 정도의 인용이 확인되고 있다. 물론 법장과 비교할 때 그 인용 횟수는 적은 편이지만, 지쿄는『대승기신론동이략집』에서 이장에 관한 부분은 전적으로 원효의『이장의』를 인용하고 있다. 주

---

59 定源, 앞의 책, 2010, pp.137~138
60 福士慈稔,「일본에서의 원효연구 현상과 과제-일본불교에 보이는 원효교학의 영향-」,『한국종교사연구』7, 1999, pp.54~56

레는 일승의나 십불을 육상으로 설명하는 부분에서 원효를 중시하고 있다.⁶¹

그러나 헤이안(平安)시대에 이르면 원효의 영향력이 약화되고 화엄 문헌에서 원효를 인용하는 것은 재인용을 포함해서 4회 정도만 나타날 뿐이다.⁶² 이 시기에는 원효보다 의상과 의상학파인 진숭珍崇과 견등見登의 역할이 부각되었으며, 원효의 역할은 대폭 축소되었다.

---

61 김천학, 「헤이안시대 화엄종에 보이는 신라불교사상의 역할」, 『범한철학』 70, 2013, p.21
62 김천학, 위의 논문, 2013, pp.21~24

화쟁, 수평적 소통으로 무한을 열다

원효는 한국불교의 대표적 사상가이자 동아시아불교를 대표하는 뛰어난 사상가로서, 그의 사상은 한·중·일을 횡단하는 동시에 한국불교의 고유한 독자성을 현현하고 있다. 원효는 혼란을 딛고 통합을 이루어내야 하는 시대적 배경 속에서 다양한 불교 학설들을 주체적으로 흡수하여 자신만의 독자적인 이론으로 통합했다.

원효의 생애를 알려 주는 자료는 많지 않은데, 9세기 초 고선사 서당화상비, 10세기 말 『송고승전』 「원효전」(988), 13세기 후반 『삼국유사』 「원효불기」(1281)가 대표적인 전기 자료이다. 그리고 방대한 저술 목록은 그의 학문적 깊이와 열정을 방증한다. 뿐만 아니라, 그의 학문적인 열정이 어느 특정 종파의 시각으로 불교를 정의하는 방식이 아니라 다양한 불교 교리를 평등한 시각에서 바라보고 그것들의 장점을 회통시키는 개방적인 방식으로 표출되었음을 알려 준다. 이러한 그의 개방적인 태도는 화쟁과 회통이라는 특수한 학문적 방법론을 탄생시킨다.

원효의 화쟁과 회통이라는 방법론은 그의 언어관의 토대 위에서 구축된 것이다. 원효는 언어가 진리를 나타낼 수 있으며, 여러 학파의 다양한 언어적 가르침이 진리의 한 부분을 담지하고 있다는 전제를 토대로 하여, 자신의 독자적인 화쟁논법을 구사한다. 그의 언어관은 삼론종의 그것과 시발점은 유사하지만, 원효가 지향하는 대승의 평등과 무애 사상이 불교 경론의 가르침에 국한되지 않고 타 학파의 교설까지도 일승으로 포용한 점은 삼론종이 타 학파에 대해 배타적인 태도를 취했던 것과 구별된다. 이것은 원효 자신이 다양한 학문을 흡수하면서 그것들 사이의 충돌과 모순에 대해 고민했던 문제의식의 귀결점이기도 하다.

화쟁과 회통에 대한 구체적인 정의는 학자들 간에 이견이 있다. 하지만 원효가 "화쟁·회통의 논리를 통해 인도불교와 중국불교 및 일본불교와 변별되는 한국불교의 전통과 고유성을 확보하여 종파성을 초월하고 통합불교를 지향했다."는 방향성은 모두가 인정하는 바이다. 또한 그의 화쟁과 회통의 사유 체계는 한국불교의 정체성을 대변하므로, 이에 대한 탐구는 한국철학의 정체성 확립과도 직결되는 문제다. 원효 저술의 곳곳에 그의 화쟁논법이 나타나고 있는데, 그 가운데 대표적인 것으로 이제와 중도 개념에 나타난 화쟁논법이 있다.

원효는 유의 견해와 공의 견해가 서로 쟁론이 일어날 때, 유견이나 공견 가운데 어느 한쪽에 치우치지 않아야 할 뿐 아니라, 양자와 모두 동일하거나 상이하지도 않아야 한다고 주장한다. 원효가 이렇게 주장하는 까닭은 진리와 중생의 인식에 부합하기 위해서이다. 즉, 서로 대립하는 견해들과 동일한 입장을 취하면 보편적 진리에 부합할 수 없고, 서로 대립하는 견해들과 상이한 입장을 취하면 중생의 인식에 부합할 수 없다. 따라서 원효는 현상적 차원이나 초월적 차원 가운데 어느 한쪽만을 채택하지 않고, 보편성과 개별성을 소통시킨다.

한편, 원효가 공유이제를 화쟁할 때, 이 공과 유는 단순히 중생의 인식에서 그치는 것이 아니라, 여러 학파의 주장에 해당하는 것이기도 하다. 김영일은 원효가 논쟁과 화해의 형식을 통해 자신의 화쟁 사상을 전개해 나가는데, 특정한 논점에 서서 마치 당사자인 것처럼 논쟁을 하고 마지막에는 마치 제3자가 판결하는 것처럼 여러 가지 방법으로 학설들을 화해시키는 모습을 취하고 있다고 지적한다. 원효는 이러한 두 가지 대립되는 학설을 화쟁시키는 방법을 통해 진리에 한 걸음 더 다가설 수 있다고 보았다.

　원효는 종종 '무이'라는 표현을 사용하여 궁극적인 중도를 나타낸다. 사실, 원효 이전의 동아시아불교 문헌에서는 '불이'와 '무이'를 구별하지 않았다. 반면, 원효는 '불이'를 지혜와 관련해서 사용하고 있고, '무이'는 경계의 차원에서 다루고 있다. 따라서 '둘이 없음'은 '둘이 아님'보다 더 철저하게 둘을 부정하기 위한 의도에서 간택한 것으로 보인다. 즉, '불이'가 이제 자체는 인정한 다음에 이 두 가지 사이의 관계성을 별도로 지칭하기 위한 의도로 쓰일 여지가 있다면, '무이'는 '유도 아니고 무도 아니며, 허망도 아니고 진실도 아니며, 유위도 아니고 무위도 아니며, 차별도 아니고 평등도 아닌' 일심의 절대 경지로서, 중도가 이제와 병렬적인 관계로 치부될 수 있는 가능성을 완전히 차단한다. 따라서 '무이'는 '일미'로 표현되는 완전한 평등과 무차별의 경지이다.

　당시 교판은 여러 불교 경론을 체계적으로 배열하여 종합적으로 이해하기 위한 해석 틀에서 시작하여 자기 학파나 종파의 우월성을 자리매김하기 위한 도구적인 성격을 지니게 되었다. 원효는 『열반경종요』에서 특정 경전을 다른 경전보다 우위에 두었던 남조의 오시교판이나 북조의 사종판을 비판한다. 원효는 기본적으로 대승경전을 모두 구경요의로 간주하는 일음교—音敎의 입장이었으므로, 그의 교판은 사상의 우열을 가리려는 것이 아니라 경전의 기능과 성격을 밝히는 데 초점이 있었다. 원효는 삼승통교·삼승별교·일승분교·일승만교를 분류한 사교판을 세우는데, 사교판을 통해 우리는 원효가 『화엄경』과 『대승기신론』을 중시하였음을 알 수 있다.

　원효의 사상에서 『대승기신론』의 '일심이문'은 핵심적인 역할을 하는데, 그는 '일심이문'의 구도를 통해 자신의 사상 체계를 정립했을 뿐만 아니라, 중관의 공과 유식의 유를 회통시켰다. 위에서 언급한 바와 같이 원효에게 무이중도는 곧 일심과 다르지 않은 것으로, 일심은 유도 아니며 공도 아닌 절대적 경지인 동시에 유와 공 모두를 통섭한다. 따라서 원효는 "일체의 제법은 모두 별도의 체가 없고, 오직 일심으로써 그 자체가 된다."라고 하고 '마음이 일체법을 통섭하는 것'이야말로 소승과 구별되는 대승의 특징이라고 주장한다.

그런데 일심에는 두 가지 문, 즉 진여문과 생멸문이 있다. 진여문은 마음의 있는 그대로의 본래적인 모습이고, 생멸문은 마음이 움직이고 변화하는 측면이다. 원효는 이문을 통별, 즉 보편과 특수의 관계로 정의한다. 진여문은 '일체법은 생멸하지 않고 본래 적정하여 오직 일심'으로, 이것은 염정에 공통된 보편적 모습(染淨通相), 즉 통상이다. 반면, 생멸문은 '무명에 따라 움직여서 생멸을 일으키기 때문에, 이 문에서는 여래의 성품이 감추어져 나타나지 않는데', 이것은 염정을 개별적으로 드러내는(別顯染淨), 즉 별상이다. 이 통상과 별상은 모두 더럽거나 깨끗한 일체법을 총괄하여 통섭하기 때문에, 이 두 문은 서로 떨어질 수 없는 관계다.

한 가지 흥미로운 점은, 원효가 일심을 '이 둘이 없는 곳은 제법의 중도실상으로서, 허공과 같지 않고 본성 그 자체가 신묘한 이해'라고 설명하고 있는 점이다. 그것은 중도가 무이제면서 무진제인 것과도 상통하는데, '일一'이 '둘이 없음'에 해당한다면, '심心'은 '다함이 없음'과 대응하여 반야지혜의 신묘한 앎의 측면을 조망한 것이다. 원효는 중도가 경계로 규정되지도 혹은 지혜로 규정되지도 않는, 양자가 일체를 이룬 구경의 상태라고 보았고, 이는 후대 종밀의 일심 해석에 직접적인 영향을 주었다.

원효의 사상은 단순히 한반도에 국한된 것이 아니었으며, 동아시아 전역에 전파되어 동아시아불교 간의 유기적인 소통을 가능하게 했다. 그의 저작은 법장, 종밀과 같은 중국 논사들에게 널리 인용되었으며, 그들에게 사상적 영감을 불어넣었다. 그리고 일본, 특히 나라시대의 각 종파에 미친 원효의 영향은 지대하여 법장을 능가할 정도였다. 이렇듯 신라의 교단에서 변방에 위치했던 원효의 사상이 역설적으로 동아시아불교의 구심점이 되었다. 뿐만 아니라, 오늘날 새로운 연구 성과들에 의해 원효의 저술과 사상이 둔황이나 투루판까지 영향을 미쳤다는 사실도 드러났다.

원효는 『금강삼매경』을 주석하면서 본각과 시각의 평등성을 상징적으로 나타내기 위해 소의 두 뿔(角)을 이용하였다고 한다. 『금강삼매경』의 이제관과 평등관은 또한 『대승기신론』의 일심이문一心二門과 상통한다. 원효는 진여문과 생멸문, 공과 유, 평등과 차별 등을 수평적으로 소통시켜 보편성과 개별성 가운데 어느 한쪽에 치우치지 않는 철학을 전개하였다. 보편성과 개별성을 회통시키는 원효의 사상은 현대 사회의 복잡한 갈등과 모순 속에서 대립하는 주체들에게 화해와 상생의 길을 여는 실마리를 제공한다. 원효

| 참고문헌 |

고영섭 편저,『원효』, 서울: 예문서원, 2002.
고영섭,『분황 원효의 생애와 사상』, 서울: 운주사, 2016.
김용태,「원효의 사상적 입장과 승부수 – 중관과 유식의 중도적 입장과 불성」, 사람으로 읽는 한국사 기획위원회,『언더그라운드 슈퍼스타』, 파주: 동녘, 2011.
남동신,『원효』, 서울: 새누리, 1999.
박태원,『원효의 십문화쟁론』, 서울: 세창출판사, 2019.
定 源,「둔황(敦煌) 사본에서 발견된 신라 원효(元曉)의 저술에 대하여」, 금강대학교 불교문화연구소,『고대 동아시아 불교 문헌의 새로운 발견』, 서울: 씨아이알, 2010.
楊維中,「원효의 화쟁론과 종밀의 원융론」, 로버트 버스웰 외,『동아시아 속 한국불교사상가』, 서울: 동국대학교출판부, 2014.

김영미,「삼론학의 不二中道와 원효의 無二中道 고찰」,『新羅文化』50, 2017.
김영일,「元曉의 空有和諍論」,『한국불교학』64, 2012.
김천학,「원효와 종밀의 사상적 동이」,『佛敎哲學』3, 2018.
김천학,「종밀에 미친 원효의 사상적 영향 –『대승기신론소』를 중심으로」,『불교학보』70, 2015.
김천학,「헤이안시대 화엄종에 보이는 신라불교사상의 역할」,『범한철학』70, 2013.
김태수,「원효의 화쟁논법 연구」, 서울대학교 박사학위논문, 2018.

福士慈稔,「일본에서의 원효연구 현상과 과제-일본불교에 보이는 원효교학의 영향-」,『한국종교사연구』7, 1999.

오지연,「천태 지의와 원효의 만남 - 일심삼관(一心三觀)을 중심으로 -」,『佛敎哲學』1, 2017.

이수미,「공유논쟁(空有論爭)을 통해 본 원효(元曉)의 기신론관(起信論觀) 재고: 법장(法藏)과의 비교를 중심으로」,『한국사상사학』50, 2015.

조윤경,「원효와 길장의 만남과 대화 -『금강삼매경론』의 출입관과 삼론종의 출입관 사이의 연속성과 비연속성에 대하여-」,『佛敎哲學』1, 2017.

사상가

원측 圓測

● 이수미

I. 원측의 생애와 법상유식종

　원측의 생애/ 원측 전기의 재평가/ 자은파慈恩派와 서명파西明派

II. 원측의 저술과 사상

　『해심밀경소』와 『인왕경소』/ 원측과 신·구 유식/ 원측과 오성각별설五性各別說

III. 원측 교학과 동아시아·티베트 불교

　중국 화엄에의 영향/ 신라의 원측 유식학 계승/ 일본 유식에서의 원측 인식/ 둔황·티베트 불교에의 영향

IV. 원측 연구의 현황과 과제

　신·구역 유식의 이분법 재고/ 원측 교체론敎體論의 중요성/ 티베트역본의 활용

■ 시대와 틀을 넘어서는 경전 주석가 원측

I. 원측의 생애와 법상유식종

원측의 생애

원측圓測(613~696)은 고대 동아시아의 유식전통 형성에 지대한 영향을 미친 신라 출신 승려이다. 종래 찬녕贊寧(919~1001)의 『송고승전宋高僧傳』의 전기 기록에 의해 왜곡되어 전해졌던 원측의 이미지는, 1900년대 초에 이르러 최치원崔致遠(857~?)의 「고번경증의대덕원측화상휘일문故翻經證義大德圓測和尙諱日文」(이하 「휘일문」으로 약칭)[1]이나 송복宋復(fl.1115)의 「대주서명사고대덕원측법사불사리탑명병서大周西明寺故大德圓測法師佛舍利塔銘幷序」(이하 「사리탑명」으로 약칭)[2]가 알려지면서 재평가되었다.[3]

원측의 생애를 소개하고 있는 현존 전기 자료들 가운데 가장 이른 것은 「휘일문」으로서 원측 사후 약 200년경에 최치원에 의해 지어졌다. 「휘일문」은 원측의 기일忌日에 그 덕을 추모하기 위한 기재忌齋의 축원문이기 때문에 기본적으로 칭송의 논조를 띠고 있다. 이런 점에서 현존 전기 가운데 가장 객관적이면서 상세한 기술로 여겨지는 것은 1115년에 송복

---

1 成均館大學校大東文化硏究院 編, 『崔文昌侯全集』, 서울: 성균관대학교, 1972, pp.230~233; 李能和, 『朝鮮佛敎通史』下篇, 서울: 보련각, 1972, pp.167~168에 실려 있다.
2 『卍續藏經』150, 181c~182a
3 이 외에 원측의 생애를 알 수 있는 자료로는 『三國遺事』의 「孝昭王代條」, 曇噩(fl.1285)의 『新修科分六學僧傳』의 「周圓測傳」이 있다. 『新修科分六學僧傳』에는 『宋高僧傳』과 거의 유사하게 원측을 비방하는 글이 실려 있는데, 일반적으로 『宋高僧傳』의 재록으로 여겨진다.

이 작성한 「사리탑명」이다.[4] 이 「사리탑명」에 의하면, 원측은 신라의 왕손으로서 3세에 출가하고, 15세에 중국으로 유학을 떠났다. 처음에는 당대의 저명한 학승인 법상法常(567~645)과 승변僧辨(568~642)[5]에게서 강론을 듣고, 장안의 원법사元法寺에 머물며 『비담론毘曇論』·『성실론成實論』·『구사론俱舍論』·『대비바사론大毘婆沙論』 등을 열람하여 고금의 장소에 대해 깨닫지 못한 것이 없어서 명성이 높았다. 현장玄奘(602~664)이 인도에서 돌아온 후 한 번 만났는데 서로 뜻이 잘 맞았다고 한다. 그래서 현장이 곧바로 『유가사지론瑜伽師地論』과 『성유식론成唯識論』 등 이미 번역된 대소승의 경론을 주었는데, 마치 그 뜻을 태어나면서부터 아는 듯했다고 한다. 후에 왕의 칙명으로 서명사西明寺 대덕이 되었고 여러 경론의 소疏를 찬술하였다. 하지만 산수山水를 좋아하여 종남산終南山 운제사雲際寺로부터 30리 떨어진 곳에서 8년간 뜻을 조용히 하였는데(靜志)[6] 서명사 승도들의 요청으로 다시 돌아와 『성유식론』을 강의하였다. 이때 중인도의 지파가라地婆訶羅(Divākara; 일조日照, 613~687)가 장안에 와

---

4 「舍利塔銘」에는 원측의 사리탑이 원래 龍門 香山寺의 북쪽 골짜기에 세워져 있었으나, 장안의 학도들과 西明寺 住持인 慈善(생몰년 미상), 大薦福寺의 대덕 勝莊(생몰년 미상) 등에 의해 분골되어 원측이 예전에 자주 노닐던 終南山 豊德寺 동쪽 고개에 안치하였다고 한다. 하지만, 점차 황폐해져 1115년에 다시 宋의 龍興寺 仁王院 廣越法師(12세기 초)의 발원으로 사리를 나누어 玄奘(602~664)과 慈恩基(632~682)의 사리탑이 안치된 당의 수도 長安(현재의 西安)의 興敎寺로 이장하여 자은의 탑과 함께 현장 탑 옆에 봉안하였다고 한다.(『卍續藏經』 150, 181c) 송복의 「사리탑명」은 이때 지어진 것이다.
5 法常은 『攝論』과 『地論』에 능통하였고, 僧辯은 攝論宗 학승으로서 『攝論』 이외에도 『俱舍論』에 정통한 것으로 알려져 있다. 『續高僧傳』(『大正藏』 50, 540~541) 참조.
6 원측의 종남산 은둔 시기를 671년에서 678년 무렵으로 추정하여 나당전쟁(671~676) 시기로 보고 원측의 은둔과 국제 정세를 연결시키는 해석도 있다. 남무희, 『신라 원측의 유식사상 연구』, 서울: 민족사, 2009, pp.83~85 참조.

서(676) 칙명을 받아 대덕 다섯 사람을 선출하여『대승밀엄경大乘密嚴經』 등을 번역하였는데, 원측이 수장을 맡았다. 후에 동도東都인 낙양洛陽에 들어가 신역新譯『화엄경華嚴經』(80화엄)을 강의하고 우전국于闐國(코탄 왕국)에서 온 실차난타實叉難陀(Śikṣānanda, 652~710)와 함께 번역을 시작하였으나(695)『화엄경』의 번역이 완성(699)되기 이전 84세의 나이로 불수기사佛授記寺에서 생을 마감하였다.

원측이 여러 역경에 참여하였다는 사실은 현존 목록서에 의해서도 알 수 있다. 서명사의 원조圓照(생몰년 미상)가 편찬한『정원신정석교목록貞元新定釋敎目錄』(800)의「불타파리전佛陀波利傳」에 따르면 원측은 불타파리佛陀波利(Buddhapāla, fl.676)가 가져온『불정존승다라니경佛頂尊勝陀羅尼經』을 번역한 것으로 되어 있다.[7] 또한 지승智昇(669~740)의『개원석교록開元釋敎錄』에는 지파가라가 18부 34권의 경전을 번역할 때와 보리류지菩提流志(Bodhiruci, 572?~727)가 693년 불수기사에서『보우경寶雨經』을 번역할 때 원측이 증의證義로 참여하였다는 기록이 있다.[8]

최치원의「휘일문」에서도 추가적인 정보를 확인할 수 있다. 이 자료에 따르면 원측은 범어를 포함하여 여섯 개 언어에 능통했다고 하고, 원측이 서명사로 돌아온 후 앞서 주周의 황제가 된(680) 측천무후則天武后(624~705)의 귀의를 받는데, 측천무후는 원측을 존경하기를 부처님과 같이 하였다고 한다. 당시 신라 신문왕神文王(재위 681~692)은 수공년간垂拱年間(685~688)에 측천무후에게 원측의 환국을 허락할 것을 요청하였으나 원측을 신임하였던 측천무후는 이를 정중히 거부하였다고 한다.

『송고승전』의「당경사서명사원측전唐京師西明寺圓測傳」및「당경조대

---

7 『大正藏』55, 865ab
8 『大正藏』55, 563c~564a, 570a

자은사규기전(唐京兆大慈恩寺窺基傳)과 원나라 담악(曇噩)(fl.1285)이 찬술한 『신수과분육학승전(新修科分六學僧傳)』의 「주원측전(周圓測傳)」에도 원측의 행적이 비교적 자세히 기록되어 있지만, 이 두 자료는 앞서 언급했듯이 원측에 대한 근거 없는 비방설이 포함되어 있어 사료상의 가치를 인정받지 못하고 있다.[9] 다만 이 자료들에는 원측의 행적이 부정적으로만 기술되어 있는 것은 아니고, 원측의 역경 활동과 같은 정보도 전하고 있다. 즉, 『송고승전』의 「당경사서명사원측전」에는 원측이 측천무후의 정권 초기에 의해(義解)로 선출되어 역경관에 있었는데 동료들 모두에게 존경을 받았다고 하고, 원측이 지은 유식 관련 소(疏)·초(鈔)와 상세하게 해설된 경론들이 널리 유행하였다고 전하고 있다.[10] 『신수과분육학승전』에도 원측이 측천무후의 정권 초에 역경관에서 증의(證義)의 일원이 되었다고

---

[9] 『宋高僧傳』의 「唐京師西明寺圓測傳」에는 玄奘(602~664)이 慈恩基(632~682)에게 새로 번역된 『唯識』을 강의할 때 원측이 문지기를 매수하여 도청하였다는 기사가 나온다. 이에 따르면, 원측은 현장의 강의를 몰래 듣고 서명사로 돌아와 종을 쳐 대중을 모아 자은보다 먼저 이에 대해 강설하였다고 한다. 그리고 현장이 『瑜伽』를 강의할 때에도 전과 같이 도청하였다고 한다.(『大正藏』 50, 727b)
「唐京兆大慈恩寺窺基傳」에도 이와 유사한 내용이 전해진다. 즉, 원측이 문지기를 매수하여 현장의 『唯識論』 강론을 도청하고 서명사에서 종을 울려 승려들을 모아 이 논을 강의하였다고 한다. 이에 한탄하는 기에게 현장은 격려하면서 원측이 비록 疏를 지었으나 因明에 통달하지는 못하였으므로 오직 기 자신만을 위해 陳那(Dignāga, 480~540경)의 『論』을 강의해 줄 것이라고 했다. 또한 기는 현장에게 오직 자신만을 위해 『瑜伽論』을 강의해 줄 것을 청하였는데, 원측이 전과 같이 도청한 후 먼저 강의하였다고 한다. 그러자 현장은 五性種法은 오직 기만이 유통할 수 있고 타인은 불허한다고 했다고 한다.(『大正藏』 50, 725c~726a)
『新修科分六學僧傳』의 「周圓測傳」에도 『송고승전』과 유사한 내용이 기록되어 있다. 즉, 현장이 『유식론』과 『유가론』의 번역이 끝나자 기에게 상세한 강의를 해 주었는데, 원측이 번번이 훔쳐 듣고서 한발 앞서 강의했다고 기록되어 있다.(『卍續藏經』 77, 274ab)
[10] 『大正藏』 50, 727b

기록되어 있다.[11]

원측 전기의 재평가

원측 전기에 대한 새로운 자료의 발견과 함께 『송고승전』 및 『신수과분육학승전』의 원측 비방설에 대한 재평가가 이루어졌다. 이전에는 『송고승전』 등의 기록을 바탕으로 하여 원측이 법상유식종의 정계正系가 아니라 이계異系에 속한다고 여겨졌으나, 새로운 전기 자료를 근거로 원측의 사상을 다시 평가하려는 움직임이 나타났다. 즉, 『송고승전』의 원측에 대한 기록이 신뢰할 수 없는 것임이 지적됨과 동시에 원측의 교학을 재검토해야 한다는 자각이 생겨났다.

『송고승전』 등에 실린 원측의 도청설이 사실에 기반한 것이 아님은 꾸준히 지적되어 왔다. 원측 전기에 대한 의구심은 전통 논사들에 의해서도 이미 지적되고 있었는데, 예를 들어, 일본 강호시대江戶時代의 카이조(戒定, 1750~1805)는 『성유식론장중독단成唯識論張中獨斷』에서 원측의 도청설이 자은계의 비방에 불과하다고 지적하고, 오히려 이 도청설로 인해 원측의 학설이 또 하나의 정통설임이 입증되는 것이라고 주장하였다.[12] 1900년대에 원측의 전기가 재평가되기 시작함과 동시에 원측과 자은 사상 간의 차이점이 부각되었고, 이에 따라 한국 및 일본의 학자들은 원측의 도청설이 원측에 대한 자은 문도들의 질시와 배척으로 인한 위조임을 추정해 왔다.[13] 또한 찬녕의 『송고승전』 자체가 역사적으로 모순

---

11 『卍續藏經』77, 274ab
12 勝友俊敎, 『佛敎における心識說の硏究』, 山喜房佛書林, 1960, pp.9~12 참조.
13 원측을 본격적으로 재조명하기 시작한 1900년대 초부터 이러한 움직임이 나타났

되거나 부정확한 자료를 상당히 포함하고 있음이 밝혀졌고, 이에 따라 『송고승전』에서는 단지 원측의 전기뿐 아니라 자은의 전기 또한 왜곡되어 전해지고 있음이 논증되었다.[14] 이와 같은 학자들의 지속적 논박으로 인해 현재 원측 도청설은 자은 문도들에 의한 근거 없는 날조라는 의견이 정착되어 있다.

자은파慈恩派와 서명파西明派

원측에 대한 새로운 전기 자료의 소개와 함께 원측 교학에 대한 재검토가 진행되었고 이에 따라 논의의 주제로 떠오른 것은 원측과 자은 문도들 간의 사상적인 입장 차이였다. 이때 주목받은 것이 바로 자은의 제자인 혜소慧沼(650~714)의 『성유식론요의등成唯識論了義燈』(이하 『요의등』으로 약칭)에 나타난 원측과 그 제자 도증道證(7세기 말경)에 대한 비판이다. 여기서 혜소는 원측의 『성유식론소成唯識論疏』와 이를 지지하는 도증의

다. 예를 들어, 일본 학자 츠마키 초크료와 하다니 료타이는 『송고승전』의 원측 비방설을 후대의 날조로 추측하였다.(妻木良直, 「新羅の高僧円測法師」, 『大崎学報』 31, 日蓮宗大学同窓会, 1913과 羽渓了諦, 「慈恩と西明」, 『六條学報』150, 壬寅会, 1914; 「唯識宗の異派」, 『宗教研究』1-1, 日本宗教学会, 1916a; 「唯識宗の異派(承前)」, 『宗教研究』1-3, 日本宗教学会, 1916b) 이나바 쇼주는 티베트역본에서 복원한 『해심밀경소』 부분에 因明에 대한 자세한 설명이 있는 것을 바탕으로 현장이 자은기에게만 인명을 전했다는 『송고승전』의 내용이 후대의 왜곡임을 추정하였다.(稲葉正就, 「朝鮮出身僧円測法師について」, 『朝鮮学報』 2, 朝鮮學會, 1951) 한국에서는 박종홍, 「원측의 유식철학」, 『한국사상사』, 서울: 서문문고, 1972, p.63; 조명기, 『신라불교의 이념과 역사』, 서울: 경서원, 1982, p.159; 고익진, 『한국고대불교사상사』, 서울: 동국대출판부, 1989, pp.139~140 등에서 비방설을 자은파의 날조로 언급하고 있다.

14 Stanley Weinstein, "A Biographical Study of Tz'u-en," *Monumenta Nipponica* 15, no.1/2, Sophia University, 1959, pp.119~149

『성유식론成唯識論』 해석을 각각 '서명西明'과 '요집要集(즉, 『성유식론요집成唯識論要集』)'으로 지칭하면서 광범위하게 논박하고 있다.[15] 이러한 혜소의 비판에 기반하여 원측과 자은 이후 현장의 제자들이 서명학파西明學派와 자은학파慈恩學派로 나뉘었음이 주장되었다.[16] 한편으로는 원측과 도증을 비판하고, 다른 한편으로는 자신의 스승인 자은의 학설을 옹호하는 혜소의 태도는, 『송고승전』의 원측 비방설과 더불어 자은과 원측의 학풍을 계승하는 상호 대립적인 두 학파의 존재를 입증하는 것으로 받아들여져 왔다. 그 결과 원측을 위시한 서명학파와 자은기를 중심으로 하는 자은학파가 상호 대립했다는 주장은 현재 학계에 널리 수용되고 있다.

기존 학계에서는 때때로 서명파와 자은파 간의 사상적 대립 상황을 법상유식종의 정계와 이계라는 구분과 연결시키기도 하였다. 일반적으로 동아시아의 법상유식종은 현장을 계승한 자은에 의해 체계화된 것으로 받아들여져 왔고, 따라서 자은과 그 학풍을 이은 혜소와 그 문도인 지주智周(668~723)가 법상종의 정계로 여겨져 왔다.[17] 비록 원측의 유식

---

15 『요의등』에서 원측의 견해는 200회 이상 인용·논박되고 있다.(고익진, 앞의 책, 1989, p.163 참조)
16 結城令聞,「玄奘とその学派の成立」,『東洋文化研究所紀要』11, 東洋文化研究所, 1956
17 자은, 혜소, 지주가 유식법상종의 정통적 계보를 잇는 삼대의 논사라는 것은 일본 불교계에 널리 받아들여져 온 전통이다. 이 세 논사들은 유식법상종의 "삼조三祖"(J. sanso)로 알려져 있고, 이들의 학문적 입장은 "삼조의 정판"(J. sanso no jōhan 三祖の定判)으로 불린다.(深浦正文,『唯識學研究』上, 京都: 永田文昌堂, 1954, pp.246~257 참조) 근대 불교학의 형성, 특히 동아시아불교의 이해에 있어서 일본 불교학계의 축적된 성과물들이 지대한 역할을 한 것을 고려할 때, 현재 학계에서 일반적으로 받아들여지고 있는 법상종의 삼조 정통설 또한 일본불교계의 법상종 전통에서 유래된 것으로 추정할 수 있다. 삼조 정통설은 일본 화엄논사 교넨(凝然,

사상이 새로운 전기 자료의 소개와 함께 재평가를 받기 시작했다고 할지라도, 소위 정계로 받아들여져 온 자은의 학풍과 상이한 혹은 대립되는 입장을 취하는 것으로 여겨지는 한 자연히 이계 혹은 방계로 위치될 수밖에 없는 것이다. 다시 말해, 자은계가 유식법상종의 정통이라는 전제하에서는 자은파와 대립적인 혹은 차별적인 입장을 취한다면 서명파는 비정통, 혹은 이계로 분류될 수밖에 없는 것이다.[18]

하지만, 원측과 자은의 사상적 차별성을 전제로 서명파와 자은파라는 대립 구도를 설정하고 나아가 정계와 이계의 구분을 세우는 것의 문제점이 지속적으로 지적되어 왔다. 먼저 지적되어야 하는 것은, 혜소가 『요의등』에서 원측과 도증의 학풍을 비판한 것은 사실이지만 원측과 자은 당사자들 간의 직접적 논쟁이나 대립을 나타내는 자료는 찾을 수 없다는 것이다. 게다가 두 학파 간의 사상적 대립의 근거 자료인 혜소의 『요의등』 또한 그 정당성이 의심되고 있다. 즉, 혜소의 원측 혹은 도증에의 비판이 정당한 근거에 바탕을 두고 있지 않다는 지적이다.[19] 이런 점에서, 혜소의 원측 비판은 오히려 당시 원측의 학문적 영향력이 상당했음을 입증하는 것이고, 또한 원측은 법상종의 방계라기보다는 오히려

1240~1321)이 『三國佛法傳通緣起』(1311)에 기술한 법상종의 네 단계의 전래설(四傳說)에 근거를 두는 것으로 추정되는데, "三國傳通"이라는 정형화된 역사관을 바탕으로 하는 교넨의 四傳說은 역사적·교리적으로 많은 문제점을 내포함이 지적되어 있다. 자세한 논의는 Sumi Lee, "Redefining the 'Dharma Characteristics School' in East Asian Yogācāra Buddhism," *The Eastern Buddhist* 46, no.2, The Eastern Buddhist Society, 2015 참조.

18 자은계를 정계로, 원측 및 그 신라계 제자들을 이계 혹은 이파로 분류하여 설명하는 예로 深浦正文, 앞의 책, 1954, pp.257~269가 있다.
19 長谷川岳史, 「本来自性清浄涅槃についての慧沼と円測の見解」, 『印度學佛教學研究』 46, no.2, 日本印度学仏教学会, 1998a; 정영근, 「『성유식론요의등』의 원측설 비판」, 『불교학연구』 3, 불교학연구회, 2001 등 참조.

자은의 선배이자 현장의 계승자로서 자은 사상에 영향을 주었다고 평가되기도 한다.[20] 다시 말해, 소위 서명파와 자은파의 대립을 근본적인 사상적 차별성으로 인해 생겨난 것으로 보는 것이 아니라 후대 문도들에 의한 과열된 경쟁 상황에 다름 아니라고 보는 시각이다.

한편, 자은계의 정통성에 대해서도 의문이 제기되고 있다. 자은이 『성유식론』의 필수를 전담하였다는 『성유식론장중추요成唯識論掌中樞要』의 기록[21]을 바탕으로 하여 일반적으로 현장의 유식 사상을 자은이 계승하였다고 여겨지고 있다. 하지만 다른 제자들에 비해 자은이 현장과 특별한 관계를 가진 것이 아니었다고 주장되기도 하고,[22] 심지어 자은과 현장이 특정 경우에 있어서는 상이한 입장을 가졌던 것이 지적되기도 한다.[23] 또한, 자은·혜소·지주를 법상유식종의 정통을 잇는 세 조사로 기술하고 있는 일본 화엄논사 교넨(凝然, 1240~1321)의 『삼국불법전통연기三國佛法傳通緣起』의 설명이 역사적·교리적으로 모순점을 내포하고 있음이 지적되기도 한다.[24]

보다 근본적인 문제점은, 다음 장에서 설명되듯이, 원측의 유식 사상

20　吉村誠,「唯識学派の五姓各別説について」,『駒沢大学仏教学部研究紀要』62, 駒澤大學, 2004, p.236
21　『大正藏』43, 608bc
22　林香奈,「慈恩大師基の伝記の再檢討」,『印度學佛教學研究』59, no.1, 日本印度学仏教学会, 2010
23　현장은 중관논사 清辨/清辯(Bhāvaviveka, ca.500~570)의 논서인 『大乘掌珍論 *(Mahāyāna-hastaratna-śāstra)』을 번역했음이 알려져 있지만, 이에 반해 기는 『成唯識論述記』에서 청변을 격렬히 비판하는 태도를 취하고 있다. 光川豊芸,「『大乘掌珍論』管見: 中観·瑜伽交渉における一視点として」,『印度學佛教學研究』13, no.2, 日本印度学仏教学会, 1965, p.615; 師茂樹,「清辨比量の東アジアにおける受容」,『불교학연구』8, 불교학연구회, 2004, pp.300~311 참조.
24　앞의 각주 17 참조.

이 기본적으로 자은의 유식설과 크게 다르지 않고 오히려 그 사상적 기반은 동일한 것임이 근래 연구자들에 의해 많이 지적되고 있다는 점이다. 종래의 학계에서는 현장의 신역新譯 경전을 근거로 성립한 소위 신유식新唯識이 구역舊譯 경전에 근거한 구유식舊有識과 사상적으로 대립구도를 이루고, 이를 바탕으로 구유식적 사상 성향을 가진 원측이 현장의 신유식 학풍을 이은 자은과는 상이한 입장을 취하는 것으로 평가되어 왔다. 하지만 원측의 유식 사상에 대한 분석이 점차 진행됨에 따라 원측 또한 자은과 마찬가지로 신유식의 입장을 취하였다는 주장이 제기된 것이다.[25]

이와 같이 원측 연구에 있어 다방면에서 여러 문제점들이 제기되는 상황에서, 서명파와 자은파라는 대립적 구도를 원측의 유식 사상에 바로 적용하는 것에 대해서는 보다 신중한 검토가 요구되고 있다.

II. 원측의 저술과 사상

『해심밀경소』와 『인왕경소』

원측은 유식논사로 알려져 있지만 유식 계통 문헌에 대한 주석서뿐 아니라 반야 계통의 주석서도 저술하였으며 모두 합하여 10여 부의 저술이 있었던 것으로 추정하고 있다.[26] 이 중 현존 저작은 『해심밀경소解

---

25 이에 대한 구체적 설명은 아래에서 논의된다.
26 원측의 저술은 12부에서 18부까지 선행 연구들에 차이가 있다. 일본 永超 (1014~1096)의 『東域傳燈目錄』(1094)이나 고려 義天(1055~1101)의 『新編諸宗

深密經疏』, 『인왕경소仁王經疏』, 『반야바라밀다심경찬般若婆羅蜜多心經贊』 의 세 부이다.

『해심밀경소』는 유식의 핵심 경전인 *Saṃdhinirmocana-sūtra*의 현장 역 『해심밀경解深密經』의 주석서이다. 일본 『속장경』에 실려 있는 현존 한문본 『해심밀경소』는 일본에 전래되는 18세기 사본寫本을 저본으로 한 것인데 제8권의 전반부와 제10권이 결락되어 있다. 한편, 『해심밀경소』는 췌둡Chösgrub(法成, 755~849경)의 역으로 티베트대장경에 완본이 갖추어져 있었는데(Peking no.5517; Derge no.4016), 1972년 이나바 쇼주는 이 티베트본에 의지하여 한문본의 산일 부분을 복원하였다.[27] 현재 『한국불교전서韓國佛敎全書』에는 복원된 부분을 포함하여 『해심밀경소』가 열 권의 모습을 갖추어 수록되어 있다.[28] 현장 역 『해심밀경』은 「서품序品」을 포함하여 모두 8품品으로 되어 있는데, 원측은 유식전통의 삼분과경

敎藏總錄』 등의 목록을 바탕으로 하여 정리하면 다음과 같다: 『仁王經疏』(3권), 『般若婆羅蜜多心經贊』(1권), 『解深密經疏』(10권), 『無量義經疏』(3권), 『百法論疏』(1권), 『二十唯識論疏』(2권), 『成唯識論疏』(10권), 『成唯識論別章』(3권), 『六十二見章』(1권), 『阿彌陀經疏』(1권), 『觀所緣緣論疏』(2권), 『廣百論疏』(10권), 『大因明論記/理門論疏』(2권), 송복의 「사리탑명」에는 '金剛般若'에 대한 疏도 언급되어 있다.(백진순 옮김, 「해심밀경소 해제」, 『해심밀경소 제1 서품』, 한글본 한국불교전서 신라 4, 서울: 동국대학교출판부, 2013, pp.9~10 참조) 근래 일본의 『天台宗全書』 권19에 수록된 憐昭 記, 『無量義經疏』(3권)가 원측의 『無量義經疏』를 필사한 것임도 밝혀졌다.(橘川智昭, 「圓測 新資料·完本『無量義經疏』とその思想」, 『불교학리뷰』 4, 금강대학교 불교문화연구소, 2008, pp.66~108)

27 1972년 이나바 쇼주가 델게판과 북경판에 의거하여 유실 부분을 복원하여 발표하였다.(稻葉正就, 「解深密経疏散逸部分の研究: 漢文訳篇」, 『大谷大学研究年報』 24, 大谷大学大谷学会, 1972) 그 후 1981년 중국 학자 觀空이 티베트대장경의 丹珠藏(Bstan-hgyur, 論藏)에 수록된 法成 譯 『解深密經疏』에 의거하여 권10을 복원하였다. 이 복원본은 이나바 쇼주의 복원본과 다소간의 차이가 있어 대조가 필요하다.

28 현재 『한국불교전서』 제1권에는 이나바 쇼주에 의한 복원 부분으로 보완한 속장경본이 실려 있고, 제11권에는 觀空의 복원본인 『해심밀경소』 권10이 실려 있다.

三分科經²⁹인 교기인연분敎起因緣分·성교정설분聖敎正說分·의교봉행분依敎奉行分의 구도를 적용하여, 「서품」은 교기인연분에, 나머지 일곱 개의 품은 성교정설분에 해당하는 것으로 보았다.³⁰ 성교정설분은 다시 경境, 행行, 과果³¹의 세 부분으로 나뉘어 설명되고 있다. 즉, 「승의제상품勝義諦相品」·「심의식상품心意識相品」·「일체법상품一切法相品」·「무자성상품無自性相品」의 네 품은 관觀해지는 경계로서의 경境, 「분별유가품分別瑜伽品」·「지바라밀다품地波羅蜜多品」의 두 품은 관觀하는 행行, 「여래성소작사품如來成所作事品」은 경境과 행行에 의해 얻어지는 과果를 밝힌 것이라고 한다. 경境 가운데 「승의제상품」과 「심의식상품」은 각각 진제眞諦와 속제俗諦에 대한 것이고, 「일체법상품」과 「무자성상품」은 각각 삼성三性과 삼무성三無性을 밝힌 것이다. 행行 가운데 「분별유가품」은 지止와 관觀을, 「지바라밀다품」은 십지十地와 십도十度(십바라밀)를 설명한 것이다. 마지막으로 과果에 해당하는 「여래성소작사품」은 불과佛果를 획득한 여래가 사업을 성취함을 설하는 부분이다.³²

『인왕경소』는 구마라집鳩摩羅什(Kumārajīva, 344~413)이 번역한 것으로 전해지는 『인왕호국반야바라밀경仁王護國般若波羅蜜經』(이하 『인왕경』으로

---

29 동아시아에서 三分科經은 東晉(317~420)의 道安(312~385) 이래 일반적으로는 序分, 正宗分, 流通分의 구도가 유통되고 있다.
30 원측은 依敎奉行分은 이 경에 갖추어져 있지 않은 것으로 본다.(백진순, 앞의 책, 2013, pp.17~18 참조)
31 유식전통에서는 보통 경전이나 논서가 境, 行, 果의 구도로 설명된다. 境(S. viṣaya)은 배워야 할 대상을 말하고, 行(S. pratipatti)은 경을 바탕으로 닦아야 할 것을 말하고, 果(S. phala)는 境과 行으로 인해 얻어지는 결과인 해탈과 보리 등을 말한다. 예를 들어, 대표적 유식 논서인 『瑜伽師地論』은 삼승이 배워야 할 境과 닦아야 할 行과 그 결과 얻어지는 果를 17地로 나누어 설명하고 있다.
32 백진순, 앞의 책, 2013, pp.17~19 참조.

약칭)에 대한 원측의 주석이다. 『인왕경』은 『법화경法華經』・『금광명경金光明經』과 함께 '호국삼부경護國三部經'으로 알려져 있는데, 보통 동아시아에서 찬술된 경전으로 여겨지고 있다. 원측은 이 경의 8품을 『해심밀경』과 마찬가지로 교기인연분敎起因緣分, 성교소설분聖敎所說分, 의교봉행분依敎奉行分으로 나눈다. 교기인연분은 「서품序品」에, 성교소설분은 「관공품觀空品」・「교화품敎化品」・「이제품二諦品」・「호국품護國品」・「산화품散華品」에, 그리고 의교봉행분은 「수지품受持品」과 「촉루품囑累品」에 해당하는 것으로 본다. 성교소설분 중 「관공품」・「교화품」・「이제품」은 내호內護, 즉 내적인 차원에서 불과佛果와 십지행十地行을 수호하는 법을 밝히는 부분이고, 「호국품」은 외호外護, 즉 외적 차원에서 국토를 수호하는 법을 설하는 부분이다.[33]

『해심밀경소』와 『인왕경소』에서 주목되는 점은 진제眞諦(Paramārtha, 499~569)의 설이 다수 인용되고 있다는 점이다. 이 점을 근거로 종래에는 원측 교학에 있어서 진제의 영향에 대한 논의가 중심이 되었다.[34] 이외에도 원측의 저술에 나타나는 특징 중 하나는 수많은 경론 및 불교학자들의 선례에 바탕을 둔 철저한 고증이 행해지고 있다는 점이다. 다시 말해 원측은 경전의 주석에 있어서 유식의 입장에만 국한되어 해석하는 것이 아니라 소승과 대승에 속하는 다수의 경론과 불교학자 및 전통에 의거하여 다각적으로 고증을 수행하고 있는 것이다. 이러한 조술 방식은 『해심밀경소』와 『인왕경소』뿐 아니라 비교적 짧은 저술인 『반야바라

---

[33] 백진순 옮김, 「원측의 『인왕경소』 해제」, 『인왕경소』, 한글본 한국불교전서 신라 1, 서울: 동국대학교출판부, 2010, pp.16~17 참조.

[34] 하지만 이후, 『해심밀경소』와 『인왕경소』에 있어서 원측의 진제 인용은 진제 교학의 전적인 수용이라고 볼 수 없고 오히려 신유식의 입장과 위배되지 않는 경우에만 긍정하는 제한적인 것이라는 주장이 제기되었다. 자세한 논의는 다음 장 참조.

밀다심경찬』에도 마찬가지로 나타난다.[35]

원측과 신·구 유식

근대 원측에 대한 연구는, 앞서 설명했듯이, 자은계 유식 사상과의 차이점에 초점이 맞추어져 왔다. 혜소와 같은 자은계 논사의 원측에 대한 비방과 함께, 원측의 현존 저술에 구유식 논사 진제의 문헌들이 다수 인용되어 있다는 사실은 원측이 자은과는 상이한 사상적 견해를 가진다는 평가로 이어졌다. 종래의 학계에서는 현장 이전의 구역 경전을 바탕으로 형성된 구유식, 특히 진제가 속한 섭론종攝論宗과 현장의 신역 경전을 바탕으로 수립된 신유식 혹은 법상유식학파法相唯識學派가 상호 대립되는 입장을 취한다고 여겨 왔다. 다시 말해, 원측과 자은 간에 사상적 차별성이 존재한다는 평가는 소위 구유식과 신유식이 사상적으로 대립하는 체계임을 전제로 하는 것이었다. 원측의 사상은 구유식 논사인 진제의 영향을 받았다는 점에서 현장의 신유식을 계승한 자은계의 사상과 상이한 입장을 취한다고 여겼던 것이다. 즉, 한편으로는 현장의 사상을 수용하면서도 다른 한편으로는 진제를 많이 인용하고 있는 원측을 평가하여 구역과 신역을 조화하는 입장을 취하고 있다거나 혹은 신유식 입장보다도 진제의 견해를 더욱 중시하는 태도를 취했

---

35 『해심밀경소』에는 모두 83종 이상의 경론과 21인의 학자, 13부파가 인용되어, 총 인용 횟수가 3500회를 상회하고, 『인왕경소』에는 70종 이상의 경론, 14인 이상의 학자, 3개 부파가 600회 이상 인용되고 있다고 한다. 비교적 짧은 저술인 『반야심경찬』에도 29종의 경론과 10인의 학자, 2개 부파가 150여 회 인용되고 있다고 한다.(楊白衣, 「圓測之研究: 傳記及其思想特色」, 『華岡佛學學報』 6, 中華學術院佛學研究所, 1982, pp.121~131)

다고 하였다.³⁶ 또한 바로 이러한 원측의 구유식적 성향이 혜소의 비판을 초래했고, 나아가 서명파와 자은파 간의 논쟁 역시 원측과 자은 간의 사상적 차별성으로 인한 것이라고 보았다.

하지만 진제에 대한 원측의 입장에 대하여 기존과는 다른 해석이 1970년대 후반에 제시되었다. 기무라 쿠니카즈(木村邦和)는 『해심밀경소』와 『인왕경소』에 인용된 진제의 일문逸文을 전수 조사하여 진제의 사상적 입장을 원측이 적극 수용하고 있다는 기존 학설과는 다른 해석을 제시하였다. 즉, 『해심밀경소』에서 진제의 학설은 어느 정도 평가되고 있지만 그 평가는 다만 신역 유식과 동일하거나 해당 부분이 없는 경우이고, 신역과 다를 때에는 배척된다고 하였다.³⁷ 또한 『인왕경소』에서는 『해심밀경소』에 비해 진제설을 부정하는 경우가 많고 인용되는 진제계

---

36 원측을 구유식의 진제와 연계하고 신유식의 자은과의 사상적 차별성에 주목한 것은 원측에 대한 근대적 재평가와 동시에 이루어졌다. 후카우라 세이분은 원측 사상이 진제와 동일하여 性宗的인 색채를 띠어, 五性各別說을 주장하는 자은과 달리 一性皆成說을 주장하고, 瑜伽有宗뿐 아니라 般若空觀에도 의지한다고 한다.(深浦正文, 앞의 책, 1954, pp.261~262); 이나바 쇼주는 티베트역본으로부터 복원된 한문본을 검토하여 원측 학설이 진제계 구유식과 현장계 신유식을 공평하게 다룬 타당한 입장이라고 한다.(稻葉正就, 앞의 논문, 1951) 한국에서도 원측 교학의 자은계와의 차별성이 구유식과의 연계성 속에서 논의되었다. 예를 들어, 원의범은 원측이 眞如論과 種姓論은 진제를 따르지만 空論에 있어서는 현장을 따라 신·구 유식에 있어서 중도적 입장을 가졌다고 한다.[원의범, 「圓測의 唯識思想(I)」, 『한국불교사상사(숭산박길진박사화갑기념논총)』, 이리: 원불교사상연구원, 1975] 오형근은 원측의 유식을 대립되는 이론들을 회통하려고 하는 一乘的 사상으로 보면서 자은계 유식과 구별하였다.(오형근, 「圓測法師와 一乘思想」, 『한국불교』2, 한국불교학회, 1976)
37 木村邦和, 「西明寺円測所引の真諦三蔵逸文について」, 『印度學佛教學研究』26, no.2, 日本印度学仏教学会, 1978; 「真諦三蔵の学説に対する西明寺円測の評価: 解深密経疏の場合」, 『印度學佛教學研究』30, no.1, 日本印度学仏教学会, 1981b; 「西明寺円測における真諦三蔵所伝の学説に対する評価(一)」, 『研究紀要』5, 長岡短期大学, 1982a.

문헌의 수가 『해심밀경소』에 비해 적음을 지적하였다.³⁸ 이후 원측의 저술에 대한 연구가 구체적으로 진행됨에 따라 원측이 오히려 현장의 신역 유식을 충실히 계승하고 있다는 주장이 여러 학자들에 의해 제기되었다. 그 대표적 예로, 1990년대 이래 이 주제에 대해 다수의 논문을 발표한 기츠카와 도모아키(橘川智昭)를 들 수 있다. 기츠카와는 혜소가 『요의등』에서 원측을 비판하고 있지만 진제를 의거함에 대해 비판하는 곳은 없고, 역으로 원측이 진제를 비판하고 혜소가 이를 다시 옹호하는 곳이 있음을 지적한다. 그리고 이런 점과 관련하여 원측의 사상적 지위는 현장계 교학의 초기 단계에 속하는 것이며, 기의 교학과는 세세한 부분에서 해석상의 상위가 있을 뿐이고 오히려 기의 사상 형성에 있어서 선례가 되었을 것이라고 추정한다. 또한 원측계와 자은계의 교리상의 대립이 명확해진 것은 도증이나 혜소 이후일 것이고, 그 내용의 상위성도 신역 범위 내의 것이고 신역과 구역 간의 문제가 아닐 것임을 제안한다.³⁹ 원측이 현장의 신역과 그 사상에 충실하였다는 주장은, 원측을 구

---

38 木村邦和,「西明寺円測における真諦三蔵所伝の学説に対する評価(二)」,『研究紀要』6, 長岡短期大学, 1982b. 백진순 또한 이와 유사한 맥락의 지적을 한다. 즉, 원측이 『해심밀경소』에서는 진제 문헌들을 하나의 가능한 해석으로 참고하는 태도를 보였던 것과는 달리,『인왕경소』에서는 유독 진제의 『인왕경소』의 주석('本記')과 직접 대조해 가며 그 견해를 낱낱이 비판적으로 검토하고 있고,『인왕경소』곳곳에서는 진제와 현장의 해석을 대조하여 그 차이점을 보여 주고 있다고 한다.『인왕경소』를 전후로 하여 원측의 학문적 성향의 변화가 있었던 것인지 등 그 이유에 대해서는 더 자세히 연구할 필요가 있음을 지적한다.(백진순, 앞의 책, 2010, pp.14~15)

39 橘川智昭,「円測による五性各別の肯定について: 円測思想に対する皆成的解釈の再検討」,『仏教学』, 仏教思想学会, 1999, 각주 22 참조. 이외에도 기츠카와는 원측에 대한 기존 학계의 견해를 반박하면서 원측 사상은 신유식에 기반을 둔 것임을 주장하는 다음과 같은 일련의 논문을 발표하였다. 예를 들어,「真諦訳・玄奘訳『摂大乗論』と円測」,『印度學佛教學研究』43, no.1, 日本印度学仏教学会, 1994;「円測教学における一乗論: 基教学との比較において」,『東洋大学大学院紀要』31,

유식의 진제와 연결시켰던 종래의 원측에 대한 견해와 정면으로 상반되는 것으로서 학계에 큰 반향을 일으켰다.

원측과 오성각별설五性各別說

원측 교학의 기본적 입장이 신유식에 있다는 새로운 주장과 함께 가장 논란이 된 논의 주제는 중생의 종성種性에 대한 원측의 입장이다. 즉, 중생에게는 다섯 가지 종성의 차별이 있다는 오성각별설五性各別說과 모든 중생에게 불성佛性이 있다고 하는 일체개성설一切皆成說 가운데 원측이 어느 입장을 취했는가 하는 것이다. 일반적으로 구유식에서는 일체개성설을 지지하고 신유식에선 오성각별설을 옹호한다고 알려져 있기 때문에, 이 두 견해 중 어느 쪽을 취하는가에 따라서 원측이 구유식과 신유식 중 어느 쪽에 사상적 기반을 두는가의 문제가 밝혀진다고 여길 수 있다. 다시 말해, 종성에 대한 원측의 입장을 규정하는 것은 바로 원측이 구유식과 신유식 중 어느 진영에 속하는가 하는 기존의 논란과 직결되는 문제인 것이다. 앞서 언급했듯이, 원측은 구유식과 신유식의 조

東洋大学大学院, 1995;「円測撰『解深密經疏』における一乘論について」,『印度學佛教學研究』45, no.1, 日本印度学仏教学会, 1996;「西明円測と五姓各別論: 慈恩教学との比較研究」,『東洋学研究』34, 東洋大学東洋学研究所, 1997;「『成唯識論了義灯』の円測説引用における問題点: 円測の真意の観点から」,『印度學佛教學研究』47, no.1, 日本印度学仏教学会, 1998;「円測による五性各別の肯定について—円測思想に対する賛成的解釈の再検討」,『仏教学』40, 仏教思想学会, 1999 등이 있다. 기츠카와 외에 원측이 신유식의 입장에 충실하다는 것을 논증하는 논문으로는 吉田道興,「西明寺円測の教学」,『印度學佛教學研究』25, no.1, 日本印度学仏教学会, 1976a; 吉村誠,「唯識学派の五姓各別説について」,『駒沢大学仏教学部研究紀要』62, 駒澤大學, 2004 등이 있다.

화 혹은 절충을 주장하는 논사로 평가되기도 하였지만, 중생의 종성 문제에 관한 한 이 두 견해는 적어도 표면적으로는 논리적 상충성을 보이므로 원측이 일체개성설 아니면 오성각별설을 지지했다는 식의 양자택일적 논의가 주로 이어져 왔다.

원측 사상을 진제의 학풍과 연결하였던 종래의 연구에서는 원측은 주로 일체개성가로 평가되었다.[40] 하지만 원측의 사상적 기반이 신유식에 있다는 새로운 평가가 제시됨과 함께 원측이 오성각별설을 지지하였다는 주장이 활발히 제기되었다. 예를 들어, 기츠카와는 원측을 일체개성가로 본 선행 연구를 비판하면서 원측이 오성각별설을 주장한 근거로 둔륜遁倫(혹은 道倫, 650~730경)의 『유가론기瑜伽論記』에 인용된 원측설을 제시했다.[41] 그리고 『해심밀경소』에서 원측이 모든 중생이 가지고 있다

---

[40] 예를 들어, 羽渓了諦, 앞의 논문, 1916b; 真城晃, 「西明寺系唯識について —特に種姓論に関して」, 『龍谷大学仏教文化研究所紀要』 8, 龍谷大学仏教文化研究所, 1969.

[41] 『瑜伽論記』에는, 혹자는 일체중생에 불성이 있다는 『涅槃經』의 교증에 의거하여 신역경론이 정설이 아님을 밝히지만, 구역경론도 마찬가지로 無種性을 설하므로 신역만을 비방할 수 없다고 하는 원측의 설이 인용되어 있다.(『大正藏』 42, 520c~521a) 이 설을 바탕으로 기츠카와는 원측이 오성각별설을 주장했다고 한다.(橘川智昭, 앞의 논문, 1999 참조) 하지만 이후 정영근은 이 인용문의 요지는 "(기츠카와가 주장하듯이 원측이) 신역의 입장에 전적으로 동의해서 一切皆成說을 부정하는 것이 아니라, 『열반경』에 나오는 悉有佛性만을 정설이라고 하고 신역 경전에서 無種性을 설하는 것에 대해서는 정설이 아니라고 비난하는 경전 해석의 편협한 태도에 대한 비판"이라고 하면서 기츠카와의 견해를 반박한다.(정영근, 「일체중생의 성불에 대한 원측의 입장」, 『불교학연구』 5, 불교학연구회, 2002, p.162) 백진순도 유사한 취지의 반박을 한다. 즉, 원측이 말하려 했던 요지는, '일체개성이 아닌 오성각별이 정설이다'라는 것이 아니라, 바로 『열반경』의 일체개성과 마찬가지로 신역 경론에 나온 오성각별도 정설이다'라는 것이라고 한다.(백진순, 「원측교학의 연구 동향에 대한 비평과 제안」, 『불교학연구』 38, 불교학연구회, 2014, pp.305~306) 한편, 2004년 불교학결집대회에서 기츠카와는 정영근의 비판에 대해

고 한 '진여법신불성眞如法身佛性'은 중생이 가진 실질적 불성인 행성行性이 아니라 원리적 불성인 이성理性에 해당하는 것이므로 이 이성을 근거로 원측이 일체개성설을 주장했다고 할 수는 없다고 하였다.[42] 기츠카와 이후에도 원측이 현장의 신역에 충실하고 오성각별설을 긍정하였다는 연구가 지속적으로 나오고 있고, 따라서 원측의 교학적 근거를 신유식 혹은 구유식 가운데 결정하려는 논의와 함께 그가 오성각별설과 일체개성설 가운데 어느 입장을 취했는가가 근래 원측 연구의 중심 주제가 되고 있다.

III. 원측 교학과 동아시아·티베트 불교

중국 화엄에의 영향

원측의 교학은 동아시아뿐 아니라 중국의 변방인 둔황을 거쳐 티베트까지 전해졌다. 먼저 중국의 경우, 원측 교학은 유식학파의 범위를 넘어서서 법상종 이후에 중국 불교계의 주류가 된 화엄종華嚴宗과 연결점을 가짐이 지적된다. 화엄논사인 지엄智儼(602~668)과 법장法藏(643~712)이 여러 계기를 통해 원측과 접점을 가졌다는 것이다. 원측이 입당 후

「圓測思想をめぐる諸問題: 丁永根先生の批判にこたえ」(『한국불교학결집대회논집』上, 2004)를 발표하였다. 여기서 기츠카와는 『瑜伽論記』에 인용된 원측의 논증 방식은 일천제가 성불할 수 없다고 설하는 경전과 성불할 수 있다고 설하는 경전을 나란히 제시하여 비교하는 법상유식의 전통적 해석 방법과 일치하는 것이고, 따라서 원측의 입장이 자은기의 입장과 다르지 않은 것이라고 반박하고 있다.

42 橘川智昭, 앞의 논문, 1999, pp.99~104

가르침을 받은 법상法常(567~645)과 승변僧辨(568~642)은 지엄의 스승이었고, 원측이 증의로 초빙된 지파가라의 역경 사업에는 지엄의 제자인 법장이 참가하고 있었다.[43] 그 후 원측과 법장은 실차난타의 80권본『화엄경華嚴經』의 번역 사업에도 함께 참여했음이 알려져 있다.[44] 또한, 교학적 측면에서 법장의『화엄경탐현기花嚴經探玄記』에 서술된 교체론敎體論이 원측의『해심밀경소』「서품」에 서술되어 있는 교체론과 대응성을 가진다는 연구가 있다.[45] 또한, 원측의『반야심경찬般若心經贊』과 법장의『반야심경략소般若心經略疏』의 체제가 서로 비슷하다는 지적도 있으며, 이에 기반하여 법장이『반야심경략소』를 저술할 때 원측의『반야심경찬』을 참고했을 것이라고 추정되기도 한다.[46] 비록 산발적이지만 이러한 자료들을 통해 원측과 화엄논사들의 접점이 있었음을 알 수 있고, 따라서 원측 교학이 화엄 사상에 영향을 주었을 가능성 또한 추정할 수 있다.

---

[43] 최치원이 찬술한「唐大薦福寺故寺主翻經大德法藏和尙傳」에 의하면, 법장이 지파가라의 역장에 참여하여『화엄경』「入法界品」의 범본을 교감하고『화엄경』에서 누락된 부분을 보완하였다고 한다.(『大正藏』50, 282a)

[44] 『大正藏』50, 282a

[45] 기무라 기요타카는『解深密經疏』의 교체론의 五門 가운데 마지막인 法數出體와『探玄記』의 교체론의 十門 가운데 첫 번째인 言詮辨體門, 두 번째인 通攝所詮門, 네 번째인 緣起唯心門의 대응 관계를 주장하고, 법장이 자은기의 교학에 관심을 가지고 있었지만, 기본적으로는 원측 교학을 원용하였다고 한다.(木村清孝,「円測と法藏: 教体論の関わりについて」,『韓国仏教学SEMINAR』4, 韓国留学生印度学仏教学研究会, 1990 참조)

[46] 원측은『般若心經贊』에서 四門分別, 즉 敎起因緣, 辨經宗體, 訓釋題目, 判文解釋을 제시하고, 법장은『般若心經略疏』에서 五門分別, 즉 敎興, 藏攝, 宗趣, 釋題, 解文의 체제를 설한다. 이 중 원측의 사문분별이 법장의 오문분별 가운데 敎興, 宗趣, 釋題, 解文에 각각 대응된다고 보는 것이다.(남무희,「圓測의 唯識思想과 唐代 華嚴宗과의 영향 관계」,『선문화연구』2, 한국불교선리연구원, 2007, pp.73~74 참조)

신라의 원측 유식학 계승

원측 연구가 구체화됨에 따라 원측의 사상이 자은과 근본적으로 다르지 않다는 주장이 제기되었지만, 한편으로는 원측의 유식학풍을 계승한 논사들이 거의 모두 신라인들임이 주장되어 왔다.[47] 원측의 사자상승 계보를 알 수 있는 자료는 거의 남아 있지 않지만, 현재 원측의 제자로서 서명학파로 분류되는 인물에는 승장勝莊(생몰년 미상)과 도증道證(fl. 692)이 있다.

승장의 전기는 현존하지 않지만 『송고승전』「혜소전慧沼傳」에 '신라승장법사新羅勝莊法師'로 명시되어 있다. 송복의 「사리탑명」에 의하면 원측 사후에 승장은 장안의 학도들과 서명사 주지 자선慈善과 함께 향산사香山寺 북쪽 골짜기에 안치된 스님의 분골 일부를 나누어서 종남산終南山 풍덕사豊德寺의 동쪽 고개에 이장하여 새로 탑을 세웠다고 한다.[48] 이 기록을 바탕으로 승장은 원측의 제자라고 받아들여지고 있다. 하지만, 한편으로는 사자상승을 단정하기에는 자료가 충분하지 않다는 지적도 있다.[49]

도증은 『삼국사기三國史記』에 효소왕 1년(692) 당에서 신라로 귀국하

---

47 법상종을 자은계의 정계와 원측계의 이계로 나누는 기존 학계의 구분에서 원측과 그의 계보를 잇는 논사들은 모두 신라인들로 제시되고 있다.(深浦正文, 앞의 책, 1954, pp.257~268 참조) 도키와 다이조는 현장의 문도들에는 많은 신라 논사들이 포함되어 있었지만 특이하게도 이들의 전기가 거의 전해지지 않는다는 사실을 들어 이것이 신라인이었기 때문일 것이라고 추정한다.[常盤大定, 『佛性の硏究』, 東京: 國書刊行會, 1973(1933), p.240 참조]
48 앞의 각주 4 참조.
49 한명숙 옮김, 「범망경술기梵網經述記 해제」, 『범망경술기』, 한글본 한국불교전서 신라 2, 서울: 동국대학교출판부, pp.11~13

여 천문도天文圖를 바친 사실만이 전하고[50] 전기는 남아 있지 않다. 앞서 논의했듯이, 혜소의 『요의등』에는 원측과 함께 도증의 『요집』이 비판적으로 인용되고 있는데, 『요집』은 '유석有釋', 즉 원측의 설[51]을 기본적으로는 따르고 있기 때문에 도증이 원측의 학풍을 계승하였다고 여겨진다.[52] 하지만, 『요집』이 원측설을 그대로 계승한 것은 아니고 자신의 독자적 해석을 부가하고 있음이 지적되기도 하고,[53] 『성유식론』에 대한 권위자로 원측과 더불어 자은을 매우 존중하였다는 것이 제시되기도 한다.[54]

---

50 『三國史記』 권8 『新羅本紀』 제8 '孝昭王 元年' 8월조.

51 일본 법상종 논사 善珠(727~797)의 『義燈增明記』에 『요집』의 서문이 인용되어 있는데, 여기에 자은설은 '有說', 원측설은 '有釋' 등으로 표기하고 있다.(『大正藏』 65, 342a)

52 또한 일본 전승에는 원측, 도증, 태현(대현)의 사승을 전하는 기록이 있다. 예를 들어, 照遠 述 『梵網經下卷古迹記述迹鈔』에 "太賢者, 有人云, 玄奘三千門徒, 七十人達者, 隨一圓測法師門弟道證之弟子, 今太賢也."(『日本大藏經』 권20, 233a)라고 하고, 宗覺 正直 編輯, 『菩薩戒本宗要纂註』 卷上의 「太賢法師義記序」에도 다음과 같은 유사한 내용의 기록이 있다: "太賢者, 要主之名, 諸僧史之中未見載傳記, 以故不識姓氏如何. 本朝高德相傳曰, 玄奘三藏有三千徒, 學通玄關七十餘人, 其隨一有西明圓測, 測之徒有道證法師, 太賢也者, 證之古弟."(『日本大藏經』 권21, 2b). 또한 定泉 記, 『梵網經古迹記下卷補忘鈔』 권5에 "和上云等 相傳云 西明弟子道證師 道證師弟子太賢也 故指道證師云和上也"(『日本大藏經』 권19, 628b)라고 하였다. 하지만 아래에 논의되듯이 이러한 전승 기록이 불확실할 가능성 또한 지적되고 있다.

53 하다니는 『요의등』에 인용된 도증의 『요집』을 검토하여 도증이 때때로 원측이 설하지 않은 독특한 학설을 세우고, 『성유식론』 해석에 있어서는 원측의 학설이 아니라 다른 설을 수용하는 경우도 있다고 한다. 羽渓了諦, 앞의 논문, 1917, p.726 참조.

54 젠주의 『成唯識論了義燈增明記』에 인용된 『요집』의 서문에서 도증은 『성유식론』 주석가 6인(六家)을 열거하면서 그중에서도 기와 원측 둘을 넘어서는 이는 없다고 한다.(『大正藏』 65, 342ab); 장규언, 「서명학파(西明學派)라는 창: 마음의 거울 또는 앎의 장애물: 원측 연구의 몇몇 경향들에 대한 비판적 성찰」, 『한국사상사학』 50, 한국사상사학회, 2015, pp.344~346 참조.

한편, 신라 유가조瑜珈祖로 알려져 있는 대현大賢(약 8세기)[55]은, 그가 도증의 제자라고 하는 일본 율종승 쇼온(照遠, 1304~1361?)의 『범망경하권고적기술적초梵網經下卷古迹記述迹鈔』 등의 기록[56]을 바탕으로 원측의 사상을 계승하였다고 여겨졌다. 하지만, 대현이 『성유식론학기成唯識論學記』 등에서 인용하는 '화상和尙'에 대한 태도와 도증에 대한 태도가 서로 상이한 점이나[57] 도증과 대현의 활동 연대가 상응하지 않는 점,[58] 그리고 일본 전승이 확실하지 않다는 점[59] 등으로 인해 대현과 도증과의

---

55 大賢 이외에 '太賢'으로도 불린다. 한국 및 중국 문헌에는 '大賢'으로, 일본 전래 문헌에서는 '太賢'으로 표기되어 전해진다. 일본어에서는 '太'는 고유명사의 경우에 사용되고, '大'는 보통명사에 사용된다. '大賢'이라는 인명도 일본에 전해지고 난 후 고유명사 표기의 관행이 반영되어 '太賢'으로 표기하게 된 것으로 보인다. 실제로 중국이나 한국에서는 '大' 자를 포함하는 불교 고유명사가 일본에서는 '太'로 바뀌어 통용되는 예를 자주 발견할 수 있다. 자세한 논의는 이수미, 「大乘起信論內義略探記로 본 大賢(약 8세기)의 唯識사상」, 『불교학연구』 40, 불교학연구회, 2014, pp.194~196 참조.
56 앞의 각주 52 참조.
57 하다니는 대현이 '和上'을 인용할 때에는 비판의 태도를 취하지 않는 반면, 도증을 인용할 때에는 비평이나 논박하기도 하는 점을 들어, 대현이 도증의 제자가 아니라 '和上'으로부터 직접 사사하였을 것으로 추정한다.(羽渓了諦, 앞의 논문, 1917 참조) 한편, 모로 시게키는 대현의 저술에 등장하는 '화상'이 憬興(7세기 후반경)일 가능성을 제시한다.[師茂樹, 「현장(玄奘)의 유식비량(唯識比量)과 신라불교: 일본의 문헌을 중심으로」, 『금강대학교 국제불교학술회의 자료집』, 논산: 금강대학교불교문화연구소, pp.264~266 참조]
58 吉津宜英, 「太賢の『成唯識論学記』をめぐって」, 『印度學佛教學研究』 41, 日本印度学仏教学会, 1992, pp.117~123 참조.
59 기츠카와는 쇼온이 전하는 대현에 대한 정보가 불확실하다는 점을 지적하고 이러한 대현의 이미지가 후대에 만들어졌을 가능성을 제시한다. 즉, 『成唯識論學記』에서 대현이 기와 원측 중 어느 한쪽만을 지지하는 태도를 보이지 않는 데 비해, 쇼온은 『成唯識論學記』가 자은을 논파하기 위해 지어졌다고 하는 스승의 설을 『梵網經下卷古迹記述迹鈔』에 싣고 있기 때문이다. 기츠카와는 대현에 대한 이와 같은 잘못된 정보가 『梵網經下卷古迹記述迹鈔』에 나타나고 있는 것은 이미 정계와 이계

사승 관계는 재고되고 있다. 그리고 이를 바탕으로 대현을 원측계 문도로 자리매김하는 것에 대해서도 재평가가 이루어지고 있다.

일본 유식에서의 원측 인식

일본에서 원측은 전통적으로 법상유식종의 이파로 분류되어 왔다. 하지만 원측에 대한 이와 같은 해석은 초기부터 나타난 것은 아닌 것으로 보인다. 유식 전래 초기인 나라奈良시대(710~794)에는 자은과 원측의 저술이 모두 중시되었다고 한다. 예를 들어, 교신(行信, fl.750)은 그의 『인왕반야경소仁王般若經疏』에서 이 저술이 주로 원측의 『인왕경소』에 의존하고 있음을 밝히고 있다.[60] 또한, 고후쿠지(興福寺)의 법상종 승려 젠주(善珠, 723~797)는 혜소의 『요의등』에 대한 주석서인 『유식의등증명기唯識義燈增明記』에서 혜소에 의해 비판되고 있는 원측을 오히려 인용하고 있으며, 도증에 대한 혜소의 비판 또한 문헌 검증을 통해 반박하기도 한다.[61] 강고지(元興寺)의 고묘(護明, 750~834) 또한 원측의 『백법론소百法論疏』를 암송했음이 기록되어 있어[62] 고후쿠지 중심의 북사北寺계와 강

의 구별이 나타나는 당시의 상황이 반영되었기 때문이라고 본다.(橘川智昭, 앞의 논문, 2001, p.145, 각주 89 참조)

60 末木文美士, 「日本法相宗の形成」, 『仏教学』 32, 仏教思想学会, 1992, pp.135~136 참조.
61 『唯識分量決』에서도 젠주는 기뿐 아니라 원측설도 적극 인용하고 있다. 末木文美士, 위의 논문, 1992, pp.140~143 참조. 한편 『唯識分量決』에서 젠주는 "서명과 자은이 모두 나의 스승들이다. 어찌 내가 옳고 그르다고 주장하고, 서명만을 비판할 수 있겠는가?"(『大正藏』 65, 375b)라고 하여 원측과 자은을 모두 스승으로 존숭하고 있음을 알 수 있다.
62 富貴原章信, 『日本唯識思想史』, 京都: 大雅堂, 1944, p.337 참조.

고지 중심의 남사南寺계 모두에 원측 교학의 영향이 있었음을 추정할 수 있다.

하지만, 헤이안(平安) 시기(794~1185)로 접어들면 자은설이 중시되는 반면 원측설은 비판적으로 다루어지는 경향이 보인다. 고후쿠지의 주상(仲算, 935~976)은 젠주의 『유식분량결唯識分量決』의 주석서인 『사분의극략사기四分義極略私記』에서 젠주가 제시하는 원측설을 무시하고 자은설을 채택하고 있다.[63] 또한, 헤이안시대 말경 성립된 『성유식론동학초成唯識論同學鈔』에서도 원측설은 법상종 삼조三祖의 정판定判에 위배되지 않는 경우에만 긍정되고 있음이 지적된다.[64]

일본에서는 유식이 처음에 정착되는 단계였던 나라시대에는 자은과 원측의 사상을 모두 중시했지만, 중세 이후에는 자은계의 입장이 법상종의 정계로 정착됨에 따라 원측계는 이계로 배제된 것으로 보이고, 수용되는 경우라 할지라도 자은계와 배치되지 않는 경우에만 받아들여졌던 것으로 여겨진다. 이런 점에서 일본에서의 원측의 수용 태도는 시대에 따라 변화한 것으로 추정되고 있다.[65]

---

63 森重敬光, 「仲算の唯識思想の研究: 新羅学僧に対する態度」, 『宗教研究』 67-4, 日本宗教学会, 1994

64 楠淳證, 「日本唯識と西明寺円測」, 『日本仏教文化論叢: 北畠典生博士古希記念論文集』 上卷, 京都: 永田文昌堂, 1998

65 橘川智昭, 「新羅唯識の研究状況について」, 『韓国仏教学 SEMINAR』 8, 2000, p.93, 각주 30(한국어역은 橘川智昭, 「일본의 신라유식 연구동향」, 『일본의 한국불교 연구동향』, 서울: 장경각, 2001, p.127, 각주 43) 참조. 여기서 기츠카와는 또한 『成唯識論同學鈔』가 성립한 무렵에는 이미 삼조의 정판 및 법상종의 正系와 異系의 구분이 생겨났을 것이라고 추정하고, 따라서 『成唯識論同學鈔』에서 원측 해석을 긍정하는 경우, 그것은 다만 법상종 三祖의 해석을 전제로 한 긍정이었을 것이라고 한다.

둔황·티베트 불교에의 영향

원측의 교학은 중국의 변방인 둔황을 거쳐 티베트까지 전파되었다.[66] 원측의 『해심밀경소』의 둔황 전승은 하서 출신의 유식학자로서 당의 수도인 장안에 유학하였던 담광曇曠(?~788)과 같은 논사에 의해 이루어졌을 것으로 추정된다. 담광은 735년에 장안으로 와서 서명사에 머물렀는데, 774년에 둔황으로 돌아갈 때 원측의 『해심밀경소』 10권을 가져가 유포했다고 한다. 그 후 781년에서 848년까지 둔황은 티베트의 점령을 받았는데, 『해심밀경소』는 이 시기에 티베트어로 번역되었다. 즉, 820년경 전후[67] 둔황에서 활동한 담광 계통의 학승인 췌둡Chösgrub(法成, 755~849경)이 티베트 국왕 렐빠쩬(재위 815~841)의 칙명으로 『해심밀경소』를 티베트어로 번역한 것이다. 그 결과 『해심밀경소』는 9세기경에는 중앙 티베트에 전달되었을 것으로 추정되고 있다.[68]

이후 14세기 말에서 15세기 초 겔룩파 논사 쫑카파Tsongkhapa(1357~1419)의 『렉쉐닝뽀Drang-nges legs-bshad snying-po』(요의미료의판별선설심수 了義未了義判別善說心髓)와 『꾼쉬깐텔Yid dang kun-gzhi'i dka'-'grel』(의意와 아뢰야阿賴耶의 난해한 부분을 주석한 선설善說의 해海)의 두 저술에서 원측의 『해심밀경소』가 인용되었고,[69] 이후의 겔룩파 문헌에서도 원측이 인용되

---

66 上山大峻, 『敦煌佛敎の硏究』, 京都 : 法藏館, 1990, pp.17~119 참조.
67 吳其昱, 「大蕃國大德·三藏法師·法成傳考」, 『敦煌と中国仏教』 講座敦煌 7, 東京 : 大東出版社, 1984, pp.383~414 참조.
68 Eunsu Cho, "Wŏnch'ŭk's Place in the East Asian Buddhist Tradition," *Currents and Countercurrents: Korean Influences on the East Asian Buddhist Traditions*, Hawai'i : University of Hawai'i Press, 2005, p.193
69 長尾雅人, 「西藏に殘れる唯識学」, 『印度學佛教學硏究』 2-1, 日本印度学仏教学会, 1953(『中観と唯識』, 岩波書店, 1978에 재수록) 참조. 쫑카파의 『해심밀경소』

고 있음이 알려졌다.⁷⁰ 쫑카파는 『꾼쉬깐텔』에서 원측을 '스승(slob dpon)'
이라고 부르며 매우 존중하고 있으며, 진제의 구식설九識說의 소개에 있
어서는 원측의 『해심밀경소』를 전적으로 의지하고 원측과 마찬가지로
진제의 구식설을 비판하고 있다.⁷¹ 원측의 『해심밀경소』가 저술된 지 수
세기가 지난 후에 쫑카파에 의한 원측 인용이 나타나고 있는 것에 대해
여러 가지 추정이 제기되었지만, Matthew Kapstein은 단지 쫑카파만이
원측을 인용한 것이 아니라 그의 스승인 샤카파 논사 렘다와(Redḥ madḥ
ba gṣon nu blo gros, 1349~1412)를 포함하여 쫑카파의 스승이나 선조들도
또한 원측을 인용하고 있었음을 지적한다.⁷² 이를 통해 티베트불교에의

인용을 『꾼쉬깐텔』 중심으로 고찰한 논문으로는 이종철, 「원측과 티베트불교: 쫑카빠의 『꾼쉬깐텔』을 중심으로」, 『정신문화연구』 33-3, 한국학중앙연구원, 2010; 차상엽, 「이당뀐시까델(Yid dang Kun gzhi'i dka''grel)의 心識說에 나타난 圓測의 영향」, 『한국불교학』 56, 한국불교학회, 2010 등이 있다.

70 쫑카파의 저술에 대한 후대 주석서 가운데 특히 'Jigs-med-dam-chos-rgya-mtsho(1898~1946)의 주석은 상당한 부분에서 원측 저술을 직접 인용하여 주석하고 있다고 한다. Jeffrey Hopkins, Emptiness in the Mind-Only School of Buddhism, Berkekey/Los Angeles/London: University of California Press, p.24 참조.

71 이종철은 쫑카파가 원측과 마찬가지로 진제의 구식설을 비판하고 있지만, 그 비판의 논리는 원측과 달리 그 나름의 독자적인 비판이라고 한다.(이종철, 위의 논문, 2010, pp.150~152, 158~159)

72 예를 들어, Robert Thurman은 쫑카파가 삼예논쟁으로 인해 생겨난 중국불교에 대한 오해를 수정하기 위해 자신이 중국인으로 알고 있었던 원측을 인용하였다고 추측하기도 하고, John Power는 쫑카파가 원측의 저술에 눈을 돌린 것은 단지 새로운 자료를 탐구하려는 쫑카파 자신의 학자적 소양으로 인한 것이었다고도 한다. 하지만 Matthew Kapstein은 이 두 견해를 모두 부정하고 원측은 이미 쫑카파의 선임자들에 의해 인용되고 있었고 쫑카파 자신은 이러한 전승을 따른 것이라고 한다.(Matthew T. Kapstein, *The Tibetan Assimilation of Buddhism: Conversion, Contestation, and Memory*, Oxford: Oxford University Press, 2000, pp.79~80 참조) 차상엽도 쫑카파가 『꾼쉬깐텔』에서 논을 저술하는 목적을 밝히는 부분에서 "스승의 가르침에 의지한 후 여기에서 설명할 것이다."라고 서술함을 지적하고, 이어서 여기서 언급된 쫑카파의 '스

원측의 영향이 단지 쫑카파에 한정되는 것이 아니라 그 이전으로 거슬러 올라간다는 것을 알 수 있다.

IV. 원측 연구의 현황과 과제

신·구역 유식의 이분법 재고

지금까지의 원측에 대한 연구는, 앞서 논의하였듯이, 구유식과 신유식이라는 이분법적 구도에 바탕을 두고 있다. 최근 동아시아 유식불교 전통을 이분법적 구도에 의해 파악하는 것에 근본적인 문제점이 있다는 주장이 제기되었다.[73] 구유식과 신유식, 진제와 현장, 여래장 사상과 법상유식 사상 등 서로 연계성을 지닌 일련의 이분법적 구도들이 지닌 역사적 또는 교리적인 문제점들이 지적되고 있는 것이다. 구유식의 진제가 신유식의 현장과 사상적으로 대립하는 것이 아니라 오히려 서로 유사한 입장을 취했음을 논증하는 연구가 나왔고,[74] 현장 문하에는 실제로 구유식적 성향의 학승들이 상당수 수학하고 있었음을 논증하는 연구 성과도 있다.[75] 또한 구유식의 일체개성설의 근거가 되는 여래장 사상과

승'이 누구인가에 대해 논의하고 있다.(차상엽, 앞의 논문, 2010, pp.305~307 참조)

[73] Sumi Lee, "Toward a New Paradigm of East Asian Yogācāra Buddhism: Taehyŏn(ca. 8th century CE), a Korean Yogācāra monk, and His Predecessors," PhD Dissertation, UCLA, 2014, pp.9~20; 이수미, 「여래장 사상과 유식의 전통적 이분법에 관한 제 문제」, 『불교학연구』 45, 불교학연구회, 2015

[74] Ching Keng, "Yogācāra Buddhism transmitted or transformed? Paramārtha(499-569) and his Chinese interpreters," PhD Dissertation, Harvard University, 2009

[75] 井上光貞, 「南都六宗の成立」, 『日本歷史』 156, 日本歷史學會, 1961, p.7; 富貴原

오성각별설을 주장하는 법상유식 사상이 별개의 사상 체계라는 관점은, 여래장연기종如來藏緣起宗과 법상유식종法相唯識宗을 구분하였던 화엄 논사 법장法藏의 위계적 교판敎判이 동아시아에서 널리 받아들여졌다는 사실과 무관하지 않음 또한 논증되었다.[76] 다시 말해, 동아시아 유식에는 구유식과 신유식이라는 대립적 이분법으로 설명되지 않는 부분이 있음에도 불구하고, 어느 역사적 시점에 형성되었던 대립적 논쟁 상황이 동아시아 유식전통 전체를 설명하는 구도로 확대 적용되었다는 것이다.

동아시아 유식전통에 있어서 구유식과 신유식의 이분법적 구도를 재고해야 한다는 것은 이 구도를 전제로 한 기존의 원측 연구 방향 또한 다시 검토해야 한다는 것을 의미한다. 앞서 논의했듯이, 구유식과 신유식 중 어느 한쪽만을 원측 교학의 기반으로 보는 양자택일적 접근 방식은 자은계의 법상유식을 정통으로 할 때 필연적으로 원측을 방계 혹은 이계로 해석하는 결과를 가져온다. 하지만 이보다 더 근본적인 문제는, 한편으로는 현장의 사상을 따르면서도 다른 한편으로는 자은의 입장과는 차별성을 가지는 원측의 교학을 구유식과 신유식 가운데 어느 한쪽으로 귀속시켜 이해하는 것이 과연 올바른 해석 방식인가 하는 것이다. 물론 원측 사상을 구유식과 신유식의 절충형이나 화해로 보는 해석도 제시되었다. 하지만 이러한 해석 방식도 구유식과 신유식을 근본적으로 대립되는 것으로 보는 전제하에 이루어졌다고 한다면, 이러한 절충이나 화해가 어떻게 가능한 것인지에 대한 논리적 설명은 용이하지 않을 것이다. 그 전형적인 예가 바로 일체개성설과 오성각별설의 경우로

章信, 『日本唯識思想史』, 東京: 国書刊行会, 1989, p.44; 末木文美士, 「日本法相宗の形成」, 『仏教学』 32, 1992, 仏教思想学会, p.128 등 참조.

76 이수미, 앞의 논문, 2014, pp.98~100 참조.

서, 종성의 문제에 있어서는 원측의 사상적 입장은 결코 구유식과 신유식의 절충이나 화해로 설명되지 않는다. 구유식과 신유식을 대립적인 두 사상 체계로 보는 한 원측 사상의 '절충' 또는 '화해'란 상반되는 두 입장의 불완전한 조합이라는 의미에 그칠 수밖에 없을 것이다.

이러한 문제점의 인식하에 이수미는 동아시아 유식은 이분법적 대립 구도를 넘어서서 이해되어야 한다고 주장한다.[77] 기존의 이분법적 구도에서는 현장의 신유식을 기의 법상종과 동일시하고 이를 구유식과 근본적으로 대립되는 사상 체계로 보아 왔다. 하지만, 이수미는 신유식과 법상유식종을 동일시하는 관행은, 현장의 신역을 기반으로 하는 유식전통 전체를 가리키는 신유식과, 현장의 신역을 기반으로 성립한 대표적인 학파인 자은 계통의 법상종을 부지불식간에 융합한 데서 온 것이라고 주장한다. 즉, 자은의 법상종이 현장의 신역을 바탕으로 하지만, 이것이 바로 현장의 교학이 자은의 법상종에 속함을 의미하는 것은 아니라고 보는 것이다.[78]

원측 사상은 호법護法(Dharmapāla, 6세기경)과 현장을 존숭한다는 측면에서는 자은과 마찬가지로 신유식에 속한다고 할 수 있을 것이다. 하지만, 반야공관般若空觀에 대한 견해 등에서는 자은과 차별적 성향을 가진다고도 볼 수 있다. 이런 점에서 본다면, 원측의 신유식 사상은 현장 교학을 따르는 것이므로 더 이상 현장의 입장과 어긋나는 '방계'로 치부될 필요가 없으며, 또한 원측의 신유식 사상이 반드시 구유식과 근본적으로 대립되는 입장을 취한다는 전제하에 설명될 필요도 없다. 구유식과 신유식의 범주는 교학적 차별성에 근거를 둔 것이라기보다 시기적 구분

---

[77] 자세한 논의는 Sumi Lee, PhD Dissertation, 2014, pp.1~23 참조.
[78] Sumi Lee, PhD Dissertation, p.117; 이수미, 앞의 논문, 2015, p.103 참조.

에 더 중점을 두고 있기 때문이다. 비록 세부적인 교리상에 있어서는 이 두 전통에 차이점이 없을 수 없을 것이고 이 점에 대해서는 앞으로 연구가 지속되어야 하겠지만, 이들이 근본적으로 대립하는 두 사상 체계라는 기존의 정형적 시각에서 벗어나 공통적인 이론 기반을 가진 사상 체계일 수 있는 가능성을 염두에 둔다면, 원측 사상 또한 보다 넓은 각도에서 조망될 수 있을 것으로 보인다.

원측 교체론敎體論의 중요성

원측 교학을 설명함에 있어서 구유식과 신유식 간 양자택일을 추구하지 않고 상반되어 보이는 두 이론적 성향을 모순 없이 한꺼번에 설명하려는 또 하나의 접근 방식이 있다. 원측 교학에 적용되는 전체적 틀로써 교체론敎體論을 제시하고 이를 바탕으로 원측 사상을 이해하려는 시도이다. '교체敎體'란, 붓다의 가르침에 대한 본질을 가리키는 것인데, 붓다의 가르침이란 바로 불교 경론을 말한다. 즉, 경론은 붓다의 종지宗旨를 전달하고 있는 '가르침 그 자체'로서, 교체론이란 경전의 종지를 전달하는 '가르침 자체'의 본질에 대한 논의이다.[79]

사실 원측의 교체론에 대한 논의는 이미 1990년대에 소개되었다. 하지만 원측의 교체론은, 신유식과 구유식 혹은 일체개성설과 오성각별설 가운데 어느 한쪽에 원측 사상을 위치시키려는 접근 방식에서 벗어

---

79 백진순,「원측의 교체론과 일음사상」,『인물로 보는 한국의 불교사상』, 서울: 예문서원, 2004, p.40. 한편, 정영근은 교체론이 대두된 것은 붓다의 열반 이후 붓다의 가르침의 양상이 다면화되었고, 따라서 무엇을 붓다의 가르침이라고 해야 하는가의 논의가 생겨났기 때문이라고 한다.(정영근,「원측의 교체론」,『태동고전연구』10, 태동고전연구소, 1993, pp.613~614 참조)

나 양측 입장을 모두 수용하는 원측의 태도를 설명하는 교리적 근거라는 점에서 새롭게 조명될 수 있다. 정영근은 원측의 교체론에 대한 논문에서, 원측이 소승 및 대승의 여러 상이한 교체론을 소개한 후 이들을 특정 기준을 잣대로 비판하는 것이 아니라 각각의 경전적 근거와 의미를 제시하여 모두 인정하고 있음에 주목하고 있다. 필자에 따르면 그 이유는, 마치 붓다가 자신의 가르침 자체는 진리가 아니라 중생을 이끄는 효용성을 가지는 방편이라고 했듯이, 원측도 여러 가지로 제시된 교체의 정의들 가운데 특정적 정의를 택하여 고정된 진리로 보는 것이 아니라 여러 상이한 교체들이 각각의 맥락에서 방편으로서 효용성을 발휘한다고 보기 때문이라고 한다. 다시 말해, 부처의 가르침인 경론의 본질은 전통 및 맥락 등에 따라 다양한 형태로 나타나는데 이들 각각이 모두 나름의 의미와 효용성을 지닌다는 것이다.[80] 또한 교체론에 대한 여러 상이한 교설들을 방편이라는 관점에서 다 함께 인정하는 원측의 사고방식은 다른 문제에도 일관되게 나타나고 있다고 한다. 예를 들어, 원측은 일체개성설과 오성각별설의 종성론에도 이 관점을 적용하여 『해심밀경소』에서 이 두 설을 균형 있게 해설하고 있는데, 이것은 원측이 이 두 설을 회통하거나 이 설들에 대해 중간자적 입장을 취하기 때문이 아니라, 각각을 방편설로 보고 이 교설들이 설해지는 맥락과 기능에 주목하고 있기 때문이라고 설명한다.[81] 다시 말해, 원측이 형식적으로는 모순되어 보이는 설들을 함께 긍정적으로 받아들이는 것은, 불교의 참 의

---

80 정영근, 앞의 논문, 1993, pp.615~616 참조.
81 정영근, 앞의 논문, 2002, pp.178~179. 하지만 정영근은 이어지는 설명에서, 비록 이런 관점에서 일체개성과 오성각별설이 모두 원측의 교학에 있어서 나름대로의 의미를 가지는 것이기는 해도, 그 출발점과 지향점은 결국 일체개성에서 찾을 수 있다고 하여 원측 사상의 중심을 일체개성에서 찾고 있다.

미가 형식적인 논란보다도 중생에게 전달됨으로써 그들에게 도움을 주는 데 있다고 보기 때문이라는 것이다.[82] 즉, 원측은 중생의 성불 여부에 대한 상이한 견해들이 각각의 경전적 근거에 입각하고 있으므로 모두 그 나름의 의미를 가진 정설이라고 보는 것이다.[83] 단지 종성의 문제뿐 아니라 어떤 문제에 대해 여러 다른 견해가 있는 경우에도 원측은 각각의 견해가 지니는 의미와 취지를 살려서 이해하려는 일관된 태도를 취한다고 한다.[84]

백진순 또한 기존의 원측 연구가 원측과 진제와의 사상적 연결성과 오성각별설과 같은 문제에만 치우쳐 온 것에 의구심을 표하면서 원측 교학에 있어서의 교체론의 중요성을 강조한다.[85] 불교에서 언어는 일반적으로 중생을 집착과 미망으로 이끄는 근원임이 부각되지만, 교체론에서는 언어의 기능이 중생 교화의 방편으로서 다양한 방식으로 고찰된다고 하고, 원측은 이 교체론을 통해 방편으로서의 불설을 우주적 차원의 원음으로까지 격상시켰음을 주장한다.[86]

원측이 상이한 설들을 각각의 방편적 효용성을 바탕으로 그 나름의 의미와 가치를 인정하였다고 하는 것은 원측 교학의 복합적 성향을 설명하는 데 있어서 유효한 틀로 작용한다. 하지만 염두에 두어야 할 것은 원측이 결코 모든 견해들을 무비판적으로 수용한 것이 아니라는 것이다. 원측이 철저한 경전 고증을 통해 여러 주장들을 검증하고 이를 통해 특정 견해는 배척하였다는 것은 잘 알려져 있다. 이런 점에서 볼 때 원

---

82 정영근, 앞의 논문, 1993, p.619
83 정영근, 앞의 논문, 2002, pp.162~163
84 정영근, 앞의 논문, 2002, p.168
85 백진순, 앞의 논문, 2014, pp.314~315
86 백진순, 앞의 책, 2004, pp.57~58

측이 경전 고증을 통해 적용한 교리적 기준과 잣대가 어떠한 것인가 하는 문제는 여전히 앞으로의 연구 과제로 남을 것이다.

티베트역본의 활용

원측 교학의 연구에 있어서 새로운 관점이 제시되고 있는 한편, 방법론적으로도 보다 구체적인 시도가 이루어지고 있다. 근래 『해심밀경소』의 티베트역본을 한문본과 대조하여 교정본을 만들고 이를 바탕으로 원측의 사상적 입장을 명확히 하려는 연구 성과가 지속적으로 나오고 있다. 『속장경』에 실려 있는 현존 한문본은 앞서 언급했듯이 일본에 전해지는 18세기 후반의 필사본을 저본으로 한 것으로서 제8권 전반부와 제10권이 결락되어 있다는 것 이외에도 오자誤字나 탈자脫字, 도치倒置 등과 같은 서지상의 결함이 적지 않다. 따라서 비교적 결함이 적은 9세기의 티베트역본과의 비교를 통해 보다 정확한 교정본을 만들고자 하는 시도가 있어 왔다.[87]

한문본과 티베트역본 간에는 오탈자 등 단순 결함 이외에도 편집상의 상이점이 보고되고 있는데, 이때 주로 티베트역본의 중요성이 부각되고 있다. 예를 들어, 한문본의 「서품」 중 교체론을 설하는 부분의 후반부는 티베트역본과 비교할 때 매우 간략히 처리되어, 원측 교리의 이해에 있어서는 티베트역본이 매우 중요하다. 왜냐하면 티베트역본에만

---

[87] 한문본과 티베트역본과의 부분적인 대조는 여러 학자들에 의해 이루어지고 있다. 예를 들어, 안성두는 「圓測『해심밀경소』 티베트역의 성격과 의의: 「일체법상품」을 중심으로」, 『인도철학』 27, 2009; 이종철, 앞의 논문, 2010; 장규언, 『원측『해심밀경소』「무자성상품」 종성론 부분 역주: 티베트어역에 의한 텍스트 교정을 겸해』, 서울: 씨아이알, 2013 등이 있다.

기술되어 있는 부분에는 종성, 특히 무성유정無性有情에 대한 논의가 포함되어 있어 학계의 논란이 되고 있는 원측의 종성론을 파악하는 데 중요한 정보를 제공하기 때문이다.[88] 뿐만 아니라 호법護法의 『대승광백론석론大乘廣百論釋論』의 인용을 통해 청변과 호법의 논쟁 또한 소개하고 있으므로 중관과 유식에 대한 원측의 입장 이해에도 중요하다.[89] 그리고, 한문본 『해심밀경소』에 인용된 진제의 『불성론佛性論』 부분을 티베트역본과 비교할 때 일치하지 않는 부분이 있으며, 이를 바탕으로 현존 진제의 『불성론』 구절의 교정 가능성도 생각해 볼 수 있다.[90] 현존 한문본의 서지적 결함을 고려할 때 티베트역본과의 대조를 통한 교정 및 분석적 연구는 앞으로의 원측 사상 연구에 있어서 중요한 계기를 마련할 수 있을 것으로 보인다.

---

[88] 장규언, 앞의 책, 2013, pp.22~23 참조.
[89] 장규언, 앞의 책, 2013, pp.39~46 참조. 장규언은 이 부분의 인용문이 원측의 『반야심경찬』이나 『인왕경소』에도 등장하는데, 특히 『인왕경소』의 인용문과 이 부분의 상호 보충적 고찰을 통해 원측의 청변에 대한 이중적 관점, 즉 한편으로는 有執을 깨는 긍정적 역할을 인정하고, 다른 한편으로는 수행의 근간인 依他起性을 부정함을 비판하는 관점을 보다 명료히 인식할 수 있다고 한다.
[90] 장규언, 앞의 책, 2013, pp. 26~30 참조.

시대와 틀을 넘어서는 경전 주석가 원측

원측은 동아시아불교 사상사의 격동기를 살았던 경전 주석가이자 유식논사이다. 현장의 신유식이 전래되자 기존의 구유식과의 이론적 상이점이 부각되었고 여러 이론적 쟁점을 둘러싸고 대립적 논쟁 상황이 형성되었다. 이 시대의 논쟁적 상황은 구유식과 신유식, 진제와 현장, 일체개성과 오성각별과 같은 이분법적 구도를 만들어 내었고, 이러한 이분법적 구도가 원측 교학의 이해에 있어서도 그대로 적용되어 왔다. 다시 말해, 원측에 대한 지금까지의 주된 논의는 두 대립적 사상 진영 중 원측이 어디에 속하는가, 혹은 두 대립된 사상 진영을 원측이 어떤 식으로 절충하는가 하는 것이었다.

하지만 질문해 보아야 할 것은 원측 스스로가 소위 구유식과 신유식을 근본적으로 대립된 사상 체계로 바라보았을까 하는 것이다. 동아시아 유식불교를 이분법적으로 논의하는 것에 대한 문제점은 꾸준히 지적되어 오고 있다. 현장의 신유식은 자은계 법상종에만 한정될 수 없다고 보이며, 진제의 교학과 현장의 사상이 이론적으로 연계성이 없지 않음이 논의된다.

이런 상황에서, 원측 교학 연구에 있어서 중심적 논의가 되어야 할 것은 원측의 사상적 기반이 신유식에 있었는가, 구유식에 있었는가 하는 것이 아니라, 상반되어 보이는 구유식과 신유식의 이론들이 원측의 교학 체계 내에서 어떤 이론적 관점과 기준하에 함께 수용되고 있는가 하는 것이다. 역사적으로는 신유식과 구유식 간의 특정 이론을 둘러싸고 논쟁적 상황이 형성되었지만, 이러한 특정적 대립 상황을 무비판적

으로 확대 적용하여 동아시아 유식 전체를 이분법적으로 설명하는 단순화의 우를 범해서는 안 될 것이다. 원측

| 참고문헌 |

백진순, 「원측교학의 연구 동향에 대한 비평과 제안」, 『불교학연구』 38, 불교학연구회, 2014.

이수미, 「여래장사상과 유식의 전통적 이분법에 관한 제문제」, 『불교학연구』 45, 불교학연구회, 2015.

이종철, 「원측과 티베트 불교: 쫑카빠의 『꾼쉬깐델』을 중심으로」, 『정신문화연구』 33/3, 한국학중앙연구원, 2010.

정영근, 「일체중생의 성불에 대한 원측의 입장」, 『불교학연구』 5, 불교학연구회, 2002.

_____, 「원측의 교체론」, 『태동고전연구』 10, 태동고전연구소, 1993.

Matthew T. Kapstein, *The Tibetan Assimilation of Buddhism: Conversion, Contestation, and Memory*, Oxford: Oxford University Press, 2000.

稲葉正就, 「解深密経疏散逸部分の研究: 漢文訳篇」, 『大谷大学研究年報』 24, 大谷大学大谷学会, 1972.

橘川智昭, 「円測による五性各別の肯定について: 円測思想に対する皆成的解釈の再検討」, 『仏教学』, 仏教思想学会, 1999.

木村邦和, 「西明寺円測における真諦三蔵所伝の学説に対する評価(一)」, 『研究紀要』 5, 長岡短期大学, 1982a.

_____, 「西明寺円測における真諦三蔵所伝の学説に対する評価(二)」, 『研究紀要』 6, 長岡短期大学, 1982b.

텍스트

범망경 梵網經

· 이자랑

I. 보살계의 수용과 『범망경』의 탄생

　십선계와 삼취정계/ 보살계 사상의 중국 유입/ 『범망경』의 탄생

II. 『범망경』의 구성과 내용

　하권 선행 성립설/ 범망계의 제정 의도/ 범망 10중계/ 범망 48경계

III. 『범망경』의 동아시아 유포와 주석서

　『범망경』과 『보살영락본업경』/ 지의와 법장/ 의적과 태현/ 젠주(善珠)와 계율 부흥 운동

IV. 범망계의 수지와 한국적 실천

　이타행으로서의 파계 긍정/ 일분수—分受와 자서수계/ 원돈계 사상에 미친 영향

■ 순純대승적 삶을 지향한 동아시아불교도의 계율서

I. 보살계의 수용과 『범망경』의 탄생

십선계와 삼취정계

기원 전후에 인도의 불교도들 사이에서 '대승大乘(mahāyāna)'을 추구하는 사람들이 생겨났다. 대승이란 '큰 수레'라는 뜻으로, 미망으로 가득 찬 차안此岸에서 깨달음의 세계인 피안彼岸으로 건너가게 하는 위대한 가르침을 의미한다. 이들은 중생 교화에 소극적인 기존의 전통부파불교를 '소승小乘(hīnayāna)'이라 폄하하며, 자신들은 '상구보리 하화중생上求菩提下化衆生', 즉 위로는 깨달음을 구하고 아래로는 중생을 교화하는 삶을 실천하는 보살菩薩(bodhisattva)로 살고자 했다. 보살이란 깨달음을 구하는 유정有情이라는 의미를 지니는 용어이다. 원래 깨달음을 얻기 전의 석가모니를 지칭하는 말로 사용되다가 점차 일반화되면서 대승교도의 이상적 인간상이 되었다.

보살로서의 삶을 실천하기 위해 대승불교도들은 새로운 생활 지침인 보살계를 필요로 했다. 보살계를 받은 자는 출가이든 재가이든, 혹은 남성이든 여성이든 상관없이 모두 보살로 간주된다. 대승 초기에 등장한 보살계는 십선도十善道이다. 『반야경』이나 『화엄경』 계통의 고층古層 대승경전에서는 불살생不殺生 · 불투도不偸盜 · 불사음不邪淫 · 불망어不妄語 · 불기어不綺語 · 불악구不惡口 · 불양설不兩舌 · 불탐욕不貪欲 · 불진에不瞋恚 · 불사견不邪見의 열 가지 규범을 보살계의 내용으로 제시한다. 하지만, 초기 대승경전 중에서는 십선도를 보살계로 언급하지 않는 경전도 있어, 대승불교가 발생한 이후 한동안은 보살계의 구체적인 내용에 대해 다양한 입장이 존재했던 것으로 보인다.

보살계가 체계를 갖추고 명확하게 모습을 드러낸 것은 인도 유가행파의 대표적 논서인 『유가사지론瑜伽師地論』의 본지분本地分 「보살지菩薩地」에서이다. 이는 대략 300~350년경에 인도에서 성립된 것으로 보이며, 중국에서는 7세기 중반경에 현장玄奘(600/602~664)에 의해 한역된다. 여기서 제시되는 '삼취정계三聚淨戒'는 율의계律儀戒·섭선법계攝善法戒·요익유정계饒益有情戒로 구성된다. 이 중 율의계는 기존의 성문계에서 말하는 7중衆의 별해탈률의別解脫律儀를 말하며, 구체적으로는 비구·비구니는 구족계, 사미·사미니는 십계, 식차마나는 육법계, 우바새·우바이는 오계 내지 팔재계를 받는 것이 보살계의 시작이다. 율의계를 받은 후에 대보리大菩提를 위해 몸으로, 입으로, 마음으로 선근을 쌓는 것을 섭선법계라고 한다. 몸이나 재산에 대한 집착을 끊는 것, 파계의 원인이나 번뇌를 갖지 않는 것, 분노나 원망·원한의 마음을 제거하는 것, 태만을 제거하는 것, 등지等至에 집착하지 않는 것, 5종의 여실지견을 얻는 것 등이 그 내용이 된다.[1] 한편, 요익유정계는 중생을 이롭게 하는 행동을 하는 것을 말한다. 의미 있는 행동일 경우 협력자가 된다거나, 병이나 고통을 겪고 있는 자를 간병한다거나, 은혜를 알고 보은한다거나, 공포로부터 중생을 지키는 등의 행동들이 포함된다. 율의계·섭선법계·요익유정계라는 세 가지 구성에서 알 수 있듯이, 삼취정계는 기존의 성문계를 보살계의 틀 안에 도입하여 기반으로 삼고 그 위에 적극적으로 선근을 쌓고 이타행을 실천하는 보살행을 두는 구조를 취하고 있다.

---

[1] 『유가사지론』 卷40(『大正藏』 30, 511a~b)

보살계 사상의 중국 유입

삼취정계를 중심으로 한 보살계 사상이 중국불교계에 소개된 것은 5세기 초반 무렵이다. 412년에 북량北涼의 수도 고장姑臧에 도착한 인도 승려 담무참曇無讖(385~433)은 이후 『대반열반경』을 비롯하여 여러 대승 경전을 번역했는데, 그중 하나가 『유가사지론』「보살지」의 이역본異譯本인 『보살지지경菩薩地持經』이다. 이 경에서도 율의계·섭선법계·섭중생계의 삼취정계를 설하며, 구체적인 내용은 앞서 언급한 「보살지」와 거의 동일하다. 담무참에 의해 보살계가 소개된 후 그의 제자 법진法進(혹은 道進)이 고장에서 최초로 보살계를 수계하였고, 이후 둔황과 주천酒泉·장액長掖 일대로 파급된 후에 선선鄯善을 거쳐 최종적으로는 고창高昌으로 전파되었을 것으로 추정되고 있다.[2]

중국불교 역사상 최초의 보살계 수계자인 법진이 담무참으로부터 보살계를 받는 모습이 『고승전』「담무참전」에 전해진다.[3] 보살계 수계를 청하는 도진에게 담무참은 먼저 회과悔過하라고 권유한다. 이에 도진은 7일 밤낮으로 성심성의껏 참회를 행한 후 8일째에 담무참에게 가서 수계를 청한다. 하지만 담무참은 크게 화를 내었고, 이에 도진은 자신의 악업이 아직 다하지 않았음을 알게 된다. 이후 3년 동안 노력한 결과, 선정 속에서 석가모니불이 제보살 대사와 함께 계를 주는 것을 보았다고 한다. 같은 날 밤 도진과 함께 생활하던 10여 명 역시 모두 도진과 같은 꿈을 꾸었고, 도진이 담무참에게 이를 알리기 위해 나아가던 중 수십 보

---

2 船山徹, 「六朝時代における菩薩戒の受容過程-劉宋·南齊期を中心に」, 『東方學報』 67, 京都大学人文科学研究所, 1995, p.25
3 『大正藏』 50, 336c~337a

앞에서 담무참이 그를 보며 "훌륭하구나. 이미 계를 감득하고 있구나. 내가 너를 위해 다시금 수계의 증인이 될 것이다."라며 불상 앞에서 계상을 설하였다고 한다. 여기서 이미 보살계 수계의 특징이라고 볼 수 있는 자서수계自誓受戒와 호상好相 등이 나타나고 있음을 알 수 있다. 자서수계란 불보살 앞에서 스스로 계를 받고자 맹세하는 방법으로 계를 받는 것을 말하며, 호상은 꿈에서 불보살을 본다거나 부처님이 정수리를 어루만진다거나 하늘에서 꽃비가 내리는 등의 신비한 체험을 하는 것을 말한다.

한편, 담무참이 번역한 『대반열반경』 등이 430~431년 무렵에 남쪽의 건강健康 지역으로 전해진 것으로 보아 『보살지지경』 역시 이 시기에 이 지역으로 전해졌을 것으로 추정되고 있다.[4] 그런데 이 무렵 건강에는 이미 「보살지」의 다른 이역본이 알려져 있었는데, 바로 원가元嘉 8년(431) 1월에 구나발마求那跋摩(367~431)가 건강에 도착하여 번역한 『보살선계경菩薩善戒經』이다. 『보살선계경』에서도 계戒·수선법계受善法戒·위리중생고행계爲利衆生故行戒라고 하여 삼취정계를 말하며, 내용상 「보살지」와 유사하다. 하지만, 여기서는 계, 즉 율의계를 보살계로 보지 않고 수선법계와 위리중생고행계만을 보살계로 본다는 점에서 앞서 언급한 『유가사지론』의 「보살지」나 『보살지지경』과는 입장이 다르다. 즉, 성문계와 보살계를 구분하여 7종의 율의계는 보살계의 수지를 위해 예비 단계로 받는 것으로 본다. 성문계는 성문계일 뿐이며, 적극적으로 선을 행하고 중생을 이롭게 하는 행동만을 보살계로 생각하는 것이다.

『유가사지론』의 「보살지」, 『보살지지경』, 『보살선계경』의 3종 문헌에

---

4 Tōru Funayama, "The Acceptance of Buddhist Precepts by the Chinese in the Fifth Century," *Journal of Asian History* 38-2, 2004, p.106

설해지는 삼취정계는 통칭 유가계瑜伽戒로 불린다. 중국에서 번역된 순서는 『보살지지경』→『보살선계경』→『유가사지론』의 「보살지」이지만, 실제 성립 순서에 관해서는 논의가 많다. 예를 들어 「보살지」가 별도로 유통되다 『유가사지론』에 포함되었는지, 아니면 처음부터 『유가사지론』의 일부로 편찬된 것인지도 명확하지 않으며, 『보살선계경』을 『보살지지경』의 중국 개수본改修本으로 보아 가장 후대에 성립했다고 추정하는 입장이 있는가 하면,[5] 오히려 이 경이 가장 처음에 만들어졌을 가능성을 제기하는 연구도 있는 등 아직 명확한 것은 밝혀지지 않고 있다.[6]

『범망경』의 탄생

삼취정계의 유가계 사상이 알려진 후 머지않아 중국불교계에서는 『범망경』이라는 중국 찬술 경전이 편찬된다. 이 경전은 화엄 사상을 기반으로 하고 있는데, 특히 하권에서 제시하는 순대승적 성격의 보살계가 계율사적으로 동아시아불교에 큰 영향을 미치며, 중국뿐만 아니라 한국과 일본에서도 많은 주석을 만들어 내었다.

이 경의 정식 명칭은 『범망경노사나불설보살심지계품제십梵網經盧舍那佛說菩薩心地戒品第十』이다. 기존에는 제목에 담긴 '범망'이라는 용어가 부처님의 가르침이 중생의 근기에 따라 이루어지는 것이 마치 '대범천大梵天의 그물', 즉 인드라신의 궁전에 걸린 그물처럼 빈틈없다는 점을 보여 준다고 해석되어 왔는데, 최근에는 '청정한 신들이 (갖는 幢竿의) 그

---

5 大野法道, 『大乘戒經の研究』, 東京: 山喜房佛書林, 1954, pp.183~199
6 沖本克己, 「菩薩善戒經について」, 『印度學佛敎學研究』 22-1, 日本印度學佛敎學會, 1973, pp.373~378

물', 다시 말해 청정한 천계의 신들이 청법聽法을 위해 내방할 때 휴대하고 있던 당간을 장식하는 그물처럼 다양한 가르침으로 중생을 구제하는 경전이라는 의미를 갖고 있다고 보아야 한다는 의견도 제시되고 있다.[7]

이 경은 구마라집鳩摩羅什 번역으로 대장경에 수록되어 있지만, 1950년대에 모치즈키 신코(望月信亨), 오노 호도(大野法道) 등 일본 학자들의 연구를 계기로 중국 찬술 경전이라는 점이 거의 확실시된 상태이다.[8] 『범망경』을 중국 찬술 경전으로 보는 근거 중 하나는 이 경이 기존의 한역 경전에 보이는 문구들을 가져다 사용하고 있다는 점이다. 담무참이 번역한 『대반열반경』과 『보살지지경』을 비롯하여, 『중론』・『보살선계경』・『인왕반야경』・『화엄경』・『우바새계경』 등 동일한 계통으로 볼 수 없는 다양한 경전의 문구를 사용하여 만들어진, 일종의 패치워크 같은 형태를 보여 준다.

편찬 시기에 관해서는 『인왕호국반야바라밀경』(이하 『인왕경』으로 약칭)이나 『보살영락본업경』처럼 동시대에 성립한 위경과의 관계를 통해 『인왕경』은 북위北魏 태무제太武帝에 의한 폐불(446~452) 사건 무렵 혹은 그 직후에 편찬되었고, 이와 동시에 혹은 이보다 약간 늦게 『범망경』 하권이 450~480년 무렵 편찬되었으며, 그 후 이 두 경을 활용한 제3의 위경으로 『보살영락본업경』이 편찬되었다고 추정되고 있다.[9] 다만 『범망경』이라고는 해도 이 시기에 성립한 것은 보살계본에 해당하는 하권이며, 하권 성립 후 머지않아 상권이 덧붙여진 것으로 보인다.[10]

---

7 船山徹, 『東アジア佛教の生活規則 梵網經-最古の形と發展の歷史』, 京都: 臨川書店, 2017, pp.459~468
8 望月信亨, 『淨土敎の起源及發達』, 東京: 共立社, 1930; 大野法道, 앞의 책, 1954 등.
9 船山徹, 앞의 책, 2017, p.18
10 이 점에 관해서는 본고의 제Ⅱ장 '하권 선행 성립설'을 참조.

한편, 이 경의 편찬 장소나 편찬자·편찬 동기 등에 관해서는 아직 명확하게 밝혀진 바가 없다. 다만 『인왕경』과 『범망경』은 양자 모두 북위 폐불 사건과 깊은 관련을 지니고 있는 것으로 추정되고 있다. 『인왕경』에서는 미래를 예언하는 형식으로 북위에서 실제로 실행되고 있던 폐불훼석廢佛毀釋이나 승관제도·승적제도 등을 비판하는 것으로 보이는 구절이 등장하는데, 『범망경』 하권 47경계에서도 유사한 내용을 확인할 수 있다. 여기서 북위 폐불 사건이란 446년에 시작하여 452년까지 약 7년 동안 이루어진 불교 탄압 사건으로, 불교를 혐오하는 최호崔浩의 정치 권력과 도사 구겸지寇謙之의 건의를 수용하여 태무제가 도교를 국교로 삼고 불교를 탄압한 사건이다. 이러한 탄압은 태무제의 사후에 그의 손자 문성제가 즉위할 때까지 지속되었다. 『인왕경』의 「촉루품」에는 말세가 되면 사부대중을 비롯한 천룡팔부天龍八部와 일체 신왕神王·국왕·대신·태자·왕자 등이 불법을 파괴하며, 법을 만들어 승니를 통제하고, 출가해서 수도하거나 불상·불탑을 만드는 것을 허용하지 않으며, 승관을 세워 대중을 통제하거나 승적에 등록시키고, 비구는 땅에 세워 놓고 재가자가 높은 자리에 앉으며, 군사나 노비가 비구가 되어 공양을 받는 등의 일이 발생할 것이라며 이를 비난하는 구절이 나온다.[11] 『범망경』 47경계에서도 국왕이나 태자·관료 등이 스스로 고귀함을 내세워 부처님의 가르침이나 계율을 파괴하고 불교도를 규제하는 법을 만들어 불제자들의 활동을 제약하거나 출가하여 수행하는 것을 허락하지 않고, 나아가 불보살의 상像이나 불탑·경이나 율 등을 만드는 것도 허락하지 않는다면 삼보를 파괴하는 죄가 된다며 유사한 내용으로 비판하고 있다.[12] 이

---

11 『인왕반야바라밀경』 卷下(『大正藏』 8, 833b)
12 『범망경』 卷下(『大正藏』 24, 1009b)

는 북위의 폐불로 인해 승니 스스로도 타락하고, 국왕이나 대신 등 북위 정권 역시 불교를 통제하고 탄압하며 점차 불법이 파멸해 가는 모습을 반영하고 있을 가능성이 높다.[13] 이러한 배경과 관련하여 편찬지 역시 두 경 모두 북위 폐불 후 북지北地인 낙양洛陽이나 북량北涼으로 보는 북조설이 강력한데,[14]『범망경』의 경우에는 남조설도 제기되고 있다.[15]

II.『범망경』의 구성과 내용

하권 선행 성립설

『범망경』은 상·하 두 권으로 구성되어 있다. 상권에서는 보살이 실천해야 할 수행 단계를 십발취심十發趣心·십장양심十長養心·십금강심十金剛心·십지十地의 40항목으로 나누어 순서대로 나아갈 것을 설하고, 하권에서는 보살이 세세생생 깨달음에 이르기까지 실천해야 할 행동 규범으로 10종의 무거운 죄와 48종의 가벼운 죄를 설한다. 상권에서 설하는 십발취심·십장양심·십금강심은 삼십심三十心 혹은 주전삼십심住前三十心이라 불리는데, 이후『보살영락본업경』으로 이어지면서 중국불교

---

13 鎌田茂雄,『中國佛敎史 第四卷』, 東京: 東京大學出版會, 1990, pp.244~264
14 白土わか,「梵網經の形態」,『佛敎學セミナー』16, 大谷大學佛敎學會, 1972, pp.30~42; 水野弘元,「五十二位等の菩薩階位說」,『佛敎學』18, 東京: 山喜房佛書林, 1984, pp.1~28 등.
15 가마타는『인왕경』은 5세기 후반 이후에 北地에서 작성되었지만,『범망경』은 5세기 말부터 6세기 초두에 남조에서 만들어졌다고 본다.(鎌田茂雄, 앞의 책, 1990, pp.244~264)

의 수행 방법론에 큰 영향을 주었다. 후나야마 토루(船山徹)는 이들이 중국불교의 독자적인 개념으로 화엄계 경전에서 특징적으로 설해지는 것이라는 점을 지적하며, 이는 원래 수행의 시간적 순서와는 무관했던 십주十住·십회향十廻向·십행十行 등 각 10항목으로 이루어진 보살행을 십지에 선행하는 것으로 다시 시간 계열로 배열하는 가운데 성립한 것으로, 필시 화엄계 경전에서 통일성 없이 설해지고 있던 보살행의 여러 상相을 중국인이 해석 및 소화하고자 했던 소산이라고 추정하고 있다.[16] 한편, 하권에서는 보살이 실천해야 할 10중重 48경계輕戒의 보살계를 설한다. 유가계 계통의 삼취정계와는 달리 10중 48경계는 성문계를 고려하지 않고, 출가보살과 재가보살을 아우르는 대승적 성격의 보살계를 전제로 하고 있다.

그런데 이 상·하 2권 구성과 관련하여 학계에서는 '하권 선행 성립설下卷先行成立說'이 제기되고 있다. 즉, 10중 48경계의 이른바 범망계를 담고 있는 하권이 먼저 성립하여 유포되다가 나중에 상권이 결합되면서 지금의 형태가 되었다는 것이다. 이 주장의 근거는 6세기 초반경의 문헌에서는 하권만이 언급되다 6세기 후반경에 가면 갑자기 2권 본으로 기술된다는 점이다. 예를 들어, 이 경의 이름은 양梁의 승우僧祐(445~518)가 편찬한 『출삼장기집』 권11에 담긴 작자 미상의 「보살바라제목차후기菩薩波羅提木叉後記」에서 처음 등장하는데, 여기서 『범망경』은 '보살바라제목차'라고 불린다. 이로부터 머지않은 시기인 519년(天監 18)에 칙사敕寫된 『출가인수보살계법出家人受菩薩戒法』(페리오 將來 둔황사본 2196번)에서도 하권과 관련하여 '범망경'이라는 말이 여러 번 등장한다. 하지만, 수

---

16 船山徹, 앞의 논문, 1996, pp.60~61

의 개황開皇 17년(597)에 성립한 비장방費長房 찬술의 『역대삼보기』 권8에서는 '범망경이권梵網經二卷'이라고 기술된다. 따라서 6세기 초까지 하권에 해당하는 부분이 성립하여 '보살바라제목차', '범망경' 등의 이름으로 불리다가 상권에 해당하는 부분이 더해져 지금과 같은 형태가 되었다고 보는 것이다.[17] 하권이 먼저 성립했다고 하는 『범망경』 2단계 성립설은 경록經錄의 기록에 근거하여 모치즈키 신코(望月信亨)가 제기했는데,[18] 후나야마 토루는 이를 하권 선행 성립설이라 명명하고, 『범망경』의 어법이나 어휘에 관한 표현을 중심으로 경문經文을 분석하는 방법을 통해 이 설을 지지하고 있다.[19]

범망계의 제정 의도

현재 학계에서 추정하고 있는 바와 같이 『범망경』 하권이 5세기 중후반경에 성립했다면, 왜 새삼스럽게 이 시기에 새로운 보살계를 제시할 필요가 있었을까 의문이다. 중국불교계에서는 5세기 전반경에 4대 광률廣律이 모두 번역되고, 『보살지지경』이나 『보살선계경』을 통해 보살계의 내용도 알려져 있는 상태였다. 그럼에도 불구하고 왜 10중 48경계의 범망계를 별도로 제정할 필요가 있었을까? 이 점에 대해서는 10중 48경계에서 효 내지 효순심과 같은, 이른바 중국인들의 정서에 부합하는 개념이 강조된다는 점에서 인도와는 다른 중국의 환경이나 정서 등에 부

---

17 船山徹, 「梵網經下卷先行說の再檢討」, 『三敎交涉論叢續編』, 京都: 京都大學人文科學硏究所, 2011, pp.127~128
18 望月信亨, 앞의 책, 1930, p.160
19 船山徹, 앞의 책, 2017, p.17

합하는 실천 요령이 필요했을 것이라는 점이 일반적으로 거론될 뿐, 아직 본격적인 연구는 이루어지지 못하고 있다. 그런데 근년에 후나야마는 출가자와 재가자를 불문한 대승 '보살'로서 함께 포살에서 활용할 대승 포살용의 새로운 바라제목차로서 범망계가 제작되었을 것이라는 가설을 제시하고 있다.[20]

그 근거는 『범망경』의 10중계가 이전에 한역된 보살계 관련 경전에서 언급하고 있는 중죄를 총망라하는 형식으로 구성되었다는 점이다. 『범망경』에서는 출가보살과 재가보살이 지켜야 할 중죄로 총 열 개의 조문을 든다. 그런데 이 경이 편찬되기 전에 한역된 담무참의 『보살지지경』에서는 출가보살과 재가보살에게 공통되는 것으로 네 개의 바라이죄를 언급하는데, 이는 『범망경』에서 언급하는 7중계~10중계의 내용에 부합한다. 또한 『보살선계경』에서는 비구보살에게만 특별히 적용되는 것으로 여덟 개의 바라이죄를 거론하는데, 이는 범망계의 1중계~4중계, 7중계~10중계에 해당한다. 한편, 담무참이 번역한 『우바새계경』에서는 재가신자가 지켜야 할 6중계를 말하는데, 이는 범망계의 1중계~6중계에 해당한다. 이와 같이 보살계의 핵심이라고도 할 수 있는 중계의 내용이 보살계 경전마다 다르고 이를 지키는 대상도 다른데, 『범망경』 10중계는 경전마다 다른 이들 중죄를 모으는 방식으로 성립하고 있으며, 대상도 출가·재가 보살 양쪽 모두를 아우르고 있다. 이로 보아 범망계는 포살에서 모든 구성원이 함께 읊을 바라제목차의 확보 필요성에 따라 만들어졌을 것으로 생각된다는 것이다.

요컨대 만약 『범망경』 편찬자가 의도하는 포살이 대승불교도로서

---

20 Tōru Funayama, 앞의 논문, 2004, pp.111~113

대승도를 실천하기 위한 의도하에 열리는 것이라면, 참석한 구성원이 출가든 재가든 차이가 없어야 하며, 모든 보살들은 동일한 경전에서 제시하는 동일한 행동에 따라 살아야 한다. 그런데 『범망경』 이외에 앞서 거론한 보살계 관련 경전에서는 『보살선계경』과 『우바새계경』처럼 출가보살과 재가보살의 실천 규범을 구별하기도 하며, 혹은 『보살지지경』처럼 중요한 4바라이를 고려하지 않은 것도 있는 등 문제를 안고 있다. 따라서 만약 출가보살과 재가보살이 함께 대승포살을 할 필요가 있었다면 불가피하게 여러 경전에서 설하는 중계를 통합하는 형태로 새로운 바라제목차경을 만들 필요가 있었을 것이며, 이렇게 해서 등장한 것이 범망계였을 것이라는 주장이다. 후나야마는 10중계 외에 48경계 역시 이러한 관점에서 분석하고 이해할 필요가 있다고 한다. 『범망경』 내지 범망계가 앞서 번역, 편찬된 경전들과 밀접한 관련을 갖고 있다는 점은 명확하다. 따라서 이러한 연구 성과를 포함하여 『범망경』이 참고했을 경전과 이 경전의 관계를 좀 더 세밀히 조사하고, 나아가 그 안에 담긴 시대적 배경을 고려함으로써 다양한 시점을 확보할 수 있을 것이다.

범망 10중계

『범망경』 하권에는 10중 48경계라 불리는 보살계가 설해진다. 열 가지 무거운 죄와 48가지의 가벼운 죄이다. 이 중 10중계는 저지르면 십발취十發趣·십장양十長養·십금강十金剛·십지十地와 불성상주佛性常住의 묘과妙果 등 일체를 모두 잃어버리고 삼악도 속에 떨어지며, 2겁 3겁 동안 부모와 삼보의 명자를 듣지 못할 정도의 무거운 죄로 정의

된다.[21] 그리고 이를 받고도 만약 외우지 아니한다면 보살이 아니고 부처의 종자가 아니며, 만약 범한다면 현신現身으로 보리심을 발할 수 없다. 10중계는 과거·현재·미래의 모든 보살들이 반드시 배우고 마음으로 공경하며 받들어 지녀야 할, 그야말로 보살에게 있어 필수 불가결한 보살계로 정의된다.[22]

10중계 가운데 제1중계~제4중계는 성문계 바라제목차에서 가장 중죄로 거론되는 4바라이波羅夷와 내용상 유사하다. 다만 순서에서 약간 차이를 보이며, 실천 주체가 비구나 비구니만이 아닌 출가·재가 보살을 아우르는 만큼 내용 역시 포괄적이다. 먼저 순서를 보면, 성문계에서는 남녀[23] 간의 성행위를 금지하는 음계婬戒, 5전 이상의 도둑질을 금지하는 투도계偸盜戒, 사람을 죽이는 것을 금지하는 살인계殺人戒, 깨닫지 못했으면서 깨달았다고 거짓말하는 것을 금지하는 대망어계大妄語戒가 4바라이이다. 이 순서에서 알 수 있듯이 음계가 가장 먼저 거론되지만, 범망계에서는 살생계·투도계·음욕계·망어계라고 하여 살생계를 가장 먼저 언급한다. 이 점에 대해 천태 대사 지의智顗(538~597)는 『보살계의소』에서 살생은 설사 성죄性罪라고는 해도 출가자가 쉽게 저지를 수 있는 죄는 아니며 또한 막아 단절하기도 쉽지만, 음행은 쉽게 저지를 수 있기 때문에 성문계에서 음행을 금지하는 조문을 가장 먼저 제시한 것이며, 대승계에서는 살생이야말로 성죄이기 때문에 가장 처음에 둔 것이라고 설명한다.[24]

한편 조문의 내용을 보면, 성문계에서는 살인만이 바라이죄의 대상

---

21 『범망경』卷下(『大正藏』24, 1005a)
22 『범망경』卷下(『大正藏』24, 1004b)
23 이때 남녀란 사람만을 의미하는 것은 아니며, 동물이나 귀신까지도 포함한다.
24 『보살계의소』卷下(『大正藏』40, 571b)

이 되지만, 범망계에서는 "생명 있는 모든 것에 이르기까지 고의로 죽여서는 안 된다."라고 하여 생명이 있는 일체 모든 것을 대상으로 한다. 도둑질 역시 성문계에서는 국법의 처벌을 받게 되는 5전 이상이 처벌의 기준이 되지만, 범망계에서는 바늘 하나 혹은 풀 한 포기라도 고의로 훔쳐서는 안 된다고 한다. 그리고 성문계의 대망어계는 깨닫지 못한 자가 공양을 받아 내기 위해 깨달았다고 거짓말하는 것을 금지하지만, 범망계에서는 삿된 말·삿된 견해·삿된 행동을 떠나 항상 정어正語·정견正見을 갖추어야 한다고 한다.

한편, 제5중계는 술을 파는 것을 금지하는 고주계酤酒戒이며, 제6중계는 출가보살·재가보살·비구·비구니의 과실을 말하는 것을 금지하는 설사중과계說四衆過戒, 제7중계는 스스로를 칭찬하고 다른 이는 폄훼하는 것을 금지하는 자찬훼타계自讚毁他戒, 제8중계는 재물이든 법이든 아까워하며 베풀지 않고 도리어 매욕하는 행위를 금지하는 간석가훼계慳惜加毁戒, 제9중계는 화내어 중생을 악한 말로 매욕하고, 손으로 때리고, 칼이나 몽둥이로 치며 상대방이 참회하여 사죄해도 받아들이지 않고 화내는 것을 금지하는 진심불수회계瞋心不受悔戒, 제10중계는 불법승 삼보를 비방하는 것을 금지하는 방삼보계謗三寶戒이다.

성문계와 범망계를 비교해 보면, 전자의 경우에는 문제가 되는 악행을 금지하는 데 우선을 두지만, 후자의 경우에는 악행의 금지와 선행의 권장이 동시에 제시된다. 살생을 예로 들면, 성문계 바라이 제3조 살인계에서는 비구가 스스로 혹은 다른 사람을 시켜서 누군가의 목숨을 끊거나, 혹은 죽음을 찬탄하는 방법 등으로 자살하도록 만드는 것을 금지한다.[25]

---

25 *Vinaya Piṭakaṃ*, vol.3, PTS, 1881, p.73

즉, 살인을 발생시키는 모든 행동을 경계한다. 하지만, 범망계 제1중계 살생계에서는 "생명 있는 모든 것에 이르기까지 고의로 죽여서는 안 된다."라고 하여 금지를 제시한 후, 이어 "보살은 항상 자비심과 효순심에 머무르고 일으켜야 하며, 방법을 찾아 일체중생을 구호해야 하거늘, 도리어 자신의 방자한 마음에서 즐겨 생물을 죽인다면, 이는 보살의 바라이죄이니라."라고 하여 자비심과 효순심을 갖추고, 일체중생을 구호한다고 하는 적극적인 실천 내용도 함께 제시하고 있다. 이는 제1중계부터 제10중계에 이르기까지 공통적으로 나타나는 현상이다.[26] 유가계 계통의 삼취정계에서도 확인할 수 있듯이, 보살계는 지악止惡을 넘어 선행과 이타행의 적극적인 실천까지 이끌어 낼 때 완성되는 것이므로 작선作善이 강조되는 것은 당연하다.

범망 48경계

10중계에 비하면 경죄지만, 역시 보살로서 해서는 안 될 48가지 행동이 있다. 『범망경』에서는 이를 48계 혹은 48경계 혹은 48경구죄輕垢罪라고도 한다. 48경계에는 보살계의 수지나 참회의 권유, 대승법사에 대한 공양 등 다양한 내용의 조문이 들어 있는데, 특히 동아시아불교 전체에 걸쳐 후대까지도 큰 영향을 미친 두세 가지 조문을 중심으로 살펴보면 다음과 같다.

첫째, 제2경계인 음주계이다. 술은 많은 과실을 초래하는 원인이 될 수 있기 때문에 불교에서는 출가와 재가를 막론하고 음주를 금지한다.

---

26 船山徹, 앞의 책, 2017, pp.14~16

불음주계는 재가자가 지켜야 할 오계와 팔재계에도 들어 있고, 출가자의 구족계에도 들어 있다. 따라서 범망계에서 음주를 금지하는 것은 특이한 현상은 아니다. 다만, 앞서 언급한 바와 같이 범망계에서는 '불고주계'라고 하여 술을 파는 행위를 제5중계로 금지한다. 술을 마시는 행위와 술을 파는 행위를 구별하고, 마시는 행위보다 파는 행위를 한층 무거운 죄로 보고 있는 것이다. 이에 대해 법장法藏(643~712)은 『범망경보살계본소』에서 오계의 불음주는 술을 마시는 당사자에게 가해지는 해를 문제 삼는 것으로 그 과실이 크지 않지만, 술을 파는 행위는 많은 사람에게 해를 입히기 때문에 이타를 중시하는 보살의 정신에 위배되기 때문이라고 설명한다.[27] '불고주계' 조문의 말미에서도 "보살은 일체중생에게 명달明達의 지혜를 일으켜야 하거늘 도리어 일체중생에게 전도된 마음을 일으키게 한다면 이것은 보살의 바라이죄이니라."라고 하여,[28] 중생을 미혹하게 만드는 원인인 술을 많은 이에게 팔아 해를 입히는 것에 대한 우려를 보여 주고 있다.[29] 이는 보살계의 주요한 특징을 반영한 예라고 할 수 있다.

둘째, 식육을 금지하는 제3경계와 오신五辛, 즉 맵고 냄새 나는 5종의 야채를 먹는 것을 금지하는 제4경계이다. 육식과 오신채의 금지는 『범망경』이전부터 『대반열반경』 등의 대승경전에서 공통적으로 강조하는 계율행이다. 일반적으로 육식은 여래장 사상, 즉 일체 중생에게는 불성佛性이 있기 때문에 먹어서는 안 된다거나, 혹은 육도의 중생은 모두 내

---

27 『범망경보살계본소』 卷第三(『大正藏』40, 625b)
28 『범망경』 卷下(『大正藏』24, 1004c)
29 원래 이 '고주계'는 담무참 역 『우바새계경』의 제6중계에 유래하는 계로 재가보살을 주된 대상으로 한다.

부모라고 하는 입장에서 금지되는 것으로 알려져 있다. 또한 오신채는 이들 채소의 성격상 먹으면 정력이 지나쳐 수행에 방해가 된다는 점이 일반적으로 거론되어 왔다. 그런데 최근에 『범망경』 하권에 보이는 경문의 소재를 조사한 후나야마는 이들 관련 계들이 담무참 역의 『대반열반경』 등에 근거하고 있는데, 이를 보면 육식이나 오신채를 금지하는 공통적인 이유는 그 냄새의 기피에 있다고 한다.[30] 즉, 『범망경』의 제3경계인 '불식육계'에서는 "만약 불자가 고의로 어떤 고기든 먹는다면 대자비의 소질을 갖춘 종자를 파괴하고, 모든 중생이 보고 도망간다."라고 한다.[31] 이는 일체 중생에게는 불성佛性이 있다고 보는 여래장 사상과 관련이 있으며, 또한 식육자의 몸에서 고기나 피 냄새가 나면 주위의 중생이 자신도 먹혀 버릴까 두려워 그 보살로부터 도망갈 것을 우려하고 있다. 즉, 이로 인해 보살이 중생 제도를 하려 해도 아무도 설법에 귀를 기울이지 않게 되기 때문에 식육은 해서는 안 된다는 것인데, 이는 『대반열반경』의 육식 금지 이유와 동일하다.[32] 한편, 『범망경』의 '오신계'에서는 대산大蒜·혁총革蔥·자총慈蔥·난총蘭蔥·흥거興渠의 5종 채소를 오신의 내용으로 열거한다.[33] 왜 이들을 먹으면 안 되는지 경문 자체에는 이유가 기술되어 있지 않지만, 이 경문이 소재로 삼고 있는 『대반열반경』의 기술을 볼 때 육식의 기피 이유와 같을 가능성이 높다. 보통 오신채의 기피 이유로 정력이 지나쳐 수행에 방해가 된다고 하는 점이 거론되지만, 이는 당대에 중국에서 편찬된 『수능엄경』에서 보이는 것이다. 즉, 『범망경』

---

30 船山徹, 앞의 책, 2017, pp.478~482
31 『범망경』 卷下(『大正藏』 24, 1005b)
32 『大正藏』 12, 386a
33 『범망경』 卷下(『大正藏』 24, 1005b)

이후의 후대 경전에서 나타나는 이유이며, 『범망경』의 편찬자는 『대반열반경』 등의 입장을 받아들여 오신채를 먹으면 그 냄새를 혐오하여 주위의 자들이 모두 떠나 버리기 때문에 보살은 설법이나 대화 등의 교화 활동을 할 수 없게 된다는 이유를 견지하고 있을 가능성이 높다고 한다.[34]

III. 『범망경』의 동아시아 유포와 주석서

『범망경』과 『보살영락본업경』

『범망경』, 특히 그 하권에서 설하는 10중 48경계는 출현 후 중국불교계에 적지 않은 영향을 미친 것으로 보인다. 그런데 범망계의 유포와 관련하여 주목해야 할 경전으로 『보살영락본업경』(이하 『영락경』으로 약칭)이 있다. 『범망경』보다 약간 후대에 중국에서 찬술된 경전인데, 이 경전 역시 『범망경』처럼 화엄 사상을 근간으로 독자적인 보살계 사상을 제시하고 있다. 여러 가지 면에서 『범망경』과의 밀접한 관련을 엿볼 수 있는데, 특히 그 안에서 제시되는 보살계는 범망계의 대중적인 유포를 위해 고안되었을 것이라는 추정을 낳을 정도로 깊은 관련성을 보여 준다.

『영락경』 하권 「대중수학품大衆受學品」에 의하면 "처음 발심 출가하여 보살의 지위를 잇고자 하는 자는 먼저 정법계正法戒를 받아야 한다. 계는 일체행의 공덕장功德藏이자 근본이다."라고 하여,[35] 정법계의 수계가 보살의 출발점임을 보여 준다. 그리고 정법계의 내용으로 섭률의계·섭

---

[34] 船山徹, 앞의 책, 2017, pp.481~482
[35] 『보살영락본업경』 卷下(『大正藏』 24, 1020b)

선법계·섭중생계의 삼수문三受門을 제시한다. 이는 일견 유가계 계통의 삼취정계 사상을 계승하고 있는 것으로 보이지만, 구체적인 내용은 다르다. 즉, 섭률의계는 십바라밀, 섭선법계는 팔만사천법문, 섭중생계는 자비희사慈悲喜捨인데, 자비희사는 교화, 즉 일체중생으로 하여금 안락을 얻게 하는 것이라고 설명한다.[36] 여기서 언급하는 십바라밀은 십불가회계十不可悔戒, 십무진계十無盡戒라고도 불리며, 살생계·망어계·음계·도계·고주酤酒계·설재가출가보살죄과說在家出家菩薩罪過계·간탐계·진에계·자찬훼타自讚毀他계·방삼보謗三寶계로 『범망경』의 십중금계의 내용과 동일하다. 요컨대 『영락경』에서는 유가계의 삼취정계 형식을 취하면서 7중의 별해탈률의가 아닌 『범망경』의 10중계를 섭률의계로 제시하는 것이다.

또한 수계 의식의 절차와 관련해서도 『범망경』과 『영락경』의 밀접한 관계를 찾아볼 수 있다. 『범망경』 제23경계에 의하면, 10중 48경계를 받는 방법은 두 가지이다. 첫째, 법사 앞에서 받는 경우로 이때는 법사에 대한 존중하는 마음을 통해 계를 얻기 때문에 별도로 호상을 볼 필요가 없다. 둘째, 천 리 안에 계를 줄 법사가 없는 경우이다. 이때 불보살 앞에서 스스로 서원하여 계를 받을 수 있지만, 7일 동안 참회한 후 반드시 호상을 보아야 한다. 즉, 자서수계의 경우에는 반드시 호상을 보는 것이 수계의 전제 조건이 되는 것이다. 이처럼 『범망경』에서는 두 가지 수계 방식에 대해 언급하지만, 실제로 수계 의식을 실행하는 구체적인 절차나 방법에 대해서는 전혀 언급하지 않는다. 한편, 『영락경』에서는 상품·중품·하품의 3종 수계법을 설한다. 상품은 제불보살이 현전하고 있

---

36 위의 책(『大正藏』 24, 1020b~c)

는 앞에서 받는 것이며, 중품은 불보살이 멸도滅度한 후에 천 리 안에 먼저 계를 받은 보살이 있을 경우에 이들로부터 받는 것이다. 그리고 하품은 법사가 없을 때 불보살의 형상 앞에서 자서수계하는 것이다. 중품과 하품은 『범망경』에서 말하는 보살계 수계 방법과 유사한데, 『영락경』에서는 과거·현재·미래의 불법승 삼보에 예배하고, 사불괴신四不壞信을 공경하며 지니고, 사의법四依法에 의지하여 지금부터 미래세가 다할 때까지 불·법·현성승賢聖僧·법계法戒에 귀의하고, 삼세의 죄를 참회하여 삼업이 청정해지면 그때 십무진계를 주어야 한다고 하여, 십무진계, 다시 말해 범망 10중계를 수계하는 구체적인 절차를 제시한다.[37] 또한 이 열 개의 계 중 하나라도 범한다면 그것은 42현성법賢聖法, 즉 십주十住·십행十行·십회향十廻向·십지十地·등각等覺·묘각妙覺을 잃게 된다고 한다. 42현성법이란 보살의 행위行位를 말한다. 즉, 『영락경』에서는 범망 10중계를 보살행의 기반으로 자리매김하고, 나아가 수계 의식의 구체적인 절차를 제시하지 않는 『범망경』의 부족함을 보완하여 구체적인 수계법을 제시하고 있다.

『범망경』 성립 후 얼마 지나지 않아 편찬된 것으로 보이는 『영락경』에서 이처럼 『범망경』에 대한 권위 부여와 체계화, 그리고 전파의 노력이 보인다는 것은 『범망경』의 영향력을 파악할 수 있는 좋은 사례라고 생각된다. 『영락경』은 육조시대에는 전파의 흔적을 발견할 수 없지만, 수隋의 천태 대사 지의智顗(538~597)가 보살계를 설하는 근거로써 이 경을 인용한 후 중국불교계에 정착되었다.

---

37 『보살영락본업경』 卷下(『大正藏』 24, 1020c)

지의와 법장

『범망경』에 대한 주석은 중국과 한국, 일본에서 많이 작성되었는데,[38] 현재 전해지고 있는 주석서는 29부이다. 이들 주석은 세 가지 유형으로 구분 가능하다. 첫째, 보살계본으로 독립해 있던 하권에서 '아금노사나我今盧舍那'라는 게송 부분[39]부터 주석을 시작하는 것, 둘째, 하권 전체를 해석하는 것, 셋째, 상·하 양권을 모두 주석한 것이다.

중국불교사상 최초의 『범망경』 주석서는 천태 대사 지의智顗(538~597)의 『보살계의소菩薩戒義疏』(이하 '지의소'로 약칭) 2권이다. 이전에 양梁의 혜교慧皎(497~554)가 지은 『범망경소』가 있었던 것으로 보이지만 현존하지 않기 때문에 지의소는 현존 최고最古의 『범망경』 주석서라고 할 수 있다. 지의소는 지의의 논술에 근거하여 제자 관정灌頂(561~632)이 필기한 것으로, 하권에서 '아금노사나'라는 게송 부분부터 주석하고 있다. 최근의 연구 성과에 의하면, 지의소에 등장하는 『범망경』 경문은 오래된 형태를 보존하고 있다고 한다.[40] 따라서 지의소는 최초의 주석일 뿐 아니라 가장 오래된 경문을 담고 있다는 점에서도 현존하는 최고最古의 『범망경』 주석서라고 할 수 있다.

지의는 주석에서 『범망경』 계본 외에 지지본地持本, 고창본高昌本, 영락본瓔珞本, 신찬본新撰本, 제지본制旨本 등 당시 여러 계본이 존재하고 있음을 언급하고 있다.[41] 내용을 보면, 지의소는 『범망경』에 중심을 두고

---

38 이들 주석서에 관해서는 加藤觀澄, 『國譯一切經』 律部12, 東京: 大東出版社, pp.311~312를 참조.
39 『大正藏』 24, 1003c29 이하에 해당한다.
40 船山徹, 앞의 책, 2017, pp.20~21
41 『보살계의소』(『大正藏』 40, 568a~569a)

는 있지만, 지지본이나 영락본 등을 고려하여 범망계에 적극적으로 삼취정계를 도입하는 형태를 띠고 있다. 즉, 『범망경』을 위주로 하면서도 당시 존재했던 여러 계율서에 보이는 사상을 적극적으로 도입하여 대승계율을 통합하려 한 특징을 보인다. 지의소의 이러한 입장은 후대에 큰 영향을 주었으며, 이로 인해 범망계와 유가계의 결합은 물론이거니와 삼취정계 중 섭률의계를 확대 해석하면 『사분율』조차 포섭하는 길이 열리게 됨으로써 훗날 『범망경』이 종파를 넘어 폭넓게 지지받을 수 있었던 하나의 요인으로 작용했을 것으로 추정되고 있다.[42]

지의의 뒤를 이어 화엄종 제3조 법장法藏(643~712)은 『범망경보살계본소』(이하 '법장소'로 약칭)를 찬술하고 있다. 이 역시 지의소처럼 하권의 게송 부분부터 주석하는 형식을 취한다. 서문을 시작으로 부처님이 『범망경』을 설한 10종의 이유를 설하는 '교기소인敎起所因' 등의 총 십문十門으로 구성되어 있다. 지의소를 비롯한 다른 주석서들이 『범망경』을 『화엄경』과의 관련하에서 파악하려 했던 것과 달리, 법장은 두 경을 완전히 분리하고 있으며, 『범망경』에 비해 『화엄경』이 우월함을 보여 주는 입장을 취하는 특징을 갖고 있다.[43] 또한 법장소는 과문이나 계체론, 범계의 판단 등 여러 가지 면에서 지의의 견해와 중요한 차이를 보이는데, 특히 중앙아시아 강거康居계의 혈족이었기 때문인지 법장소에서는 한인과는 다른 사고나 특유의 현실주의가 발견된다고 한다. 예를 들어, 법장소에서는 10중계의 경우에는 '통국通局', 48경계의 경우에는 '통색通塞'이라고 하여 계를 지키지 못해도 파계가 되지 않는 여러 예를 상세히 제시하고 있다. 이는 보살계를 고원한 이상이 아닌, 현실에서 충실하게 실천해야

---

42 吉津宜英, 앞의 책, 1991, p.569
43 吉津宜英, 앞의 책, 1991, pp.614~616

할 규범으로 이해하는 태도를 보여 준다.44 또한 범망계의 수지 대상에 대해 지의를 비롯한 다른 주석가들은 보살종성에 한정하는 경향을 보이는 반면, 법장은 오종성五種性 모두를 실천 가능한 것으로서 널리 개방하고 있는데, 이 역시 중국의 현실에 타협하는 법장의 입장을 보여 준다.45

법장 이후에도 중국에서는 지주智周(668~723)의 『범망경소』 5권(2, 3권만 현존), 우영遇榮의 『범망경률등초梵網經律燈抄』 5권(失), 이섭利涉의 『범망경소』 3권(失), 법선法銑의 『범망경보살계소』 2권(권상만 현존), 명광明曠의 『천태보살계소』 등 많은 주석이 등장하였다.

의적과 태현

지의소의 출현 후 신라에서는 원효元曉(617~686), 의적義寂(681~?), 승장勝莊 등에 의해 『범망경』 주석서가 찬술되었다. 이 중 원효의 『범망경보살계본사기』46(이하 『사기』로 약칭)는 상권만 현존하는데, 지의소와 마찬가지로 하권의 게송부터 주석하는 형태를 보인다. 원효는 『범망경』을 수지 실천하는 사람을 보살이라고 보는 점, 『범망경』과 『화엄경』을 밀접한 관계 속에서 파악하는 점에서 지의와 공통된 입장을 보인다. 다만, 삼취정계를 도입하여 범망계를 설하는 지의소의 입장을 한층 진전시켜 '달기達機'나 '이타利他'와 같은 독자적인 보살계 개념을 발전시키고 있다.

---

44 石井公成, 『華嚴思想の硏究』, 東京: 春秋社, 1996, pp.338~339
45 吉津宜英, 앞의 책, 1991, p.614
46 이 문헌이 원효의 저술이 아니라는 의견도 있다. 한편, 원효에게는 『범망경』 관련 문헌으로 『菩薩戒本持犯要記』가 있는데, 이는 10중계 가운데 특히 自讚毁他戒를 다방면에서 검토한 문헌이다.

이후 의적에 의해 찬술된 『보살계본소』 역시 지의소처럼 하권의 게송부터 주석하고 있다. '고소古疏'라고 하여 곳곳에서 지의소를 인용하지만, 지의가 7중계의 해석을 범망계에 도입하고자 했던 것과 달리 의적은 보살의 실천을 지탱하는 정신성이 얼마나 뛰어난 것인가를 강조하는 입장에서 주석하고 있다. 즉, 지의는 범망계를 7중계를 포괄하는, 혹은 7중계보다 상대적으로 뛰어나다는 점에서 범망계의 특색을 찾고자 했던 것에 비해, 의적은 범망계야말로 보살종성에게 어울리는 계로서 7중계를 완전히 뛰어넘은 곳에 범망계의 독자성이 있다고 보았다.[47] 이러한 입장 차이는 구체적인 조문 해석에 그대로 반영된다. 또한 『영락경』에 의거하여 삼취정계와 10중 48경계를 대비시키며 섭률의계는 10중계, 섭선법계는 48경계의 전반 30계, 그리고 섭중생계는 48경계의 후반 18계로 대비시키고 있는 점도 『보살계본소』가 보여 주는 흥미로운 특징 가운데 하나이다. 이 외, 승장勝莊이 저술한 『범망경술기』 2권이 있다. 승장은 당에 머물며 8세기 초반경에 활동한 신라 출신의 승려로 의정義淨(635~713)과 보리류지菩提流志(572~727) 등이 번역 작업을 할 때 증의로 참가하고 있다. 『범망경술기』는 『범망경』 하권 서두부터 주석을 한 것으로는 현존 최초의 주석서이다.

한편, 신라 경덕왕(재위 742~765) 대의 승려 태현太賢[48]이 지은 『범망경고적기梵網經古迹記』(이하 『고적기』로 약칭)는 『범망경』 상·하 양권을 모두 주석한 현존하는 최초의 주석서라는 점에서 주목할 만하다. 『범망경』 상권이 화엄 사상을 근간으로 보살의 수행 계위를 설하는 부분이라는 점을 고려할 때, 『범망경』과 『화엄경』을 불가분의 관계에서 파악하려는 입

---

47 吉津宜英, 앞의 책, 1991, pp.576~577
48 태현은 자료에 따라 '大賢'이라고도 한다.

장이 양권 주석이라는 형태로 나타났다고 보아야 할 것이다. 『고적기』 의 가장 큰 특징은 삼취정계를 도입해서 일체중생의 수계와 보살의 '무 위범無違犯', 즉 보살의 범계행을 무범無犯이라고 판단하는 것을 인정하 는 주석을 한 점이라고 한다.[49] 법장소의 영향을 특히 많이 받은 것으로 보이지만, 법장과는 달리 유가계를 적극적으로 도입하여 조문을 주석해 가는 특징을 보인다. 이 저서는 일본 최초의 범망경 주석서인 젠주(善珠, 723~797)의 『범망경략초梵網經略抄』를 비롯하여 일본의 남도南都 계율사 상에 큰 영향을 주었다.

젠주(善珠)와 계율 부흥 운동

일본에서는 736년(天平 8)과 754년(天平勝寶 6)에 내조來朝한 당나라 승려 도선道璿(702~760)과 법진法進(709~778)에 의해 각각 『범망경』 주석 서가 만들어졌다고 하는데 모두 현존하지 않는다. 그 후 일본 승려에 의 한 가장 이른 시기의 주석으로 현존하는 것은 아키시노데라(秋篠寺)의 젠주에 의한 『범망경략초梵網經略抄』 4권이다. 젠주는 유식이나 인명因明 등의 분야에서 이름을 날린 법상학자이다. 『범망경략초』는 태현의 『고적 기』처럼 상·하 양권을 모두 주석한 것으로, 주석 내용을 보면 『고적기』 를 주석의 본의本義로 삼아 전문에 걸쳐 사용하며 답습하는 형태를 취하 고 있다. 또한 『고적기』에서 설명이 불충분한 경우에는 다른 주석의 문 장으로 채우고 있는데, 특히 의적과 태현의 주석을 취사선택하는 형식 을 취하고 있다. 즉, 『고적기』의 문장을 사용하면서 의적소에 보이는 문

---

[49] 李忠煥, 「太賢の戒律思想-特に三聚淨戒と「瑜伽戒」の影響について」, 『印度學佛 教學研究』 66-1, 2017, p.290

장을 점철点綴시키는 형식이라 젠주의 개인적인 입장은 파악하기 어렵다는 평가이다.50 또한 '선법사운銑法師云'이라고 하여 법선法銑(718~778)의 『범망경보살계소』의 문장도 인용하는 등, 젠주는 당시 일본에 전해져 있던 몇몇 주석서로부터 차용하며 주석을 한 것으로 보인다.

한편, 가마쿠라(鎌倉)기(1192~1333)에 일어난 계율 부흥 운동을 계기로 『범망경』에 대한 관심도 높아진다. 관승官僧들의 파계 및 수계 제도의 형식화 등으로 인해 파계가 일반화되어 갈 무렵, 지츠한(實範, ?~1144)은 수계 의식의 재정비를 위해 1122년에 「동대사계단원수계식東大寺戒壇院受戒式」을 정리하였다. 이후 계율 부흥 운동은 조슌(藏俊, 1104~1180), 각켄(覺憲, 1131~1213), 조케이(貞慶, 1155~1213), 가이뇨(戒如, 생몰년 미상), 가쿠조(覺盛, 1194~1249), 에이존(叡尊, 1201~1290) 등 법상종 승려들을 중심으로 계승되어 갔다. 이 중 조케이가 『고적기』에 근거하여 일분수一分受나 파계를 용인하는 사상을 『심요초心要鈔』에서 서술하고, 나아가 가쿠조와 에이존에 이르러 『고적기』로부터의 인용이 급증하면서 『고적기』 자체에 대한 주석서까지 만들어졌다.51

가마쿠라 후기에 도다이지에서 활약한 교넨(凝然, 1240~1321)에 의해 찬술된 『범망계본소일주초梵網戒本疏日珠鈔』 50권은 일본에서 나온 『범망경』 주석서 중 가장 상세하다. 제명에서 알 수 있듯이, 당의 법장 『범망경보살계본소』에 대한 주석이다. 하지만, 단순한 법장소의 주석은 아니며, 법장소에 근거하면서도 직접 『범망경』 경문을 언급하거나, 다른 주석을 취합하며 논을 이끌어 내는 등 일종의 범망경 본소의 집대성본

---

50 石田瑞麿, 『日本佛敎思想硏究』 第二卷 戒律の硏究 下, 京都: 法藏館, 1986, p.94
51 大谷由香, 「太賢『梵網經古迹記』の日本における活用について」, 『龍谷大學論集』 492, 龍谷學會, 2018, pp.15~16

이라 할 만한 특징을 보인다. 특히 북송에서 남송에 걸쳐 활동한 여함與咸의 『범망보살계경소주』 8권을 비롯하여, 당의 이섭利涉의 『범망소』 3권과 법선法銑의 『범망경보살계소』 2권, 도희道熙의 『범망초』 3권, 전오傳奧의 『범망경기』, 온제蘊齊의 『정산기頂山記』 등 현존하지 않는 중국의 고주석의 내용을 아는 데 있어서도 귀중한 자료이다.[52]

IV. 범망계의 수지와 한국적 실천

이타행으로서의 파계 긍정

신라에서 『범망경』에 대한 체계적인 이해가 이루어지기 시작한 것은 원효의 『사기』와 『보살계본지범요기』라고 할 수 있다. 원효는 이들 문헌을 찬술하는 데 있어 지의소의 영향을 많이 받았지만, 이를 기반으로 자신만의 독특한 보살계 사상을 발전시켰다. 예를 들어, 범계의 판단에 있어 원인이 되는 마음(心)을 중시한다는 점에서는 양자가 공통되지만, 지의가 무기심이나 이타행 등에 의한 범계에 관해 상세히 다루지 않았던 것에 비해, 원효는 마음에 의한 범계의 판단에 깊은 관심을 보인다. 이는 원효의 『범망경』 주석에 보이는 가장 중요한 특징 중 하나이다.[53] 원효는 『사기』에서 각 계를 마무리할 때마다 "일향복비죄一向福非罪·비죄비복非罪非福·유경비중唯輕非重·유중비경唯重非輕"의 네 문구를 들어

---

52 船山徹, 앞의 책, 2017, p.28
53 法藏(李忠煥), 「『梵網經』註釋史の研究」, 花園大學 文學研究科 博士後期課程 學位論文, 2014, p.62

범계를 일으킨 마음의 상태에 따라 죄가 되는 경우와 되지 않는 경우를 제시하고 있다. 불살계를 예로 들면, 일향복비죄는 살인을 했어도 오로지 복이 될 뿐 죄는 아닌 경우이다. 특히 여기서는 달기보살達氣菩薩이라는 개념을 사용하여, 근기를 살펴 죽이지 않으면 제도할 수 없는 근기일 경우 죽여도 복이라고 한다. 요컨대, 이타행으로서의 범계는 무범無犯이자 복인 것이다. 일향복비죄를 설명할 때 사용되는 달기보살은 중생의 근기에 통달한 보살이라는 의미로, 원효가 만들어 낸 독자적인 개념인 것으로 보인다. 구체적으로 달기보살은 중생 구제를 위해서라면 파계도 두려워하지 않는 보살이다. 여기에서 알 수 있듯이, 원효는 다른 이를 돌아보지 않고 자신의 수행만을 중시하여 계를 지키며 청정히 사는 것은 보살의 삶이 아니라고 보았다. 한편, 비죄비복은 살인을 했다 해도 그것이 착오와 미혹에 의한 것이라면 업도業道만이 있을 뿐 계를 범한 죄는 없기 때문에 죄도 아니고 복도 아니라고 한다. 유경비중은 오직 경죄일 뿐이며 중죄는 아닌 경우이다. 하품의 중생을 살해한 경우에 해당한다. 유중비경은 오직 중죄일 뿐이고 경죄는 아닌 경우이다.[54] 이와 같이 4구를 통해 지범持犯을 판단하는 것은 원효의 주석에만 나타나는 독특한 방식으로, 원효는 이를 통해 범망계의 실천 가능성을 높이고 있다.[55] 아울러 원효는 범계에 있어 인因이 없으면 무죄가 된다고 보았는데, 주석에서 인으로 거론하는 것은 살심이나 도심盜心과 같은 마음(心)이다. 즉, 죄를 결과가 아닌 원인이 되는 마음, 다시 말해 범계의 동기를 중시하며 지범을 파악해 가고 있다.

원효의 이러한 입장은 후대의 『범망경』 주석가들에게도 지대한 영향

---

54 元曉, 『梵網經菩薩戒本私記』, 『한국불교전서』 1, 596
55 최원식, 『新羅菩薩戒思想史研究』, 서울: 민족사, 1999, pp.85~86

을 미쳤던 것으로 보인다. 외적인 형식보다 내적인 동기를 중시하는 원효의 보살계 사상은 신라의 당시 정치적 상황을 고려할 때 시대적 요구에 부합하는 면이 있었다. 삼국통일을 전후로 활동하며 불가피하게 전쟁에 참여할 수밖에 없었던 승려들의 입장에서는 호국적 차원에서 계율을 재해석할 필요가 있었을 것이기 때문이다. 유사한 예로 의적이나 태현은 살생 도구를 소지하지 말라는 범망계 제10경계에 외난外難을 막거나 호법護法을 위해서라면 무기를 소지해도 좋다는 내용의 주석을 달고 있으며, 나라의 사신이 되어 군대를 일으켜 싸우게 하거나 군에 왕래하는 것을 금지하는 제11경계에 대해서도, 의적은 재가자의 경우 전쟁을 위한 것이 아니라 화친和親을 위해서나 무관武官이 된 경우라면 군에 왕래하는 것을 인정하고 있다. 이러한 인식은 중국에서 활동한 승장이나 중국 승려들에게서는 찾아볼 수 없는 견해라고 한다.[56]

일분수一分受와 자서수계

기존의 성문계를 섭률의계로 포섭하고 그 위에 섭선법계와 요익유정계를 추가하여 삼취정계의 보살계를 설하는 유가계에 비해, 범망계는 10중 48경계만으로 보살계를 설하였다. 삼취정계와 범망계의 상관관계에 대해 지의를 비롯하여 원효, 법장 등은 『범망경』안에 삼취정계를 적극적으로 도입하여 범망계를 일체계를 포섭하는 계로서 이해하는 입장을 보인다. 이를 한층 발전시킨 것은 태현이다. 범망계에 삼취정계를 포함시켜 설명한 지의와 원효를 이어 태현은 '如此諸戒一一 皆具三聚'라

---

56 최원식, 앞의 책, 1999, pp.172~173

고 하여⁵⁷ 10중 48경계 전체에 삼취정계를 포함시키고, 나아가 삼취정계의 섭률의계를 7중계라고 정의하여 삼취정계에 의한 일체계의 포섭을 한층 더 명확히 했다. 태현의 이러한 입장은 일분수 주장으로 나타난다. 그는 보살계를 받는 방법을 '전분수全分受'와 '일분수'로 나눈 후,⁵⁸ 250계를 전부 받아야 비구가 되는 성문의 수계법과 달리, 보살계는 받는 이가 감당할 수 있는 정도에 따라 하나의 계를 받아도 혹은 다수의 계를 받아도 모두 수계가 성립하여 보살이 될 수 있다고 한다. 이것이 일분수이다. 즉, 범망계 안에 이미 7중계가 포함되어 있기 때문에 범망계 하나만 받아도 충분하다는 것으로 보인다. 또한 비구는 현재의 몸으로 아라한과를 얻어야 하므로 구족계를 모두 수지해야 하지만, 보살은 무수대겁을 경유하며 수행하기 때문에 일분수가 가능하다고 보는 것이다.⁵⁹ 한편, 전분수란 섭률의·섭선계·요익유정의 삼취계를 모두 받는 것을 말한다. 태현의 일분수 주장은 『보살영락본업경』의 영향을 받은 것으로 보이는데, 삼취정계 가운데 섭률의계를 받는 방법에 총수總受와 별수別受가 있다고 한 의적의 견해와 연관이 있다고 지적하는 연구도 있다. 즉, 의적은 율의계를 받는 방법에 섭선법계·섭중생계를 함께 받는 총수와 율의계만을 따로 받는 별수가 있다고 하였는데,⁶⁰ 태현이 의적의 이 견해에 근거하여 별수를 일분수로 발전시켰을 것이라는 지적이다.⁶¹

---

57 『범망경고적기』 卷下本(『大正藏』 40, 708c).
58 『범망경고적기』 卷下本(『大正藏』 40, 700b).
59 『범망경고적기』 卷下本(『大正藏』 40, 700b); 태현 저, 한명숙 옮김, 『범망경고적기』, 서울: 동국대학교출판부, 2017, pp.257~258.
60 『보살계본소』 권상(『한국불교전서』 2, 254b).
61 최원식, 앞의 책, 1999, pp.202~203.

또한, 지의는 자서수계를 하품의 수계로 정의했지만, 태현은 자서수계도 종타수계도 모두 같은 마음으로 수계한다는 점에서 두 수계 방법에는 복덕의 차이가 없다고 본다.[62] 보리심을 일으켜 서원을 하는 발심을 근거로 수계하는 것이 중요할 뿐이므로 대승보살이 되는 데 있어 수계 방법은 상관없다고 보는 것이다. 호상에 의한 참회에 대해서도 태현은 상전上纏의 중죄만이 호상이 필요하다는 입장을 보이는[63] 등 기존의 주석가들에 비해 좀 더 유연한 입장을 취함으로써 『범망경』의 유포에 힘쓴 것으로 보인다.[64]

원돈계 사상에 미친 영향

태현의 일분수 혹은 의적의 별수 주장은 일본불교계에 큰 영향을 미친 것으로 보인다. 일본의 천태 대사 사이초(最澄, 767~822)는 당시 천하삼계단(東大寺·下野藥師寺·太宰府觀世音寺)에서 받고 있던 『사분율』에 근거한 구족계具足戒를 부정하고, 대승계단(延曆寺戒壇)의 설립을 주장한다. 이는 『사분율』이 아닌 10중 48경계의 범망계를 받음으로써 정식 출가자가 될 수 있다고 하는 것이다. 사이초에 의한 보살계 단수單受 주장은 도다이지나 고후쿠지(興福寺) 등 당시 남도계 관승들로부터 맹렬한 비판을 받았지만, 그의 사후 7일째인 822년(弘仁 13) 6월 11일에 조정으로부터 인가를 받게 된다.[65] 사이초는 남도계 불교로부터의 비판에 대응

---

62 『보살계의소』(『大正藏』 40, 569a); 『범망경고적기』 卷下本(『大正藏』 40, 712c)
63 『범망경고적기』 卷下本(『大正藏』 40, 716c)
64 法藏(李忠煥), 앞의 논문, 2014, p.124
65 松尾剛次 저, 이자랑 역, 『계율에 방울 달기 - 지계와 파계 사이의 계율 부흥 운동』, 서울: 올리브그린, 2017, pp.46~48, 54~56

하기 위해『현계론顯戒論』이라는 저술을 작성하였는데, 여기서『고적기』를 두 번 인용하며 남도의 소승계와 다른 대승계의 존재를 호소하는 중요한 전거로 사용하고 있다.[66] 사이초의 주장은 이후 제자들에 의해 법화원교法華圓敎의 입장에서 '원돈계圓頓戒' 사상으로 발전해 간다.『고적기』는 사이초와 그의 제자 고조(光定, 779~858), 안넨(安然, 841~915?) 등을 거치며 범망계 단수의 원돈계 사상을 뒷받침하는 주요 근거로 사용되었다. 선행 연구에 의하면, 고조의 저작인『전술일심계문傳述一心戒文』에서는「태현보살경소」가 인용되어 성문승과 보살승의 석차 문제가 논해지는데, 이는 사이초의『보살차제명거菩薩次第明據』에 있는『고적기』와 완전히 같은 문장이라고 한다.[67] 또한 사이초의 원돈계 사상을 대성大成시켰다고 평가되는 안넨은『보통수보살계광석普通授菩薩戒廣釋』(882년 성립)이라는 저서에서 10중계를 저질렀을 때는 참회하여 호상을 얻게 되면 그것으로 죄가 용서되며, 호상을 얻지 못해도 다시 증수增受하는 것으로 죄가 용서되며, 48경계의 범계 시에는 대수對首참회를 통해 죄를 용서받을 수 있으므로 다시 증수할 필요가 없다고 하는 의적의 설을 소개하고 있다. 여기서『고적기』라는 이름을 직접 언급하지는 않지만, 안넨은 이러한 의견이 '적현동설寂賢同說', 즉 의적과 태현이 통하는 설이라고 설명하고 있다. 이 역시 의적이나 태현이 일본 천태의 원돈계 사상을 지탱하는 주요한 근거로서 사용된 예로 주목할 만하다는 점이 지적되고 있다.[68]

---

66 大谷由香, 앞의 논문, 2018, p.11
67 福士慈稔,『日本佛教各宗の新羅・高麗・李朝佛教認識に關する研究』제1권 日本天台宗にみられる海東佛教認識, 身延山東アジア佛教研究室, 2011, p.38
68 大谷由香, 앞의 논문, 2018, pp.11~12

이후 『고적기』는 가마쿠라기의 계율 부흥 운동과 더불어 일본 승려들의 수계 논쟁에서 주요한 논거로 활용된다. 석가 신앙에 근거한 계율 부흥 운동으로 유명한 조케이가 『심요초心要鈔』에서 『고적기』를 인용하여 일분수 혹은 적극적인 파계를 용인하는 사상을 서술하고, 나아가 계율 연구에 있어 필히 학습해야 할 서적이자 강의에 필요한 책으로서 『고적기』를 강조하고 있으며, 이후 가쿠조와 에이존의 저작물이 나오면서 『고적기』의 인용은 더욱 증가한다.[69] 사이초의 범망계 단수 주장을 계기로 통수通受와 별수別受 논쟁이 한층 치열해져 간 가운데 가쿠조는 1236년(嘉禎 2) 9월에 엔세이(円晴)·우곤(有嚴)·에이존 등과 더불어 도다이지 겐사쿠인(羂索院)에서 자서수계하며 계율 부흥 운동을 개시했다. 이때 가쿠조가 주장한 것은 삼취갈마三聚羯磨에 의한 통수인데, 이는 중국으로부터의 영향이 아닌 의적이나 태현 등 신라 『범망경』 주석가들의 영향일 것으로 추정되고 있다.

---

69 大谷由香, 앞의 논문, 2018, pp.15~16

순純대승적 삶을 지향한 동아시아불교도의 계율서

기원 전후에 인도에서 발생한 대승불교는 중생 교화보다 자신의 깨달음 획득을 우선시하는 기존의 부파불교를 열등한 가르침이라는 의미에서 '소승'이라 폄하하였다. 대승불교도들이 지향하는 이상적 인간상은 이타행을 중시하는 '보살'이었다. 따라서 기존의 성문계와는 별도로 대승의 가르침을 실현할 수 있는 독자적인 보살계를 필요로 하게 된다. 『반야경』이나 『화엄경』 계통의 고층古層 대승경전에 제시된 보살계는 '십선계'이지만, 초기 대승경전 중에서는 십선계를 전혀 언급하지 않는 경전도 있어, 대승불교 초기에는 보살계의 내용에 대해 다양한 입장이 존재했음을 알 수 있다. 보살계로서 독자적인 입장을 보여 준 것은 삼취정계이다. 삼취정계의 맹아는 이미 『화엄경』 계통의 『십지경』에서 삼종정계 사상으로 나타나는데, 이후 유가행파의 『유가사지론』 중 「보살지」에서 명확한 형태를 보인다. 삼취정계는 기존의 7중 성문계를 섭률의계라는 이름하에 포섭하고, 나아가 섭선법계와 요익유정계를 그 위에 추가하여 중생 구제라는 대승행을 실현하는 보살계의 형태를 갖추게 된다.

보살계는 인도 승려 담무참이 418년경에 『보살지지경』을 번역하면서 중국불교계에 처음 소개된 것으로 보인다. 이 경은 『유가사지론』 중 「보살지」 부분의 번역이다. 이어 원가 8년(431) 1월에 건강에 도착한 유송의 구나발마는 중국인 제자들과 함께 『보살선계경』을 번역했다. 이 역시 「보살지」의 이역이다. 이후 이들 경전을 중심으로 한 보살계 사상이 둔황과 주천·장액 일대로 파급되고, 최종적으로는 고창으로 전파되었을 것으로 추정된다. 그런데 이 무렵 중국에서 독자적인 보살계 경전이 찬술된다. 바로 『범망경』이다. 이 경의 편찬 시기나 장소, 그리고 동기 등에 관해서는 아직 확정된 바가 없다. 다만 또 다른 중국 찬술 경전인 『인왕반야경』과 『보살영락본업경』의 편찬 중간 시기에 만들어진 것은 분명해 보이므로, 대략 450~480년 사이의 30년 동안 편찬되었을 가능성이 높다. 그리고 편찬 장소에 대해서는 화북 혹은 중앙아시아 혹은 북위 폐불 후 북지北地 낙양 근처 등 다양한 설이 제기되고 있다. 상·하 2권으로 구성되어 있는데, 이 두 권이 동시 성립인지 아니면 하권이 먼저 성립하여 유포되다가 상권이 덧붙여져 『범망경』이라고 불리게 되었는지에 대해서도 여전히 논의 중이다. 보살계경을 설하는 하권은 특히 엄청난 주석을 양산해 내며 동아시아불교에 큰 영향을 미쳤다. 한국과 중국, 일본 등의 현존하는 주석서만 해도 29부에 달한다.

현존하는 최초의 『범망경』 주석서는 천태 대사 지의의 『보살계의소』 2권이다. 최근의 연구 성과에 의하면, 지의소에 등장하는 『범망경』 경문은 오래된 형태를 갖고 있다고 한다. 지의소의 가장 큰 특징은 『범망경』에 적극적으로 삼취정계를 도입하여 해석한 점인데, 이를 통해 범망계와 유가계가 결합된 것은 물론이거니와 삼취정계 중 섭률의계를 확대 해석하면 『사분율』까지 포섭하는 길을 열었다고 평가되고 있다. 지의소와 더불어 주목할 만한 중국 승려의 주석으로 법장의 『범망경보살계본소』가 있다. 법장은 주석에서 계체론이나 과문, 범계의 판단 등 여러 가지 면에서 지의의 견해와 중요한 차이를 보인다. 또한 중앙아시아 강거 계통 혈족으로 한인이 아니었던 법장은 주석에서도 한인과는 다른 사고나 특유의 현실주의를 보인다.

신라에서 이루어진 최초의 『범망경』 주석은 원효에 의한 『범망경보살계본사기』로 10중계까지의 상권만 현존한다. 원효는 범망계에 삼취정계를 도입하여 주석한 지의소의 영향을 받으면서도 이를 발전시켜 '달기達氣' 혹은 '이타'와 같은 용어에 근거하여 독자적인 보살관을 발전시키고 있다. 원효의 소는 법장에게 영향을 준 것으로 보인다. 이후 7세기 중반에서 8세기 초에 걸쳐 활동한 의적은 『보살계본소』를 지었다. 범망계와 7중계를 명확하게 구별하는 등 삼취정계 중 율의계를 중시하는 경향을 보인다. 한편, 신라 경덕왕 대의 법상종 승려 태현은 『범망경고적기』(이하 『고적기』로 약칭)를 지었는데, 이는 『범망경』 상·하권을 주석한 최초의 사례이다. 『범망경』을 일승교로 보고, 삼취정계를 도입해서 일체중생의 수계와 보살의 '무위범無違犯', 즉 보살의 범계행을 무범이라고 판단하는 것을 인정하는 주석을 하고 있다.

일본 승려에 의한 가장 이른 시기의 주석은 아키시노데라의 젠주가 지은 『범망경략초』 4권이다. 다만 이 저서는 신라 태현의 『고적기』를 그 주석의 본의로 삼아 거의 전문에 걸쳐 사용하며 답습하고 있는 등 젠주 자신의 독자적인 입장은 파악하기 어렵다. 이후 가마쿠라기(1192~1333)에 일어난 계율 부흥 운동을 계기로 『범망경』에 대한 관심이 높아졌는데, 특히 『고적기』가 많이 활용된 것으로 보인다. 일본에서 이루어진 가장 상세한 『범망경』 주석서는 가마쿠라 후기에 도다이지에서 활약한 교넨의 『범망계본소일주초』 50권이다. 이것은 제명에서 알 수 있듯이, 당의 법장 『범망경보살계본소』에 대한 주석이지만, 단순한 법장소의 주석은 아니며, 다수의 주소注疏를 거론하며 범망계를 대승원돈계로서 집대성하려는 시도가 엿보인다.

한국 승려에 의한 주석에 나타나는 특징 중 하나는 이타행으로서의 파계 긍정 현상이다. 지의 역시 범계의 판단에 있어 원인이 되는 마음(心)을 중시했지만, 지의는 무기심이나 이타행 등에 의한 범계에 관해 상세히 언급하지 않은 반면, 원효는 범계를 일으킨 마음 상태에 따라 '일향복비죄一向福非罪·비죄비복非罪非福·유경비중唯輕非重·유중비경唯重非輕'으로 나누어 판단하며, 특히 '일향복비죄'에서는 '달기보살'이라는 독자적인 개념을 사용하여 보살의 행은 중생 구제의 이타행이므로 설사 범계를 해도 무범이며 복이라고 논하고, 무기심이나 광란심처럼 정상적인 판단이 불가능한 상태에서의 범계는 복도 죄도 아니라고 판단한다. 이러한 입장은 후대의 주석가들에게도 지대한 영향을 미쳤다. 한국 승려들의 주석에서 볼 수 있는 또 하나의 특징은 수계 방식으로서 일분수一分受의 허용이다. 태현은, 보살계는 받는 이가 감당할 수 있는 정도에 따라 하나의 계를 받아도 혹은 다수의 계를 받아도 모두 수계가 성립하여 보살이 될 수 있다고 한다. 또한 자서수계도 종타수계도 모두 같은 마음으로 수계한다는 점에서 두 수계 방법에 복덕의 차이는 없다고 보았다. 태현의 입장은 일본의 천태 대사 사이초를 비롯하여 그의 제자 고조, 안넨 등을 거치며 범망계 단수의 원돈계 사상을 뒷받침하는 주요 근거로 사용되었다. 또한 가마쿠라기의 계율 부흥 운동과 더불어 일본 승려들의 수계 논쟁에서 주요한 논거로 활용되는 등, 순純대승을 지향하는 대승불교도의 계율서로서 동아시아불교에 큰 영향을 미치며 오늘날에 이르고 있다. 범망

| 참고문헌 |

채인환, 『新羅佛敎戒律思想硏究』, 東京: 國書刊行會, 1977.
최원식, 『新羅菩薩戒思想史硏究』, 서울: 민족사, 1999.

石田瑞磨, 『日本佛敎における戒律の硏究』, 東京: 在家佛敎協會, 1963.
_____, 『日本佛敎思想硏究』第二卷 戒律の硏究 下, 京都: 法藏館, 1986.
船山徹, 『東アジア佛敎の生活規則 梵網經－最古の形と發展の歷史』, 京都: 臨川書店, 2017.
蓑輪顯量, 『中世初期南都戒律復興の硏究』, 京都: 法藏館, 1999.
吉津宜英, 『華嚴一乘思想の硏究』, 東京: 大東出版社, 1991.

李忠煥, 「太賢の戒律思想－特に三聚淨戒と「瑜伽戒」の影響について」, 『印度學佛敎學硏究』66-1, 日本印度佛敎學會, 2017.
大谷由香, 「太賢『梵網經古迹記』の日本における活用について」, 『龍谷大學論集』492, 龍谷學會, 2018.
船山徹, 「六朝時代における菩薩戒の受容過程－劉宋・南齊期を中心に」, 『東方學報』67, 京都大学人文科学研究所, 1995.

텍스트

고승전 高僧傳

· 김호귀

I. 고승전이란 무엇인가

　　고승전의 의미/ 고승전의 성격/ 고승전의 가치

II. 동아시아 고승전의 출현과 전승

　　중국의 고승전/ 일본의 고승전/ 한국의 고승전

III. 한국의 고승전과 선종의 계보

　　『해동고승전』과 『동사열전』/ 『직지심체요절』과 『통록촬요』/

　　『해동불조원류』와 『조계고승전』

IV. 고승전의 인물과 시대성

　　고승열전의 특수성/ 시대성의 발현/ 인물에 새겨진 군상

■ 고승으로 보는 한국불교사

I. 고승전이란 무엇인가

고승전의 의미

고승전高僧傳은 고승에 대한 기록이다. 고승의 수행과 깨달음 그리고 그 삶과 가르침에 대하여 사상과 신앙과 문화와 의례 등 종합적인 측면에서 접근하여 기록으로 남겨 둔 것이다. 때문에 고승전은 불교의 역사에서 불교 그 자체의 기록이기도 하면서 동시에 불교를 받아서 믿고 유지하며 받들고 실천하는 사람들의 기록이기 때문에 불교의 역사에 관한 생생한 모습이 고스란히 담겨 있는 문헌이다.

고승高僧은 달리 명승名僧·고덕古德·화상和尙·고불古佛·존자尊者·대사大師·조사祖師·성사聖師·상인上人 등 다양한 명칭으로도 불리는데, 오늘날 우리말로는 일반적으로 큰스님으로 부르기도 한다. 그래서 고승전은 달리 승전 내지 명승전과 동일한 의미를 지니기도 한다.[1] 그리고 종파에 따라서는 고승의 위상에 단순한 출가 승려 이상으로 훨씬 중

---

1 보다 엄밀하게 말하자면 高僧은 도의 경지가 높고 깊은 경우를 가리키고, 名僧은 그 명성이 널리 알려진 경우를 의미하기도 한다.[慧皎, 『高僧傳』 卷14(『大正藏』 50, 419a)] "전대부터 찬술된 대부분은 名僧이라고 하였다. 그러나 名이란 본래 實에 대한 賓일 뿐이다. 만약 진실로 행하더라도 빛을 감춘즉 高이지만 名은 아니다. 덕이 부족해도 시절에 맞으면 名이지 高는 아니다. 그래서 名이더라도 高이지 않으면 本傳에 수록하지 않는다. 高라면 名이 아니라도 갖추어 여기에 수록한다. 때문에 名音을 생략하고 高字로 대신한다.(自前代所撰多曰名僧. 然名者本實之賓也. 若實行潛光則高而不名. 寡德適時, 則名而不高. 名而不高本非所紀. 高而不名則備今錄. 故省名音代以高字.)"

요성이 부여되기도 한다. 가령 선종의 경우에는 고승에 대한 기록을 전등록傳燈錄이라는 이름으로 전승하여 고승이 보여 주고 있는 삶의 종합적인 면모를 그대로 기록으로 남겨 줌으로써 선종이라는 자파의 범위를 넘어서 불법을 수지하고 유지하며 실천하고 교화하는 텍스트로서 중요시하였다.

불교의 기본적인 구성 요소는 불보·법보·승보의 삼보이다. 이들 삼보는 불교 신앙의 근본으로, 붓다가 살아서 활동하고 있던 시대에 이미 형성된 것으로 전해진다.[2]

불보는 불교의 주체로서 붓다가 출현하게 된 유래와 그 당위성에 근거하여 석가모니 붓다의 가계와 종족 그리고 이생에서 살아간 흔적과 그가 남긴 영향 등을 중심으로 전개되어 있다. 때문에 불보의 기록은 까마득한 과거, 나아가서 붓다 전생에 이르기까지 소위 신화적인 내용도 아울러 가미되어 있을 뿐만 아니라 갖가지 신이神異의 양상을 비롯하여 그에 상응하는 인류의 역사 그리고 정치·사회·문화 등의 전개까지도 폭넓게 반영된 기록으로 전승되어 있다.

법보는 불교의 성격과 특징을 가장 잘 드러내 주는 요소로서 붓다가 지향하고자 하는 사회를 성취하기 위한 수단이면서 그 자체로서 위대한 문화유산으로 기록되어 있다. 그리고 가장 보편적인 원리에 근거한 법보의 기록은 인간의 지혜에 따른 다양하고 종합적인 흔적의 기록이라는 점에서 특수한 성격을 지니고 있다. 이와 같은 법보의 성격은 불교의 특징은 물론 해당 종파에 대한 정체성을 담보해 주고 있다. 때문에 법보의

---

2 불교의 교단이 구성되는 데에는 삼보의 성립 내지 형성을 근거로 논의하기도 하는데, 곧 鹿野苑에서 初轉法輪이 성취되던 때를 가장 초기의 모습에 해당하는 삼보의 성립 시기로 간주한다.

경우 그 기록은 시대의 변천 그리고 지역적인 분포에 따라서 항상 유동적으로 남아 있다. 그러면서도 법보의 기록은 그 가운데 변하지 않는 영원한 진리의 기준을 포함하고 있는 까닭에 시대와 지역을 초월해서 전개되고 전승되었다.

승보는 불보와 법보가 전개되고 살아 전승되는 근거이다. 위대한 붓다의 출현과 영원한 깨달음의 근거인 붓다의 가르침도 승보의 존속에 의지한다. 그런 만큼 승보는 자체에 불보와 법보를 담보하고 있다. 그것은 승보 가운데 불보살의 역할로 살아가는 불보의 속성을 구비하고 있을 뿐만 아니라 나아가서 승보 자체의 행위에는 붓다의 가르침대로 살아가는 정신과 작용이 아울러 담겨 있기 때문이다.

이런 점에서 넓게 보면 불보의 성격도 붓다가 인물이라는 점에서는 승보의 범주에 포함될 뿐만 아니라 법보의 가치도 가르침이 승보에 의하여 전승되고 발전되며 창조되고 적용된다는 점에서 승보의 속성을 벗어나지 않는다. 이에 승보는 삼보가 종합된 결과로서, 시대와 지역을 초월한 개개인의 삶이면서 개인의 영역에 그치지 않는 불교의 기록이기도 하다. 또한 승보는 출가자만이 아니라 재가인의 영역까지 두루 포함하는 승가의 개념에 속하는 까닭에 승보라고 해도 우바이優婆夷 및 우바새優婆塞의 기록도 아울러 포함되어 전승되었다.

고승전의 성격

중국의 불교사에서는 일찍부터 고승에 대한 관심이 지대하여 많은 기록물을 남겨 왔다. 양梁의 혜교慧皎(495~554) 이전에도 이미 보창寶唱의 『명승전名僧傳』을 비롯하여 배자야裵子野의 『고승전』 등은 객관적으로 고승전의 성격을 갖추고 있었다. 그러나 승전으로서 본격적인 형태를 갖춘 것으로는 양대梁代에 출현한 『고승전高僧傳』을 언급할 수가 있다. 특히 혜교의 『고승전』에 대하여 극찬한 왕만영王曼穎의 평가를 보면 다양한 문헌이 존재하였고, 『고승전』의 「서록序錄」의 내용을 살펴보면 혜교가 참조했던 이전의 문헌이 18종이었음도 알 수가 있다.[3] 이것은 중국에서 승전에 대한 본격적인 형태를 지니고 있는 최초의 출현으로서 양대의 혜교가 편찬한 까닭에 달리 『양고승전』·『양승전』·『양전』 등으로도 불린다.

『고승전』은 후대에 다양하게 출현한 종파의 승전이라기보다는 종파와 시대와 지역 등을 초월한 성격을 지니고 있다는 점에서 불교의 역사에서 비교적 객관적인 모습을 지닌 것으로 평가받고 있다. 가령 혜교의 『고승전』을 선과 관련시켜 언급하자면, 아직 선종이라는 종파적인 의식이 가미되지 않은 선수행법에 관한 순수 체험과 함께 다양한 선적인 문구들이 포함되어 있다는 점을 들 수 있다.[4]

이처럼 승전으로서 최초에 해당하는 혜교의 『고승전』은 중국의 삼국시대, 위·진, 남북조, 수 등의 시대에 활동했던 257명의 인물을 대상으로 하고 있다. 따라서 적어도 승전의 본격적인 모습을 혜교의 『고승전』 이후로 간주할 경우에 승전의 성격은 『고승전』의 10문의 분과와 밀접한 관계를 지니고 있다. 이런 까닭에 승전의 성격은 인물·지역·교의·시대·종파 등의 구분이 보이고 있어서 단순한 인물에 대한 기록에 치우쳐

---

[3] 혜교의 『고승전』 이전에도 다양한 승전류나 개인의 전기가 찬술되고 있었음을 짐작할 수는 있지만, 거기에 수록된 구체적인 인물과 내용 등에 대해서는 혜교의 『고승전』을 통해서 간접적으로 엿볼 수밖에 없다.[李尚玉(亨雲), 「고승전의 선법 연구」, 동국대학교 박사학위논문, 2011, p.14]
[4] 李尚玉(亨雲), 위의 논문, 2011, p.1

있는 인도의 승전과는 차이점을 보인다. 따라서 승전은 승보라는 인물에 대한 기록물이면서도 인물을 벗어나서 다양한 사상과 문화와 신앙과 수증 등을 아울러 노정시켜 주고 있다.

혜교의 『고승전』에는 그 「서록」에 다양한 전기류를 수록하고 있다. 이것은 객관성을 담보하기 위한 목록이지만, 당시에 그와 같은 전기류들이 존재하고 있었다는 점에서 당시 승전류의 간행에 대한 관심도를 보여 주고 있다.[5] 이들 고승전류는 철저한 사료史料와 서지書誌를 조사하고 인용하며 이들을 대조하고 취사해서 간결하고 뛰어난 문장으로 기록하여 객관적인 시각을 확보함으로써 후세에 규범을 남겼다는 평가를 받고 있다는 점에서 그 가치를 지니고 있다.

고승전류로부터 제시된 이와 같은 규범은 『양고승전』을 포함하여 이후 당대의 『속고승전』, 송대의 『송고승전』, 명대의 『대명고승전』 등 소위 중국의 사조四朝 고승전으로 불리는 것을 비롯하여 고려의 『해동고승전』 등에 이르기까지 승전의 구성에 큰 영향을 끼쳤다. 그러나 『대명고승전』은 그 구성에 약간의 변화가 보이면서 선종의 전등사서류가 그것을 대체하기에 이른다.[6] 전통적인 십과十科의 구성이 붕괴되고, 계율에 기준한 고승의 선별이라기보다 종파의 측면을 강조한 모습이 강하게 엿보인다.

고승전의 가치

고승전은 넓게 보면 승보에 대한 기록에 해당한다. 특히 불교의 교단

---

5 혜교는 『고승전』의 편찬을 위해서 총 18종에 이르는 다양한 문헌을 참조하고 있음이 밝혀져 있다.[李尙玉(亨雲), 앞의 논문, 2011, p.15]
6 이시이 슈도 지음, 김호귀 옮김, 『송대선종사 연구』, 서울: 민족사, 2018, pp.24~28

을 국가와 사회와 중생의 교화를 위하여 주도하였거나, 홀로 깊은 처소에서 은둔 생활을 하면서 구도에 매진하였거나, 각자가 속해 있는 종파나 교단의 정체성을 구현하기 위하여 사신捨身의 원력을 구현해 주었거나, 자신의 본래 모습을 감춘 채 평생 동안 족적을 드러내지 않고 무명인으로서 불법의 가르침을 실천하여 후세에 크게 영향을 끼친 사람들이 이에 속한다. 따라서 고승전의 기록에는 이름이 밝혀져 있지 않은 사람도 상당수가 무명인으로 등장한다. 그러나 고승들이 보여 주었던 각자의 역할이 다양하여 중생의 삶에서 거의 모든 방면에 걸쳐 행해진 까닭에 대부분의 고승전은 그들 각각의 역할을 주제별로 분류하여 그에 상응하는 인물을 중심으로 열거하여 기록으로 남겨 주었다.

가령 혜교는 『고승전』의 내용을 고승의 주된 역할을 중심으로 십과十科로 분류하였다. 곧 역경譯經·의해義解·신이神異·습선習禪·명률明律·유신遺身·송경誦經·흥복興福·경사經師·창도唱導 등이다.[7] 이 가운데 앞의 다섯 항목은 경전의 도입과 수행을 위한 기준이고, 뒤의 다섯 항목은 전법을 위한 중생 교화의 모습이라는 특징을 갖추고 있다. 십과의 분류는 후대에 출현한 제 고승전의 경우도[8] 시대적인 상황을 반영하면서 몇몇 용어의 표현에는 차이가 있지만 이와 같은 주제의 분류로부터 크게 벗어나 있는 것은 아니다.

이와 같은 고승전에 행적으로 남겨진 내용은 몇 가지 가치를 지니고 있다. 첫째, 어떤 문헌보다도 기록물로서의 가치를 생생하게 지니고 있

---

7 『高僧傳』 卷14(『大正藏』 50, 418c), "開其德業大為十例. 一曰譯經. 二曰義解. 三曰神異. 四曰習禪. 五曰明律. 六曰遺身. 七曰誦經. 八曰興福. 九曰經師. 十曰唱導. 然法流東土."
8 석혜교 지음, 변귀남 옮김, 『고승전』, 서울: 지식을 만드는 지식, 2014, pp.10~11

다. 고승전의 기록은 제삼자가 역사적인 인물에 대한 자취를 추적하여 몸소 확인한 것을 중심으로 하고 있다. 또한 이미 그들 고승에 대하여 또 다른 기록으로 남겨진 문헌을 통하여 답습하고 있다. 또한 고승전의 기록자가 동시대를 살았던 제삼자의 증언을 통해 채록한 결과물이기도 하다. 따라서 이들에 대한 기록물로서의 가치는 근본적인 사료로서 그 기능을 갖추고 있는 까닭에 어느 시대를 막론하고 역사적인 문헌으로서 중요시되었다.

둘째, 당시의 시대적인 불교문화의 유산을 풍부하게 포함하고 있다. 고승전에는 중심이 되는 인물과 밀접하게 관련된 제반의 상황이 드러나 있는데, 이는 고승이 살았던 시대의 역사와 지리와 풍물과 정치와 사회 등 모든 방면에 걸쳐 있다. 따라서 고승전에는 고승이 생존했던 시대의 문화 코드로서 어느 기록보다도 직접적인 기능을 담보했던 모습이 펼쳐져 있다.

셋째, 고승의 삶에 대한 기록에는 그 저변에 고승이 생존하고 있던 당시에 활발하게 논의되고 있던 불교의 교의가 가미되어 있다. 고승 당사자가 직접적으로 펼쳐서 보여 주고 있는 교의는 물론이고 고승이 교류했던 수많은 인물의 삶에서 묻어나는 그들의 불교 사상이 경론 이외에도 일상의 기록인 어록을 통해서도 다양하게 분포되어 있음을 보여 주고 있다. 그것을 통해서 당시 불교 교리의 분포와 경향 그리고 쟁론의 중점이 어떤 것이었는가를 엿볼 수가 있다.

II. 동아시아 고승전의 출현과 전승

중국의 고승전

중국의 불교사에서 고승전이라는 유형은 인도불교의 역사에서는 찾아보기 힘든 독특한 형태로 출현하였다. 고승전은 우선 승보에 대한 기록을 주요한 주제로 삼고 있지만 그 가운데에는 승보에 대한 기록은 물론이고 불교의 역사를 비롯하여 삼보의 전체가 반영되어 있다. 거기에는 불교 자체에서 형성되고 발전하며 전개되어 온 특수한 집단 내지 종파의 편협성을 극복하고 있는 고승전이 있는가 하면, 특정 종파의 계보를 중심으로 의도적으로 출현한 고승전의 경우도 무수히 많다. 특히 선종의 경우에는 자파의 계보를 확립하고 홍보하며 보급시키려는 의도에서 정착시켜 감으로써 선종의 특수한 문화를 반영해 주고 있는 수많은 전등사서傳燈史書가 출현하였는데 현존하는 경우만 해도 60여 종 이상에 이른다.[9]

그러나 중국불교사에서는 보편적으로 고승전의 출현에 대하여 소위 양대 혜교의 『고승전』14권(519),[10] 당대 도선道宣의 『속고승전續高僧傳』30권(645),[11] 송대 찬녕贊寧의 『송고승전宋高僧傳』30권(988),[12] 명대 여성如惺의 『대명고승전大明高僧傳』8권(1617)[13]의 사조四朝 고승전을 대표로 언급한다. 왜냐하면 이들 사조 고승전은 중국불교사에서 고승에 대한

---

9 『新版禪學大辭典』, 駒澤大學 禪學大辭典編纂所, 東京: 大修館書店, 1985
10 慧皎 撰, 『高僧傳』14권(『大正藏』50 수록)
11 道宣 撰, 『續高僧傳』30권(『大正藏』50 수록)
12 贊寧, 『宋高僧傳』30권(『大正藏』50 수록)
13 如惺, 『大明高僧傳』8권(『大正藏』50 수록)

기록의 유형으로서 전형적인 역할을 해 왔기 때문이다.

첫째로『양고승전』은 사문 혜교 법사가 지은 것이다. 혜교는 중국 남조의 양나라 때 회계현 상우上虞(절강성) 소흥 가상사嘉祥寺의 승려이다.[14]『고승전』의「서록」에 의하면 58세 때 구강九江에서 입적하였는데, 그곳의 승정僧正인 혜공이 장례를 치러 주었다는 기록 등이 전한다. 기타 혜교의 전기에 대해서는 약간의 차이를 보이고 있는『속고승전』의 기록 이외에는 별로 알려진 것이 없다.[15]『고승전』에 수록된 시대의 범위는 후한 명제의 영평 10년(67)부터 시작하여 양나라 천감 18년(519)에 이르기까지 453년이고, 인물의 수는 257명 및 부록에 보이는 200여 명에 이른다. 그 내용은 이들 고승의 수도와 교화를 중심으로 엮은 것으로 초기 중국불교사의 연구에 큰 역할을 하였다.

혜교는 이들 고승에 대한 덕업을 다음과 같이 10과로 분류하였다.[16]

첫째의 역경과는 불교의 경전을 한역하여 중국불교의 기틀을 다져준 고승으로서 제1권에서는 섭마등攝摩騰을 비롯한 15인, 제2권에 구마라집鳩摩羅什 등 7인, 제3권에 석법현釋法顯을 비롯한 13인 등 총 35명이 수록되어 있다. 둘째의 의해과는 불교의 미묘한 이치를 깨달아 교의를 드높이고 널리 강설한 고승들로 제4권에 주사행朱士行 등 14인, 제5권에서는 석도안釋道安 등 15인, 제6권에서는 석혜원釋慧遠 등 13인, 제7권에서는 축도생竺道生 등 32인, 제8권에서는 석승연釋僧淵 등 27인으로 총 101명이 수록되어 있다. 셋째의 신이과는 깊은 명상의 수행을 통해

---

14 『法華玄義釋籤』卷1(『大正藏』50, 471b), "又嘉祥皎法師所集高僧傳十三卷, 開爲十科, 終無不聽自解如天台大師, 此不聽自解即是今文十德中之一也."

15 道宣,『續高僧傳』卷6(『大正藏』50, 471b)

16 『高僧傳』,「序錄」(『大正藏』50, 418c)

뛰어난 이적을 나타낸 고승으로 제9권에 불도징佛圖澄 등 4인, 제10권에 건타륵揵陁勒 등 16인 등 총 20명이 수록되어 있다. 넷째의 습선과는 선정을 수행하여 세속의 경계를 초월하고 선법을 널리 펼친 고승으로 제11권에 축승현竺僧顯 등 21인이 수록되어 있다. 다섯째의 명률과는 계율에 해박하여 계율을 잘 지키고 이를 널리 펼친 고승으로서 제11권에 석혜유釋慧猷 등 13인이 수록되어 있다.

여섯째의 유신과는 살신성인의 자비를 베푼 고승으로 제12권에 성승군釋僧群 등 11인이 수록되어 있다. 일곱째의 송경과는 경전을 독송하는 수행에 힘써 중생을 제도한 고승들로 제12권에 석담수釋曇邃 등 21인이 수록되어 있다. 여덟째의 흥복과는 복덕의 과보를 보이거나 그것을 통하여 교화를 펼친 고승으로 제13권에 축혜달竺慧達 등 14인이 수록되어 있다. 아홉째의 경사과는 독경이 높은 경지에 이른 고승들로 제13권에 백법교帛法橋 등 11인이 수록되어 있다. 마지막의 창도과는 불법의 이치를 주창하거나 경문을 읽어 줌으로써 앞장서서 대중을 크게 교화한 고승으로 제13권에 석도조釋道照 등 10인이 수록되어 있다. 이상 총 13권 10과에 257인이 각 항목별로 소개되어 있는데, 때로는 각 항목에 제자들이 함께 소개되기도 하였다. 그리고 제14권에는 서문과 총목록 및 고승전을 편찬하게 된 인연이 수록되어 있다.

이것은 혜교 이전에 이미 『삼보기전三寶記傳』·『불사佛史(승록僧錄)』·『출삼장기집出三藏記集』·『여산승전廬山僧傳』·『사문전沙門傳』·『명승전名僧傳』 등 10여 종에 이르는 전기류[17]와 비교해 볼 경우에 문체의 형식과 내용을 본격적으로 취급한 것인데, 이로부터 고승高僧이라는 용어가 승

---

17 「序錄」, 『高僧傳』(『大正藏』 50, 418c~419a)

전류에서 보통명사로 정형화되기에 이르렀다. 혜교『고승전』이전의 '전기류'는 주제가 애매하고 특정한 지역의 승려만 취급하고 있으며 내용이 지나치게 번쇄하다. 이런 까닭에 혜교는 그와 같은 결점을 극복하여 체재와 형식의 측면에서 전혀 새로운 모델을 채택하였다.

그러면서도 혜교가『고승전』에서 보여 준 내용에 대하여 이후『속고승전』의 찬술자인 도선道宣이 "오吳와 월越의 스님들에 대해서는 알기 쉽게 자세히 서술하였지만 위魏와 연燕의 스님들에 대해서는 간략하게 서술하였으니 자못 안목은 넓으나 세밀하지는 못한 것이다."[18]라고 평가하고 있는 것을 보면 당시의 상황으로서는 모든 고승을 수록하는 데에 한계가 있었음도 보여 주고 있다.

그 체재를 살펴보면, 이역만리 타국에서 경전을 전승한 승려 및 그 경전을 중국어로 번역한 승려의 행적과 공로를 가장 높이 평가하여 역경승이라는 주제로 분류하여 제일 먼저 수록하였다. 그리고 그러한 경전을 연구하여 사람들에게 널리 설법한 승려의 공로를 그다음의 의해편에 수록하였다. 그러나 이와 같이 그들의 덕업에 따라서 편의상 10과를 분류했기 때문에 오히려 고승의 개인적인 면모를 살펴보면 역경승 내지 의해승이라고 할지라도 습선이나 계율에 밝았고, 습선승이나 명률승이라고 할지라도 또한 경전에 의지하여 송경이나 신이를 보여 준 경우도 많았으며, 신이승·창도승·경사승 등으로 분류된 승려의 경우에도 의해나 송경에 해박한 경우가 많았다. 때문에 혜교가 분류한 10과의 기준은 승려 개인이 보여 준 가장 특징적인 점을 주목하여 기록한 것으로 보인다.

---

18 「序文」,『續高僧傳』(『大正藏』 50, 425a), "綱哀吳越敍略魏燕. 良以博觀未周."

이와 같은 주제의 분류 및 그 순서는 이후 대부분의 고승전의 체재에 대하여 그 전범이 되었다. 혜교가 『고승전』에서 분류한 10과의 명칭을 이후 3종의 고승전과 비교하면 다음과 같다.

	1	2	3	4	5	6	7	8	9	10
양고승전	譯經	義解	神異	習禪	明律	遺身	誦經	興福	經師	唱導
속고승전	譯經	義解	習禪	明律	護法	感通	遺身	讀誦	興福	雜科聲德
송고승전	譯經	義解	習禪	明律	護法	感通	遺身	讀誦	興福	雜科聲德
대명고승전	譯經	解義	習禪							

둘째로 『속고승전續高僧傳』 30권은 645년에 도선道宣이 찬술한 것으로 명대 만력 39년(1611)에 간행되었다. 내용은 양대 초기부터 당대 정관 19년(645)에 이르기까지 144년 동안에 걸친 고승 340명에 대한 전기 및 160명의 부전附傳으로 구성되어 있다. 『고승전』을 『양고승전』이라고 부르는 것에 대응하여 『당고승전唐高僧傳』 내지 『속전續傳』이라고도 불린다. 『속고승전』은 『고승전』의 경우와 마찬가지로 10과, 곧 역경·의해·습선·명률·호법·감통·유신·독송·흥복·잡과성덕의 주제로 고승을 분류하고 있다. 이 가운데 제5권부터 제15권에 이르는 의해승 및 제25권과 제26권에 이르는 감통승이 상대적으로 여러 명 수록되어 있다.

도선은 『속고승전』의 찬술에 대하여 그 「서문」을 통해서 자신이 직접 선배들에게 널리 물어보기도 하고, 길 가는 사람에게 물어보기도 하였으며, 직접 눈으로 확인하며 기록하기도 하고, 모든 전기를 검토하고 대조하기도 했음을 기록하고 있다. 또한 남북조 시기의 국사國史에 첨부된 고승들에 대한 훌륭한 이야기들과 시골의 비석들에 새겨진 고승들의 훌륭한 덕에 대한 자료에서도 그들의 뜻과 행실과 재능과 지략을 모아 수록하면서, 말을 함축하여 번잡한 것을 간단하게 하였고 사건은 통하게 하고 글이 좋렬한 것은 다듬었다고 말한다. 이로써『속고승전』은 이전의『고승전』의 구성과 체재를 계승하면서 144년에 걸친 고승의 사전史傳에 대하여 산천을 포괄하고 본국 및 변방 국가의 사적들까지 두루 담아 기록하였다.[19]

『속고승전』은 이후 명대에 명하明河의 찬撰, 범경문范景文의 서序, 황단백黃端伯의 서序, 독철讀徹의 서序, 주영년周永年의 서序, 모진毛晉의 발跋, 자경自扃의 발跋, 마홍도馬弘道의 발跋 등이 붙어 있는『보속고승전補續高僧傳』26권으로 출현하였는데,[20] 주로 습선편을 크게 늘려서 제6권부터 제16권까지 중국 역대의 선사를 중심으로 편찬한 소위 선종 전등 사서의 기능을 강조하고 있는 점이 특징이다.

『송고승전宋高僧傳』30권은 송대의 찬녕贊寧 등이 찬술한 것으로 988년에 성립되었다. 수록된 시대는 당대 개국부터 송대 태평흥국 5년(980)까지 350년에 걸쳐 있고, 수록된 고승은 533명의 본전과 130명의 부전付傳으로 이루어져 있다. 태종의 칙명을 받아 982년부터 6년에 걸쳐 성립되었지만, 그 내용은 이전의『고승전』및『속고승전』을 이어서 주로 당대의 고승을 찬집한 것이다. 이에 그 구성과 체재도 이전의 형식처럼 10과의 분류법을 따라서 역경·의해·습선·명률·호법·감통·유신·독송·흥복·잡과성덕으로 이루어져 있다. 그러나『고승전』에서는 10과의 속성에 대한 정의를 내리고 그에 상응하는 고승을 선별했다는 점을 강조함으로써 어떤 고승전보다도 10과의 성격에 부합되는 인물을 선별했음을 잘 드러내 주고 있다. 여기에는 신라의 원효를 의해승으로 분류하여 수록하고 있다.[21]

---

19 「序文」,『續高僧傳』(『大正藏』50, 425c).
20 『補續高僧傳』26卷(『卍新續藏』77, 363a~543a).
21 『宋高僧傳』卷4(『大正藏』50, 730a~b).

가령 역경승은 범어를 한자로 번역하고 범부를 성인으로 만들어 주며, 법륜을 굴리고 제불의 스승 자격을 갖춘 사람이다. 의해승은 글을 뒤져 뜻을 보고 이해하고는 언설을 잊으며, 문聞·사思·수修의 세 가지 지혜를 온전하게 성취하고 지혜와 자비를 실천하는 사람이다. 습선승은 수행하여 무념의 경지에 이르고 선악이 모두 사라지며 선악이 사라졌다는 생각도 초월하고 항상 안락한 경지에 머무는 사람이다. 명률승은 엄격하고 올바르며 신구의 삼업을 다잡고 대중과 화합하는 사람이라는 등 구체적인 기준을 내세우고 있다.[22]

『대명고승전大明高僧傳』 8권은 명대의 여성如惺이 만력 45년(1617)에 찬술한 것으로 『명고승전明高僧傳』이라고도 한다. 여성은 천태산 자운사의 승려로서 이전 시대의 승사僧史 및 전등록傳燈錄 등을 계승하여 남송시대부터 명나라 시대까지 고승에 대하여 정전 140명, 그리고 부전 107명에 대하여 역경편·해의편·습선편의 세 주제로 나누어 편술하였다. 역경승은 제1권의 처음 부분에 정전에 1명 그리고 부전에 2명을 수록하고 있다. 해의승은 제1권부터 제4권에 걸쳐 정전에 72명, 그리고 부전에 38명을 수록하고 있다. 습선승은 제5권부터 제8권까지 정전에 67명, 그리고 부전에 30명을 수록하고 있다.

『대명고승전』의 편찬에 대하여 찬술자 여성은 명대의 불법이 당대 및 송대에 못지않게 흥륭했음에도 불구하고 그에 대한 기록이 부진함을 자각하고, 불교에 대한 명대의 자존심의 회복과 더불어 호법에 대한 지극한 관심을 기록한 것이라고 말한다.[23] 때문에 이전의 고승전들에 비하여 『대명고승전』은 비교적 국가불교의 성격이 크게 작용한 결과이기도 하

---

22 『宋高僧傳』 卷1(『大正藏』 50, 710)
23 「序文」, 『大明高僧傳』(『大正藏』 50, 901)

였다.

일본의 고승전

일본에서 고승전이 출현한 것은 일본불교의 역사를 감안한다면 비교적 늦은 편에 속한다. 곧 고승전에 대하여 체계적으로 정리된 최초의 저작은 고칸 시렌(虎關師鍊, 1278~1346)이 1322년에 성립(1377년 간행)한 『원형석서元亨釋書』 30권인데, 기전체의 역사서로서도 그 남상이 되었다. 『원형석서』는 스이코조(推古朝) 이래 원형 연간에 이르러 700여 년에 걸친 고승의 전기를 편집하여 찬평贊評과 논론을 붙여 연차에 따라서 불교의 사적事跡을 서술한 것이다. 중국에서 찬술된 고승전의 보편적인 체재와 약간 다르게 승전僧傳(제1권~제19권), 표표(資治表=佛敎通史, 제20권~제26권), 지지(佛敎文化誌, 제27권~제30권)의 3부로 구성되어 있다.

권19까지의 찬贊과 논론이 포함된 승전 부분은 중국의 고승전류를 참고하여 전지傳智·혜해惠解·정선淨禪·감진感進·인행忍行·명계明戒·단흥檀興·방응方應·역유力遊·원잡願雜의 10과로 분류하여 정전正傳 416명, 부견付見 26명의 승속을 수록하였다. 곧 보리달마를 전지傳智의 서두에 수록하여 그가 일본에 도래했다는 설을 강조하고, 동복사의 엔니(圓爾)의 전기에 권7의 전체를 할애하는 등 고칸 시렌이 선종 중심의 입장에서 기술하였다는 것이 강하게 반영되어 있다.

한편 자치표資治表 및 불교문화지佛敎文化志는 사마천司馬遷『사기』의 편집 방법에서 영향을 받은 것으로, 지지는 학수學修·도수度受·제종諸宗·회의會儀·봉직封職·사상寺像·음예音藝·습이拾異·출쟁黜爭·서설序說의 10지로 이루어져 있는데, 약례略例·지통론智通論의 이문二文을 부기하고 있다. 권두에 고칸 시렌 자신이 원형 2년에 입장入藏의 칙허勅許를 청했던 상표문上表文을 부기하고 있다. 고칸 시렌이 입멸한 이후 그 법사인 무비 단쿄(無比單況)가 14년에 걸쳐 권두에 간기가 있는 송판일체경宋版一切經을 본떠서 상재하여 1391년에 재간하였다. 다른 판본으로 1599년 및 1617년에 간행한 고활자판본 그리고 1624년 판본이 있다.

『본조고승전本朝高僧傳』 75권은 만겐 시만(卍元師蠻, 1626~1710)이 찬술하였는데, 1702년의 자서自序가 붙어 있는 모습으로 1707년에 간행되었다. 각 종파에 속하는 명승 1662명의 전傳을 중국의 고승전과는 그 구성 체재가 다르게 법본法本·정혜淨慧·정선淨禪·감통感通·정률淨律·단흥檀興·정인淨忍·원유遠遊·독송讀誦·원잡願雜 등 일본의 독자적인 10과로 나누어 편집한 것이다. 또한 찬술자는 선승의 전기를 수록한『연보전등록延寶傳燈錄』을 편집하였다. 그리고 도카이(道契)의『속본조고승전續本朝高僧傳』은 본서의 속편에 해당한다.[24]

『삼국불법전통연기三國佛法傳通緣起』 3권은 시간 교넨(示觀凝然, 1240~1321)이 찬술한 것이지만 후대 1877년에 간행되었다. 불교가 전파된 역사를 인도·중국·일본에 걸쳐 기록한 것이다. 상권에서는 천축불법전통天竺佛法傳通을 기술하고, 이어서 진단불법전통震旦佛法傳通으로서 비담毘曇·성실成實·계율戒律·삼론三論·열반涅槃·지론地論·정토淨土·선禪·섭론攝論·천태天台·화엄華嚴·법상法相·진언眞言의 13종에 대하여 서술하였다. 중권에서는 대일본국제종전통大日本國諸宗傳通으로서 삼론·법상·화엄·구사·성실의 5종을 서술하였다. 하권에서는 율·천태·진언의 3종을 기록하고 있다. 본서는 1311년 교넨이 72세 때 천황의 요

---

24 『本朝高僧傳』(『日本佛教全書』 63)

청에 응하여 동대사의 계단에서 찬술한 것이다.[25]

『속부상은일전續扶桑隱逸傳』3권은 1712년에 기도우싱(義堂心)이 찬술한 것이다. 이것은 니치렌슈(日蓮宗)의 겐세이 조닌(元政上人)이 편찬한 『부상은일전扶桑隱逸傳』(1664)에 이어서 귀귀·천천·치치·소소를 나누지 않고 둔명遁名·도광韜光·봉모鳳毛·인각麟角의 490여 명을 수집蒐輯하여 그들의 은일한 삶을 기록하고 찬사贊辭를 붙여서 고절高節을 현양하여 후인들의 모범으로 삼으려고 한 것이다. 표제 아래에는 '백석암거사문불기자白石巖居沙門不器子'라고 기록되어 있어서 그들이 게츠케이지(月桂寺)의 선승이었던 것은 분명하다. 자서自序 이외에 도우토우지카이산닝(騰騰子海山人)의 서序 및 법제法弟인 게츠간(月澗)의 간사刊辭가 있다.

『부상선림승보전부속전扶桑禪林僧寶傳附續傳』10권 및 부삼권付三卷은 1675년에 고센 쇼톤(高泉性潡)이 찬술한 것이다. 고센 쇼톤은 에몬 뇨하이(慧門如沛)한테 사법하고 오바쿠산(黃檗山) 만부쿠지(萬福寺)의 제5세가 되었다. 일찍이 일본 최초의 승전인 『원형석서』의 내용은 진속眞俗과 남녀男女를 불문하고 일찍이 교문敎門을 위주로 하여 선승의 소재가 지극히 과소하였지만, 이후 300여 년이 지나도록 『원형석서』를 계승한 승전이 저술되지 않았음을 유감으로 생각한 고센 쇼톤이 400여 명을 망라한 『부상선림승보전』(20권)을 편찬하였다. 본서는 그 가운데서 117명의 선승의 전기만 적출하여 10권으로 만든 것으로, 서명도 『부상선림승보전부속전』이라고 개명하여 간행했다. 이후 1686년에 48명을 보충하여 『속부상선림승보전부속전續扶桑禪林僧寶傳附續傳』(3권)을 만들고, 1688년에 쓴 발문을 포함하여 1693년에 간행하였다.[26]

---

25 『三國佛法傳通緣起』(『日本佛敎全書』101)
26 『扶桑禪林僧寶傳附續傳』(『日本佛敎全書』70)

『동국고승전東國高僧傳』10권은 1688년에 고센 쇼톤이 찬술한 것이다. 일본의 승전으로서 고칸 시렌의 『원형석서』이래로 350여 년 동안에 거의 볼 만한 것이 없었음을 유감으로 생각한 고센 쇼톤이 당시 다이죠(太上) 황제 80년 성탄聖誕을 기념하여 『부상선림승보전』(20권)과 『동국고승전』(10권)을 편찬하였다. 전자는 1675년에 상재하였지만 본서는 그 인연이 닿지 않았는데, 1687년에 하쿠뇨 운소(泊如運敞)의 서序 및 고센 쇼톤의 서序를 붙여서 이듬해(1688) 이바라기 호우쇼쿠(茨木方淑)가 간행하였다. 성덕태자 이하 각 종파의 고승 287명의 전기와 46명의 부전付傳으로 이루어져 있다.[27]

『연보전등록延寶傳燈錄』41권은 만겐 시만(卍元師蠻)이 1706년에 찬술한 것이다. 만겐 시만은 일본에 선이 전래된 이래로 500여 년 사이에 수많은 명현석덕明賢碩德이 배출되었지만, 그들의 기전紀傳과 기연어구機緣語句를 기록한 책이 없었던 것을 유감으로 생각하였다. 이에 만겐 시만 자신이 그 편찬을 발원하여 30여 년에 걸쳐 제방을 편력하여 자료를 수집해서 1678년에 일본 선종의 고승 및 거사 등 무려 천 명의 기전紀傳을 완성하여 『경덕전등록』에 빗대어 찬출한 시기의 연호를 붙여서 『연보전등록』이라는 제명을 붙였다. 그 배열은 열조烈祖의 출세연대와 사자관계師資關係를 고려하고, 말미에 제방고승의 광어廣語·염고拈古·송고頌古·게찬偈讚·잡저雜著 등을 아울러 수록하였다. 찬술한 이후 28년이 지난 1706년에 간행되었다.[28]

『동제당문록洞濟當門錄』2권은 1865에 류쿄(隆曉)가 찬술한 것이다. 『오가정통일람五家正統一覽』을 근거로 하고 각종 전등록을 참조하여 석

---

27 『東國高僧傳』(『日本佛敎全書』62)
28 『延寶傳燈錄』(『日本佛敎全書』69~70)

존 이하 에이산(叡山)에 이르기까지 55세의 전기를 약술한 것이다. 부록으로 남악 회양南嶽懷讓 이하 21세 겐닌 묘센(建仁明全)에 이르기까지의 전기를 수록하였다.

『속일본고승전續日本高僧傳』 2권은 1884년에 지쿠 도카이(竺道契)가 찬술한 것이다. 만겐 시반의 『일본고승전』을 이어서 각 종파의 고승 243명의 전기를 편록하여 법본法本·정혜淨慧·정선淨禪·정률淨律·낙방樂邦·감진感進·단흥檀興·원잡願雜의 8과로 분류하였다. 오우치 세이란(大內靑巒)의 교열을 거친 것으로 권말에 교정자가 찬술한 석도계전釋道契傳이 수록되어 있다.[29]

『일본각종고승전日本各宗高僧傳』 1책은 1900년에 구루마 타쿠도(來馬琢道)가 저술한 것인데 자세하게는 『열전체일본불교사각종고승전列傳體日本佛敎史各宗高僧傳』이다. 저자의 진의는 앞에 붙은 용어의 『열전체일본불교사列傳體日本佛敎史』라고 할 수가 있다. 서론緖論에서 편찬의 방침과 그 경개梗槪를 서술하고, 이어서 본사本史 및 일본불교사에서 큰 족적을 남긴 각 종파의 고승 80여 명을 선별하여 연대순으로 각각의 기전紀傳을 수록하였다.

『근세선림언행록近世禪林言行錄』 1권은 1902년에 다이쿄(大狂)가 저술한 것이다. 하쿠인 에가쿠(白隱慧鶴)와 덴케이 덴손(天桂傳尊)을 비롯하여 도쿠가와(德川) 중기 이후의 선승 및 참선자에 대하여 후인을 격발했다고 평가받는 208명에 대하여 그들의 기연과 언행록을 100여 편의 참고서적 가운데서 널리 수집하여 그것을 입적한 연차에 따라서 일문日文으로 편술한 것이다. 수록된 인물은 임제종 113명, 조동종 72명, 황벽종 6

---

29 『續日本高僧傳』(『日本佛敎全書』 64)

명, 기타 17명은 재가인이다.

『근세선승전近世禪僧傳』 1권은 1943년에 가와베 신조(川邊眞藏)가 저술한 것이다. 도쿠가와 시대 이후 일본 문화에 영향을 끼친 것으로 평가되는 선승 20명에 대하여 그 시대와 생활의 관계를 연구하여 그 가운데서 이루어진 선종 발전의 흔적을 보여 주려고 한 것이다.

이들 일본 고승전은 12종 가운데 7종이 선종 위주의 찬술로서 저서의 대다수를 차지하고 있다는 점이 특징이다. 그것은 중국을 비롯하여 한국과 일본에서 공통적으로 선종에서 보여 주고 있는 강한 전등의식의 발로였다는 것에서 종파의 성격이 비교적 잘 반영되어 있다.

서명	권卷·책冊	찬撰·간刊	찬撰·편자編者	구성	비고
元亨釋書	30권	1322 撰·刊	虎關師鍊	傳(僧傳)· 表(資治表=佛敎通史)· 志(佛敎文化誌) 3分	선종· 기전체
本朝高僧傳	75권	1702 撰·刊	卍元師蠻	法本·淨慧·淨禪·感通·淨律·檀興· 淨忍·遠遊·讀誦·願雜의 10科	인도·중국·일본
三國佛法傳通緣起	3권	1877 刊	示觀凝然	상권: 天竺佛法傳通, 震旦佛法傳通~ 毘曇·成實·戒律·三論·涅槃·地論· 淨土·禪·攝論·天台·華嚴·法相·眞言의 13종, 중권: 大日本國諸宗傳通~ 三論·法相·華嚴·俱舍·成實의 5종, 하권: 律·天台·眞言의 3종	
續扶桑隱逸傳	3권	1712 撰	義堂心		선종
扶桑禪林僧寶傳 附續傳	10권· 付三卷	1675 撰	高泉性潡		선종
東國高僧傳	10권	1688 撰	高泉性潡		
延寶傳燈錄	41권	1706 撰	卍元師蠻		선종
洞濟當門錄	2권	1865 撰	隆曉		선종
續日本高僧傳	2권	1884 撰	竺道契	法本·淨慧·淨禪·淨律· 樂邦·感進·檀興·願雜 8科	
日本各宗高僧傳 (列傳體日本佛敎史 各宗高僧傳)	1책	1900 撰	來馬琢道		기전체
近世禪林言行錄	1권	1902 撰	森慶造(大狂)		선종
近世禪僧傳	1권	1943 撰	川邊眞藏		선종

한국의 고승전

한국에 처음 불교가 수입된 이래로 고승에 대한 기록 가운데 현존하는 것으로는 11종을 들 수가 있다. 그 가운데 제일 연대가 이른 것으로 1215년에 개경의 영통사에 주석하고 있던 각훈覺訓(1230년 무렵 입적)이 찬술한 『해동고승전海東高僧傳』 2권이 있다.[30] 본래는 몇 권이었는지 확실하지 않다. 수록된 인물로는 권1에 순도順道 · 망명亡名 · 의연義淵 · 담시曇始 · 마라난타摩羅難陀 · 아도阿道 · 법공法空(법흥왕) · 법운法雲(진흥왕) 등 한반도에 불교를 전한 승려와 불교를 공인한 국왕들의 전기가 수록되어 있다. 권2에는 각덕覺德 · 지명智明 · 원광圓光 · 안함安含 · 아리야발마阿離耶跋摩 · 혜업惠業 · 혜륜惠輪 · 현각玄恪 · 현유玄遊 · 현대범玄大梵 등 진흥왕 대부터 통일신라 초기의 시기에 중국과 인도에 유학한 승려들의 전기가 수록되어 있다. 한국불교 초기의 고승에 대한 기록으로 가치를 지니고 있다.

그로부터 157년 이후에 『백운화상초록불조직지심체요절白雲和尙抄錄佛祖直指心體要節』 2권이 출현하였는데,[31] 달리 『불조직지심체요절佛祖直指心體要節』 또는 『직지심경直指心經』 등으로도 불린다. 이것은 백운 경한이 스승인 석옥 청공으로부터 받은 『불조직지심체요절佛祖直指心體要節』 1권에다 여타의 전등사서로부터 내용을 요약하고 발췌하여 보입하고 또한 몇 군데에 걸쳐 착어를 붙여서 2권으로 증보한 것으로 선종 조사 계보의 성격을 지니고 있다. 그러나 중국의 『경덕전등록』 30권(1004 찬술) 및 기타 전등사서의 내용을 요약하고 발췌한 성격을 지니고 있으며, 한

---

30 『海東高僧傳』 2卷(『大正藏』 50, 1015a~1023a)
31 『白雲和尙抄錄佛祖直指心體要節』 2卷(『한국불교전서』 6, 604c~636a)

국의 승려에 대한 기록은 신라 대령 한 명뿐이다.

『직지심체요절』이 출현한 157년 이후에는 『통록촬요通錄撮要』 4권 (1529)이 간행되었다. 이것도 선종의 전등사서로서 본래는 중국에서 공진共振이 찬술한 『조원통록祖源通錄』 24권을 송대 진실眞實이 요약하고 발췌한 것을 조선시대의 숭묵崇默이 간행한 것이다.[32] 또한 『불조종파지도佛祖宗派之圖』 1권은 159년 이후(1688)에 무학 자초無學自超(1327~1405)가 전승한 것을 월저 도안月渚道安(1638~1715)이 중보重補한 것이다.[33] 이것은 선종의 종파와 법맥을 도표로 그려 놓은 절첩본으로, 세 부분으로 구성되어 있다. 첫째는 과거칠불로부터 인도 및 중국을 거쳐 고려 말 그리고 조선 초기의 나옹에서 무학을 거쳐 휴정에서 유정으로 이어지는 법맥을 도식으로 낱낱이 나열한 부분이고, 둘째는 선종오가의 법맥을 요약한 게송이며, 셋째는 도안 자신의 발문이다. 내용은 선종오가 가운데 조동종을 제외한 4종을 남악의 법계로 포함시키고 있다. 이 점은 선종사에 대한 법맥의 오류 문제로서 제기되어 있다. 이와 같은 시각은 조선시대를 관통해 온 하나의 흐름이었다.

『서역중화해동불조원류西域中華海東佛祖源流』 2권 1책은 조선 후기 영조 시대에 사암 채영獅巖采永이 찬술한 것으로 1764년에 전주 송광사에서 간행되었다.[34] 이것도 선종의 법맥상승에 대한 것이다. 책의 구성은 다음과 같다. 처음 부분에 당나라 왕발王勃이 찬술한 「석가여래성도응화사적기실釋迦如來成道應化事蹟記實」이 수록되어 있고, 본문에는 과거칠불, 서천조사西天祖師, 중화조사中華祖師에 이어서 해동원류海東源流가

---

32 『通錄撮要』卷4(『한국불교전서』7, 767a~807b)
33 『佛祖宗派之圖』卷1(『한국불교전서』7, 9b~c)
34 『西域中華海東佛祖源流』卷1(『한국불교전서』10, 97c~133c)

수록되어 있다. 그리고 마지막 부분은 해동선파정전도海東禪派正傳圖, 삼국과 고려의 조사, 조계산십육조사曹溪山十六祖師, 지공행적指空行蹟, 묘엄존자탑명병서妙嚴尊者塔銘幷序, 무사별록無嗣別錄에 이어 찬술자 채영이 쓴 후발後跋과 간기刊記가 수록되어 있다.

내용은 중국 임제종 가운데 양기파楊岐派의 정통 법맥을 태고 보우太古普愚가 전수하였고, 이후 청허 휴정淸虛休靜과 부휴 선수浮休善修로 계승되었다는 것이다. 한편 부휴 계통의 벽담 행인碧潭幸仁이 이 책의 내용에 불만을 품고 전주 송광사의 판목을 불태운 사건이 있었다. 이에 현존본은 부휴계의 의견이 약간 반영되어 보조 지눌普照知訥을 비롯한 16대 조사, 여말·선초 불교계의 주류였던 나옹 혜근懶翁惠勤 계통, 부휴 선수 이후의 계보 등을 추가로 보완하여 새롭게 간행한 것이다.

『동국승니록東國僧尼錄』1권은 작자가 유학자로 추정되는데 미상이고, 1794년 이후에 찬술된 것으로 보인다.[35] 신라·고려·조선 중기에 이르는 고승에 대하여 그 행적과 사상을 약술한 것이다. 명승名僧 48명·니고尼姑 1명·시승詩僧 18명·역승逆僧 1명·간승奸僧 1명 등 총 69명을 수록하고 있다. 또한 인용된 문헌도 불교 이외의 것이 다수 등장하고, 수록된 인물도 고승이 아닌 재가인도 포함되어 있어서 순수한 고승전의 성격과 약간 다른 점이 있다.

『대동선교고大東禪教考』1권은 정약용丁若鏞(1762~1836)이 저술한 것으로 이후 1927년에 간행되었다.[36] 내용은 삼국시대 이후 고려 초까지의 불교사를 시대별로 약술하고 유명 고승의 행적을 소개하였다. 수록된 내용에 대해서는 『삼국사기三國史記』를 비롯해 「사산비명四山碑銘」·

---

35 『東國僧尼錄』卷1『한국불교전서』12, 857c~875a;『卍新續藏』88, 643b~656c)
36 丁若鏞,『大東禪教考』(『한국불교전서』10, 505c~514b)

『불조역대통재佛祖歷代通載』・『경덕전등록景德傳燈錄』・『해동불조원류海東佛祖源流』 등 다수의 서책을 인용하면서 고증을 거치고 주석을 붙였다.

『동사열전東師列傳』 6권 3책은 범해 각안梵海覺岸(1820~1896)이 1894년에 찬술한 것이다.[37] 삼국시대부터 19세기 후반까지 총 198명의 고승 전기를 모은 승전으로서 권마다 '두륜산인구계선집편차頭輪山人九階選集編次'라고 되어 있고 서문과 발문은 없다. 총 198명을 수록하였는데, 삼국시대 아도阿度 화상부터 20세기 초의 이회광李晦光에 이르기까지 널리 미치고 있다.

『조계고승전曹溪高僧傳』 1권은 금명 보정錦溟寶鼎(1861~1930)이 찬술한 것으로 가장 최근의 고승전이다.[38] 수록된 내용은 송광사를 중심으로 활동한 승려에 대한 기록이다. 보조 지눌로부터 송광사 16국사, 태고 보우에서 청허 휴정 및 부휴 선수로 이어지는 태고 법통의 조선시대 계보가 포함되어 있고, 송광사에 주석한 나옹 혜근과 제자 무학 자초無學自超 등 나옹계懶翁系 승려, 그리고 편자가 속한 부휴 계통의 고승들을 위주로 하여 구성하였다.

기타 본격적인 고승전의 형식과 약간 거리가 멀지만 20세기 초기에 출현한 권상로의 『조선불교략사朝鮮佛教略史』(1917) 및 이능화의 『조선불교통사朝鮮佛教通史』(1918) 등도 수많은 고승에 대하여 언급하고 있어서 한국의 고승에 대한 자료가 다수 수록되어 있다. 이처럼 한국불교에서 출현한 고승전류는 주로 선종과 관련된 전등사서류가 주류를 형성하고 있다는 점이 특징이다.

---

37 梵海覺岸, 『東師列傳』(『한국불교전서』 10, 995a~1075a)
38 錦溟寶鼎, 『曹溪高僧傳』(『한국불교전서』 11, 381~426)

서명	권卷·책冊	찬撰·간년刊年	찬撰·편編· 록錄·간자刊者	수록
海東高僧傳	2권1책[39]	1215 撰	覺訓 撰	대정장 5; 한불전 6
白雲和尙抄錄佛祖 直指心體要節	2권	1372 撰	白雲景閑 編	한불전 6
通錄撮要	4권1책	1529 刊	眞實 編, 崇黙 刊	한불전 7
佛祖宗派之圖	1권	1688 판각	無學自超 著·月渚道安 重補	한불전 7
西域中華海東 佛祖源流	2권1책	1764 刊	獅巖采永 集錄	한불전 10
東國僧尼錄	1권	1794 이후 撰	미상	한불전 12; 卍新續藏 88
大東禪敎考	1권	조선 후기 撰·刊	丁若鏞 編	한불전 10
東師列傳	6권3책	1894 撰·刊	如幻覺岸 撰	한불전 10
曹溪高僧傳	1권	1930 撰	寶鼎 錄	한불전 12

III. 한국의 고승전과 선종의 계보

위에서 살펴본 것처럼 한국에서 출현한 9종 고승전의 특징은 일본의 고승전과 마찬가지로 선종을 중심으로 한 전등사서의 성격을 지닌 문헌이 많다는 점이다. 이와 같은 한국 찬술 고승전을 그 내용으로 분류하면 시대와 종파를 가리지 않거나 일정 지역을 중심으로 전개된 고승의 활동을 기록한 경우, 순수한 선종의 전등사서의 성격으로 찬술된 경우, 일정한 문파 내지 특정한 사찰을 중심으로 형성된 경우 등 세 가지로 분류할 수가 있다.

---

39 현존한 것은 2권이지만 본래 몇 권이었는지 불확실하다.

『해동고승전』과 『동사열전』

우선 고승전으로서 가장 일반적인 성격을 지닌 문헌으로는 『해동고승전』 2권과 『동사열전』 6권을 들 수가 있다. 『해동고승전』은 왕명에 의하여 각훈이 승전을 편찬하지 않으면 안 된다는 역사적인 사명감으로 찬술한 것이다. 각훈은 고승전을 편찬함으로써 이를 전법과 교화를 위한 도구로 삼을 뿐만 아니라 국가불교로서 한민족의 자긍심을 고취하려고 하였다.[40] 각훈(?~1230)은 화엄종의 승려로서 영통사靈通寺의 주지로 있으면서 『해동고승전』을 찬술하였다. 화엄월수좌華嚴月首座·화엄월사華嚴月師·각월수좌覺月首座·월사月師·각월선사覺月禪師·각선로覺禪老 등으로 불렸고, 호는 고양취곤高陽醉髡이며, 흥왕사興王寺에도 주석하였다.

『해동고승전』은 고승전으로서 그 보편적인 가치를 지니고 있는 것이다. 그렇지만 권수 및 구성에 대하여 그 전체를 알 수가 없고 유통 부분만 현존하기 때문에 섣불리 예단할 수는 없지만 유통 부분의 서술 방식으로 보아 중국에서 출현한 전통적인 모습을 유지하고 있었을 것으로 추정된다. 『해동고승전』은 13세기 일연一然의 『삼국유사三國遺事』 및 14세기 요원了圓의 『법화영험전法華靈驗傳』을 비롯하여 17세기 『해동문헌총록海東文獻總錄』 등에 그 서명이 보인다. 그러다가 20세기 초에 판본이 발견되어 『대일본불교전서』와 『대정신수대장경』, 그리고 『조선불교통사』와 『한국불교전서』에 수록되었다.[41]

내용은 한국에 불법이 전승된 유래를 설명하고, 고구려·백제·신라·중국 및 인도 등에서 도래한 승려 등 33명에 대한 전기를 수록하고 있

---

40 장휘옥, 『해동고승전연구』, 서울: 민족사, 1991, pp.34~44
41 장휘옥, 위의 책, 1991, pp.14~18

다. 구체적으로는 제1권에 순도順道·망명亡名·의연義淵·담시曇始·마라난타摩羅難陀·아도阿道·묵호자墨胡子·원표元表·현창玄彰·법공法空·법운法雲 등 11명이 수록되어 있고, 제2권에는 각덕覺德·명관明觀·지명智明·담육曇育·원광圓光·원안圓安·안함安含·호승이인胡僧二人·한승삼인漢僧三人·담화曇和·안홍安弘·아리야발마阿離耶跋摩·혜업惠業·혜륜惠輪·현각玄恪·망명이인亡名二人·현유玄遊·승철僧哲·현태玄太 등 22명이 수록되어 있다. 수록된 인물들은 어느 한 종파나 지역과 시대에 국한되지 않고 불법의 수입기부터 『해동고승전』이 찬술된 13세기 초까지 망라되어 있어서 고승전이 지니고 있는 보편적인 가치를 보여 주고 있다.

『동사열전』6권은 범해 각안梵海覺岸(1820~1896)이 1894년에 찬술한 고승전으로, 수많은 전쟁의 참화로 인하여 문헌 자료가 부족한 까닭에 불교의 진리를 내세우기 위하여 편찬하였다고 밝히고 있다. 편찬자 각안은 자가 환여幻如이다. 전남 해남 대둔사大芚寺의 호의 시오縞衣始悟에게 편양파鞭羊派의 법맥을 이어받았고, 초의 의순草衣意恂에게도 수학하였다.

『동사열전』의 서술 방식은 관련 사료가 발굴되는 대로 수록하였는데, 대부분 일정한 분량을 설정하였지만 경우에 따라서는 자신의 자서전을 포함하여 분량에 제한을 두지 않았다. 전체적인 구성은 편목을 두지 않고 시대별로 취급하였다. 권1은 삼국시대 아도阿度 화상부터 조선 초의 무학無學 왕사까지 20명, 권2에서는 고려 말의 선승 태고 보우太古普愚부터 조선 중기 청허 휴정淸虛休靜으로 전해진 태고 법통太古法統과 청허계 적전嫡傳 계보 20명을 수록하였다. 권3은 대둔사의 강학 종사宗師 및 강사講師, 부휴계浮休系 승려를 포함한 23명, 권4에는 대둔사의 교학 종장 연담 유일蓮潭有一을 필두로 18세기 후반에서 19세기 전반기에 주로 활동한 강사와 선사 등 52명의 행적이 소개되고 있다. 권5는 19세기의 강사와 선백禪伯 등 48명, 권6은 대개 편자 당시에 생존하던 이들로 1908년 원종圓宗을 창설한 이회광李晦光까지 모두 34명 등 총 197명의 전기가 수록되어 있다. 대부분 조선 말기의 승려에 대한 기록으로서 근현대 불교 기록물로서 가치가 높다.

수록된 내용을 보면 우선 문파 중심으로는 편양 및 부휴의 문파가 대부분이고, 소요 및 정관의 문파는 소략하며, 송운과 중관의 문파는 전무하다. 지역으로 보면 각안이 주석했던 두륜산 대둔사 주변의 고승을 중심으로 호남 지방에 편중되어 있다. 이러한 점은 『동사열전』에 수록된 인물이 각안 자신이 발굴한 직접적인 경우에 의거했음을 보여 주고 있는데, 고승전으로서 보편적인 성격의 한계를 노출시켜 주고 있다.

『직지심체요절』과 『통록촬요』

한국에서 출현한 9종의 고승전은 대체적으로 선종의 고승을 중심으로 수록되어 왔다. 한국불교의 역사가 조선시대에는 특히 선종의 세력이 우월했기 때문이지만, 선종에서 특별히 전등사서를 강조하면서 법맥의 계승에 노력했던 측면과 맞물려 있기도 하다. 이들 고승전 가운데서 『백운화상초록불조직지심체요절』 2권은 달리 『직지심경』 또는 『직지심체요절』이라고도 불리는 고승전으로 1372년에 백운 경한白雲景閑(1298~1374)이 찬술한 것인데 선종의 고승, 소위 선사에 대한 전등록의 성격을 지니고 있다.

『직지심체요절』의 편찬자 백운 경한은 동진童眞 출가하여 1351년 원나라에 머물면서 석옥 청공石屋淸珙에게 사사하였고, 지공指空에게도 가르침을 받았다. 그런 만큼 『직지심체요절』이 임제종의 법맥을 중심으로 편찬되었던 점도 감안된다. 특히 『직지심경』이라는 이름으로 1377년에 금속활자본으로 간행되었고, 이듬해 목판본으로 간행되기도 하였다.

『직지심체요절』은 송대의 『경덕전등록』 30권을 발췌하여 주요 내용을 연대기적 순서에 따라 초록한 성격을 지니고 있다. 따라서 선종의 전등사서가 지니고 있는 내용과 마찬가지로 선사의 전법 과정과 기연어구機緣語句·문답·법문 등이 수록되어 있다. 그 범위는 과거칠불을 시작으로 인도의 28대 조사와 중국의 6대 조사, 그리고 조계 혜능 문하의 청원 행사靑原行思와 남악 회양南岳懷讓의 양계통의 선사들이 수록되어 있다. 최후로 청원 행사 계통에서 출현한 운문종 소속의 천복 승고薦福承古(?~1045)에까지 이른다. 그러나 『직지심체요절』은 『경덕전등록』의 고승을 발췌하여 수록하였으면서 한국의 승려가 전무하다는 한계를 보여 주고 있다. 때문에 한국에서 출현한 고승전이면서도 인도 및 중국의 선종사에 국한되었다는 점은 아쉬운 점으로 남는다. 다만 이후 고려 말기에 금속활자본으로 인쇄되었다는 점에서 주목을 받고 있다.

『통록촬요通錄撮要』는 『조원통록祖源通錄』 24권의 촬요로서 인도와 중국 및 한국을 아우르는 전등사서에 해당한다. 중국의 송대에 촬요된 것을 해동에서 수입하여 새롭게 간행한 것으로 간주된다. 이런 과정에서 『통록촬요』의 찬술자는 남송시대 말기인 13세기 중반에 『대장일람大藏一覽』의 편찬자인 복건성 영덕寧德의 우바새優婆塞 진실陳實로 비정된다. 그러나 당시에 『통록촬요』라는 명칭이었는지 혹 다른 명칭이었는지는 분명하지 않다. 그리고 이것이 해동에 수입되어 나름대로 그 구조 및 내용 등 몇 가지에 변형이 가해져 『통록촬요』라는 명칭으로 새롭게 간행되었다. 조선 초기에 간행한 사람은 그 「후기」를 썼던 숭묵崇默으

로 간주된다.[42]

수록 내용은 과거칠불로부터 인도와 중국 그리고 한국의 고려시대 나옹 혜근에 이르기까지 6칙의 공안과 152명의 전기 및 법어를 수록하고 있다. 특히 신라 및 고려의 고승 34명에 대한 명칭 내지 법어가 수록되어 있는 점은『통록촬요』가 한국에서 찬술된 고승전의 성격과 그 의의를 충분히 보여 주고 있다.

그 구성은 4권 5품으로서 종안품宗眼品의 4칙·정전품正傳品의 33명·호현품互顯品의 93명·산성품散聖品의 6명·유통품流通品의 2칙이다.『통록촬요』에 수록된 인물의 내용 가운데서 무엇보다도 특이한 것은 고려의 보제존자 나옹 혜근에 대한 기록이다. 나옹은『통록촬요』에 수록된 인물 가운데에서 그 연대가 중국과 한국을 통틀어서 가장 후대에 속하는 인물이다. 이것은 나옹이 입적한 이후 오래되지 않은 시대에 한국에서『통록촬요』가 간행되었음을 보여 주는 것이기도 하다.

또한 보조 지눌 및 태고 보우 등에 대한 기록은 언급조차 없고 유독 나옹에 대해서만 이토록 심도 있는 기록을 보여 주고 있는 것은 한국에서『통록촬요』가 간행된 근본적인 이유가 어디에 있었는가를 엿볼 수 있고,『통록촬요』의 전체적인 성격을 추정할 수 있게 해 준다. 왜냐하면 나옹에 대한 기록이 분량뿐만 아니라 그 내용에서 단순히 그를 한 사람의 인물로 기록하는 것에 그치지 않고 있기 때문이다. 가령『통록촬요』의 말미에서는『치성광명경熾盛光明經』을 통하여 나옹 혜근이 석가모니의 후신으로 등장하고 있다.

---

42 김호귀,「傳燈史書로서『通錄撮要』의 구조와 그 의의 고찰」,『大覺思想』22, 대각사상연구원, 2014; 고익진,「조원통록촬요의 출현과 그 사료 가치」,『佛敎學報』21, 동국대불교문화연구소, 1984

이처럼 나옹은 말법시대에 정법안장을 구현하고 주지하는 적임자로서 고려에 출현한다. 곧 한국에서 전등사서의 간행에 즈음하여 반드시 고려 나옹의 전법상승의 필연성에 대하여 기록하면서 경전의 인용과 더불어 그 당위성을 제시해 둔 것으로 보인다. 때문에 나옹은 곧 고려까지 계승되는 전법상승의 주장을 위해서도 전등사서의 성격을 지닌 본『통록촬요』에서 무엇보다 필요한 인물이었다. 그 결과 주목되는 것이 바로 그 전등사서의 궁극적인 종착점이 보제존자 나옹 혜근을 향하게 되었다는 점이다. 이와 같이『조원통록』에 대한 촬요로서『통록촬요』는 인도와 중국 및 한국을 아우르는 전등사서라는 의의를 지니고 있다.

『해동불조원류』와『조계고승전』

한국에서 출현한 고승전류 가운데는 특정한 사찰 내지 문중을 중심으로 형성된 경우가 있는데 중국 내지 일본의 고승전에 비하여 특히 자파의 사찰 및 문중의 성격이 두드러지게 드러나 있다.『조계고승전』의 경우는 송광사와 관련된 인물에 대해서는 승전을 빠짐없이 기록하면서도 송광사와 직접적인 관련이 없는 인물에 대해서는 이름만 수록하고 승전을 아예 누락시켜 버렸다. 이러한 점은『조계고승전』이 지니고 있는 특징이면서도 한국불교사에서 고승전이 지니고 있는 한계성이기도 하였다.

우선『서역중화해동불조원류西域中華海東佛祖源流』2권 1책은 18세기의 승려인 사암 채영獅巖采永이 1764년에 간행하였는데, 달리 줄여서『해동불조원류海東佛祖源流』라고도 불린다. 사암 채영은 편양 언기鞭羊彦機의 계보를 이은 금파 행우錦波幸祐의 제자이다. 구성을 보면 다음과 같다. 서문의 성격에 해당하는 것으로 당나라 왕발王勃이 찬술한 「석가여래성도응화사적기실釋迦如來成道應化事蹟記實」이 있다. 이어서 본문에 해당하는 것으로 과거칠불·서천의 조사·중화의 조사에 이어서 본서의 주요 내용인 『해동원류海東源流』가 수록되어 있다. 이후는 해동선파정전도海東禪派正傳圖·삼국과 고려의 조사·「조계산십육조사曹溪山十六祖師」·「지공행적指空行蹟」·「묘엄존자탑명병서妙嚴尊者塔銘幷序」·「무사별록無嗣別錄」이 수록되어 있다. 마지막 부분에 찬술자인 채영이 쓴 후발後跋과 간기刊記가 실려 있다.

내용을 보면 다음과 같다. 중국 임제종臨濟宗 양기파楊岐派의 정통 법맥을 고려 말에 태고 보우가 전수하였고, 그것이 조선 중기에 청허 휴정과 부휴 선수로 계승되었다는 것으로, 조선 후기 불교계의 공식적인 법통과 계보를 수록한 것이다. 비록 여말선초의 사법 계통에는 많은 문제점이 있지만, 17세기 전반 휴정의 말년에 제자인 편양 언기의 주도로 제기된 임제종의 태고의 법통을 공식화하고, 18세기 중반까지의 조선 불교의 법맥을 집성했다는 점에서 불교사적으로 중요한 의미를 갖는다.

한편 부휴계의 벽담 행인碧潭幸仁은 이 책의 내용에 불만을 품고 전주 송광사의 판목을 불태운 사건이 있었는데, 현존본은 순천 송광사를 주요 근거지로 한 부휴계의 의견을 일정 부분 반영하여 보조 지눌을 비롯한 16대 조사, 여말선초 불교계의 주류였던 나옹 혜근 계통, 부휴 선수 이후의 계보를 보완하여 다시 간행한 것이다.[43] 따라서 『해동불조원류』는 편양 계통의 승보에 대한 일종의 대동족보집大同族譜集의 성격을 지니고 있는 것으로 이후 『조계고승전』의 편찬 의도와 상통한다.

---

43 김용태, 『서역중화해동불조원류』 해제(『한국불교전서편람』, 서울: 동국대출판부, 2015, p.300)

『조계고승전曹溪高僧傳』 1권은 부휴계의 법맥을 계승했던 금명 보정錦溟寶鼎(1861~1930)이 찬술한 것으로 보정의 「서문」은 1920년 1월에 조계산 다송실에서 쓰였듯이 그 해에 일차적으로 완료되었지만, 보정이 입적하기 직전인 1930년 1월까지 내용이 수록되어 있기 때문에 이후에 계속적으로 증보하여 기술하였음을 알 수가 있다. 이 책은 동국대 한국불교전서 편찬위원회에서 1996년에 펴낸 『한국불교전서』 제12책에 수록되었다.

금명 보정은 송광사 부휴계의 정통성을 계승한다는 자의식을 표방하며 조계종과 보조의 유풍을 선양하는 데 앞장선 인물이다. 따라서 『조계고승전』도 송광사를 중심으로 보조 지눌과 수선사修禪社 계통의 조사 및 조선 후기 부휴계 계보를 잇는 주요 승려들의 승전을 엮은 것이다. 모두 388명의 고승을 조계종曹溪宗의 종사로 거명하였는데 그 가운데 97명에 대한 승전이 수록되어 있다. 제명에 '조계'를 붙인 것은 지눌에서 부휴계로 이어지는 조계산 송광사의 전통을 계승하는 한편 역사상에 존재했던 조계종을 선양하고 되살리려는 의도에서이다. 본서가 편술되면서 조계종 종명과 함께 보조 지눌이 불교계와 학계에서 거듭 주목 받게 되었고, 결과적으로 1941년 한국불교의 종명이 조계종으로 정해지기에 이르렀다. 현재 대한불교조계종의 명칭도 그로부터 비롯된 만큼 한국불교사 인식과 현실적 계승 문제에서 본서가 차지하는 위상은 과소평가할 수 없다.[44]

『조계고승전』의 서두에 있는 「서문」(1920)에서 보정은 중국과 한국의 역대 고승전이 찬술된 역사에 대해 간략히 정리하였는데 거기에는 몇

---

44 김용태, 「조계고승전」 해제, 동국대출판부 근간.

가지 오류가 보인다. 보정은 『조계고승전』을 편찬한 이유에 대하여 두 가지로 언급한다. 첫째는 보조국사 지눌이 구산선문의 장벽을 허물고 선교종禪敎宗을 만들었으며 여러 유파를 합하여 조계종을 세운 이후 구산이 하나의 도가 되고 양종이 하나의 종이 되었으므로 이를 기록하지 않을 수 없었기 때문에 본서에서는 개창주인 지눌로부터 조계종과 관련된 산문 유파들을 함께 넣어 수록했다고 말한다. 다만 비문과 행장이 있는 경우는 원본을 요약해 채록했지만 기록이 없는 이들은 이름만 나열할 수밖에 없었으며, 이 책을 편술할 당시의 고승은 자신이 추천하여 행장을 직접 지었다고 밝혔다. 둘째는 조계종주 지눌이 종파를 세운 은혜에 보답하기 위해서이고, 여러 조사의 높은 도와 이름난 덕이 사라지지 않기를 희망하기 때문에 이처럼 전등사서를 쓰게 되었다는 것이다.

이런 까닭에 본서의 대부분을 차지하는 조선 후기 부휴계 고승들의 경우 부휴 선수 이후 벽암 각성碧巖覺性·취미 수초翠微守初·백암 성총栢庵性聰·무용 수연無用秀演·영해 약탄影海若坦·풍암 세찰楓巖世察·묵암 최눌黙庵最訥 등 부휴계의 정통을 잇는 적전의 계보가 모두 수록되었다. 또한 비록 법맥상은 방계이지만 대가 희옥待價希玉 및 백곡 처능白谷處能 등 일세를 풍미했던 부휴계 고승의 승전도 수록되었다.

IV. 고승전의 인물과 시대성

고승열전의 특수성

고승전은 승전이라는 성격을 지닌 까닭에 그 내용은 인물을 중심으로 부각되어 있다. 그렇지만 여기에는 인물만 기록되는 것이 아니라 그 인물에 따른 다양한 사실이 함께 수반된다. 왜냐하면 인물은 단지 개인의 인물로만 형성되고 존재하는 것이 아니라 인물이 태어나고 활동하는 당시 사회의 산물이기 때문이다. 따라서 고승의 경우에 불법과 관련되어 있다는 특수한 상황이 전제되어 있지만 그 기록은 다양할 수밖에 없다. 그 때문에 고승전에는 몇 가지 특수한 모습이 반영되어 있다. 곧 찬술자의 의도는 물론이고 당시 불교계의 상황을 반영한 모습이 깃들어 있음도 생각해 볼 수가 있다는 점이다.

첫째로 역사적인 사료의 성격을 지니고 있다. 가공의 인물을 대상으로 하는 것이 아니라 실제의 인물을 발굴하여 그 행적을 추구하고 개인이 발휘한 자취에 대한 사실적인 서술이라는 점을 지니고 있다. 이것이야말로 간과할 수 없는 고승전의 특수한 면모이다. 그에 따라서 인물의 명칭을 비롯하여 출생과 성장의 과정 그리고 출가와 깨달음과 교화 및 입적의 기록이 필수적인 요소로 부각된다. 가령 『해동고승전』의 원광조에 따르면, 원광은 경주 출신으로 속성은 설씨(혹은 박씨)이고 13세 때 머리를 깎고 스님이 되었으며, 기량이 출중했고 삼기산三岐山에서 수행하면서 마장魔障을 극복하였고 진나라에 유학하였으며 귀국하여 교화 행위를 펼쳤다.[45] 이와 같은 사실의 기록은 그대로 시대의 역사 기록으로 전승되어 있다.

둘째로 개인의 기록물인 만큼 해당 인물에 대한 평전이라는 성격을 지니고 있다. 고승전에는 단순한 사실의 기록 이외에도 찬술자의 견해가 어떤 모습으로든지 반영되어 있다. 혹 찬贊이나 게송偈頌 등을 동원하여 인물이 끼친 영향과 그 의의에 대하여 높이 선양하려는 모습이 드

---

45 『海東高僧傳』卷2(『한국불교전서』6, 97c~99b)

러나 있다. 가령『통록촬요』의 나옹 혜근조에서는 나옹의 덕을 드러내기 위하여『치성광명경熾盛光明經』및『변정경辨正經』을 수록하고 있는데, 그 내용은 말법시대에 나옹 선사가 석가모니의 후신으로 출현하여 말법중생을 교화한다는 것이다.[46]

셋째로 불법의 전승 및 교화 그리고 특정 종파의 홍포를 위한 성격이 강하게 드러나 있다. 특히 한국과 일본의 경우에는 고승전의 상당수가 선종을 중심으로 하는 전법 조사의 법맥 위주로 구성되어 있다. 이 경우는 선종이라는 종파의 우월 의식을 비롯하여 정법안장의 계승이라는 사명감을 고취하려는 의도가 개입되어 있음을 부정할 수 없다. 가령『조계고승전』에서는 송광사를 중심으로 활동했던 고승의 열전에 대한 기록이라는 점에서 특히 이와 같은 모습이 두드러지게 드러나 있다. 곧 보정은「서문」에서 "이런 까닭에 본종의 개창주에서 시작하여 본종의 유파에 이르기까지 낱낱이 여러 문헌을 열람하여 어떤 산문을 막론하고 무릇 조계종과 관련이 있으면 함께 넣어 수록하였다."[47]라고 편찬의 의도를 말하고 있다.

시대성의 발현

고승전의 본격적인 모습은 중국불교에서 처음으로 출현하였다. 이후 고승전류로 분류할 수 있는 것으로 94종 이상이 현존한다. 이들 고승전류에는 그 문헌이 출현한 시기에 상응하는 갖가지 내용이 담겨 있는 까

---

46 『通錄撮要』卷4(『한국불교전서』7, 806a~b)
47 『曹溪高僧傳』(『한국불교전서』12, 381a), "由是始於本宗之剏主. 終於本宗之派流者. 一一閱於群篇. 不論何山. 而唯關是宗者. 并入而錄之."

닭에 거기에 수록된 고승의 시대적인 추이에 대해서도 살펴볼 수가 있다. 가령 중국불교에서 4조 고승전 가운데 처음에 해당하는 혜교의 『고승전』에는 무엇보다도 번역의 중요성이 대두되었던 까닭에 역경승들에 대한 기록이 중요시될 수밖에 없었다. 따라서 그 구성과 체재에 대해서도 역경승을 가장 먼저 안배하는 모습을 보여 주고 있다. 이들 역경승의 경우는 중국에 불교가 수입되면서 송대 초기까지 천여 년 동안 지속되었기 때문에 『대명고승전』에 이르도록 역경승에 대한 분과를 시설하였다.[48] 그러나 시대가 지남에 따라서 역경의 중요성이 낮아지면서 상대적으로 의해승에 대한 배려가 증가하게 된 것도 시대적인 추이를 보여 준 것이다.[49]

그런가 하면 한국에서 출현한 『해동고승전』의 경우는 굳이 역경승에 대한 분과가 필요하지 않았다. 왜냐하면 한역된 문헌이 굳이 새롭게 번역될 이유가 없었기 때문이다. 이에 한국불교의 연원에 해당하는 기록으로서 유통편이 필수적인 항목으로 설정되었다. 이것은 시대적인 여건과 더불어 지역적인 환경의 소산물이기 때문이기도 하였다. 또한 일본불교에서 본격적인 고승전인 『원형석서』 30권은 일본불교의 시초부터 700여 년에 걸친 고승들의 전기를 수록한 까닭에 승전편을 맨 앞부분에 안배한 것도 불법의 기록에 시대의식을 반영한 것이었다.[50]

---

48 중국의 4조 고승전에서 모두 역경승을 분과의 첫째로 내세우고 있는 점은 중국의 불교사에서 역경이 차지하고 있는 위상을 보여 준다.
49 가령 『양고승전』에서는 의해승이 제4권부터 제8권에 걸쳐 101명이 수록된 것에 비하여 이후에 출현한 『속고승전』에서는 전체 30권 가운데 의해승에 대해서는 제5권부터 제15권에 이르기까지 정전 161명과 부전 77명에 대하여 수록하고 있다.
50 『元亨釋書』 30권은 승전 부분의 경우 중국의 고승전류를 참고하였지만, 10과의 주제에 대해서는 傳智·惠解·淨禪·感進·忍行·明戒·檀興·方應·力遊·願雜으로 변형시켜 분류하였고 또한 선종의 승려를 중심으로 수록하고 있다.

이와 같은 고승전의 구성과 체재, 나아가서 수록된 고승의 역할은 다분히 시대성을 반영할 수밖에 없는 것이었다. 그러나 단순히 한정된 시대에 갇혀 있지 않고 각각의 고승전에서는 고승전이 출현한 시대와 불법의 상황으로 인하여 일정 부분 변형된 체재를 부여함으로써 나름대로 시대와 인물의 특수한 면모를 부각시켜 주었다. 분과의 설정과 함께 종파의 특수성을 반영한 것은 그 일례에 속한다.

인물에 새겨진 군상

고승전이 고승에 대한 전기의 기록인 만큼 그 내용 또한 개개의 인물에 대한 역사를 담보하고 있다. 개인은 시대와 역사 속에서는 한 사람의 존재이지만 그것이 기록으로 남아 전승되는 입장에서는 온전히 시대와 역사를 대변하는 존재가 된다. 그로써 그 개인이 사유하고 창조하며 살아갔던 사회와 지역 그리고 그 개인이 교유했던 다른 인물과 그 성과물 등은 개인에게만 국한되는 것이 아니라 불교의 역사 전반에까지 면면하게 반영되어 영향을 끼치고 있다.

원효의 경우 그 기록에는 차이가 있지만 『삼국유사』(1281)[51]보다 『송고승전』(988)[52]이 약 300여 년이나 이른 기록에 해당한다. 이들 고승전의 유통은 연면하게 새로운 문헌을 출현시켜 가면서 기존과 다른 새로운 문화를 발생하고 전설을 창출하면서 원효라는 개인의 인물을 새롭게 창조해 간다. 이런 점에서 일반의 역사에 대한 기록이 그러하듯 불법의 역사에서 고승의 기록도 예외는 아니다.

---

51 「元曉不羈」, 『三國遺事』 卷4(『한국불교전서』 6, 347b~348b)
52 「唐新羅國黃龍寺元曉傳」, 『宋高僧傳』 卷4(『大正藏』 50, 730a~b)

불교의 역사 속에서 출현하는 고승의 역할과 고승의 행적을 통해서 비친 불교의 역사는 동일하지 않다. 전자의 경우는 역사를 일궈 가는 궤적을 중심으로 서술하면서 필요한 경우에 그에 상응하는 인물을 부분적으로 이끌어 내지만, 후자의 경우는 한 인물의 성장과 활동과 그가 끼친 영향 등 온전한 삶을 통해서 시대에 새겨진 흔적으로 남아 전승되기 때문이다. 따라서 고승은 그가 살아갔던 시대에 즉하여 남겨 놓고 일궜던 특수한 역할이 중요한 기록의 대상이다. 그렇게 유전된 사실에 대하여 고승전의 기록자가 어떤 시각에서 판단하고 결정할 것인가 하는 것은 일정하게 정해진 원칙이 없다. 전적으로 고승전을 기록한 당시의 상황, 이를테면 소기의 목적을 위한 필요성과 기록자의 능력에 달려 있다. 일례로 고려 말기의 화엄종 승려 신돈辛旽에 대하여 정치적인 요승妖僧으로 기록한 경우,[53] 혹은 불법을 주지한 화엄학승으로 판단하는 경우[54]가 그 일례이다. 곧 『고려사』에 기록된 정치적인 측면으로 드러난 경우의 위상과 『태고어록』에 수록된 신돈과 태고의 알력 관계라는 측면으로 드러난 경우의 위상은 사뭇 다르다.

그럼에도 불구하고 어떤 고승에 대한 기록은 가능한 한 동시대를 기준으로 본다면 다른 고승들과 차별화된 입장이 먼저 반영되기 마련이다. 그것이 바로 고승이 고승으로서 승전에 수록된 이유 가운데 하나이기도 하다. 그런 결과에 따라서 고승전에 입전된 인물이 주목되는 가치는 무궁무진하다.

우선 수록된 인물이 보여 주고 있는 당시의 시대적인 삶의 모습을 엿볼 수가 있다. 또한 그가 남겨 준 행적과 저술을 통하여 불법의 사상에

---

53 「世家」, 『高麗史』 卷39, 恭愍王 5년 4월
54 「附錄」, 『太古集』, 門人維昌撰 普愚行狀(『한국불교전서』 6, 695c~700a)

대한 편린을 그려 볼 수가 있다. 또한 그 인물이 보여 준 다양한 교화 및 실천의 족적이 현재까지도 묻어난다. 또한 그 인물을 둘러싼 당시의 정치와 사회와 문화 및 불교계의 동향을 생생하게 연출해 준다. 또한 그 인물의 행적을 존숭하는 추종자들의 길잡이가 되어 오래도록 영향을 끼친다. 이처럼 고승전에 수록된 개인의 면모에서 드러난 일체의 흔적은 그 자체만으로도 하나의 가치와 의의를 내포하고 있다.

고승으로 보는 한국불교사

　불교는 한민족의 정신적인 사유 체계를 비롯하여 문화·사회·정치·제도 등 전반적인 생활에 걸쳐서 큰 역할을 해 왔다. 1600년이 넘는 세월 동안 한국의 역사에서 이와 같은 역할을 가능하게 했던 것은 다름 아닌 고승을 배출했기 때문이었다. 불법을 홍포하고 수행하며 고달픈 중생을 어루만져 주었던 그들 고승이야말로 불교 역사의 주축이었다. 따라서 한국불교 속에서 고승들의 삶은 그대로 한국불교의 자취였고 역사였다. 이와 같은 고승에 대하여 올바르게 이해하고 그 삶을 계승하며 오늘날에 법고창신法古創新의 계기로 활용하는 것은 고승들이 꿈꾸었고 성취했던 불법의 족적을 생생하게 되살리는 것으로서, 우리 문화의 정체성을 확립하고 한국 사회에 새로운 이정표를 세우는 것이기도 하다. 그럼에도 불구하고 고승의 삶과 행위와 역할이 잘못 알려지거나 잘 알려지지 않고 누락되는 경우가 허다하였다. 심지어 이름은 남아 있어도 그 행적이 기록으로 전승되지 못한 까닭에 전설적인 인물로만 기억해야 했던 수많은 고승은 또 어떻게 해석해야 할 것인지 방법이 없다. 그런 가운데서도 몇몇 고승에 의하여 이전 고승들에 대한 열전의 형식으로 기록이 남아 전해 오게 된 것은 천만다행이다.

　불교가 해동에 수입되던 시기의 면모를 비롯하여 이후 전개되었던 한국불교사에서 최초로 고승들의 족적을 체계적으로 기록한 것으로 각훈의 『해동고승전』이 현존한다. 『해동고승전』은 아쉽게도 전체가 전승되지 못하지만 남아 있는 두 권의 「유통」 내용은 시대적인 구성임을 알 수가 있다. 우선 부처님의 위덕을 설하고 도솔천으로부터 하생하여 성도

하고 열반에 이르는 불전佛傳을 서술한다. 이어서 불전佛典의 결집과 그것이 정법으로 정리되어 동역東域으로 유전되었다. 그리고 불법의 탄압을 극복하고 한반도에 도달한 불법은 삼국시대에 순도와 마라난타와 아도와 원광과 자장 등에 이르러 그 융성을 맞이하였다. 고려의 의천은 중국에 들어가 불법을 널리 구하였고 많은 경전을 전래하였다.

이와 같은 일련의 역사가 진정으로 사람, 곧 고승들에 의하여 확충되었다는 점을 강조하기 위하여 찬술자는 우선「유통」편을 제시하였다. 따라서 순도와 아도 등 불법의 초전자들이 중시되었던 점을 이해할 수가 있다.『해동고승전』의 이와 같은 불법 유통의 기록은 이후 각종 고승전의 기록과 관련성을 지니게 되었다. 이들 내용이 고려시대에는『삼국사기』를 비롯하여『석가여래행적송釋迦如來行蹟頌』등이 출현하는 데에도 영향을 주었다. 나아가서 조선시대에 이르러서도 인도 이래 불법의 전래를 기록했던 것으로『서역중화해동불조원류』가 출현하였는데, 그 구성은『삼국유사』권3~권5의 체재, 곧 흥법興法·탑상塔像·의해義解·신주神呪·감통感通·피은避隱·효선孝善에 영향을 끼쳤던 것으로 보인다.[55]

이처럼 고승전에 보이는 고승의 역할은 인도와 중국을 비롯한 해동의 불교 전파에 전 생애를 바쳤던 구법고승은 물론 불교 사상에 대하여 탐구하고 저술하여 당시의 시대를 선도했다는 점도 대단히 중시되었다.『금강삼매경』을 해동에 유통시켰던 원효를 비롯하여 중국의 화엄을 발전시키고 계승시켜 해동화엄으로 승화시켰던 의상과 균여, 해동 계율의 시작을 열었던 자장 기타 고승들의 역할은 통일기 신라시대 불교문화의

---

55 小峯和明·金英順 編譯,『海東高僧傳』, 東京: 平凡社, 2016, p.40.

중추적인 기능을 담보해 주었다.

그로써 통일신라 이후 불법은 백성의 일상에 이르기까지 신앙의 중심이 되어 한민족의 정체성을 형성하였다. 고려시대 화엄종과 유가종과 조계종은 상호 경쟁을 벌이기도 하였지만 그들 한가운데에는 역시 고승의 활동이 자리하고 있었다. 이와 같은 모습은 정책적으로 불법의 활동에 제한을 두었던 조선시대에도 예외는 아니었다. 국가를 이끌어 가는 주체적인 기능을 상실해 버렸지만 민중의 신앙과 불법 사상의 천착과 홍포에 있어서는 여전히 가장 중요한 역할을 보여 주었다.

이처럼 한국불교에서 고승의 진면목은 한국불법의 원류를 이끌었을 뿐만 아니라, 학파를 비롯한 종파의 법맥을 계승시켰으며, 인도와 중국을 통해서 전승된 불법을 재해석하고 정리하였고, 이 땅에 새로운 사상과 신앙과 수행의 뿌리를 내려 주었다는 데에 있다. 그들 고승은 대부분의 경우에 비록 법맥과 문중 등 유형의 틀 속에서 출발하였지만 그러한 한계를 극복하려는 노력을 통하여 시대적인 소명을 다해 주었다. 그 결과 한국불교는 전통과 제도를 답습하면서도 새로운 출발이 가능하게 되었지만 그러한 것을 이 땅에 정착시키고 유통시킨 것은 고승 개개인의 안목에 따른 역할과 기능 때문이었다. 결국 불법의 전래와 발전과 전개를 성취해 왔던 것은 어디까지나 그것을 주도적으로 이끌었던 사람들의 자취였다. 사람이 도를 넓히는 것이지 도가 사람을 넓히는 것이 아니라는 뜻은 바로 고승의 진면목을 갈파한 말이다. 고승

| 참고문헌 |

김경집, 『역사로 읽는 한국불교사』, 서울: 정우서적, 2008.
동국대 불교학술원, 『한국불교전서편람』, 서울: 동국대출판부, 2015.
석혜교 지음, 변귀남 옮김, 『고승전』, 서울: 지식을 만드는 지식, 2014.
장휘옥, 『해동고승전연구』, 서울: 민족사: 1991.
황인규, 『다시 보는 한국의 고승(Ⅰ)』, 서울: 민창사, 2005.

고익진, 「조원통록촬요의 출현과 그 사료 가치」, 『佛教學報』 21, 동국대 불교문화연구원, 1984.
김호귀, 「傳燈史書로서 通錄撮要의 구조와 그 의의 고찰」, 『大覺思想』 22, 대각사상연구원, 2014.
이상옥(형운), 「고승전의 선법 연구」, 동국대학교 박사학위논문, 2011.

小峯和明·金英順 編譯, 『海東高僧傳』, 東京: 平凡社, 2016.

제2부

종교와 문화

종교와 미래

영험

디지털인문학

문화와 의례

불교가사

재회

종교와 미래

영험 靈驗

· 박광연

I. 불교의 감응관과 중국적 변용

　　영험과 감응 : 불교의 감응관/ 천인감응론과 지괴志怪/

　　신이승과 서상瑞像

II. 삼국 및 통일신라 시대의 불교적 영험관

　　중국 영험담의 수용/ 사리·다라니 신앙의 유행/

　　『삼국유사』의 신주·감통

III. 고려시대의 불교적 영험관

　　신 인식과 영험에 대한 기대/ 몽골 침입과 신이사관의 확산

IV. 조선시대의 불교적 영험관

　　오대진언과 『영험약초언해』/ 유교적 변용과 민간신앙화

■ 영험, 불보살과 인간의 소통

I. 불교의 감응관과 중국적 변용

영험과 감응 : 불교의 감응관

오늘날 〈표준국어대사전〉에서는 영험靈驗을 '사람의 기원대로 되는 신기한 징험'이라고 하여 인간의 입장에서 풀이하고 있다. 영어권에서는 이를 '기적(miracle)'이라고 하여 인간의 이성적 사고로는 알 수 없는 불가득지不可得知의 영역이라고 말한다. 그런데 고대의 사유 체계에서 인간은 신과 소통하는 사이였고, 현실계와 초월계의 상호작용이나 관계를 중시하였다. 인간과 신 쌍방의 입장을 융합할 수 있는 용어가 '감응感應' 또는 '감통感通'이다.

불교에서 사용하는 '감응(감통)'이라는 용어를 정의 내리려는 다양한 시도가 있었다. 중생의 기감機感(감)과 부처의 응용應用(응)이 상통하여 융합하는 것이라 하고, 일상 속의 인간이 비일상적인 계기나 탁월한 실천을 통해 신비 현상을 체험하고 상식을 넘어선 세계에 참여하는 현상이라고도 하였다. 감통에 의한 기적의 서사를 관계의 능력, 신과 나누어 갖게 되는 능력이라고 보기도 하였다.[1]

불교가 중국에 전해졌을 때, 중국의 지식인들은 원기론元氣論(우주의 운행을 원기와 음양의 운동으로 설명하는 사유 체계)에 근거하여 불교를 공격하였다. 죽은 후 기氣가 흩어지므로 윤회란 있을 수 없다는 비판에 대해,

---

1 박성지,「불교적 감응의 담론 형성에 대하여-힘의 역학관계를 중심으로」,『구비문화연구』21, 한국구비문학회, 2005, p.3

여산 혜원廬山慧遠(344~416)은 "신神이란 것은 두루 응하여 주장함이 없으며 신묘함을 다하여 이름이 없다. 사물에 감感하여 동動하고, 수數를 빌어 행한다."[2]라고 하여, 신神, 즉 불보살은 감응의 주체로서 세상을 벗어난 존재라고 대응하였다. 이처럼 중국 불교에서 감응의 개념은 지식인들의 비판에 대처하면서 구체화되어 갔는데, 단절된 현실계(인간)와 초월자(신)를 연결해 주는 소통 기제로서의 역할을 담당하였다. 인간의 고통과 호소, 신의 도움이라는 주제를 하나로 연결해 주는 매개였다. 불보살의 교화의 정당성도 여기에서 갖추어졌다.[3]

천인감응론과 지괴志怪

전국戰國시대 말기부터 한대漢代에 이르는 시기에 기와 음양陰陽, 오행五行 등 우주론의 관념들이 발전하고 이에 상응하여 새로운 형태의 국가와 인간 몸에 대한 인식이 형성되었는데, 그 전체적 관계를 형성하게 하는 토대가 되는 관념 또한 '감응'이라고 한다. 즉 같은 기로 구성되어 있는 우주 안의 개별적 사물들이 어떻게 움직이고 관계를 형성해 가는가에 대한 개념이 바로 감응이라는 것이다.[4] 음양이론으로 신분의 위계를 설명하고, 오행으로 통치 원칙을 설명하는 등 천天과 인人의 관계를 구조화하여 위정자의 통치권의 명분을 제공한 것이 동중서董仲舒의 천인감응론天人感應論으로, 그는 하늘과 사람은 구조적으로 비교할 수 있

---

2 慧遠,『弘明集』권5,「沙門不敬王者論形盡神不滅 第5」(『大正藏』52, 31c)
3 박성지, 앞의 논문, 2005, pp.465~467
4 김정희,「중국 고대 感應觀의 형성-주요 개념과의 관계를 중심으로」,『동양철학』26, 한국동양철학회, 2006, p.81

는 동류이므로 상감상응相感相應할 수 있다고 하였다. 임금의 실정失政에 대해 하늘이 어떻게 감응하여 어떤 결과가 초래되는가를 말하면서, 임금은 반드시 오행의 순서에 맞추어 정치를 해야 함을 강조하였다.[5]

위진시대 이후 당시의 정치적 동란을 유행하고 있던 오행설에 근거하여 해석하거나 불교나 도교의 영향을 받아 윤회전생을 이야기하는 지괴志怪(괴이함을 기록하다) 문학이 유행하였다. 지괴와 전기傳奇로 대별되는 초기 서사에서 신이神異·기이奇異로 표현되는 영험 모티프는 빠뜨릴 수 없는 요소였다. 이어 『광세음응험기光世音應驗記』와 같은 영험기靈驗記들이 등장하는데, 영험기는 불교가 일반 민중과 소통하여 불심을 이끌어 낸 구체적인 결과인 동시에 동력의 산물이었다.[6]

혜교慧皎의 『고승전高僧傳』, 도선道宣의 『속고승전』 등의 고승 전기나 불교 교리를 대중들에게 선양하기 위해 편찬한 도세道世의 『법원주림法苑珠林』과 같은 불교 유서類書에서도 영험 모티프는 빠지지 않는다. 『고승전』에서는 「신이神異」, 『속고승전』과 『송고승전』에서는 「감통感通」이라는 편목을 설정하였다.[7] 『법원주림』에서는 만물을 「겁량편劫量篇」·「삼계편三界篇」·「일월편日月篇」·「육도편六道篇」 등 100여 개의 주제로 나누고, 각 항목에 '감응연感應緣'을 두어 실례를 소개하고 있다. 감응연은 거인족·소인족·이인異人 전설 등 지괴 소설이 대부분으로, 남북조시대와 수당대의 명계冥界 인식 및 인과응보의 관념을 잘 보여 준다.[8]

---

5 정해왕, 「동중서의 천인감응설과 그 정치성」, 『동양문화연구』 16, 영산대학교 동양문화연구원, 2013, pp.203~213

6 정환국, 「불교 영험서사의 전통과 『법화영험전』」, 『고전문학연구』 40, 한국고전문학회, 2011, p.126

7 『宋高僧傳』卷1, 感通篇第六(逆於常理 感而遂通 化于世間 觀之難測)(『대정장』 50, 710a)

8 변귀남, 「『법원주림』'六道' 편 소고-감응연의 지괴고사를 중심으로」, 『중국어문학』

신이승과 서상瑞像

후한시대에 초왕영楚王英이나 착융笮融, 환제桓帝 등에 의해 신앙된 불교는 도교의 황로黃老(황제·노자)와 부처를 동일시하는 신선적 불교였다. 신선적 불교가 받아들여진 가장 큰 이유는, 그것이 기우나 치병 등에 영험이 있었기 때문이다. 그들에게는 업·윤회·무욕 등의 가르침보다 치병이나 기우·독심讀心·투시 등과 같은 신이神異·영험의 위대함이 필요했는데, 신이승神異僧들은 그들이 바라고 기대하는 불교에 부응해 주었다.

동란이 끊이지 않던 화북에서 후조後趙의 왕 석륵石勒과 석호石虎의 존경을 받으면서 불교를 포교한 이는 불도징佛圖澄(232~348)이다. 그의 전기를 보면,[9] 신주神呪를 외워 귀신을 부리는 등 기괴한 기사로 가득 차 있다. 살육을 일삼는 석륵을 교화하고자 했던 불도징은, 석륵이 불교의 영험에 대해 묻자 바루에 물을 가득 채우고 향을 사르며 주문을 외워 그 가운데서 찬란한 빛을 발하는 푸른 연꽃을 피워 냈다. 이것을 보고 석륵은 불도징을 대화상이라 부르며, 그의 신이력에 깊은 경의를 표하였다. 불도징은 석륵과 석호를 교화하면서 사찰의 건립이나 일반민들의 교화에 전력을 다하였다. 일반민들이 불도징에게 진심으로 귀의한 이유도 불도징이 갖가지 기이한 상서와 신이를 보여 주었기 때문이다.

후조시대에는 불도징 이외에도 신이승으로 활동한 사람들이 많았다. 선도개單道開는 스스로는 불자佛者로서의 이타행利他行을 실천하였는데,

---

53, 영남중국어문학회, 2009, pp.164~165
9 『高僧傳』 권9, 「神異上」, 竺佛圖澄(『大正藏』 50, 383b)에 불도징의 전기가 실려 있다.

당시 사람들은 그를 선인仙人이라 생각하였다. 그의 외형적인 행동이 신선가나 도교의 도사와 다를 바가 없었기 때문이다. 그는 병, 특히 눈 질병 치료에 탁월하였다고 한다. 서진 말에 건강健康에서 활약했던 구자龜 玆 출신의 백시리밀다라帛尸梨密多羅도 주술에 뛰어났다. 그는 영가永嘉 연간(307~312)에 처음으로 중국 땅에 와서 건초사建初寺에 머물렀다. 서진 말기의 동란을 목격하고 강남으로 왔는데, 승상 왕도王導(267~330) 등 많은 귀족들과 교제하였다. 그는 밀주密呪를 중국에 전한 인물로 평가받고 있다.[10]

불교 전래 이후 중국에는 신성한 솥(정鼎) 같은 전통적 상서祥瑞와는 다른 불교적 상서가 나타났다. 통치자들이 불교를 정치에 이용하기 시작하면서 불교적 상서가 필요해졌기 때문이다. 불교적 상서의 대표적인 예는 서상瑞像이다. 불상이 서상이 되기 위해서는 인도에서 전래된 것이라는 조건을 충족해야 했는데, 그 대표적인 것이 인도의 아쇼카왕을 형상화한 아육왕상阿育王像이었다.

오吳 송강松江의 유위불惟衛佛과 가섭불 석상,[11] 도성의 장간사長干寺 상,[12] 형주의 장사사長沙寺 상[13] 등이 모두 아육왕상이라는 인식이 있었다.[14] 이들은 모두 4세기 전반 남조의 아육왕 신앙의 유행 속에서 아육왕상이라는 명칭을 얻게 된 것이다. 아육왕상은 출현 과정에서 신이를

---

10 『高僧傳』 卷1(『大正藏』 50, 327c) 참조.
11 『高僧傳』 卷13(『大正藏』 50, 409c)
12 『高僧傳』 卷13(『大正藏』 50, 409b)
13 『高僧傳』 卷5(『大正藏』 50, 356a)
14 劉宋(421~479) 王延秀가 편찬한 『感應傳』에는 모두 아육왕상으로 기록되어 있다고 한다.(소현숙, 「정치와 상서, 그리고 복고-남조 아육왕상의 형식과 성격」, 『미술사학연구』 271·272, 한국미술사학회, 2011, p.270)

동반하는데, 물에 떠서 온다는 인식이 강하였다. 장간사 상의 경우, 서역 승려들이 인도에서 가져와 전란을 피해 업鄴에 묻어 두었던 것이 물길을 따라 동진의 도성 건강에 출현했다고 한다.[15]

II. 삼국 및 통일신라 시대의 불교적 영험관

중국 영험담의 수용

중국에서는 부량傅亮(374~426)의 『광세음응험기光世音應驗記』를 필두로 장연張演(5세기 전반)의 『속광세음응험기續光世音應驗記』, 육고陸杲(425~532)의 『계관세음응험기繫觀世音應驗記』 등 관음신앙에 기초한 영험담이 연이어 출현하였다. 남조 양의 왕염王琰이 찬한 『명상기冥祥記』에는 지옥 세계와 환생 이야기가 자세하게 묘사되어 있다. 동진~남북조 시기에 이와 같은 불교 영험담이 탄생함으로써 지괴志怪의 폭이 넓어졌다.

당임唐臨(?~661)의 『명보기冥報記』도 『명상기』처럼 명계冥界 관련 이야기가 많은 비중을 차지하고 있다. 저승을 주재하는 염라왕閻羅王과 염라 세계가 부각되어 있고, 『금강경』 관련 영험담이 들어 있다는 점이 이전의 영험기와 성격을 달리한다. 수당隋唐 시기에 접어들어 『금강경』이 민중에 확산되면서 『금강경』 관련 영험담이 집성되었는데, 맹헌충孟獻忠의 『금강반야경집험기金剛般若經集驗記』(718)가 대표적이다.

이러한 중국의 영험담들이 한반도에 전해졌다. 백제의 경우, 지식인

---

15 소현숙, 앞의 논문, 2011, pp.270~272

들 사이에서 『금강경』 신앙이 유행했던 모습을 살필 수 있다. 먼저 익산 제석사帝釋寺 7층 목탑에서 『금강경』을 새겨 봉안한 동판이 발견되었다. 백제 무왕이 지모밀지枳慕蜜地(익산)에 새로 제석정사를 지었는데, 639년 (백제 무왕 40) 11월에 벼락과 비로 절이 소실되었다고 한다. 불타고 남은 탑의 초석 밑에 사리와 『금강경』 동판이 타지 않은 채 남아 있었던 것이다. 다음으로 1965년에 발굴된 익산 왕궁리 5층 석탑의 사리함 외함에서 19매로 구성된 『금강경』을 새긴 금판(국보 123호)이 발견되었다. 이처럼 『금강경』을 비롯하여 『법화경』・『열반경』 등의 다양한 경전과 관련된 영험담들은 기본적으로 서민들의 현세 이익적 경향을 보여 주는데, 이 중 특히 『금강경』의 영험담이 현세에서 구체적인 이익을 추구하는 경향이 있었다고 한다.[16]

법화신앙의 전통이 강한 백제에 『법화경』 관련 영험담도 유포되었을 가능성이 높지만 구체적인 사례가 남아 있지 않다. 다행히 신라의 것으로 의적義寂(7세기 중반~8세기 전반 활동)이 편찬한 『법화경집험기法華經集驗記』의 일부가 현재까지 전하고 있다. 『법화경집험기』는 혜상慧祥의 『홍찬법화전弘贊法華傳』(706년 이후)보다 편찬 시기가 앞선다. 현존하는 『법화경집험기』는 2권 4편으로 구성되어 있는데, 1권에 독송讀誦 제1, 2권에 전독轉讀 제2, 서사書寫 제3, 청문聽聞 제4가 있다. 『법화경집험기』의 대부분의 사례가 중국인의 『법화경』 신앙에 대한 것들인데, "관세음응험기觀世音應驗記에 백제인이 있다."라고 하여 백제인 발정發正의 이야기를 수록하고 있는 점이 눈에 띈다.

『법화경집험기』는 같은 시기 중국의 영험담류와 비교했을 때 다음과

---

16 채상식, 「13세기 전반기 간행한 『금강경』 사례들과 사상적 의미」, 『석당논총』 61, 동아대학교 석당학술원, 2015, p.117

같은 차이점이 있다. 첫째, 독송·전독·서사·청문이라는 분류 방식이 독특하다. 설법 대상에 따라 구분한 것으로, 특히 청문편을 설정함으로써 일반민들을 대상으로 하고 있다. 둘째, 『법화경집험기』에는 지옥 이야기가 많이 나온다. 단순히 죽어서 지옥에 간다는 이야기가 아니라 『법화경』 공덕으로 죽어 지옥에서 고통받고 있는 사람들을 구해 줄 수 있고, 좋은 곳에 태어나게 할 수 있음을 강조하고 있다. 셋째, 『법화경집험기』는 관음보살 등 존격에 대한 신앙이 아니라 『법화경』 자체의 공덕을 강조하는 특징이 있다. 신라 사회에 법화신앙, 그 가운데서도 법화경 신앙이 확산되어 나갔음을 보여 준다.[17]

『삼국유사』에 실린 영험 설화 가운데는 신라인들의 관음신앙에 관한 것들이 많다. 경덕왕 때 보개寶開가 민장사 관음보살상에 기도한 영험으로 장사하러 멀리 떠난 아들 장춘이 무사히 돌아왔고, 희명希明이라는 여인이 갑자기 눈이 먼 딸을 위해 분황사 천수관음에게 기도한 영험으로 딸이 눈을 뜨게 되었다고 한다. 중생사, 백율사, 민장사의 관음보살이 특히 영험으로 유명하였다. 현재의 바람을 들어주는 관음보살의 구제력은 일반민들이 불교에 귀의하게 하는 원천이 되었다. 이러한 영험 설화들은 종교적 신앙의 극치를 보여 주는 것이기도 하다.[18]

---

17 박광연, 「의적의 『법화경집험기』 편찬 배경과 특징」, 『역사와 현실』 66, 한국역사연구회, 2007 참조.
18 안계현, 「한국인의 관음신앙과 영험전」, 『한국종교』 3, 원광대학교 종교문제연구소, 1976, p.109

사리·다라니 신앙의 유행

석가모니 입멸 후 다비되어 나온 유골, 곧 사리는 당시 인도인들의 열렬한 숭배의 대상이 되었다. 석가모니 입적 이후 스투파가 곧 불사리탑이라는 인식이 생겼고, 재가신자들은 석가모니를 초인적 위력을 지닌 성자로서 숭배하였다. 동아시아에서 사리신앙은 기본적으로 영험함에 대한 기대가 근간을 이루고 있다. 사리가 등장할 때는 오색 빛이 나오거나 서기瑞氣가 어리며, 사리 수가 증가하는 등의 신이한 일들이 함께 일어났다. 중국에 불교가 전래된 초창기의 사리신앙은 훼불毁佛로부터 불교를 지키는 결정적 계기가 되었고, 사원이나 불탑의 건립을 원만하게 이룰 수 있었던 직접적 계기로 작용하였다.[19] 중국에서의 사리신앙 사례는 『집신주삼보감통록集神州三寶感通錄』에, 일본의 사례는 『일본영이기日本靈異記』에 다수 전한다.

한국에서의 사리신앙은 단순히 신앙적 성격을 넘어서서 정치적으로 활용되는 경우가 많다. 삼국시대에 아육왕 팔만사천탑에 대한 이야기가 전래된 이후 백제·신라의 왕들은 불사리의 공양과 장엄을 통치의 정당성을 확보하는 데 이용하였다. 불사리를 공양하는 제왕이 부처에게 선택된 전륜성왕이라는 인식하에 국왕 자신의 성스러움과 절대성을 강조하기 위해 불사리를 신앙하고 장엄하였다.[20]

신라에 전래된 사리에 대한 기록은 다음과 같다. 542년(진흥왕 3)에 양

---

19 김춘호, 「고대 동아시아 사리신앙의 전개–중국과 일본의 사리영험담을 중심으로」, 『한국선학』 38, 한국선학회, 2014, p.203
20 주경미, 「중국 고대 황실발원 불사리장엄의 정치적 성격–역성혁명의 선전물로서의 진신사리공양」, 『동양학』 33, 단국대학교 동양학연구원, 2003 참조.

에서 처음으로 사리가 전해졌고, 이후 자장이 643년(선덕여왕 12) 당에서 돌아오면서 부처의 머리뼈와 어금니, 그리고 사리 백 개를 가져왔다.[21] 자장의 행적은 신이로 가득 차 있는데, 그가 절과 탑을 세울 때마다 기이한 상서가 있었다고 한다.[22] 가져온 사리를 황룡사탑, 태화사탑, 통도사 계단에 나눠 보관하였는데, 통도사 계단은 이후 고려시대 사리신앙의 중심지가 되었다. 851년(문성왕 13) 당에 사신으로 갔던 원홍元弘이 부처 어금니를 가져오기도 하였다.[23]

이처럼 사리 전래 기록이 많지는 않지만, 탑 안에 봉안된 다양한 신사리身舍利·법사리法舍利들이 남아 있다. 무열왕부터 혜공왕 연간까지의 신라 중대 시기에 감은사지 동서삼층석탑, 사천왕사지석탑, 황복사지석탑, 나원리석탑, 송림사전탑 등 뛰어난 양식의 탑이 다수 제작되었고, 탑 안에 사리를 모셨다. 신라 왕실은 꾸준히 새로운 경전과 불교의례를 도입해 가면서 독특한 불사리 장엄 방식을 창안하고 호국불교 사상을 발전시켜 나갔는데, 그 대표적인 것이 『무구정광대다라니경無垢淨光大陀羅尼經』에 의한 법사리 장엄이다.

『무구정광대다라니경』은 측천무후 말년인 701~704년에 미타산彌陀山이 법장法藏과 함께 번역하였고, 곧바로 신라에 전해져 706년(성덕왕 5) 황복사탑을 중수할 때 활용되었다. 이 경에서는 평생 죄를 많이 지어 당장 지옥에 떨어지고 이후로 16번이나 지옥에 다시 떨어지며 그 뒤에는 불가촉천민으로 태어나거나 돼지로 태어나서 항상 냄새나는 거름통 속에서 분뇨나 먹고 살 사람이라도, 오래되어 무너진 탑을 수리하고 『무구

---

21 『삼국유사』 권3, 「탑상」 4, 전후소장사리
22 『삼국유사』 권4, 「의해」 5, 자장정율
23 『삼국유사』 권3, 「탑상」 4, 전후소장사리

정광대다라니경』을 베껴서 그 속에 안치한 다음 공양을 올리며 『무구정광대다라니경』을 외우면 그 죄업이 사라진다고 한다. 또한 명이 늘어나 오래 살다가 죽고 나면 극락세계에 나서 백천 겁 동안 크게 좋은 쾌락을 누리고 뒤에 다시 도솔천궁에 난다고 말하고 있다.

『무구정광대다라니경』 외에 연기법송緣起法頌과 준제다라니准提陀羅尼를 탑 안에 봉안하기도 하였다. 황룡사 목탑지 출토 은판에 새겨진 연기법송이나, 758년 왕실 발원으로 건립된 갈항사지 석탑에 봉안된 사리기에서 발견된 준제다라니가 그 예이다. 한편 당 황실에서는 부처의 손가락뼈를 중심으로 한 신身사리 신앙이 성행하였는데, 신라에서는 이러한 모습은 보이지 않는다.[24]

『삼국유사』의 신주·감통

한국 고대 불교문화의 보고인 『삼국유사』에 제6 「신주神呪」 편과 제7 「감통感通」 편이 있다. 우선 『삼국유사』 「신주」 편은 다른 불교 사서에서 찾기 어려운 『삼국유사』만의 독특한 구성으로, 일연이 교학과 별도로 주술적인 실천 밀교를 신라불교의 중요한 하나의 줄기로 파악하여 편목을 구성한 것이다. 밀본최사密本摧邪, 혜통항룡惠通降龍, 명랑신인明朗神印의 세 가지 이야기로 구성되어 있다. 금곡사의 밀교승 밀본의 치병 영험, 김유신과 교유하던 거사의 신이한 능력, 신병술神兵術로 독룡을 퇴치하고 신문왕의 병을 치료한 혜통의 영험, 문두루비법으로 당군의 침공을 막아 낸 명랑의 영험과 같이 주문으로 영험을 보인 밀교 고승들의

---

24 주경미, 「신라 중대 불사리장엄의 다양성과 문화사적 의의」, 『한국고대사탐구』 23, 한국고대사탐구학회, 2016, pp.260~262.

활동을 「신주」 편에 모았다.

다음 「감통」 편은 『속고승전』·『송고승전』의 「감통」 편을 모델로 하고 있다. 『속고승전』의 찬자 도선(596~667)은 감통의 의미를 '미묘함을 알아 느껴 통하는 것'이라고 이해하고, 이 때문에 고승이 초인적 현상을 일으킨다고 보았다. 그는 폐불廢佛의 위기에서 불교를 지키고자 하였고, 고난이나 재난에서 벗어나게 하고 기우나 치병과 같이 민중과 사회에 혜택을 주는 여러 가지 감통을 모아 상세하게 드러내고자 하였다. 불보살에 대한 예배, 조상造像, 사리 봉안, 사경寫經, 역경譯經, 강경講經, 염불念佛 등의 공덕이 쌓여 감통이 생겨난다고 보았다.[25] 이와 달리『송고승전』의 찬자 찬녕은 '불법의 괴이함은 신선이나 귀물鬼物의 괴이함과 달리, 자연히 드러나는 깨달음의 지위에서 운용되는 것이기 때문에 사람에게 있으면 괴이하다고 하지만 성인에게는 통한다'고 하여 '감동하여 드디어 통하는(감이수통感而遂通)' 것이 감통이라고 보았다. 한편『송고승전』「감통」 편에는 백제의 현광玄光, 신라의 정중사淨衆寺 무상無相, 구화산九華山 지장地藏, 영무하원靈武下院 무루無漏에 대한 이야기가 수록되어 있다.

『삼국유사』「감통」 편은 불교 신앙의 실천을 주제로 하고 있다. 선도성모 조는 선도 신모의 유래와 영험을, 욱면비 조는 노비 욱면의 기도의 영험을, 광덕엄장 조는 광덕과 엄장의 수행의 영험을, 경흥우성 조는 십일면관음보살과 문수보살의 도움을, 진신수공 조는 석가모니의 현현을, 월명사 조는 향가의 영험을, 선율환생 조는 『반야경』 사경의 영험을, 김현감호 조는 탑돌이의 공덕을, 융천사 조도 향가의 영험을 다루고 있다.

---

25 감통을 중시하였던 도선은 『집신주삼보감통록』과 『도선율사감통록』을 저술하였고 『기원사감통기』, 『천인감통전』도 편찬하였다.

이처럼 「감통」 편은 치열한 신앙생활로 감통의 영험을 이루어 낸 다양한 계층의 이야기들을 담고 있다. 「신주」 편, 「감통」 편 모두 영험 모티프가 이야기의 뼈대를 이루고 있다.[26]

III. 고려시대의 불교적 영험관

신 인식과 영험에 대한 기대

고려시대에는 군현마다 다양한 신사神祠가 존재했고, 향리 조직이 신사를 중심으로 제의를 주관하였다. 고을의 수호신이 가뭄, 홍수 같은 위기에서 고을 사람들을 지켜 준다고 믿었다. 대왕의 칭호가 붙은 송악산 신사의 신과 감악산, 지리산의 신이 영험함으로 특히 이름이 높았다. 훗날 산의 신사 가운데 이적이 없고 영험이 없으면 없애 버리기도 하였다.[27] 국가적으로 중요한 신사에는 개인의 소원을 빌기 위한 참배객의 발길도 끊이지 않았다. 영험과 이적으로 지역이나 국가를 도운 신사가 개인적으로 어려운 일이 있을 때 의지하는 대상으로 발전한 것이다.[28]

영험과 이적을 기대하며 신과 그 매개로서 주제자主祭者를 추종하는 데에는 신분의 고하가 없었다. 승려에 대한 추종 역시 별반 다르지 않았다. 기본적으로 유교식 제의의 주제자는 왕이나 관료였고, 불교사원이

---

26 정병삼, 「『삼국유사』 신주편과 감통편의 이해」, 『신라문화제학술발표논문집』 32, 동국대 신라문화연구소·신라선양회, 2011 참조.
27 「열전」 12, 『고려사』 권99, 함유일
28 강은경, 「고려시대의 국가, 지역 차원의 제의와 개인적 신앙」, 『동방학지』 129, 연세대학교 국학연구원, 2005, p.143

나 각종 신사의 제의는 승려나 무당이 제사를 주관하였다. 하지만 고려시대에는 때때로 유교식 제의도 승려나 무당이 주관하였다.[29] 선왕先王과 선후先后의 기일에는 불교식 재齋를 올리는 것이 일반적이었다. 유교를 강조했던 성종도 태조와 자기 부모의 기일에 불교식으로 제사 지낼 것을 명하였다.[30]

고려시대에는 불교 경전 및 사리의 영험에 대한 기대가 더욱 고조하였다. 『금강경』은 고려시대에 들어 신앙적 측면이 다양하게 전개되었다. 국가 차원에서 가뭄 등의 천재지변을 방지하기 위한 목적으로 금강경 도량을 설치한 사례가 많았고, 개인의 수양과 공덕 차원에서 『금강경』을 즐겨 독송하였다. 지눌知訥(1158~1210)과 혜심慧心(1178~1234)은 고려 시기 고승 가운데 『금강경』을 교화에 적극 활용한 대표적인 인물들로, 혜심이 남긴 『금강반야바라밀경찬金剛般若波羅密經贊』과 『금강경발문金剛經跋文』에는 『금강경』을 수지함으로써 얻게 되는 신이와 영험을 강조하고 있다. 영험과 신비적인 요소를 강조함으로써 『금강경』의 신앙화를 추구하였다.[31]

1378년(우왕 4)에 간행된 『금강반야경소론찬요조현록金剛般若經疏論纂要助顯綠』에도 영험 기사가 수록되어 있다. 명부冥府에 관한 것이 대부분으로, 『금강경』 판본의 발문이나 간기도 망자의 명복을 비는 내용이다. 금강경 신앙은 사자死者와 관계되어 사후의 일을 보장하고 있다. 『금강경』을 다라니화하여 『금강반야바라밀다경찬』이나 금강경탑을 만들고,

---

29 『宣和奉使高麗圖經』卷17, 祠宇, "元旦과 매달 초하루, 春秋와 단오에는 모두 조상의 신주에 제사를 드리는데, 府中에 상을 그려 놓고 僧徒를 거느리고 범패를 부르며 밤낮없이 계속한다."
30 『고려사』 권3, 세가, 성종 8년 12월 병인
31 채상식, 앞의 논문, 2015, p.129

거기에다가 기도하였다. 사람이 죽었을 경우 사체 위에 금강경탑을 덮는다거나 관 속에 100부 혹은 500부의 소자『금강경』을 넣어 사자의 명복을 빌기도 하였다.[32]

몽골 침입과 신이사관의 확산

몽골 침입 이후 원의 간섭으로 사회는 더욱 혼란스러워졌고, 전쟁에 지친 백성들의 생활은 원에 조공품을 바치느라 점점 더 피폐해졌다. 부원 세력에 의한 소수 권문에의 권력 집중 현상과 정치적 불안, 이들에 의한 토지 집중화 속에서 일반민들의 경제 사회적 고통이 더해 갔다. 이러한 사회 분위기 속에서 신비적이고 관념적인 풍조가 확대되었다. 신이사관에 입각한 새로운 역사서들이 등장하고, 불교에서도 더욱 신앙의 영험을 강조하였다.[33]

특히 14세기 고려 불교계는 신비주의적 영험과 공덕을 중시하는 풍토였는데,[34] 충렬왕~충숙왕 시기에 민지閔漬(1248~1326)가 쓴 글들에서 이를 확인할 수 있다. 「금강산유점사사적기金剛山楡岾寺事蹟記」(1297), 「보개산석대기寶盖山石臺記」(1307), 「오대산월정사사적기五臺山月精寺事蹟記」(1307)에는 각 사찰에 전해 내려오는 신비 체험과 영이靈異가 상세하게 묘사되어 있다. 그리고 「국청사금당주불석가여래사리영이기國淸寺金堂主佛釋迦如來舍利靈異記」(1315)에는 관음상 앞에서 기도하여 사리를 얻은

---

32 이민용, 「한국의 금강경신앙과 영험전」, 『불교학보』 11, 동국대학교 불교문화연구원, 1974, pp.33~36
33 정병삼, 앞의 논문, 2011 참조.
34 채상식, 「고령의 반룡사와 체원의 화엄사상」, 『퇴계학과 한국문화』 43, 경북대학교 퇴계연구소, 2008, p.25

일, 점안點眼할 때 날씨의 신이함, 낙성법회 때의 우물이 맑아진 기이한 일 등을 기록하고 있다.[35]

왕실과 권문의 원당願堂이 계속 건립되어 지배 세력과 기층민 사이의 간격이 확대되었고, 말세 의식이 고조되었다.[36] 말세의 중생은 신격화된 불·보살의 위신력에 도움을 받아 참회하여 구원을 받으려 하는 경향이 있고, 보살의 초월적 위신력에 대한 기원은 불교 신앙이 신비적이고 영험과 공덕을 강조하는 분위기를 조성하게 한다. 그리하여 고려 후기에는 현세 구원의 공덕을 비는 관음신앙이 더욱 성행하였고, 분신사리의 출현과 같은 영험이 더욱 강조되었다.

『삼국유사』의 전후소장사리 조에 의하면, 1235년(고종 22) 상장군 김이생과 시랑 유석이 고종의 명을 받아 통도사 복발을 들어 사리의 존재를 확인하였다고 한다. 이때는 몽골군이 북계北界를 비롯해 대동강 이북, 서해도, 경상도 안동·해평 등지를 거쳐 경주 방면으로 침공하였다. 고종이 통도사 사리를 살피게 한 것은 석가 진신사리의 위용으로 불안한 민심을 통합하고 국가적 위기를 벗어나려는 의도가 있었다. 즉, 몽골의 침공으로 국가가 어려울 때 석가의 몸인 진신사리가 어려움을 극복시켜 줄 수 있다는 믿음이 있었던 것이다. 통도사 진신사리는 이후 지공指空의 공양법회로 그 위상이 더욱 확고해졌다.[37] 재조대장경의 조성 사업도 이러한 영험에 대한 기대가 뒷받침되었다.

사리 분신을 감득하기를 바라는 행위도 많았다. 1315년(충숙왕 2) 무

---

35 이창국, 「원간섭기 민지의 현실인식-불교기록을 중심으로」, 『민족문화논총』 24, 영남대학교 민족문화연구소, 2001, pp.110~117
36 남동신, 「여말선초 위경의 연구-『현행서방경』의 분석을 중심으로」, 『한국사상사학』 24, 한국사상사학회, 2005 참조.
37 김혜완, 「고려후기 불사리신앙」, 『역사와 현실』 91, 한국역사연구회, 2014, pp.79~81

외 정오無畏丁午(생몰년 미상, 충숙왕 때 국통)가 국청사 금당 석가삼존불을 복장할 사리를 구하였는데, 상호군上護軍 노우盧祐가 백의관음에게서 분신사리를 얻어 불상을 완성할 수 있었다고 한다. 이 일을 기록한 민지는 정오의 신이한 감응이 오吳의 역경승이었던 강승회康僧會보다 100배나 된다며 치하하였다.[38]

정오의 스승인 천책天頙은 『해동법화전홍록海東法華傳弘錄』을 편찬하였고, 14세기 초에는 요원了願이 『법화영험전法華靈驗傳』을 편찬하였다. 모두 『법화경』을 수지·독송·사경하면 영험과 이적이 발생하는 감응을 얻을 수 있다는 영험사례집이었는데, 특히 『해동법화전홍록』은 신라·백제·고려에서 일어났던 영험 사례들을 기록함으로써 종교적 열정을 고취하고자 하였다.

IV. 조선시대의 불교적 영험관

오대진언과 『영험약초언해』

1458년(성종 16)에 간행된 왕실 발원판 『오대진언五大眞言』은 성종(재위 1469~1495)의 모후인 인수대비仁粹大妃(1437~1504)의 후원으로 간행되었는데, 여기에는 관음신앙과 관련된 다섯 종류의 다라니가 수록되어 있다. 인수대비는 1460년(세조 6) 세조가 회암사 불사에서 석가 분신사리가 나타나는 신이를 경험한 뒤 간경도감刊經都監에 명하여 언해본 『능엄경』

---
[38] 『동문선』 권68, 「국청사금당주불석가여래사리영이기」

을 만들 때 참여하였다고 한다. 이후 간경도감에서 다수의 언해불서를 간행하였는데, 『오대진언』도 그 가운데 하나였다. 학조學祖 대사의 발문에 다음과 같은 구절이 있다.[39]

우리 인수대비 전하가 세상의 도덕의 야박함과 시류의 급박함을 가슴 아파하시고 이러한 시절에 중생을 이롭게 하는 것은 오대진언뿐이라고 생각하셨다. 선정에 전념할 필요도 (경전의) 의미를 깊이 탐착할 필요도 없이, 단지 수지 독송하는 것만으로도 경전을 한 번 독송하는 것과 같은 복덕을 성취하게 되니, 말세에 중생을 이롭게 하는 것이 이보다 더 좋은 방법은 없다고 생각하셨다. 그러나 이 경전의 범어와 한자가 어렵고 난해하여 독송하는 사람들의 근심거리가 되었다. 이에 당본을 구해와서 언해를 첨가하여 다시 간행하고 인쇄하여 널리 보시하였다. 백성들이 쉽게 수지 독송하니 영리하고 어리석음의 차이가 없고, 쉽게 몸에 지니게 되니 부귀함과 가난함의 차이가 없게 되었다.[40]

인수대비가 말세의 중생을 구제할 유일한 방법이 다라니 독송이라 판단하고, 이를 장려하기 위해 『오대진언』을 간행하였음을 알 수 있다. 왕실에서 처음 간행된 『오대진언』은 이후 사찰에서도 간행하여 널리 유통되었던 것으로 보인다.[41] 조선 중·후기로 갈수록 다라니경, 진언집,

---

39 『오대진언』은 한글판과 국한문판 두 종류가 있다. 원간본은 월정사 성보박물관(국보 793호)과 성암문고(낙장본)에 소장되어 있다.
40 김무봉 역, 『역주상원사중창권선문 영험약초 오대진언』, 세종대왕기념사업회, 2010 참조.
41 김수아, 「왕실발원판 『오대진언집』과 관음신앙의 형성」, 『문학과종교』 21, 한국문학과종교학회, 2016, p.93

불교의례집 등의 간행이 더욱 증가하였다고 한다.⁴²

1485년본 『오대진언』 뒤에는 「영험약초언해」가 합철되어 있다. 「영험약초」는 대비심다라니大悲心陀羅尼·수구즉득다라니隨求卽得陀羅尼·대불정다라니大佛頂陀羅尼·불정존승다라니佛頂尊勝陀羅尼 등 여러 편의 진언을 대상으로 하여, 이 진언들이 나타낸 이적異蹟과 영험한 일들을 경전에서 찾아 제시한 책이다. 이를 정음으로 옮긴 언해본이 바로 「영험약초언해」이다. 다라니의 수지 독송을 권하는 내용으로 구성되어 있는데, 다라니를 몸에 지니고 정성을 다해 외우면 다라니의 영험으로 일체의 재액災厄에서 벗어나고 좋은 결과가 있을 것이라고 권하는 내용이 대부분이다.⁴³

유교적 변용과 민간신앙화

고려시대는 앞서 말했듯이 공적 제의의 많은 부분이 승려나 무당에 의해 시행되었고, 산천 제사는 유교 사전祀典의 범위에서 벗어나 있었다. 그런데 조선시대에 들어 산천 제사도 국가 사전에 편입되고 유교식 의례로 변화하였다. 조선시대에는 공적 제의가 더 이상 신과 직접 교통하는 이적異跡과 영험靈驗을 기원하는 종교 의례가 아니게 되었다.⁴⁴

고려시대에도 유교정치 사상을 이국理國의 도로 받아들여 천인감응

---

42 남희숙, 「朝鮮時代 陀羅尼經·眞言集의 간행과 그 역사적 의의-서울大 奎章閣 所藏本의 분석을 중심으로」, 『회당학보』 5, 회당학회, 2000; 「16~18세기 佛敎儀式集의 간행과 佛敎大衆化」, 『한국문화』 34, 서울대학교 규장각한국학연구원, 2004 참조.
43 김수아, 앞의 논문, 2016 참조.
44 강은경, 앞의 논문, 2005, p.165

론적 천명 사상을 수용하고, 자연 질서에 순응하는 형정刑政의 시행을 설명하는 월령月令에도 관심을 기울였다.[45] 하지만 고려시대 내내 산수山水의 순역順逆을 살피고 사찰과 부처를 공양하여 복을 구하고 재이災異를 그치게 하였다는 태조의 창업 정신이 중요하게 작용하였다. 공양왕 때도 가뭄과 성변星變이 계속되자 김전 등은 태조의 정신을 계승하여 기복양재起福禳災를 위해 불법佛法을 다시 일으키자고 주장하였다. 그런데 조선시대에는 천요지괴天妖地怪는 군주가 정사政事에 게을리 한 탓이므로 귀신과 부처에게 기도하기보다는 천심에 보답하기 위해 삼가면서 조회를 보고 정사를 들으며 치도治道를 강론하여야 한다고 하였다.[46]

또한 고려시대 사람들은 신은 영험을 지니고 있는 인격신적 존재로, 신에 대한 제사는 그의 영험에 의지하여 원하는 바를 얻고자 하는 행위로 본 반면, 조선시대에는 풍운風雲·뇌우雷雨·산천山川·성황城隍의 신들에게서 구체적이고 가시적인 영험을 기대하지 않았다.[47]

고려시대에서 조선시대로 넘어오면서 종교 의례에 사용된 상징물도 변화하였다. 지배적인 의례는 불상佛像에 대한 공양에서 신주神主에 대한 제사로 바뀌었다. 국가 사전의 개혁 조치 중 많은 부분이 산천신의 비형상화에 대한 것이었다. 유교 이념이 확산됨으로써 나타난 신주의 보급은 성스러운 힘에 대한 형상화의 욕구를 억누르는 기제로 작용하였다.[48] 그

---

45 한정수, 「조선 초 월령의 이해와 국가 운영」, 『한국사상사학』 36, 한국사상사학회, 2010, pp.145~146
46 한정수, 위의 논문, 2010, pp.150~151
47 최종석, 「조선 초기 풍운뇌우산천성황제의 변용·지속과 그 인식적 기반」, 『한국학연구』 42, 인하대학교 한국학연구소, 2016 참조.
48 이욱, 「조선시대 국가사전과 영험성의 수용-祈雨祭次의 정비를 중심으로」, 『종교와 문화』 6, 서울대학교 종교문제연구소, 2000, p.81

런데 17~18세기 가뭄이 지속되어 고통이 심해질수록 다시금 직접적이고 구체적인 신의 형상과 주술적 행위를 수용하지 않을 수 없었다.⁴⁹

조선 후기 민간에서 불교적 영험에 대한 요구가 다시 일어났음은 숙종(재위 1674~1720) 즉위 이후 황해도 지역에서 발생한 생불生佛 사건을 통해 알 수 있다. 황해도에서는 생불 신앙과 관련된 역모 사건이 잇따라 발생하였는데, 이는 황해도가 16세기 말~17세기 초 전쟁의 여파 속에서 직접적인 고통에 직면하고 있던 상황과 무관하지 않았을 것이다. 청 조정의 과도한 요구, 전염병과 재변의 횡행과 같은 상황 속에서 국왕과 집권층을 향한 황해도민의 불만과 저항은 숙종의 즉위와 더불어 집단적 행동으로 이어졌다.

먼저 승 처경處瓊이 스스로 소현세자의 유복자임을 자처하면서 위조한 문서까지 들고 남인의 영수 허적許積(1610~1680)을 찾아가 연결을 도모하였다. 결국 처경 일당은 죽임을 당했는데, 황해도 여러 고을의 사당에 역모로 처형된 복창군·허적·처경이 함께 모셔졌고 이들의 영험함을 믿는 백성들이 몰려들었다. 생불로 불리던 승 여환呂還은 생불 신앙을 매개로 황해도민 및 중앙 훈련도감 소속 무인들과 연합하여 궁궐을 차지하려는 거사를 일으켰다. 여환은 황해도에서 생불을 믿는 일군의 무리를 만나고 영험한 무당과 결혼하는 등 그들과 연합하였다. 이처럼 백성들은 생불 신앙을 중심으로 잇따른 집단적 움직임을 보였다. 조선 후기 사회의 고통과 모순 속에서 황해도민들이 집권층에 대한 불만을 생불 신앙과 결합하여 표출한 것이었다.⁵⁰

---

49 이욱, 앞의 논문, 2000, p.88
50 최선혜, 「조선 후기 숙종대 황해도 지역의 '생불' 사건」, 『역사학연구』 50, 호남사학회, 2013 참조.

영험, 불보살과 인간의 소통

　불교의 영험에 대한 동아시아에서의 이해, 그리고 한국의 불교적 영험 사례들을 시대별로 정리해 보았다. 한국에는 『법화경』 관련 영험담을 모은 『법화경집험기』, 『해동법화전홍록』, 『법화영험전』과 『금강경』 관련 일부 문헌을 제외하고는 영험담만 모아 놓은 문헌을 찾아보기 힘들다. 이는 각종 영험담이 수종 전하는 중국이나 일본과는 상황이 다르다. 그렇다고 불교 영험에 대한 인식이 없었던 것은 아니다. 『삼국유사』·『동문선』·『영험약초』·『사리영이기』 등에 실린 영험담과 탑 봉안물 등의 물질 자료를 통해 불교적 영험, 즉 감응·감통의 다양한 모습을 살필 수 있다.

　인간의 공덕에 대해 불보살이 보응하는, 쌍방이 소통하는 관계를 형성한 감응(감통)은 동아시아 사회에서 불교의 대중 교화 및 불교를 활용한 통치에 추동력을 제공하였다. 이러한 불교적 영험관은 불교 수용 당시부터 항상 존재하였지만, 시대 상황에 따라 고조되기도 하고 변용되기도 하였다.

　몽골 침입 이후의 고려 사회에 특히 신이사관이 확산되면서 사리 분신 등의 영험담이 많이 만들어졌다. 공적 제의祭儀가 신과 교통하는 이적과 영험을 기대하는 종교 의례로서 작용하고 이를 승려나 무당이 거행하기도 했던 고려시대와 달리 유교 정치를 실현하고자 한 조선의 지식인들은 더 이상 제의에서 구체적인 영험을 기대하지 않았다. 그러다 양난을 경험하고 17세기 이후 가뭄이 지속되면서 주술적 행위에 대한 요구가 다시 제기되었다. 앞으로 조선 후기 이후 불교적 영험과 여기에 담겨 있는 다양한 계층의 요구에 대한 연구가 이루어지기를 기대한다.

| 참고문헌 |

강은경, 「고려시대의 국가, 지역 차원의 제의와 개인적 신앙」, 『동방학지』 129, 연세대학교 국학연구원, 2005.
김수아, 「왕실발원판 『오대진언집』과 관음신앙의 형성」, 『문학과 종교』 21, 한국문학과종교학회, 2016.
김정희, 「중국 고대 感應觀의 형성-주요 개념과의 관계를 중심으로」, 『동양철학』 26, 한국동양철학회, 2006.
박광연, 「의적의 『법화경집험기』 편찬 배경과 특징」, 『역사와 현실』 66, 한국역사연구회, 2007.
박성지, 「불교적 감응의 담론 형성에 대하여-힘의 역학관계를 중심으로」, 『구비문화연구』 21, 한국구비문학회, 2005.
소현숙, 「정치와 상서, 그리고 복고-남조 아육왕상의 형식과 성격」, 『미술사학연구』 271·272, 한국미술사학회, 2011.
이 욱, 「조선시대 국가사전과 영험성의 수용-祈雨祭次의 정비를 중심으로」, 『종교와문화』 6, 서울대학교 종교문제연구소, 2000.
정병삼, 「『삼국유사』 신주편과 감통편의 이해」, 『신라문화제학술발표논문집』 32, 동국대 신라문화연구소·신라선양회, 2011.
정환국, 「불교 영험서사의 전통과 『법화영험전』」, 『고전문학연구』 40, 한국고전문학회, 2011.
주경미, 「신라 중대 불사리장엄의 다양성과 문화사적 의의」, 『한국고대사탐구』 23, 한국고대사탐구학회, 2016.

채상식, 「13세기 전반기 간행한 『금강경』 사례들과 사상적 의미」, 『석당논총』 61, 동아대학교 석당학술원, 2015.

최선혜, 「조선후기 숙종대 황해도 지역의 '생불' 사건」, 『역사학연구』 50, 호남사학회, 2013.

종교와 미래

디지털인문학

· 박보람

I. 디지털인문학이란?

    디지털인문학의 정의/ 디지털인문학의 역사

II. 디지털인문학의 구분과 현황

    디지털인문학의 분야/ 디지털인문학의 연구 분야 현황

III. 디지털인문학에 대한 불교학의 대응

    교육 분야의 디지털불교학/ 연구 분야의 디지털불교학

■ 디지털인문학 시대, 한국의 불교학이 나아갈 길

I. 디지털인문학이란?

온 세상이 디지털[1]로 옮겨 가고 있다. 인류의 사고방식·활동 수단, 그리고 그것의 결과물 등 인류라는 현상의 총체가 디지털화되는 이때, 인문학은 이러한 변화에 대해서 어떻게 반응하고 있는가? 인문학이 본래 인간과 인간 문화의 탐구인 동시에 그 자체가 인간 문화의 한 분야임을 생각한다면 인간에게 벌어지고 있는 이와 같은 큰 변화를 모른 체하는 것은 인문학의 존재 이유를 부정하는 것이다. 이 글의 주제인 '디지털인문학'은 이러한 이유로 디지털 시대의 흐름에 따른 인문학의 어쩔 수 없는 수동적인 반응이라기보다 그 존재 이유로부터 도출되는 능동적이고 필연적인 현상이다.

이 글은 인간 탐구를 본질로 하는 불교학이 디지털인문학의 바람을 맞이하여 현재 어느 길에 서 있으며 앞으로는 어느 길로 나가야 할 것인지에 대해서 살펴보고자 한다.[2] 이를 위해 먼저 디지털인문학의 기본 개

---

[1] '디지털'을 엄밀하게 학문적으로 정의하는 것은 이 글의 범위를 벗어난다. 다만 이 글에서는 다음과 같이 일반적인 의미에서 '디지털'이란 용어를 사용한다. "디지털이란 정보를 처리(편집·저장·전송 등)하는 방식으로서 일반적으로 디지트(digits)를 사용하며, 특히 0과 1의 bit(binary digit) 방식이 대표적이다. 기존의 아날로그 방식과 달리 자료의 처리가 수월하다. 나아가 이러한 자료 처리 방식을 이용한 다양한 기술과 그에 기반한 환경—특히 인터넷—도 동시에 가리킨다." (https://en.wikipedia.org/wiki/Digital 등에서 요약·정리)

[2] 디지털인문학에 대한 보다 본격적인 소개와 논의는 김현·임영상·김바로 공저, 『디지털인문학 입문』, 서울: 한국외국어대학교 지식출판원, 2016 또는 Susan Schreibman, Ray Siemens, John "Unsworth ed., A Companion to Digital Humanities," Oxford: Blackwell, 2004 등을 참조.

념과 역사, 그리고 현황을 알아본 후 이를 바탕으로 디지털인문학이라는 흐름 속에서 불교학은 어떻게 대응해 왔는지, 그 대표적인 사례를 소개한다.

디지털인문학의 정의

디지털인문학의 정의는, 디지털인문학이라는 학문 자체가 현재 진행형의 상태이므로 다른 대부분의 학문과 마찬가지로 무엇이다라고 확정지을 수 없다. 다만 작업가설적인 측면에서 현재 통용되는 대표적인 예를 몇 가지 제시하면 아래와 같다.

① 디지털로 재편되는 사회 환경에 발맞추어 인문학의 연구 성과를 디지털 콘텐츠의 형태로 제작·보급하는 것[3]

② 디지털인문학이란 정보기술(Information Technology)의 도움을 받아 새로운 방식으로 수행하는 인문학 연구와 교육, 그리고 이와 관계된 창조적인 저작 활동을 일컫는 말이다. 이것은 전통적인 인문학의 주제를 계승하면서 연구 방법 면에서 디지털 기술을 활용하는 연구, 그리고 예전에는 가능하지 않았지만 컴퓨터를 사용함으로써 시도할 수 있게 된 새로운 성격의 인문학 연구를 포함한다. 단순히 인문학의 연구 대상이 되는 자료를 디지털화하거나, 연구 결과물을 디지털 형태로 간행하는 것보다는 정보 기술의 환경에서 보다 창조적인 인문학 활동을 전개하는

---

[3] 한국연구재단 인문학대중화사업 분야 디지털인문학 모집 요강 중 일부 발췌.(송인재, 「동아시아 개념사와 디지털인문학의 만남」, 『디지털 시대 인문학의 현재와 미래』, 2016 인문한국연구소 공동학술심포지엄 자료집, 2016, p.69에서 인용)

것, 그리고 그것을 디지털 매체를 통해 소통시킴으로써 보다 혁신적으로 인문 지식의 재생산을 촉진하는 노력이다.[4]

③ 디지털인문학은 인문학과 정보기술(ICT: Information and Communication Technologies)이 합쳐진 융합 학문이다. 전통적인 인문학의 연구 과정에 정보기술의 입력·저장·분석·해석 및 출력의 과정이 융합되어 탄생된 인문학의 새로운 방법론이며 학문 분과이다. …… 디지털인문학은 수집-분석-해석-출력의 모든 것을 아우르는 종합 학문 분과이다.[5]

④ 인간 문화를 연구하기 위한 기술의 이용과 디지털 기술이 인간 문명에 미친 영향에 대한 연구를 포괄하는 용어(umbrella term)[6]

위에서 거론한 디지털인문학의 정의들은 각자 입장에 따라서 중점을 둔 부분이 다르면서도 동시에 서로 중첩되는 부분이 있다. 그러나 현재 통용되고 있는 디지털인문학의 복합적인 의미에 대해서 저마다 일부분을 보여 준다는 점에서 모두 의의가 있다.

①은 디지털 시대에 발맞추어 인문학의 성과를 대중에게 보급하는 것에 중점을 둔다. 즉 인문학의 생산-유통-소비라는 전체 흐름 중에서 디지털 기술을 이용하여 인문학의 결과를 대중에게 어떻게 서비스할 것인가를 중심으로 한 개념이다. 따라서 인문학의 결과 생산, 또는

---

[4] 김현, 「디지털인문학-인문학과 문화콘텐츠의 상생 구도에 관한 구상-」, 『인문콘텐츠』 29, 인문콘텐츠학회, 2013, p.12
[5] 김바로, http://www.ddokbaro.com/3793
[6] How Do You Define DH?(2012)—Scott Kleinman, "an umbrella term for something like the use of technology to study human cultures and the study of the effects of digital technology on human cultures," http://archive.artsrn.ualberta.ca/Day-of-DH-2012/dh/index.html

연구 방법론에 디지털 기술을 활용하는 분야에 대해서는 별다른 언급이 없다.

②는 인문학의 결과와 함께 인문학 연구 기초 자료 구축과 연구 과정의 방법에 대해서도 디지털인문학의 의의를 강조하고 있다. 동시에 디지털인문학의 적용 범위를 연구와 더불어 교육과 그 외의 분야까지 확대하고 있다. ③은 디지털인문학을 연구 분야에 초점을 맞추어 '수집-분석-해석-출력'이라는 구도로 간단하게 정리하고 있다.

이전(①~③)의 입장이 디지털 기술을 활용하여 인문학의 연구·유통·소비와 관련 분야를 보다 효율적으로, 이 시대에 어울리게 혁신시키는 데 중점을 두었다면, ④는 이러한 '디지털 기술에 의한 인문학'이라는 측면과 함께 '디지털 세계(환경, 시대 등)에 대한 인문학적 고찰'의 측면도 디지털인문학의 구성 요소로 함께 언급하고 있다는 점이 주목된다.[7] 이를 통해서 '디지털인문학'이라는 개념은 넓은 의미에서 '디지털에 의한 인문학'과 '디지털 by 인문학'이라는 두 방향성을 함께 포괄하고 있음을 알 수 있다.

디지털인문학의 역사

디지털인문학이 언제, 누구에 의해서 시작되었는가를 단정적으로 말하기는 어렵지만, 대부분의 디지털인문학 관련 연구는 '인문학 전산화(Humanities Computing)' 또는 '전산인문학(Computational Humanities)'에서 그 기원을 찾는다. 전산인문학이란 간략히 설명하면 기존의 인문학 데이터

---

7 디지털인문학에 대한 이와 같은 두 측면에 대해서는 송인재, 앞의 논문, 2016, pp.68~71 참조.

를 컴퓨터 기술을 통해서 전산화하고 활용하는 학문 분야를 가리킨다.

전산인문학은 1930년대 무렵부터 본격적으로 시작되었는데 특히 로베르토 부사Roberto Busa 등이 후에 'Index Thomisticus'로 알려진 선구적인 작업을 수행한 것이 주목된다. 이 작업은 IBM사와의 협업을 통하여 컴퓨터를 이용해 토마스 아퀴나스Thomas Aquinas의 저작 등을 대상으로 중세 라틴어 텍스트 1,100만 단어 분량의 색인을 편찬한 것으로 전산인문학, 나아가 디지털인문학의 시작을 알리는 작업으로 평가된다.[8] 이후에 인문학 연구에서 컴퓨터의 효용을 알게 된 연구자들이 문학·고고학·역사학 등 다양한 분야의 인문학 연구에서 컴퓨터, 즉 디지털 기술을 활용하기에 이른다.

한편 디지털인문학 관련 최초의 전문 저널은 1966년에 미국에서 발행된 『컴퓨터와 인문학(Computers and the Humanities)』[9]이다. 이어서 관련 협회로서 '문학과 언어학 전산화 협회(ALLC, the Association for Literary and Linguistic Computing)'가 1973년에, '컴퓨터와 인문학 협회(ACH, the Association for Computers and the Humanities)'가 1978년에 결성되었다.[10] 이를 통해서 학문 체계의 핵심인 구체적인 연구, 이를 공유할 수 있는 수단인 학술 저널, 그리고 이를 계속 유지·발전시키는 터전인 협회가 차례차례 등장하면서 디지털인문학의 기반이 이루어지게 되었다.

---

8 이 색인은 현재 다음의 웹페이지에서 공개 서비스되고 있다. http://www.corpusthomisticum.org/it/index.age

9 이 저널은 1966년부터 2004년까지 발행되었고, 그 이후에는 'Language Resources and Evaluation'으로 명칭을 바꾸어서 현재까지 출간되고 있다. 2004년까지의 저널은 https://www.jstor.org/journal/comphuma에서 확인 가능하며, 2004년 이후의 저널은 https://link.springer.com/journal/10579에서 열람할 수 있다.

10 ALLC는 2012년에 'The European Association for Digital Humanities(EADH)'로 이름을 바꾸어 현재에 이르고 있다.(https://eadh.org 참조) ACH는 http://ach.org 참조.

이러한 움직임과 더불어 함께 주목해야 할 것이 1960년대부터 시작된 예술 분야의 이른바 '디지털 아트'를 둘러싼 시도이다. 이러한 시도는 'The Eames Office'와 'E.A.T.(Experiments in Art and Technology)' 등의 창작 등이 대표적이다. 이들은 예술과 기술적 혁신을 조화시킨 복합 예술품의 예술성을 탐구하였다. 예술과 기술의 융합을 통해서 그 당시 시대의 흐름에 걸맞은 새로운 예술 세계를 개척하고자 했던 노력은 인문학 분야에도 상당한 영향을 주게 된다.

1980년대 후반에 접어들면서 전산인문학에 새로운 전기가 마련된다. 당시 전산인문학의 주된 흐름은 기존의 인문학 데이터를 맥락에 관계없이 텍스트로 입력하거나 각각을 단어별로 색인하는 데 머물러 있었다. 그러던 중 인문학 데이터를 디지털화하는 데 단순 텍스트 입력이 아니라 그 맥락에 대한 다양한 정보를 텍스트와 함께 디지털화하는 작업이 산발적으로 이루어진다. 이에 인문학 데이터를 입력할 때 텍스트와 함께 다양한 맥락 정보를 동시에 인코딩하기 위한 표준 규격의 필요성이 제기되었고 이는 TEI(Text Encoding Initiative)로 구체화되었다. TEI 사업은 1987년도에 개발을 시작하여 1994년도에 첫 가이드라인을 발표한 후 현재까지도 계속 진행되고 있는 인문학 데이터 인코딩 표준 규격이다.[11]

그러나 이때만 해도 이러한 활동을 가리키는 명칭이 통일되지 않았고 앞서 언급하였듯이 '인문학 전산화(Humanities Computing)' 또는 '전산인문학(Computational Humanities)' 등이 상황에 따라서 제각각 사용되었다. 적절한 이름의 부재는 각 분야에서 개별적으로 진행되고 있던 디지털

---

11 http://www.tei-c.org 참조.

과 인문학의 통합을 가리킬 수 있는 이름이 없다는 명칭의 문제뿐만 아니라 이러한 활동의 정체성에도 혼란을 일으키게 되었다. 예를 들어 당시 이러한 통합에 대한 대부분의 이해는 인문학 자료의 단순한 '디지털화' 또는 '디지털 아카이빙'이라는 인식이 강했다. 이런 상황에서 2000년 초 존 운스워쓰John Unsworth, 수잔 슈라이브만Susan Schreibman, 레이 지멘스Ray Siemens는 이러한 일련의 활동을 '디지털인문학(Digital Humanities)'이라는 명칭으로 부르고 그들의 공동 저서인 『디지털인문학 동반자(*A Companion to Digital Humanities*)』[12]에서 명칭과 함께 그 개념을 적극적으로 개진하였다.

이러한 영향을 받아서 2006년에는 미국의 국립인문학재단(NEH, National Endowment for the Humanities)이 이 명칭을 채용하여 '디지털인문학 이니셔티브(Digital Humanities Initiative)'[13]라는 기구를 발족하여 관련 사업을 적극적으로 후원한다. 이후 '디지털인문학'이라는 명칭이 보편화되고 디지털 기술·시대와 인문학의 관계에 대해서 광범위하고 심도 있는 연구가 더욱 활발해져 현재에 이르게 된다.

이제까지 미국과 유럽을 중심으로 한 디지털인문학의 유래를 살펴보았다. 한국의 경우는 어떠한가? 한국의 디지털인문학은 앞서 언급한 서구권의 영향을 받아서 시작하게 된다. 아래에서는 한국의 디지털인문학의 초기를 중심으로 간단하게 그 역사를 살펴본다.

한국의 디지털인문학은 1967년 당시 전북대 사학과 교수였던 송준호

---

[12] John Unsworth·Susan Schreibman·Ray Siemens ed, A Companion to Digital Humanities, Oxford: Blackwell, 2008. 현재 http://www.digitalhumanities.org/companion에서 원문을 열람할 수 있다.
[13] 2008년에는 명칭이 '디지털인문학 기구(Office of Digital Humanities)'로 변경된다. https://www.neh.gov/divisions/odh 참조.

와 미국 하버드 대학교 동아시아언어문명학과 교수였던 에드워드 와그너Edward Wagner의 공동 프로젝트를 시초라고 평가한다. 그들은 조선시대 문과 합격자 목록인 '문과방목文科榜目'을 디지털 데이터베이스로 구축하는 프로젝트에 착수하였다. 이 프로젝트는 조선시대 문과 급제자 14,600명을 중심으로 이들의 명부에 등장하는 친인척 등 10만여 명에 대한 각종 자료를 통해 종합적인 조선시대 지배 엘리트 데이터베이스를 구축한 것이다. 이 작업을 위해 그들은 한국의 동방미디어사의 지원 아래 각종 데이터를 컴퓨터에 입력하여 데이터베이스화하고 이를 종합적으로 분석하였다.

이후에는 1992년에 시작하여 1995년에 첫 선을 보인 『조선왕조실록』 전문을 데이터베이스화하는 작업이 이루어지면서 한국의 인문학계에서도 '전산인문학'이라고 할 수 있는 활동들이 본격적으로 이루어지기 시작했다. 이 사업은 대한민국 인문학 정보화의 실질적인 시초이자 이후 관련 연구에 큰 영향을 미친 사업이라고 할 수 있다. 이러한 연구를 바탕으로 그 이후에는 한국에서도 현재에 이르기까지 다양한 분야에서 디지털인문학 관련 연구가 진행되었다. 근래의 현황에 대해서는 절을 바꾸어 소개하기로 한다.

II. 디지털인문학의 구분과 현황

디지털인문학의 분야

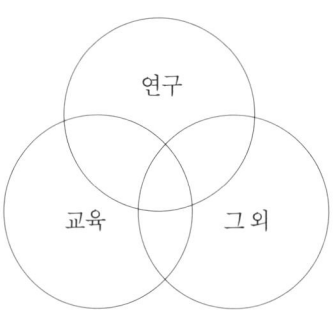

도표 1. 디지털인문학의 분야

디지털인문학은 연구와 교육 그리고 아직 확정되지 않은 채 확산되고 있는 그 외의 세 분야로 나누어 볼 수 있다.

디지털인문학의 연구 분야는 디지털인문학을 학문의 입장에서 대하는 태도를 가리키며, 디지털과 인문학의 다양한 방법론을 통해 디지털 시대와 그 이전 시대의 인간 문화에 대해서 연구하는 분야이다. 이 분야에 대해서는 다음 절에서 자세히 서술한다.

교육 분야는 현재 교육의 주요 대상이 '디지털 원주민(Digital Natives)'인 점에 기인한다. 현재는 교육 대상이 대부분 디지털 환경에 익숙한 세대이다. 그러므로 교육 방법(Pedagogy)의 측면에서 그들이 보다 효율적으로 디지털 시대와 그 이전 시대를 모두 포함한 인류 문명을 익히고 활용하여 발전시킬 수 있도록 하는 것이 디지털인문학의 교육 영역이 추구하는 바이다. 더불어 아날로그 시대에서 디지털 시대로 옮겨 가는 '디지털

이주민(Digital Immigrants)' 세대를 새로운 디지털 시대에 순조롭게 적응시키기 위한 디지털 이주민 맞춤형 디지털인문학적 교육 방법 또한 선택이 아닌 필수라고 할 수 있다.

디지털인문학의 교육 분야는 특성에 따라서 두 가지로 나누어 볼 수 있다. 첫째는 디지털 기술을 활용하여 인문학을 교육하는 것이고, 둘째는 인문학 연구 또는 성과 확산을 위해 디지털 기술을 교육하는 것이다. 물론 이 둘은 서로 불가분의 관계이고 명확하게 구분하기 어렵지만 교육의 최종 목표, 또는 중점이 어디에 있는가에 따라서 차이가 있다.

그렇다면 한국 내 현 상황은 어떠한가? 현재 한국에는 상당히 많은 기관에 디지털인문학 관련 교육 과정이 개설되어 전문 인력을 양성하고 있다. 그 가운데 대표적인 곳은 아래와 같다.

■ **대학원 과정**

한국학중앙연구원 한국학대학원 문화예술학부 인문정보학 전공
서울대학교 융합기술대학원 디지털정보융합 전공
카이스트 문화기술대학원 문화기술학 부전공

■ **학부 과정**

아주대학교 문화콘텐츠학과
한국외국어대학교 지식콘텐츠학과
건국대학교 문화콘텐츠학과
상명대학교 역사콘텐츠학과
한신대학교 문화콘텐츠학과

한양대학교 문화콘텐츠학과

■ **센터 또는 연구소**
고려대학교 민족문화연구원 전자인문학센터
아주대학교 디지털 휴머니티 연구센터
포항공과대학교 인문기술융합연구소

이상의 목록이 한국의 유관 교육 기관을 전부 망라한 것은 아니다. 해당 기관의 교육 과정을 살펴보면 두 가지 특징을 발견할 수 있다. 첫째는 한국의 디지털인문학 교육이 최소한 학부 과정에서는 문화콘텐츠와 밀접한 연관을 맺고 진행되고 있다는 점이다. 둘째는 한국의 디지털인문학 교육이 앞의 두 종류 교육 가운데 두 번째, 인문학을 위한 디지털 기술 교육에 중점을 두고 있다는 것이다. 물론 이것 자체가 단점은 아니지만 두 방향의 디지털인문학 교육이 한쪽으로만 몰려 있다는 점은 개선되어야 할 부분이다. 나아가 인문학을 위한 디지털 기술 교육은 최종 목표가 디지털 기술 교육이기 때문에 깊이 있는 인문학 교육이 가능할지에 대한 우려가 있는 것 또한 사실이다. 이는 첫 번째 교육, 즉 디지털 기술을 활용한 깊이 있는 인문학 교육, 즉 최종 목표가 인문학 교육인 교육 과정이 한국에서는 아직 충분히 검토되지 않고 있으며 디지털인문학을 콘텐츠 제작 또는 성과 확산의 측면에서만 바라보는 점에서 기인한다.

마지막으로 그 외 분야란 디지털인문학이 매일매일 그 적용 분야를 새롭게 개척해 나가는 과정에 있기 때문에 생겨나는 분야이다. 한 예로 디지털 큐레이션을 들 수 있다. "디지털 큐레이션은 디지털 자산을 선별·유지·보수·수집·보존하는 것과 관련한 것으로 디지털 연구 데이터의 수명 주기(lifecycle) 전 과정 속에서 데이터를 유지·보수하고 그것에 가치를 부여하는 것이다."[14]

위에서 언급한 디지털인문학의 연구, 교육, 그 외의 세 부문 중 연구 분야를 중심으로 조금 더 구체적으로 살펴보면 '디지털인문학'이라는 단어를 어떻게 이해하느냐에 따라서 두 가지로 나눌 수 있다. ㉠은 '디지털인문학'을 '디지털 기술에 의한 인문학(디지털에 의한 인문학)'의 입장에서 이해하는 것으로 다양한 디지털 기술을 활용하여 인간과 인간의 문화를 연구하는 것이다. 현재 디지털인문학이라고 할 때 대부분의 경우가 이에 해당한다. ㉡은 '인문학적 관점에 의한 디지털 세계 연구(디지털 by 인문학)'의 이해 방식으로 디지털 기술이 가져온 인간 문화에 대한 영향, 또는 인간 문화에서 디지털 기술의 의의 등에 대해 인문학적 관점에서 연구하는 것이다. 이 두 측면은 서로 밀접하게 연결되어 있어서 사실 구분 불가능하지만 설명을 위해 나눈 것일 뿐이다. 예를 들어 실제 디지털인문학의 연구에서 ㉡의 디지털 세계를 인문학적 관점에서 연구할 때의 '인문학적 관점'이 ㉠의 '디지털 기술에 의한 인문학'적 관점이어서 서로 순환 관계를 맺고 있는 경우가 많기 때문이다.

도표 2. 연구 분야의 능소별 분류

---

14 김일환·이도길, 「빅 데이터 시대의 디지털인문학」, 『디지털 시대 인문학의 현재와 미래』, 2016 인문한국연구소 공동학술심포지엄 자료집, 2016, p.49

디지털인문학의 연구 분야 현황

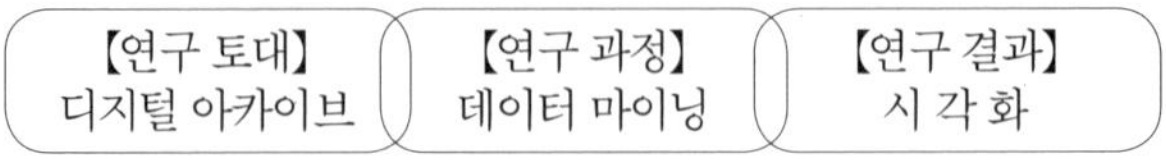

```
【연구 토대】      【연구 과정】     【연구 결과】
디지털 아카이브    데이터 마이닝    시 각 화
```

도표 3. 단계별 분류

디지털인문학 연구 분야에서 ㉠의 '디지털 기술에 의한 인문학'의 경우도 다시 단계별로 나눌 수 있다. 물론 이러한 단계의 구분 또한 설명을 위한 것일 뿐 서로 중첩되는 부분이 많아서 실제 구분 가능한 것은 아니다. 다만 발전 순서를 굳이 나누고자 한다면 대부분의 경우 디지털인문학은 디지털 아카이브에서 시작되었다고 해도 과언이 아니다. 초기에 단순한 텍스트 입력에서 시작하였으나 이를 진행하면서 여러 시행착오를 거치고 그 시행착오 과정에서 데이터 마이닝을 위한 기술들(TEI, XML 활용, 온톨로지/시멘틱 웹 등)이 발전되었다. 이 기술들은 동시에 그 결과물의 시각화를 함께 고려하면서 개발되는 경우가 많아서 시각화를 위한 다양한 기술의 발전을 이끌게 되었다.

1) 연구 토대: 디지털 아카이브

첫째는 인문 관련 자료를 디지털화하고 표준화하여 보존(Archiving)하고 이를 다양한 플랫폼을 통해서 서비스하는 디지털 아카이브이다. 이는 대상에 따라서 초기의 아날로그 문헌을 디지털화하여 아카이빙하는 단계에서 현재의 아날로그 자료(문헌, 음성, 이미지 등)를 디지털화하고 아카이빙하거나 오리지널 디지털 자료를 아카이빙하는 단계로 구분할 수 있다. 또 작업 성격에 따라서 자료를 단순히 디지털화하거나 저장하는 단계와 이를 표준화하여 접근성을 높이는 단계로 나눌 수 있다. 표준화하여 접근성을 높이는 단계란 예를 들면 XML이나 앞서 언급한 TEI(Text Encoding Initiative)[15] 표준을 이용한 기술들을 들 수 있다. 이 기술들은 단순한 텍스트 입력에서 나아가 텍스트의 의미·범주·맥락 등도 함께 다룸으로써 한 차원 높은 수준의 텍스트 활용을 가능하게 한다.

이 분야의 예로는 에피독EpiDoc 프로젝트와 중국 역대 인물 데이터베이스(中國歷代人物傳記資料庫; China Biographical Database; CBDB)를 들 수 있다. 다시 한 번 말하지만 여기에 든 프로젝트는 디지털 아카이브의 예이지만 동시에 후술할 '연구 과정'의 데이터 마이닝과 '연구 결과'의 시각화에 대한 예이기도 하다. 디지털인문학 프로젝트는 대부분 세 단계를 모두 겸하기 때문이다.

* 영국 왕립대학의 에피독EpiDoc 프로젝트(https://sourceforge.net/p/epidoc/wiki/Home/)

에피독 프로젝트는 2002년부터 2004년까지 영국 왕립대학에서 수행된 프로젝트로 고대 그리스·라틴어의 기록물 전사 및 디지털 출간을 위한 매뉴얼과 관련 작업을 지원하는 도구들을 제공한다. 이 프로젝트의 매뉴얼은 TEI 지침을 준수하고 디지털 형식을 표상하기 위해 XML을 활용하고 있다. 왕립대학의 전자 인문학 센터는 에피독 개발을 통해 '아프로디시아스 석판 기록물 코퍼스' 구축을 완수했다. 이러한 성공을 발판으로 현재 에피독은 고대 비문 아카이브 분야뿐만 아니라 다양한 매

---

15 현재 버전의 TEI는 내부적으로 XML 기술에 근거하고 있다.

체의 고대 텍스트 아카이브 분야에서 활용되고 있다.[16]

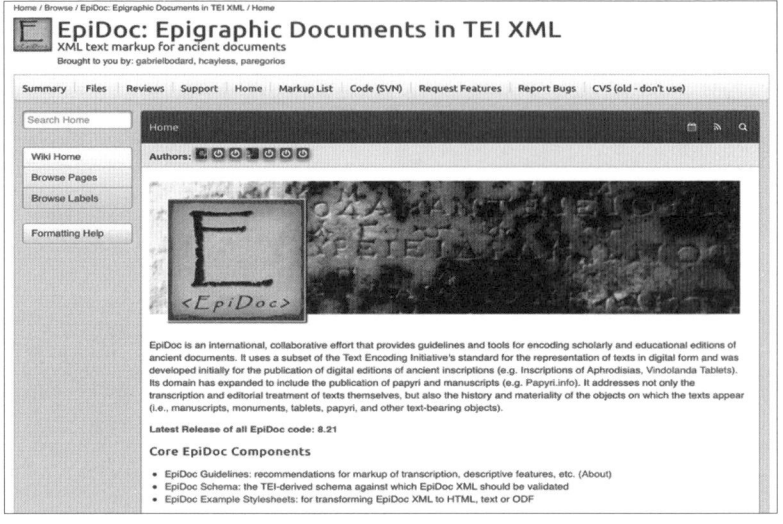

* 중국 역대 인물 데이터베이스(http://projects.iq.harvard.edu/cbdb/home)

이 프로젝트는 미국 하버드 페어뱅크 중국학 연구센터, 타이완 중앙연구원 역사언어연구소, 중국 북경대학교 중국고대사 연구센터가 공동으로 참여하였다. CBDB 데이터는 7~12세기에 중국에서 활동한 인물 360,000명에 관한 신상 정보(이름, 생몰년, 별명, 임관, 출생·거주지, 저술 등)를 기본 정보로 수록하고 있으며, 여기에 더하여 그 인물들 사이의 친속관계와 사회관계를 기술하는 정보를 제공하고 있다. 특히 인물들 사이의 사회적 관계는 학문적 관계, 정치적 관계, 경제적 관계를 포함한 500가지 이상의 관계성으로 상세하게 정보화함으로써 그 시대 중국 사회

---

16 김일환·이도길, 앞의 논문, 2016, p.46

주요 인물들의 사회적 관계망을 시각화하고 다양한 관점에서 분석할 수 있는 길을 열어 주고 있다.

2) 연구 과정: 데이터 마이닝

연구 단계에서 다양한 디지털 기술이 이용되지만 그중 대표적인 것은 앞서 연구 토대에서 구축된 데이터베이스를 대상으로 의미 있는 정보를 분석해 내는 데이터 마이닝Data Mining이다. 데이터 마이닝은 대규모로 저장된 데이터 안에서 체계적이고 자동적으로 통계적 규칙이나 패턴을 찾아내는 것으로, 디지털인문학에서는 특히 대규모로 구축된 언어 자원을 바탕으로 자료를 분석·제공하는 데 목적을 둔다. 이것이 가능하기 위해서는 이전에 연구 토대 단계에서 TEI나 XML, 또는 코퍼스 방법에 의해서 기계적 가독성이 갖추어진 대규모의 데이터베이스가 구축되어 있어야 한다. 단순한 텍스트의 입력만으로는 의미·범주·맥락에 기반한 효율적인 데이터 마이닝은 불가능하다.

이에 대한 대표적인 예로는 고려대학교의 '물결21' 프로젝트를 들 수 있다.

* **고려대학교의 '물결21' 프로젝트**(http://corpus.korea.ac.kr)

'물결21' 사업은 고려대학교 민족문화연구원 전자인문학센터에서 2008년부터 추진해 온 사업으로 동아일보, 조선일보, 중앙일보, 한겨레신문의 네 개 신문사에서 2000년도 이후의 신문 기사를 형태 분석 코퍼스로 자원화하고 이를 분석·연구하는 프로젝트이다. 매년 기사 18만 건, 4,100만 어절이 새로 구축되고 있는 물결21 코퍼스는 21세기 국어의 어휘 사용 양상을 파악할 수 있는 객관적 기반이 될 뿐 아니라 어휘 사용의 이면에 내재된 사회·문화적 변화의 트렌드를 파악할 수 있는 중요한 자원이다. 동시에 '물결21' 프로젝트는 이 자원을 분석하여 의미 있는 정보를 추출할 수 있는 데이터 마이닝 도구를 함께 제공한다.[17]

---

17 물결21에 대한 보다 자세한 내용은 해당 홈페이지와 다음의 연구를 참조. 「특집 물결21 코퍼스: 공유와 확산」, 『민족문화연구』 64, 고려대학교 민족문화연구원, 2014; 김일환·정유진·강범모·김홍규 저, 『물결21 코퍼스의 구축과 활용』, 서울: 소명출판, 2013 등.

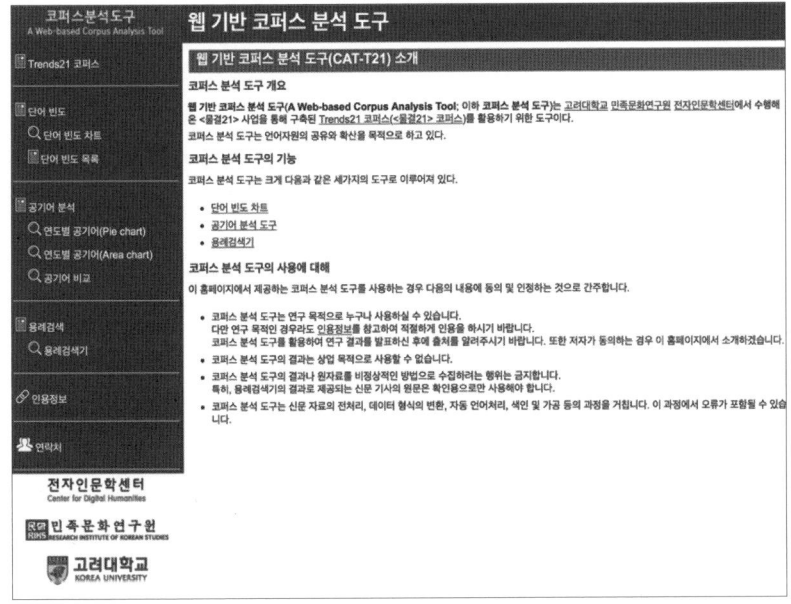

3) 연구 결과: 시각화

시각화는 이상의 단계에서 얻은 결과물을 다양한 디지털 기술을 활용하여 연구자와 대중이 보다 쉽고 효율적으로 접근할 수 있도록 서비스하는 것이다. 대표적인 방법으로는 인물관계망, 전자문화지도, 타임라인 등이 현재 활발하게 사용되고 있으며 새로운 시각화 기술이 빠르게 개발되고 있다. 아래에 한 가지 예를 소개한다.

* **버츄얼교토**(バーチャル京都, http://www.geo.lt.ritsumei.ac.jp/webgis/ritscoe.html)

일본 리츠메이칸(立命館) 대학에서 교토를 대상으로 GIS(지리정보시스템) 기술을 응용하여 2D, 3D 등으로 가시화한 프로젝트이다. 고지도를 현대의 지도에 오버레이하는 방법과 교토의 과거와 현재 문화유산을 2D나 3D로 구현하는 방법에 대해서 연구를 진행했다.

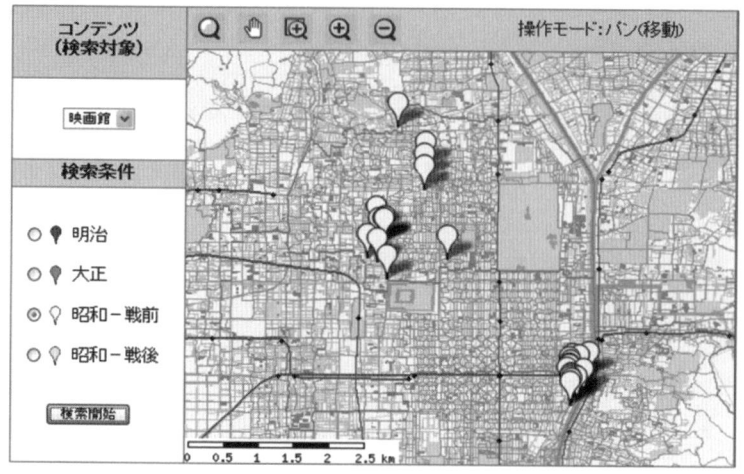

時代別檢索 (昭和戰前期の映畵館)

이 프로젝트의 결과를 활용한 예를 들면 메이지(明治), 다이쇼(大正), 쇼와(昭和) 시대별로 그 당시 일본 교토의 거리 풍경을 감상할 수 있으며 또 시대에 따라서 교토의 어느 지역이 어떠한 변화를 거쳤는지 시각적으로 파악할 수 있다.

이제까지 디지털인문학의 정의와 그에 따른 분류를 살펴보았다. 물론 이는 엄밀한 의미의 학문적인 정의와 분류는 아니며 디지털인문학 시대의 불교학의 현재와 미래를 살펴보기 위한 작업가설적인 시도일 뿐이다. 이상의 대략적인 분류를 정리하면 다음과 같다.

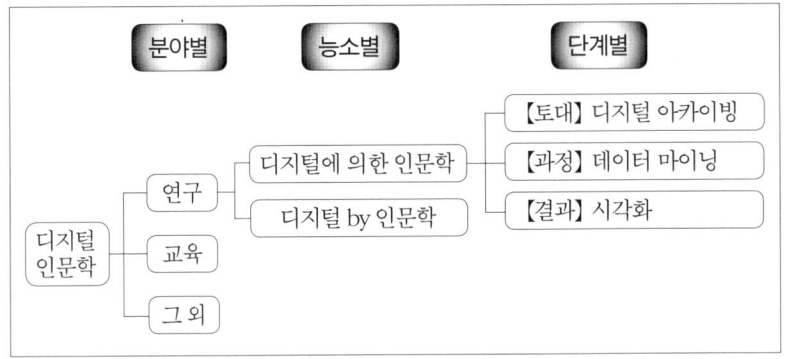

도표 4. 디지털인문학 분류

위 도표에서 보면 디지털인문학의 전체 분류에서 연구 분야에만 많은 가지가 있는 것을 알 수 있다. 이것은 두 가지 측면에서 바라볼 수 있다. 현재의 디지털인문학이 교육과 그 외의 분야에 비해 연구 분야에 중점을 두고 진행되고 있다는 측면과 그로 인해 이 글에서도 연구 분야 위주로 조사가 진행되었다는 측면이다. 물론 그렇다고 교육과 그 외의 분야에서 전혀 활동이 없는 것은 아니다. 그 사례는 앞서 소개한 몇 가지 예를 통해서도 알 수 있으며 이 두 분야도 연구 분야에 비해서 시작은 늦었지만, 오히려 그렇기 때문에 앞으로는 더욱 많은 활동과 발전이 기대되는 분야이기도 하다. 그럼에도 불구하고 교육과 그 외의 분야에 대한 조사가 충분하지 못한 점은 이 글의 한계임을 밝혀 둔다.

아래에서는 이제까지 살펴본 것처럼 디지털 시대, 디지털인문학이 본격적으로 날개를 펴기 시작한 이때, 이에 대한 불교학의 대응을 '디지털불교학'이라는 말로 나타낼 것이다. 즉 디지털 시대, 디지털인문학의 시대에 불교학이 현재 어떤 상황에 서 있는지에 대한 상황과 어떻게 미래를 이끌어 나가야 하는지에 대한 비전과 전략을 '디지털불교학'이라는 말로 가리키려는 것이다. 디지털불교학과 관련하여 다음에서는 도표 4에 따라 디지털불교학의 현재와 앞으로 나아갈 방향에 대해서 간략히 살펴보고자 한다. 이 글의 목적이 디지털불교학의 심층적인 연구가 아니라 디지털불교학의 현황 파악과 이에 대한 분석을 통해서 앞으로 나아갈 방향을 모색하는 데 있으므로 각 분야에 대한 세부적인 내용 논의보다는 전체적인 그림을 확인하고 모자란 부분의 점검에 집중할 것이다.

III. 디지털인문학에 대한 불교학의 대응

교육 분야의 디지털불교학

디지털불교학에서 교육 분야란 크게 두 가지 측면에서 접근할 수 있을 것이다. ① 디지털 세대에게 디지털 기술을 적극 활용하여 불교학을 효과적으로 교육시키고자 하는 분야와 ② 불교학도(디지털 이주민과 디지털 원주민)에게 디지털불교학의 연구·교육·그 외의 분야에서 활용되는 디지털 기술을 교육시켜서 디지털 문해文解(Digital literacy)가 되게 하는 것이다.

이 교육 분야는 후술할 연구 분야의 단계별 과정과 밀접한 관계를 맺고 있다. 연구 분야의 각 단계별 과정이 바로 교육의 현장, 과정으로 이어지기 때문이다. 예를 들어 불교사의 중요한 사건과 그 배경, 중심인물들과 유적 등이 어떤 유기적인 관계를 맺고 있는지를 연구하여 그 결과를 전자문화지도나 인물관계망, 타임라인 등의 디지털 기술을 통해 제공하는 과정에서 이를 교육 자료로 활용하는 동시에 그러한 과정 자체를 학생들 스스로 참여하여 구축하도록 하는 자발적 교육은 디지털 기술을 활용한 불교사 교육의 큰 장점 중 하나이다. 이러한 시각화 과정과 마찬가지로 디지털 아카이브와 데이터 마이닝 과정의 연구도 교육 분야에 접목하여 시너지 효과를 일으킬 수 있다.

그렇다면 한국 불교학의 현실은 어떠한가? 필자가 과문한 탓이겠지만 필자가 아는 한, 아직 공식적인 기관에서 디지털인문학을 바탕으로, 또는 디지털에 부응하려는 차원에서 디지털 기술을 이용하여 불교학을 교육하는 곳도, 불교학을 위한 디지털 기술을 교육하는 곳도 없다. 이는 물론 이를 위한 기반 기술이 연구 분야에서 개발되지 않은 탓도 있겠지만 결국 따지고 본다면 닭과 달걀의 선두 다툼이 될 뿐이다.

이러한 상황을 타개하기 위해서는 다양한 해결책을 고민해야겠지만 원칙론으로서 후술할 디지털불교학 관련 연구를 기획·진행·제공할 때에 반드시 교육도 중요한 고려 항목으로서 함께 설계해야 한다는 점을 들 수 있을 것이다.

연구 분야의 디지털불교학

연구 분야 내에서 디지털불교학은 디지털과 불교학의 관계에 따라서 '불교학의 관점에서 디지털 세계와 그 영향 등을 연구하는 분야(디지털 by 불교학)'와 '디지털 기술에 의해서 불교학을 연구하는 분야(디지털에 의한 불교학)'의 두 가지로 다시 나눌 수 있다.

1) 디지털 by 불교학

디지털 기술과 그것이 일으킨 영향에 대한 불교학 관점에서의 연구는 디지털 세계의 분야만큼 다양하겠지만 그중 가장 대표적인 주제를 거론하면 아래와 같다.

■ 사이버스페이스Cyberspace, 가상현실(Virtual Reality, VR)

불교학이 디지털 시대에 가장 먼저 그 현상에 대해서 해석을 시도하고 종래의 불교학과의 접점을 모색한 것은 1990년대부터 2000년대 초 당시 사회적으로도 이슈였던 사이버스페이스였다. 몇 가지 예를 들면 다음과 같다.

* 고려대장경연구소 학술세미나『디지털 시대의 문화 변동』, 2001년 11월[18]

"21세기 전자 정보 사회의 의미를 묻는 세미나로 그 영역을 확대시켰습니다. 세미나는 디지털 기술 가운데에서도 근래 가장 주목 받고 있는 가상현실을 핵심 주제로 하여 과학, 예술, 철학, 종교 분야의 전문가들이 모여 이에 대한 상호 간의 이해를 나누는 자리로 만들어 보았습니다."

* 동국대학교 불교사회문화연구원『불교문화연구』제4집, 2003년 12월
 -특집 2003년 11월 세미나-
 1. 화엄 사상에 대한 현대적 이해/ 김성철
 2. 화엄 사상과 사이버 세계/ 조윤호
 3. 화엄 사상과 컴퓨터 기술의 접근/ 이태경
 4. 유비쿼터스 컴퓨팅 기술과 문제점/ 강법주

---

18 보다 자세한 내용은 해당 홈페이지(http://www.sutra.re.kr/home/contents/scientific.do?sub=m41_3) 참조.

위 연구들은 디지털이라는 새로운 조류가 가져온 사이버스페이스 현상에 대한 불교학의 첫 반응이라는 점에서 모두 의미 있는 연구이다. 다만 대체적으로 이 연구들은 사이버스페이스 또는 가상현실의 근본적인 의미와 그것이 이 세계와 그곳에 살고 있는 범부중생들에게 어떠한 영향을 미칠지 등에 대해 불교학의 관점에서 심도 있는 고찰을 진행한 것이라고 보기는 힘들다. 대부분 사이버스페이스와 불교학—그것도 대부분 화엄 사상의 인드라망—의 유사성을 비교하는 데 그친다는 한계를 갖고 있다. 따라서 엄밀한 의미에서 '디지털 by 불교학'이라기보다는 유사성에 의한 '디지털≒불교학' 정도의 병렬 수준에 머무른다고 볼 수 있다.

최근에 안환기[19]는 위 연구 성과들을 바탕으로 하면서도 화엄 사상과 사이버스페이스의 비교가 아니라 유식학의 입장에서 사이버스페이스의 본질을 파악하려는 연구를 진행하기도 하였다.

■ 인공지능(Artificial Intelligence)

인공지능이 앞으로 인류에게 가져다줄 미래에 대해서 불교학은 어떠한 분석과 해답을 찾고 있는가? 불교학의 입장에서 이 분야는 우선 두 가지 접근 방법을 생각할 수 있다.

① 교리적인 측면에서 인공지능이 무엇인가에 대한 해답을 찾는다.

② 응용불교학적인 입장에서 인공지능과 로봇이 이 세상에 가져올 경제·사회적인 영향에 대해서 인간이 앞으로 대처할 방향과 그 방향의 기준점을 제시한다.

---

19 안환기, 「유식학의 관점에서 본 인터넷-'식(識)'의 확장과 가상공간(virtual space)-」, 『불교학보』 74, 동국대학교 불교문화연구원, 2016

①은 인공지능의 정체성에 대한 물음이다. 인공지능을 새로운 생명체, 또는 인간과 같은 (혹은 더 뛰어난) 이성을 갖춘 존재로 보아야 할 것인가? 아직 인간의 언어는 인공지능의 정체성에 걸맞은 어휘를 충분히 갖고 있지 못하기에 인공지능이 가질 수 있는 권리에 대해 적절한 개념을 알고 있지 못하다. 인격도 아니고 생명체도 아니며 이성도 아니지만 인간이 하는 정신적 행위를 동등하게 또는 더 뛰어나게 수행하는 존재를 인류는 이제까지 경험해 본 적이 없기 때문이다.

이에 대한 불교학의 반응은 자신의 본분사인 성불의 가능성과 연결된 논의로부터 먼저 시작되었다.

* 보일 스님(해인사 승가대학), 「인공지능로봇의 불성 연구-인간과 기계의 연기성을 중심으로」, 조계종 승가대학 학인 논문 공모전 대상 수상작, 2008.
* 지승도, 『인공지능, 붓다를 꿈꾸다』, 서울: 운주사, 2015.
* 이상헌, 「붓다의 시선으로 본 인공지능」, 『평화와 종교』 제2호, 한국평화종교학회, 2016.

위 연구들은 불교의 입장에서 인공지능의 불성, 즉 성불 가능성을 검토한다. 이후에 불교학계에서도 관련 칼럼들을 여러 편 선보였지만 아직 이에 대한 전문적인 연구 결과물은 없다.

이러한 인공지능의 불성 논의는 불교학 전통에서 본다면 사실 새롭다고 할 수만은 없다. 예를 들자면 조금 경우가 다르지만 "개에게도 불성이 있는가?"를 시작으로, 초목성불론 등 인간 이외의 개체에 대한 성불 가능성 논의는 이전에도 있었다. 다만 인공지능의 불성은 인간과 소통 가능한, 인간보다 어느 영역에서는 뛰어난, 인간이 경험해 보지 못한 존재의 불성을 논한다는 점에서 예전의 논의와 차이가 있을 수 있다.

인공지능의 불성에 대한 논의는 필연적으로 인공지능을 유정有情, 즉 정식情識이 있는 존재로 볼 것인가에 대한 논의를 이끌어 내며 이로 인해서 인공지능도 출가할 수 있는가, 인공지능도 깨닫기 전에 윤회하는가, 인공지능에게도 팔식이 있는가 등의 다양한 논의로 이어지게 된다. 물론 현재의 인공지능은 아직 매우 초보적인 단계이므로 이러한 것을 논하는 것이 어불성설일지도 모른다. 그러나 가능성의 차원에서, 미래를 선도한다는 차원에서 불교학계가 앞으로 주목하여 논의해 가야 할 주제라고 생각한다.

이에 대한 답은 불교학 내에서도 부파·학파·종파별로 입장이 다 다를 것이며 또한 계율의 입장에서도 살펴보아야 할 문제라고 생각된다.

②는 보다 현실적인 문제로서 인공지능과 로봇이 수십 년 안에 가져올 경제·사회적인 변화에 대해서 불교학은 어떤 철학과 비전, 그리고 전략을 제시할 것인가에 대한 문제이다. 이미 약한 인공지능에 의한 인간의 일자리 잠식은 미래가 아닌 현실이다. 인류 문명이 자신이 창조한 인공지능에 의해서 또 다른 변곡점을 맞이하고 있는 때에 인간 사회는 어떠한 가치를 우선시하여 어떠한 사회를 만들어 가야 할 것인가? 이에 대해서 불교학계는 불교의 정신에 입각하여 4차 산업혁명 시대에 인간과 인공지능·로봇이 공생할 수 있는 미래상을 제시하는 데 적극 나서야 할 것이다. 이에 대해서 다음의 연구가 그 방안을 모색하였다.

* 장성우, 박경준, 「4차 산업혁명과 불교의 경제윤리」, 『종교교육학연구』 54, 한국종교교육학회, 2017.

장성우의 연구는 4차 산업혁명 시대에 예견되는 암울한 상황, 즉 인공지능의 활용에 따른 인간의 대량 해고 사태와 이로 인한 사회 불안에 대한 대책을 마련하는 데 있어서 불교적 관점의 효용성을 탐구한 것이다. 이 연구는 "불교의 인간 욕구에 대한 관점과 경제 윤리는 인간의 욕구를 수용하면서도 중도적으로 제어해야 함을 인정하며, 나아가 기업의 경제적 책임과 함께 자선적 책임의 중요성을 특히 강조하고 있으므로 4차 산업혁명이라는 첨단기술이 가져올 낙관적인 전망을 수용하면서도 비관적인 상황을 극복할 수 있는 논리와 근거를 제공"한다고 밝히고 있다.

가장 최근에 이 분야 관련 학술 활동으로는 한국불교학회의 국제학술대회를 들 수 있다. 한국불교학회는 '불교와 4차 산업'을 주제로 4차 산업혁명 시대에 불교가 담당해야 할 역할을 모색하고 또 인공지능의 불교적 이해 등을 살펴보는 자리를 마련하였다.[20]

2) 디지털에 의한 불교학

도표 4와 같이 연구 분야 가운데 디지털에 의한 불교학은 다시 단계별로 나눌 수 있다. 아래에서는 단계별로 불교학의 현 상황과 앞으로 나아갈 방향에 대해서 대략적인 개요만을 서술한다.

(1) 디지털 아카이브

디지털 아카이브는 앞서 언급한 것처럼 ① 불교학 자료(문헌, 이미지)를 단순히 디지털화하는 것과 ② 디지털화할 때, 또는 디지털화된 데이터에

---

[20] 자세한 프로그램은 한국불교학회 홈페이지 공지사항 참조(http://ikabs.org/board/notice.php?m_id=&detail=&bbs=&key=&val=&id=1199&type=view&page=1&filed=subject&keyword=4%C2%F7%BB%EA%BE%F7).

XML, TEI, 온톨로지 등의 기술을 사용하여 의미·맥락 데이터를 함께 기록하는 것으로 나뉜다. 우선 불교학계에서 현재까지 이루어진 대표적인 디지털 아카이브 사업은 아래와 같다.

* 동국대학교 불교학술원: 불교기록문화유산 아카이브(ABC) 사업단 (http://kabc.dongguk.edu/)
* 동국대학교 전자불전연구소: 한국불교전서 전산화(http://ebti.dongguk.ac.kr)
* 고려대장경연구소: 고려(초조, 재조)대장경 전산화(http://kb.sutra.re.kr)

* 대만 中華電子佛典協會 CBETA(http://www.cbeta.org)
* 일본 東京大學大學院 人文社會系研究科 次世代人文學開發センター 大藏經テキストデータベース研究會(SAT)(http://21dzk.l.u-tokyo.ac.jp/SAT/)

대만의 CBETA를 시초로 하는 불교학 자료의 디지털 아카이브 사업은 불교학 연구에 새로운 획을 그었다고 해도 과언이 아닐 정도로 큰 영향을 미쳤다.

현재 불교학 자료의 디지털 아카이브 사업은 ①의 단계에서 시작하여 극히 부분적으로 ②의 단계로 나아가고 있는 상황이다. 앞으로의 디지털 아카이브 사업은 ②의 단계를 어떻게 효율적으로 국제간의 협력을 통해서 진행하느냐가 관건이다. 왜냐하면 ②의 사업은 ①과 비교할 수 없을 정도의 엄청난 비용과 인력이 소모되기 때문에 어느 한 기관·국가에서 독자적으로 수행할 수 있는 규모가 아니며, 또 그럴 수 있다고 하더라도 이후 활용도가 떨어질 가능성이 높다.

그러나 ②의 사업을 위한 불교학 자료의 의미·맥락 데이터 입력에 있어서 관련 기관 간의 국제적 표준이 아직 제정되어 있지 않은 상황이다. 현재로서는 TEI가 기본 표준으로써 사용되고 있지만 TEI가 불교학 자료 입력에 안성맞춤의 표준이 아닌 범용 표준이기 때문에 TEI에 기반하면서도 불교학 자료의 특성에 맞추어진 불교학계 국제 표준을 제정하는 것이 시급하다.

이와 함께 언급해야 할 사업이 불교학 사전류의 디지털화이다. 현재는 기존의 종이 사전을 온·오프라인으로 검색할 수 있도록 하는 작업이 세계 곳곳에서 진행 중이다. 동시에 이미 출판된 종이 사전의 디지털화가 아니라 처음부터 디지털화된 사전을 제작 중이며 향후에는 이러한 방식이 표준으로 자리 잡을 것이다.

(2) 데이터 마이닝

데이터 마이닝은 디지털 아카이브 중 ②의 방식으로, 내용과 의미·맥락까지 입력된 데이터를 대상으로 다양한 통계 정보를 분석·제공한다. 데이터 마이닝 분야에 대해 불교학계의 대표 업적은 다음과 같다.

* 일본 고마자와(駒沢) 대학 이시이 코세이(石井公成)의 NGSM

이시이 코세이의 NGSM(N-Gram based System for Multiple document comparison and analysis)은 Claude Elwood Shannon의 N-Gram 기법에 바탕을 두고 한문 문헌을 분석하던 방식에서 한 걸음 나아가 복수의 한문 문헌의 용어를 분석할 수 있다. 이 데이터 마이닝 기법은 대상 문헌에 사용된 용어의 유사성을 통계학적 방법을 통해서 검증함으로써 한문 불전의 계통 또는 저자·역자 규명 등에 효과적으로 이용될 수 있다.[21] 이는 디지털 기술을 활용하여 불교학 연구에 새로운 수단을 마련했다는 점에서 의미가 있다.

* 대만 법고대학(法鼓文理學院)의 다양한 프로젝트

대만 법고대학에서는 디지털인문학적 방법론을 이용하여 많은 프로젝트를 진행하고 있다. 그중 대표적인 사업 몇 가지를 소개하면 아래와 같다.

— 불학규범자료고佛學規範資料庫(Buddhist Authority Database Project, http://authority.ddbc.edu.tw/)

불교 자료를 중심으로 한 시간과 공간 및 인물의 기초 데이터베이스이다. 시간 자료 데이터베이스는 진시황(BC 221년 11월 16일)부터 청말(AD 1912년 1월 18일) 사이의 서력과 한·중·일의 국명, 왕력 및 간지력을 제공하고 있다. 공간 자료 데이터베이스는 중국 역대 행정 지명을 참고하여 22개의 유형으로 총 46,368개의 지명 데이터를 제공하고 있다. 인명 자료 데이터베이스는 불경 관련 인명을 42개의 유형으로 분류하여 총 156,841명의 인명 데이터를 제공하고 있다. 불교규범 자료 데이터베이스는 미국·유럽의 동양학 기초 데이터베이스로 활용되고 있다.

---

21 보다 자세한 내용은 石井公成, 「仏教学におけるN-gramの活用」, 『明日の東洋学』 8, 東京大学東洋文化研究所附属東洋学研究情報センター報, 2002; 石井公成, 「眞諦關與文獻の用語と語法: NGSMによる比較分析」, 船山 徹 編, 『眞諦三藏研究論集』, 京都: 京都大學人文科學研究所, 2012 등을 참조.

- 송고승전 교감 및 디지털 에디션(宋高僧傳之校勘與數位化版本; A Critical, Digital Edition of the Song gaoseng zhuan, http://buddhistinformatics.ddbc.edu.tw/songgaosengzhuan/)

찬녕贊寧 등이 편찬한 『송고승전』의 여러 판본을 교감하여 새로운 교정본을 만들고 이를 디지털화하였다. 디지털화할 때 인명, 지명, 사명, 날짜 등의 정보를 XML/TEI 기술을 활용하여 입력하였으며 또한 이와 관련된 지리 정보를 함께 기록하였다. 이러한 작업을 바탕으로 『송고승전』으로부터 지명, 시대, 사명 등의 다양한 기준에 의한 유의미한 통계 자료를 추출할 수 있는 서비스를 제공하고 있다.

(3) 시각화

이러한 작업의 결과물을 연구자와 대중 모두에게 효과적으로 전달하기 위한 디지털인문학적 방법론이 시각화(Visualization)이다. 시각화에는 현재 다양한 방법이 시도되고 있고 현재에도 수많은 새로운 방법이 개발되고 있다. 불교학계에도 다양한 방식의 시각화가 이루어졌고 또 진행되고 있다. 이 가운데 몇 가지만을 소개하면 아래와 같다.

＊ 대만 법고대학(法鼓文理學院)

송고승전 교감 및 디지털 에디션(宋高僧傳之校勘與數位化版本, http://buddhistinformatics.ddbc.edu.tw/songgaosengzhuan/interface/)

* 동국대학교 전자불전문화콘텐츠연구소
  - 사이버 박물관
  - 앙코르와트 디지털 콘텐츠화[22]
  - 원효 대사 스토리뱅크[23]

시각화 방식을 형태별로 보면 현재는 전자문화지도, 타임라인, 인물관계망 등으로 나뉠 수 있으며 보통 이들 형태가 통합되어 제공되는 경

---

22 디지털로 보는 앙코르와트(http://www.culturecontent.com/content/contentList.do?search_div=CP_THE&search_div_id=CP_THE005)
23 원효 대사 스토리뱅크(http://culturecontent.com/content/contentMain.do?search_div=CP_THE&search_div_id=CP_THE003&cp_code=cp0901)

우가 많다.

이상으로 디지털불교학에서 연구 토대(디지털 아카이브), 연구 과정(데이터 마이닝), 연구 결과(시각화 과정)를 간략히 살펴보았다. 설명의 편의를 위해서 세 가지로 구분하였지만 현실에서는 세 단위가 한 사업의 세 모듈처럼 긴밀하게 서로 연결되어 진행되는 경우가 대부분이다.

이와 관련하여 가장 최근의 연구로는 동국대학교 불교문화연구원이 주최한 국제학술대회 '디지털인문학과 불교-데이터 마이닝과 시각화의 미래'가 주목된다.[24] 이 학술대회는 불교 한문 문헌을 OCR을 이용하여 자동적으로 입력하는 기술과 n-gram과 기계 학습을 통해서 불교 한문 문헌의 저자를 추정하는 기술 등 디지털 기술을 활용한 불교학 연구 사례를 다각적으로 고찰할 수 있는 기회를 제공하였다.[25]

---

[24] 자세한 프로그램은 동국대학교 불교문화연구원 홈페이지 공지사항 참조(http://bit.ly/2TTgmuX).

[25] 이 학술대회의 연구 성과는 동국대학교 불교문화연구원에서 발행하는 국제학술지 *International Journal of Buddhist Thoughts & Culture*, vol.28 No.2, 2018.12에 수록되었다.

디지털인문학 시대, 한국의 불교학이 나아갈 길

　인간 문화의 전 분야에 걸쳐서 아날로그로부터 디지털로 대이주가 진행되고 있는 시대에 디지털과 인문학의 융합이 들불처럼 번져 나가는 디지털인문학의 바람을 맞이하여 불교학, 특히 한국의 불교학은 앞으로 어느 길로 나가야 할 것인가?

　현재 디지털인문학은 연구와 교육 그리고 그 외의 분야에서 활발하게 진행되고 있다. 연구 분야는 디지털에 의한 인문학 측면과 디지털 시대를 인문학적 입장에서 조망하는 측면으로 나누어 생각해 볼 수 있으며, 이는 또다시 여러 세부 분야로 나뉜다. 불교학도 디지털인문학의 각 분야에서 훌륭한 성과를 거두고 있다. 그러나 현재 한국 불교학의 디지털 시대, 디지털인문학에 대한 대응은 각 단계별로 많은 발전을 이루어 나가고 있지만 다른 나라의 사정과 비교해 보면 전체적이고 장기적인 계획 아래에서 체계적으로 진행되고 있다기보다는 시류에 편승한, 단편적인 임기응변의 성격이 짙어 보인다. 구체적으로는 다음과 같은 아쉬움을 정리해 볼 수 있다.

* 디지털 아카이브의 편중, 데이터 마이닝과 시각화 단계의 빈약
* 연구 과정의 공개 미흡
* 연구 기술의 공용 플랫폼화 부족

　우선 각 부문의 상황에 대해서 조금 구체적으로 논의해 보자.
　우리나라의 디지털인문학이 다른 나라의 경우와는 달리 문화 콘텐츠

와 밀접한 연관을 맺고 있는 것과 동일하게 우리나라의 디지털불교학도 문화 콘텐츠와 깊은 관계에서 발전하고 있다. 그럼에도 불구하고 연구 분야의 세 단계 중에서 유독 디지털 아카이브에 편중하는 경향을 보인다. 그중에서도 XML·TEI·온톨로지 등의 디지털인문학적 기술을 이용하여 자료의 의미·맥락도 함께 고려하는 분야에 대해서는 아직 많은 진전을 이루고 있지 못하다.

데이터 마이닝과 시각화 단계에 대해서는 우리나라의 디지털불교학의 업적은 거의 전무하다고 해도 과언이 아닐 정도로 빈약한 상황이다. 이 부분에 대한 보다 큰 관심이 시급하다고 생각된다.

연구 분야의 단계별 상황과 별도로 우리의 디지털불교학 사업은 디지털 아카이브에 편중되었을 뿐만 아니라 그 과정의 공개가 다른 나라에 비해서 상당히 미흡한 편이다. 디지털 아카이브를 할 시에 어떤 기술을 사용하여 어떤 구조로 설계했으며 어떤 표준을 준수·제정했는지 등을 공개하지 않고 마지막 결과만을 제공함으로써 연구 과정에서 사용되었던 기술들이 국제적으로 표준화되어 재사용되는 경우도 없으며 관련 연구자들에 의해 개선되는 일도 드물다.

마지막으로 연구 과정과 결과물 제공 시에 사용된 기술들을 공용 플랫폼화하고 유사 연구에서 재사용할 수 있도록 하여 관련 연구자들과 플랫폼 자체가 함께 발전하는 기회로 삼는 것이 세계적 추세임에도 아직 우리 디지털불교학 사업은 관련 기술의 공용 플랫폼화에 대한 인식과 의지가 부족한 상황으로 파악된다.

이상을 총괄하면 한국불교학은 '디지털인문학'이라는 시대적 흐름을 맞이하여 총체적이고 균형 잡힌 이해와 대응은 아직 하지 못하고 있는 것으로 보인다. 그보다는 그때그때의 상황에 따라서 시류에 편승하는

식의 단편적인 대처가 주류를 이루고 있다. 따라서 디지털인문학의 흐름을 좇기에도 급급하여 앞서서 이를 이끌어 나갈 일은 현재로서는 요원하게 느껴진다.

한국 불교학은 왜 이러한 상황에 놓여 있으며, 어떻게 하면 이를 타개해 나갈 수 있을까? 이에 대해서는 여러 가지 원인이 있겠지만, 가장 근본적인 이유는 바로 현재 한국 불교학이 지니고 있는 '현장성의 결여'라고 생각된다. '현장성의 결여'는 달리 말하면 현재 여기에서 살아가는 사람들의 삶에 대한 무관심이라고도 할 수 있다. 사람들의 욕구를 파악하고 이를 불교의 관점에서 분석·이해하여(上求菩提) 사람들이 보다 행복한 삶을 이루어 나가도록 기여하는 것(下化衆生)이 불교학의 본령이라면, 인류가 디지털에 사로잡힌 이 시기에 디지털 문화에 대한 무관심과 무대응은 인간에 대한 무관심이며, 이러한 학문을 고집하는 불교학은 실제 삶과는 관계없는, 부처님이 그토록 경계한 '희론'일 것이다.

그렇다면 이러한 상황을 어떻게 해결할 것인가? 불교학이 디지털 시대, 디지털인문학의 흐름에 대해서 대응을 넘어 이를 선도하기 위해서는 불교학이 도대체 왜 디지털 시대에 대응하고 디지털인문학을 선도해야 하는지에 대해서 근본적인 질문을 던져야 한다. 이에 대한 답은 사람마다 다를 수 있지만 해답을 구하는 시작은 디지털 현상에 대한 바른 이해여야 할 것이다.

기본적으로 디지털 현상은 인간 욕구의 새로운 표현 방식일 뿐이다. 따라서 인간의 욕구와 그로 인한 고통, 그로부터의 해탈을 핵심 연구 대상으로 삼는 불교학에게 디지털 현상은 취사선택 가능한, 따라서 그렇고 그런 연구 주제의 하나가 아니라 필수적으로 파헤쳐야만 할 대상이고 디지털인문학은 이를 위한 가장 유용한 수단이다. 즉 디지털 현상과 디지털인문학은 불교학이 현장성을 확보하기 위해 불가결한 연구 대상이고 연구 방법인 것이다. 하루 종일 스마트폰에 빠져 있는, 바로 옆의 가족과 친구와도 SNS를 통해 소통하는 이 시대의 사람들에게 불교학은 어떠한 존재 이유가 있는가? 이러한 디지털 현상에 대한 불교적 해답이 불교학의 존재 이유이고 디지털인문학은 그 해답을 찾는 효과적인 도구라는 점을 자각하는 것에서부터 해결책을 찾지 않으면 안 될 것이다.

| 참고문헌 |

김현·임영상·김바로 공저, 『디지털인문학 입문』, 서울: 한국외국어대학교 지식출판원, 2016.

김일환·이도길, 「빅 데이터 시대의 디지털인문학」, 『디지털 시대 인문학의 현재와 미래』, 서울: 2016 인문한국연구소 공동학술심포지엄 자료집, 2016.
보일 스님, 「인공지능로봇의 불성 연구-인간과 기계의 연기성을 중심으로」, 조계종 승가대학 학인 논문 공모전 대상 수상작, 2008.
송인재, 「동아시아 개념사와 디지털인문학의 만남」, 『디지털 시대 인문학의 현재와 미래』, 서울:2016 인문한국연구소 공동학술심포지엄 자료집, 2016.
안환기, 「유식학의 관점에서 본 인터넷-'식(識)'의 확장과 가상공간(virtual space)-」, 『불교학보』 제74집, 서울: 동국대학교 불교문화연구원, 2016.
최재웅·이도길, 「특집 물결21 코퍼스: 공유와 확산」, 『민족문화연구』 64호, 서울: 고려대학교 민족문화연구원, 2014.
『불교문화연구』 제4집, 경주: 동국대학교 불교사회문화연구원, 2003.

Susan Schreibman, Ray Siemens, John Unsworth ed., "A Companion to Digital Humanities," Oxford: Blackwell, 2004.

石井公成, 「仏教学におけるN-gramの活用」, 『明日の東洋学』 8, 東京大学東洋文化研究所附属東洋学研究情報センター報, 2002.

石井公成, 「眞諦關與文獻の用語と語法：NGSMによる比較分析」, 船山 徹 編, 『眞諦三藏硏究論集』, 京都: 京都大學人文科學硏究所, 2012.

* 웹페이지

고려대장경연구소(http://www.sutra.re.kr)
고려대장경연구소 학술세미나 『디지털 시대의 문화 변동』
(http://www.sutra.re.kr/home/contents/scientific.do?sub=m41_3)
김현 홈페이지
(http://www.xuanflute.com/nayaboard/board/list.php?boardname=paper1)
김바로 디지털인문학 블로그(http://www.ddokbaro.com/3793)
동국대학교 전자불전문화콘텐츠연구소(http://ebti.dongguk.ac.kr)
물결21(http://corpus.korea.ac.kr)

버츄얼쿄토(http://www.geo.lt.ritsumei.ac.jp/webgis/ritscoe.html)
영국 왕립대학 에피독 프로젝트(https://sourceforge.net/p/epidoc/wiki/Home/)
중국 역대 인물 데이터베이스(http://projects.iq.harvard.edu/cbdb/home)
法鼓大學 宋高僧傳之校勘與數位化版本
(http://buddhistinformatics.ddbc.edu.tw/songgaosengzhuan/interface/)
佛學規範資料庫
(Buddhist Authority Database Project, http://authority.ddbc.edu.tw/)
宋高僧傳之校勘與數位化版本
(http://buddhistinformatics.ddbc.edu.tw/songgaosengzhuan/)

How Do You Define DH?(2012)
(http://archive.artsrn.ualberta.ca/Day-of-DH-2012/dh/index.html)
TEI(http://www.tei-c.org)
Wikipedia - 'digital' (https://en.wikipedia.org/wiki/Digital)

문화와 의례

불교가사 佛敎歌辭

· 김기종

I. 가사문학과 불교가사

　불교가사의 개념과 범위/ 불교가사와 화청和請/

　가사의 발생과 불교가사

II. 17·18세기 불교가사의 판각

　침굉枕肱의 가사 작품/ 『염불보권문』의 불교가사/

　지형智瑩의 불교가사

III. 19세기 불교가사의 대중화

　남호南湖의 〈광대모연가〉·〈장안걸식가〉/ 〈자책가〉와 〈토굴가〉/

　'회심곡'류 불교가사

IV. 20세기 불교가사의 새로운 전개

　경허鏡虛·만공滿空·한암漢巖의 〈참선곡〉/

　용성龍城의 대각교 가사/ 학명鶴鳴의 단형가사

　■ 극락極樂 가기와 자성自性 찾기

I. 가사문학과 불교가사

불교가사의 개념과 범위

가사歌辭는 한국 고전시가의 역사적·관습적 장르이다. 현재 전하는 작품 수와 작자·향유층의 다양성이라는 측면에서 볼 때, 고전시가뿐만 아니라 고전문학 전체를 대표하는 문학 장르라 할 수 있다. 가사는 행의 제한이 없는 연속체의 율문律文 양식으로, 네 개의 소리마디(음보音步)가 한 행을 이루고, 하나의 소리마디는 3언言 또는 4언으로 되어 있다. 이러한 양식적 특징으로 인해, 가사는 악기의 반주에 맞춰 가창되는 여타의 시가 장르와 달리, 가창 이외에도 완독玩讀과 음송吟誦의 방식으로 향유되었다.

불교가사는 불교의 사상 및 교리를 알리기 위해 창작되거나 불교 신앙의 체험을 노래한 가사문학을 가리킨다. 그럼에도 최초의 불교가사 자료집인 이상보의 『한국불교가사전집』,[1]은 '불교와 관련된' 가사 작품까지 수록하고 있다. 총 70편의 작품이 실려 있는 이 자료집에는 〈송여승가〉·〈승답사〉·〈재송여승가〉·〈여승재답사〉·〈관등가〉·〈청춘과부가〉 등이 포함되어 있는데, 이들 가사는 승려를 소재로 하고 있을 뿐, 불교 사상 내지 신앙과는 전혀 관련이 없는 연정戀情 가사이다.

한편, 임기중의 『불교가사 원전연구』[2]는 지금까지 나온 불교가사의

---

1 이상보, 『한국불교가사전집』, 서울: 집문당, 1980
2 임기중, 『불교가사 원전연구』, 서울: 동국대학교출판부, 2000

자료집 가운데 가장 많은 작품을 수록하고 있다. 총 108편의 불교가사가 '17~18세기 문헌의 불교가사'(13편), '19세기 문헌의 불교가사'(44편), '20세기 문헌의 불교가사'(38편), '20세기 문헌의 신체불교가사'(13편)의 네 항목으로 나뉘어 실려 있다. 그런데 '20세기 문헌의 신체불교가사' 중 〈기념가〉·〈귀일가〉를 제외한 작품들은 분절 형식으로 되어 있고 후렴구가 붙어 있어, 통절 형식의 가사와는 다른 '찬불가'에 해당한다. 찬불가는 근대 이후 서양 음악의 영향을 받아 오선보로 작곡된 불교노래 전체를 가리킨다.[3] 이들 작품은 1920~30년대의 불교잡지와 불교의식집에 악보와 함께 수록되어 있으며, 전통적 불교의식인 재齋가 아닌, 근대 시기에 새로 등장한 법회와 불교행사에서 가창되었다.[4]

따라서, 불교가사의 통시적 면모를 살펴보는 것이 목적인 이 글에서는, 『한국불교가사전집』과 『불교가사 원전연구』 소재 작품들을 논의 대상으로 삼되, 불교 사상·신앙과 관련이 없는 전자의 6편과, 후자의 '찬불가' 11편은 제외할 것이다.

불교가사와 화청和請

'화청'은 여러 불·보살을 고루 청하여 극락왕생을 발원한다는 뜻[5]으로, 불교의식佛敎儀式에서 북이나 목탁의 장단에 맞춰 가창되는 노래를 말한다. 같은 불교의식가요인 범패梵唄가 한문 가사歌詞를 부른다면, 이

---

3 박범훈, 『한국불교음악사연구』, 서울: 장경각, 2000, p.370
4 김기종, 「1920~30년대의 찬불가」, 『불교와 한글』, 서울: 동국대학교출판부, 2015, pp.332~333
5 동국대학교 불교대학, 『화청』(무형문화재조사보고서 65호), 서울: 문화재관리국, 1969, p.5

화청은 우리말 노랫말로 되어 있는 차이가 있다. 또한 범패가 불교의식을 구성하는 필수적인 요소로 엄격한 의식 절차의 규제를 받는 것에 비해, 화청은 특별히 어떤 재齋의 어떤 의식 절차에서 불러야 한다는 규제에서 자유롭다.

그런데 '화청'이라는 용어 자체는 조선시대까지의 어떤 기록에도 보이지 않고, 근대 시기의 불교의식집인 『석문의범』(1935)에서도 이 용어를 찾을 수 없다. '화청'은 무형문화재 보고서인 『화청』(1969)에서 비로소 등장하는데, 이 보고서는 1960년대 당시 주로 서울에서 활동하던 범패승들을 대상으로 조사한 것이다. 화청의 개념·역사·종류·음악적 특징 등을 서술한 뒤, 조사자들이 채록한 화청의 노랫말을 수록하고 있다.

『화청』에서 제시하고 있는 37종의 노랫말은 축원화청祝願和請·평염불平念佛·고사선염불告祀先念佛을 제외하고는 모두 불교가사에 해당한다.[6] 곧 〈서왕가〉·〈참선곡〉·《전설인과곡》·《권선곡》·〈자책가〉·〈별회심곡〉 등이 그것이다. 이를 통해, 화청은 18·19세기를 거치며 사찰 주변에서 널리 향유되던 불교가사가 그 대중성 때문에 불교의식에 수용된 것임을 알 수 있다.[7] 화청은 불교가사의 음악적 명칭에 다름 아닌 것이다. 다만, 불교가사가 화청으로 연행될 때에는 반드시 "걸청걸청乞請乞請 지심걸청至心乞請 일회대중一會大衆이 지심걸청" 또는 "일심걸청一心乞請 일심걸청 일회대중이 일심봉청一心奉請"의 노랫말로 시작된다는 차이점이 있다.[8]

---

6 동국대학교 불교대학, 앞의 책, 1969, pp.31~33
7 장휘주, 「화청의 두 유형」, 『이화음악논집』 10-2, 서울: 이화여대 음악연구소, 2006, p.145; 이보형, 「和請法文으로 본 일반화청의 정체성」, 『한국음악문화연구』 4, 서울: 한국음악문화학회, 2013, p.216
8 장휘주, 위의 논문, 2006, p.139; 이보형, 위의 논문, 2013, p.217

화청은 현재에도 대규모의 천도재薦度齋·영산재靈山齋 등에서 범패승에 의해 연행되고 있다. 비록 사찰 안의 승려 및 재가신자들에 국한된 것이지만, 18·19세기에 창작된 불교가사가 여전히 향유되고 있다는 점은 한국시가사, 더 나아가 한국문화사에서 보기 드문 예에 속한다. 이렇듯 불교가사는 불교의식에서 많은 대중들을 대상으로 가창되었으며, 현재에도 꾸준히 연행·향유되고 있는 시가 장르라고 하겠다.

가사의 발생과 불교가사

가사문학의 발생에 관한 문제는 그동안 많은 논의가 있어 왔으나 아직 논란 중에 있다. 현재는 근래에 제기된 '선가禪歌 기원설'이 학계의 지지를 얻어 가고 있는 상황이다.[9] 가사문학의 '선가 기원설'은, 고려 말 선승禪僧들이 세속의 대중들에게 선리禪理를 설파하기 위한 음성 설법의 수단으로, 장형의 한문가요인 '선가'를 변용하여 가사라는 새로운 장르를 창출했다는 견해이다.[10]

이 견해의 주요 논거 중의 하나는, 나옹 혜근懶翁慧勤(1320~1376)의 작품으로 전하는 〈서왕가〉·〈승원가〉·〈낙도가〉·〈수도가〉 등의 불교가사이다. 이들 중 〈서왕가〉와 〈승원가〉는 가사 장르의 효시작으로 거론되었는데, 특히 〈서왕가〉는 나옹 작가설을 설득력 있게 부정한 논의들이 있

---

9 박영주, 「불교문학의 새로운 경지를 연 나옹화상 혜근」, 『오늘의 가사문학』 14, 담양: 한국가사문학관, 2017, p.44

10 박경주, 『한문가요연구』, 서울: 태학사, 1998, p.169; 김학성, 「가사 양식의 전통 유형과 계승방향」, 『고시가연구』 23, 광주: 한국고시가문학회, 2009, p.155; 류연석, 「새로 쓰는 가사문학사 2: 발생기의 가사문학」, 『오늘의 가사문학』 2, 담양: 한국가사문학관, 2014, p.18

었음에도, 나옹이 창작한 가사로 공인되고 있다.[11] 향찰로 표기된 〈승원가〉의 경우는, 몇몇 연구자에 의해 필사 시기가 조선 후기이고,[12] 19세기에 널리 유통된 〈자책가〉의 이본이라는 사실이 밝혀진 바 있다.[13]

〈서왕가〉는 1704년(숙종 30) 경북 예천 용문사에서 처음 판각된 『염불보권문』에 '나옹화샹셔왕가'라는 이름으로 수록되어 전한다. 그리고 1776년(영조 52) 경남 합천 해인사에서 간행한 『신편보권문新編普勸文』에는 〈강월존자서왕가江月尊者西往歌〉가 실려 있다. 바로 이 두 문헌에 명기된 '나옹화샹'·'강월존자'의 존재는, 가사문학이 나옹이 생존했던 14세기에 발생하였고, 〈서왕가〉가 가사 장르의 효시작이라는 주장의 근거가 되는 것이다.

〈서왕가〉를 나옹의 작품으로 인정하고 있는 논의들은 수록 문헌의 작가 명기를 중시하고 있지만, 정작 수록 문헌에 대해서는 어떠한 언급도 없다는 문제점을 보인다. 이들 논의의 주장처럼, 〈서왕가〉가 구전되어 오다가 18세기 초에야 비로소 『염불보권문』에 수록된 것이라면, 무엇보다 『염불보권문』의 내용 및 성격과 그 간행의 시대적 배경에 대한 검토가 우선되어야 하기 때문이다. 그런데 최근에 『염불보권문』에서의 〈서왕가〉의 위치를 해명하고 있는 논의가 있어 주목을 요한다.

이 연구[14]에 따르면, 〈서왕가〉는 참선 수행으로 깨달음을 얻은 '조사

---

11 최상은, 「가사문학의 시작, 최초의 불교가사 〈서왕가〉」, 『오늘의 가사문학』 12, 담양: 한국가사문학관, 2017, p.54; 김학성, 「발생기의 가사, 그 이념성과 문학성」, 『오늘의 가사문학』 14, 담양: 한국가사문학관, 2017, p.13
12 최범훈, 「〈승원가〉의 借用表記 연구」, 『논문집』 10, 수원: 경기대학교, 1982, p.66
13 강전섭, 『한국시가문학연구』, 서울: 대왕사, 1986, p.96; 김종진, 「〈자책가〉 이본 형성 연구」, 『동악어문학』 31, 서울: 동악어문학회, 1996, p.278
14 김기종, 「〈서왕가〉의 주제의식과 18세기 불교사의 맥락」, 『한국시가연구』 46, 서울: 한국시가학회, 2019

祖師'가 염불중생을 데리고 극락세계로 가는 여정을 노래한 것이다.[15] 이 특징으로 인해 〈서왕가〉는 이 작품을 수록하고 있는 『염불보권문』 전체의 주제의식을 형성·강화하는 동시에 이를 증명하는 기능을 담당하고 있다. 『염불보권문』의 편자는 제1~3부에 '부처님의 말씀'·'왕생인의 체험'·'조사의 노래'를 차례대로 배치하여, 이 책의 주제의식을 표출하고 있기 때문이다. 여기에서 '부처'·'왕생인'·'조사'는 발화자이자 증인이 되는 것이다.

『염불보권문』의 편자가 이렇듯 자신의 주장을 펴기 위해 경전·왕생담·〈서왕가〉를 그 근거로 내세우고 있는 이유는 당시의 불교계 상황과 관련이 있다. 칭명염불稱名念佛만으로 왕생·성불할 수 있음을 주장하는 『염불보권문』의 편찬은, 기존의 염불선念佛禪적 경향에 대한 대안이자, 일종의 '염불운동'을 지향한 것이다. 새로운 움직임에는 비판과 반발이 따르기 마련이므로, 『염불보권문』의 편자는 자신의 주장이 교리적인 측면에서 옳은 것임을 입증해야 했고, 그 방법으로 제시한 것이 바로 '부처의 말씀'과 '조사의 노래'였던 것이다. 곧, 〈서왕가〉는 일종의 염불운동을 지향한 『염불보권문』 편자의 의도 아래 편입 또는 창작된 것으로, 18세기 불교계의 새로운 움직임이 투영된 노래인 것이다.[16]

그러므로 이 글은 나옹이 지었다고 전하는 가사 작품들이 고려 말이 아닌 조선 후기에 창작된 것이라는 전제 아래, 불교가사를 수록하고 있는 주요 문헌의 편찬 및 간행 연대의 순서에 따라 해당 작품의 특징적인 국면을 살펴보고자 한다.

---

15 이에 대해서는 다음의 Ⅲ장에서 자세히 살펴볼 것이다.
16 김기종, 앞의 논문, 2019, pp.22~26

II. 17·18세기 불교가사의 판각

침굉枕肱의 가사 작품

현재 전하는 불교가사 중, 수록 문헌의 간행 연대가 가장 이른 시기의 작품은 침굉 현변枕肱懸辯(1616~1684)의 〈귀산곡〉·〈태평곡〉·〈청학동가〉이다. 이들 가사는 1695년(숙종 21) 조계산 선암사에서 개간된 목판본 『침굉집』에 국한문 혼용 표기로 실려 있다. 『침굉집』은 침굉의 입적 12년 후에, 제자들이 스승의 흩어진 글과 사람들의 입으로 전해진 시·노래 등을 모아서 상·하 두 권으로 엮어 간행한 것이다.

침굉의 가사 작품 중, 〈청학동가〉는 불교가사에서는 보기 드문 서정가사로, 청학동의 아름다운 경치와 그 속에 묻힌 선사禪師의 한가로운 흥취를 노래하고 있다. 이에 반해, 〈귀산곡〉과 〈태평곡〉은 당시 승려들의 문제점을 드러내고 이에 대한 해결책을 제시하고 있다. 그러나 이 두 작품 역시 화자 자신의 체험을 중심으로 서술함으로써 여타의 불교가사와 달리, 청자에 대한 일방적인 설법의 태도가 약화되어 있다.

〈귀산곡〉은 "阿呵呵 錯錯子아 네엇지 錯錯ᄒᆞ다"로 시작하고 있다. 여기에서 '착착자'는 염불과 참선을 우습게 여기고 '외사外事'만 따르는 승려들을 가리킨다. 〈귀산곡〉의 화자는 승려의 본분을 잊고 '외사'에만 관심을 갖는 '착착자'를 청자로 설정하여 그들의 문제점을 지적한 뒤, 산중에서의 참선 수행과 그 즐거움을 노래하고 있다. 이 작품의 '착착자'와 '참선 수행'은 아래의 인용문에서 보듯이, 〈태평곡〉에서 보다 구체화되어 나타난다.

(가) 又有一般 늘근거슨 三十年 二十年을
山中의 드러이셔 活句參詳 ᄒᆞ노라디
杜撰長 依憑ᄒᆞ야 惡知惡覺 殘羹數般
雜知見을 주어비화 禪門도 내알고
敎門도 내아노라 無知ᄒᆞᆫ 首座ᄃᆞ려
매도록 샤와리되 七識자리 이러ᄒᆞ고
八識자리 져러ᄒᆞ다 禪門의 活句을
다註解 ᄒᆞ노매라
　　　　　…(중략)…
ⓐ어와 져써들히 무슴福德 심써관듸
高峯大惠 後얘나셔 末世眼을 머로ᄂᆞ고
高峯大惠 겨시더면 머리쌔텨 개주리라
그스승 그弟子을 다모여 겨쳐두고
閻王의 鐵杖으로 萬萬千千 ᄯᆞ리고쟈
다시一童 다김바다 千里萬里 보내리라

(나) 어와 이젓짜다 내역시 니젓짜다
出家ᄒᆞᆫ 本志야 이러코쟈 홀가만는
不習懈怠 學習ᄒᆞ야 ⓑ禪要書狀 都序節要
楞嚴般若 圓覺法華 華嚴起信 諸子百家
다주어 두러보고 情神을 抖擻ᄒᆞ야
ⓒ栢樹子을 ᄯᅥ거쥐고 石牛鐵馬 둘러ᄐᆞ매
玉女木童 牽馬잡펴 無絃琴 ᄐᆞ이며
智異山 믈근ᄇᆞ람 楓岳山 불근둘과

…(중략)…

智慧月을 조쳐씨고 大悲網 쎄씨펴

欲海魚를 건져내여 涅槃岸의 올려두고

囉囉囉 哩囉囉 太平曲을 블니리라

번님네 物外丈夫을 다시어듸 求호고[17]

인용문은 〈태평곡〉의 일부이다. (가)는 당시의 무능한 승려 계층을 대표하는 '늘근거슨'을 비판하는 내용이고, (나)에서는 화자가 이상적으로 생각하는 수행 방법을 제시한 뒤, 중생 제도에 대한 화자 자신의 다짐을 노래하고 있다.

〈태평곡〉의 화자는 (가)의 '늘근거슨' 외에도, '조서승鳥鼠僧'·'범법승犯法僧'·'산문山門의 학자學者'·'불강학자' 등 부패와 무능을 상징하는 승려들을 거론하면서, 이에 대한 준엄한 비판을 가하고 있다. 특히, 인용문 (가)에서 보이는 머리를 깨뜨려 개에게 주거나, 염라대왕의 쇠망치로 수없이 때려 멀리 쫓아내겠다는 표현은, 화자가 지닌 당시 불교계에 대한 인식의 일단을 반영하는 것으로 볼 수 있다. 〈태평곡〉의 '늘근거슨'·'조서승'·'범법승' 등은 〈귀산곡〉의 '착착자'가 구체화·세분화된 것이다.

한편, 인용문 (가)의 ⓐ는 작자인 침굉이 고봉과 대혜라는 인물을 매우 중시하고 있음을 보여 주는데, 여기에서 잠시 그 이유에 대해 살펴볼 필요가 있다. 고봉 원묘高峰原妙(1239~1295)와 대혜 종고大慧宗杲(1089~1163)는 모두 중국의 유명한 선사들로, 청허 휴정淸虛休靜(1520~1604)은 벽송 지엄碧松智嚴(1464~1534)의 법통을 밝히는 과정에서 이들을 언급하

---

17 침굉 현변, 〈태평곡〉(임기중, 앞의 책, 2000, pp.71~76)

고 있다. 즉, "스님께서 평생 발휘하신 바는 고봉과 대혜의 가풍이었다. 대혜 화상은 육조六祖의 17대 적손嫡孫이고 고봉 화상은 임제臨濟의 18대 적손인데, 스님은 해외의 사람이면서도 500년 전의 종파를 엄밀히 이었다."[18]가 그것이다.

청허의 이 언급은 자가自家의 법통을 밝히고 있는 현존 유일의 문증文證으로,[19] 침굉은 소요 태능逍遙太能(1562~1649)의 법을 이어받았고, 소요 태능은 청허의 제자이다.[20] 따라서 고봉과 대혜는 바로 침굉에게도 법사法嗣가 되는 인물들로, 침굉 역시 이 두 선사의 법통을 이어받은 것이 된다. 그러므로, 침굉은 ⓐ에서 참된 승려를 대표하는 인물로 이 두 선사를 언급한 것이라 할 수 있다.

인용문 (나)의 ⓑ와 ⓒ는 바로 앞부분까지 서술된, 당시 승려들의 문제점에 대한 화자의 해결책이라 할 수 있다. 먼저, ⓑ에서 제시하고 있는 책들은 조선 후기 강원講院의 승려 교육 과정인 '이력과정履歷課程'의 과목들에 해당한다. 즉 '선요禪要·서장書狀·도서都序·절요節要'는 이력과정의 사집과四集科에, '능엄楞嚴·반야般若·원각圓覺·기신起信'은 사교과四敎科에, '화엄華嚴'은 대교과大敎科에 대응된다.[21]

그리고 ⓒ의 '백수자栢樹子'·'석우철마石牛鐵馬'·'옥녀목동玉女木童' 등

---

18 청허 휴정, 『三老行蹟』, 「碧松堂大師行蹟」(『韓佛全』7, 753a)
19 김영태, 「조선선가의 법통고」, 『불교학보』 22, 서울: 동국대 불교문화연구원, 1985, p.37
20 김용태, 『조선후기 불교사 연구』, 서울: 신구문화사, 2010, p.112
21 "從前以來 朝鮮僧侶 次第講修經論科目謂之履歷. 十戒·誦呪·般若心經·禮懺·初心文·發心文·自警文(已上 沙彌科也) 大慧書狀·高峰禪要·禪源諸詮集都序·法集別行錄卽要(已上 四集科也) 楞嚴經·起信論·金剛般若經·圓覺經(已上 四敎科也) 華嚴經·禪門拈頌·傳燈錄(已上 大敎科也)"(이능화, 『조선불교통사』하, 서울: 신문관, 1918, p.568)

은 참선 수행을 위한 '화두話頭'를 가리킨다. 특히, '백수자'는 어떤 승려의 "달마 조사가 서쪽으로부터 온 뜻이 무엇입니까?"라는 질문에, 중국 임제종의 조주 종심趙州從諗(778~897)이 '뜰 앞의 잣나무'라고 대답한 데서 유래한 화두이다. 곧, 인용문 (나)에서 화자는 승려들의 이상적인 수행 방법으로, 교학을 공부한 뒤 간화선看話禪의 참선 수행에 정진하는 '유교입선由教入禪'을 제시하고 있는 것이다.

결국, 침굉의 불교가사는 불교계의 현실적인 문제점을 비판하여 승려들의 자각을 의도하고 있다는 점에서, 일반인을 대상으로 한 대중적인 포교의 노래와는 그 성격이 다르다고 하겠다.

『염불보권문』의 불교가사

『염불보권문念佛普勸文』은 1704년(숙종 30) 경북 예천 용문사의 승려 명연明衍이 편찬한 책으로, 극락·염불과 관련된 비교적 다양한 글들을 수록하고 있다. 원 서명은 『대미타참약초요람보권염불문大彌陀懺略抄要覽普勸念佛文』인데, '대미타참'은 중국 원나라 왕자성王子成의 『예념미타도량참법禮念彌陀道場懺法』(이하 『미타참법』으로 약칭)을 가리킨다. 이 책은 예천 용문사에서 간행된 이래, 80여 년의 기간 동안 총 일곱 차례에 걸쳐 판각·간행되었다.

『염불보권문』은 수록된 글들의 출전 및 내용에 따라, 제1부의 경전에서 뽑은 글, 제2부의 『미타참법』 소재 왕생담, 제3부의 염불의식문 등으로 구성되어 있다. 가사 작품인 〈서왕가〉와 〈인과문〉은 「염불작법차서念佛作法次序」와 함께 제3부에 실려 있다. 제1·2부는 구결이 없는 한문 원문과 순 한글의 언해문이 함께 제시되어 있고, 제3부는 한문 원문에 독음이 달려 있거나, 한글로만 표기되어 있다. 『염불보권문』의 '염불'이 '칭명염불'만을 가리키고 있는 점과, 왕생의 이유 내지 목적으로 '성불'을 강조하고 있는 점은 이 책의 특징으로 지적할 수 있다.

(가) 나도 이럴만졍 세샹애 인쟤려니
무샹을 싱각ᄒ니 다거즛 거시로쇠
부모의 기친얼굴 주근후에 쇽졀업다

(나) 져근닷 싱각ᄒ야 ⓐ셰스을 후리치고
부모끠 하직ᄒ고 단푀즈 일납애
쳥녀쟝을 빗기들고 명산을 ᄎ자드러
션지식을 친견ᄒ야 ⓑᄆᆞᄋᆞᆷ을 볼키리라
쳔경 만론을 낫낫치 츄심ᄒ야
ⓒ뉵젹을 자부리라 허공마를 빗기ᄐ고
마야검을 손애들고 오온산 드러가니
졔산은 쳡쳡ᄒ고 ᄉᆞ샹산이 더옥놉다
ⓓ뉵근 문두애 자최업슨 도젹은
나며들며 ᄒᆞᆫ즁에 번로심 볘쳐노코
ⓔ지혜로 ᄇᆡ를무에 삼계바다 건네리라
념불즁싱 시러두고 삼승 딤째예
일승독글 ᄃᆞ라두고 츈풍은 슌히불
비운은 셛도ᄂᆞᄃᆡ 인간을 싱각ᄒ니
슬프고 셜운지라

(다) 념불마는 듕싱드라 몃싱을 살랴ᄒᆞ고
셰스만 탐챡ᄒᆞ야 이욕의 줌견ᄂᆞ다
ᄒᆞᄅᆞ도 열두시오 ᄒᆞᆫ들도 셜혼날애
어늬날애 한가ᄒᆞᆯ고
　　　　　…(중략)…
이보소 어로신네 권ᄒᆞ노니 죵졔션근
시무시소 금싱애 ᄒᆞ온공덕 후싱애
슈ᄒᆞᄂᆞ니 ᄇᆡᆨ년 탐믈은 ᄒᆞᄅᆞ아젹
쓱글이오 ⓕ삼일히온 념불은 ᄇᆡᆨ쳔만겁에
다홈업슨 보뷔로쇠 어와 이보뷔
력쳔겁이 블고ᄒᆞ고 긍만셰이 쟝금이라
건곤이 넙다ᄒᆞᆫ들 이ᄆᆞᄋᆞᆷ애 미출손가
일월이 불다ᄒᆞᆫ들 이ᄆᆞᄋᆞᆷ애 미출손가
ⓖ삼셰 졔블은 이ᄆᆞᄋᆞᆷ을 아ᄅᆞ시고
뉵도 즁싱은 이ᄆᆞᄋᆞᆷ을 져ᄇᆞ릴시
삼계 뉸회을 어늬날에 긋칠손고

(라) 져근닷 싱각ᄒᆞ야 ᄆᆞᄋᆞᆷ을 씨쳐먹고
태허를 싱각ᄒᆞ니 산쳡쳡 슈잔잔
풍슬슬 화명명ᄒᆞ고 쇽죽은 낙낙ᄒᆞᆫ듸
화장바다 건네져어 극낙세계 드러가니
칠보 금디예 칠보망을 둘러시니
구경ᄒᆞ기 더옥죠히 구품 년듸예
념불소ᄅᆡ 자자잇고 ⓗ쳥학 ᄇᆡᆨ학과

잉무 공쟉과 금봉 쳥봉은
ᄒᆞᄂᆞ니 념불일쇠 쳥풍이 건듯부니
념불소리 요요ᄒᆞ외

(마) 어와 슬프다 우리도 인간애
나왓다가 념불말고 어이ᄒᆞ고 나무아미타불[22]

인용문은 〈서왕가〉의 전문全文이다. 이 작품은 시상 및 내용 전개의 맥락에 따라 서사·본사·결사의 세 부분으로 나눌 수 있고, 본사는 다시 세 단락으로 나뉜다. 인용문 (가)는 서사, (나)~(라)는 본사, (마)는 결사에 해당한다. 서사에서 화자는 부모에게 물려받은 육신이 죽은 뒤에는 속절없음을 예로 들어 인생이 무상無常함을 전제한 뒤, 결사에서는 이와 같이 무상한 인간 세상에서 염불 이외의 다른 것이 없음을 탄식의 화법으로 강조하고 있다. 그리고 본사는 염불의 필요성 내지 이유를 화자의 체험을 기반으로 서술하고 있다.

먼저, 인용문 (나)는 화자가 출가하여 깨달음을 얻기까지의 과정과 염불중생을 지혜의 배에 태우고 삼계바다를 건너기 직전의 상황을 노래한 것이다. 화자의 '불도 수행'은 ⓑ의 '간경看經'과 ⓒ의 '참선參禪'으로 나뉜다. 전자의 '천경 만론千經萬論'과 후자의 '마야검'을 통해 이러한 사실을 알 수 있는데, '마야검'은 '막야검鎭鋣劒'의 오기로 볼 수 있다. '막야검'은 중국 오吳나라의 명장名匠인 간장干將이 자신의 아내 이름을 따서 만든 보검寶劍으로, 여기서는 '선법禪法'을 가리킨다.

---

22 작자 미상, 〈서왕가〉(임기중, 앞의 책, 2000, pp.83~86).

그러므로 ⓒ의 노랫말은 화자의 참선 수행을 말하고, 막야검으로 번뇌심을 베었다는 ⓓ의 언급은 화자가 참선 수행으로 깨달았음을 의미하는 것이 된다. 이처럼 화자가 자신의 오도悟道 사실을 직접 명시하고 있는 예는 여타의 불교가사에서는 찾아보기 힘든 것으로, 〈서왕가〉의 특징적인 국면이라 할 수 있다. 그리고 (나)의 ⓐ~ⓓ에서 서술되어 있는 수행의 과정 및 오도 사실의 명시는, 〈서왕가〉의 화자가 깨달음을 얻은 선사, 곧 '조사祖師'임을 나타내는 시적 장치로 볼 수 있다.

ⓔ의 경우는, 참선 수행으로 깨달음을 얻은 화자가 삼계바다를 건너기 위해 삼승돛대와 일승돛을 단 지혜의 배에 염불중생을 태우는 모습을 묘사하고 있다. 여기서는 화자와 염불중생의 귀착지에 대한 언급이 없지만, 인용문의 (라) 단락을 통해 그들이 삼계바다를 건너서 가려는 곳이 극락세계임을 알 수 있다.

그렇다면 (나)의 ⓔ는, '조사'로서의 화자가 선승들이 아닌 '염불중생'을 제도하고 있음을 보여 주는 동시에, 염불의 이유 내지 목적이 극락왕생과 성불에 있음을 암시하는 것으로 읽을 수 있다. 염불한 중생들이 극락세계로 가는 배에 승선하고 있고, 그 배는 '일승'의 돛을 달고 있기 때문이다. '일승'은 곧 '일불승一佛乘'으로, 모든 중생은 다 성불할 수 있다는 가르침인 것이다.

다음으로, 인용문 (다)는 '염불하지 않는 중생'과 '어르신네'로 설정된 청자들에 대한 화자의 전언이다. 우선 화자는 청자들이 극락세계로 가는 배에 승선하지 못한 이유가 염불을 하지 않은 점과 세상일에 탐착하여 애욕에 빠진 점에 있음을 말하고 있다. 애욕의 탐착에 대한 경계에 이어, 화자는 염불의 가치와 그 이유를 서술하고 있다. 인용문 (다) 단락의 ⓕ에서 화자는 3일 동안의 염불은 오랜 세월이 지나도 없어지지 않는 보배라고 전제한 뒤, 염불이 "역천겁이불고歷千劫而不古하고 긍만세이장금亘萬歲而長今"²³이며, 천지보다 넓고 일월보다 밝은 존재임을 역설하고 있다. ⓕ의 전제로 인해 '이 보배'·'이 마음'의 시어는 모두 염불을 가리킨다.

그리고 인용문의 ⓖ는 염불의 이유에 해당한다. 육도에 윤회하는 중생은 염불을 버렸지만 현재·과거·미래의 모든 부처님은 염불을 알고 있다는 언급은, 청자(독자)들의 입장에서는 염불을 해야 하는 이유 내지 목적이 된다고 할 수 있다. 곧 이 ⓖ는 인용문 (나) 단락의 '일승돛'에 이어, 염불의 이유가 성불에 있음을 보여 준다고 하겠다.

끝으로, 인용문 (라)는 염불중생을 배에 태우고 극락세계에 도착한 화자가 자신이 목격한 극락세계의 모습을 묘사하고 있다. 이 단락의 극락 묘사는, 그동안의 선행 연구에서 『아미타경』을 대본으로 한 것임이 지적되어 왔다.

그런데 ⓗ의 '청학'·'백학'·'금봉'·'청봉'은 『아미타경』에 없고, 『아미타경』의 새들은 염불이 아니라 5력力·7보리菩提·8성도聖道 등의 진리를 연설하고 있다.²⁴ 그리고 (라) 단락에서 반복·강조되고 있는 '염불 소리'의 시어 또한 『아미타경』에는 '염불念佛'·'염법念法'·'염승念僧'으로 되어 있다.²⁵ 이렇듯 (라) 단락은 『아미타경』의 관련 부분과 달리, 극락세계의 새들이 염불을 하고, 극락세계의 도처에서 염불 소리가 들리는 광경을 묘사하고 있다. 이러한 묘사는 (나)와 (다)의 '염불'이 '칭명염불'이고, 염불중

---

23 이 구절은 "천겁을 지나도 옛것이 아니고 만세에 걸쳐 있어도 늘 지금이다."라는 뜻인데, 함허당 기화(1376~1433)의 『金剛經五家解說誼』에서 처음 나온다. 기화의 저술에서 이 구절은 '一物', 곧 佛性에 대한 설명에 해당한다.
24 鳩摩羅什 譯, 『佛說阿彌陀經』(『大正藏』12, 347c).
25 鳩摩羅什 譯, 위의 책(『大正藏』12, 348a).

생이 칭명염불로 인해 극락에 왕생한 것임을 보여 준다고 할 수 있다.

　이상의 내용을 통해, 세 단락으로 구성된 〈서왕가〉의 본사는 '화자의 오도 과정과 염불중생의 제도'→'애욕 탐착에 대한 경계와 염불의 이유 제시'→'극락세계 구경'의 내용 전개를 보이고, 각 단락은 '왕생과 성불'의 주지를 드러내고 있음을 알 수 있다. 곧, 〈서왕가〉는 참선 수행으로 깨달음을 얻은 '조사'가 염불중생을 데리고 극락세계로 가는 여정을 노래한 것으로, 그 과정에서 염불의 이유가 왕생과 성불에 있음을 강조하고 있는 것이다.

　　(가) 셰스만 탐챡ᄒ고 번노즁에 줌겨셔
　　　　인연션종 부모효양 념불동참 불공보시
　　　　우이너겨 불연못민 사룸ᄃ라 명ᄆ츨
　　　　그날애 념나대왕 보내오신 인로ᄉ쟈
　　　　네다ᄉ시 ᄒ손애 쇠채들고 ᄯᄒ손애
　　　　한도들고 두문젼 가ᄅ집고 어셔나라
　　　　수이나라 직촉ᄒ거든 뉘말이라 거슬손고

　　(나) 시왕께 잡혀드러 츄열다짐 시비쟝단
　　　　가지가지 무ᄅ실제 인간애 디은죄는
　　　　염나대왕 업경ᄃᆡ예 낫낫치 비최엿고
　　　　뎨셕궁 나망즁에 낫낫치 어ᄅ여시니
　　　　어듸가 ᄒ말이나 거즛다짐 ᄒ올손고
　　　　내닙으로 ᄉ론후에 그뉘라셔 구졔ᄒ고

(다) 팔만ᄉ쳔 무간디옥 철위셩도 노프실샤

쇠문안 드리ᄃ라 목버히며 혀ᄲㅐ며

굽거니 ᄲㅣㅁ거니 셔거니 ᄶㅣ거니

가지가지로 다ᄉ리니 아야아야

우ᄂ 소리ᄂ 오뉵월 가온대

억머구리 소리로다 이흔몸 가지고

빅쳔가지 곳쳐되여 대고통 슈흘저긔

그엇지 아니 셜올손고 목몰나라

울저긔 구리쇠 노긴믈 머기시고

빅고파라 울저긔 몽동쳘환 ᄡㅣ피시고

ᄒᄅ도 열두시요 ᄒᆞᆫ돌도 셜흔날애

일만번을 주기시고 일만번을 사로시니[26]

〈인과문〉은 〈서왕가〉와 마찬가지로, 서사·본사·결사의 세 부분으로 구성되어 있다. 서사에서 화자는 인생의 존귀함과 무상함을 노래한 뒤, 사람들이 이러한 사실을 모르고 세사世事에만 탐착貪着하고 있음을 탄식하고 있다. 본사는 '세사 탐착'의 결과로서의 지옥의 고통을, 결사는 지옥의 고통을 벗어나기 위한 방법(선근善根 심기와 염불 동참)을 서술하고 있다.

위의 인용문은 본사의 일부로, (가)는 염라대왕이 보낸 사자使者들이 망자의 저승길을 재촉하는 모습을 묘사한 것이고, (나)에서 시왕 앞에 끌려온 망자는 업경대業鏡臺에 비춰진 생전의 죄업으로 인해 지옥으로 보내지고 있다. 그리고 (다)는 죄인이 지옥에서 받는 형벌을 "목을 베

---

[26] 작자 미상, 〈인과문〉(임기중, 앞의 책, pp.96~98)

고 혀를 뽑으며 (몸을) 굽고 삶고 켜고 빼며", "목마르다고 울 적에 구리 쇠를 녹인 물을 먹이고", "배고프다고 울 적에는 철환鐵丸을 씹게 한다"고 하여, 비교적 상세하게 묘사하고 있다. 이상과 같은 저승길의 여정·시왕의 심판·지옥의 징벌 화소는 19세기에 널리 유통된 '회심곡'류 불교가사에서도 나타나 있는데, 〈인과문〉은 '회심곡'에 비해 지옥의 징벌 화소가 보다 강화된 것이다.

앞에서 살펴본 〈서왕가〉가 극락왕생을 위해 염불을 권하고 있다면, 〈인과문〉의 결사는 지옥에 떨어지지 않기 위해 염불을 권하고 있다. 곧 〈서왕가〉와 〈인과문〉은 각각 '극락'과 '지옥'이라는 서로 대비되는 제재를 통해 염불의 가치를 강조하고 있는 것이다. 이러한 특징으로 인해, 이 두 작품은 『염불보권문』의 원간본부터 함께 판각되어 거의 모든 판본에 같이 수록된 것이라 할 수 있다.

지형智瑩의 불교가사

지형은 1790년대 경기도 양주의 불암사佛巖寺에서 많은 경전의 판각을 주관한 인물로, 그의 전기적 사실을 알려 주는 기록은 찾을 수 없다. 그리하여 지형의 생몰 연대뿐만 아니라 그가 어떠한 인물인지에 대해서도 알 수 없는 형편이다. 다만, 그의 주도로 불암사에서 간행된 『불설고왕관세음경佛說高王觀世音經』(1795)의 간기에는 '功德主 淸信士 智瑩'이라는 기록이 보인다. 이 기록을 통해 지형은 승려가 아닌 재가의 거사임을 짐작할 수 있다.

지형의 가사 작품으로는 《전설인과곡奠說因果曲》·〈수선곡修善曲〉·《권선곡勸禪曲》·〈참선곡參禪曲〉의 네 편이 있는데, 국한문 혼용 표기의

〈참선곡〉을 제외하고는 모두 한글로 표기되어 있다. 대부분의 불교가사 작품이 불교의식집·문집·가집에 수록되어 있는 데 비해, 이들 작품은 1795년(정조 19) 불암사에서 개간한 목판본으로 전한다.

《전설인과곡》은 일곱 편의 가사를 하나로 합친 연작가사의 형태를 띠고 있다. 즉 이 작품은 〈서곡〉[27]·〈지옥도송〉·〈방생도송〉·〈아귀도송〉·〈인도송〉·〈천도송〉·〈별창권락곡〉 등의 가사로 구성되어 있다. 작품의 내용상, 〈서곡〉~〈천도송〉은 〈별창권락곡〉과 별개의 노래였던 것을 하나로 합해 놓은 것으로 보인다. 〈별창권락곡〉의 소제목에서도 이를 암시하고 있으며, 일반적인 불교가사의 결구로 쓰이는 '나무아미타불'이 〈별창권락곡〉이 아닌 〈천도송〉에 있는 것을 볼 수 있다. 〈서곡〉~〈천도송〉이 지옥·축생 등에 태어나는 죄를 열거함으로써 악인악과惡因惡果의 주제를 드러내고 있다면, 〈별창권락곡〉은 선인선과善因善果의 한 예로 극락세계의 즐거움을 서술하고 있다.

〈수선곡〉은 선심善心으로 적덕積德하여 동방정토인 부동국不動國에 왕생하기를 권하고 있는데, 내용상 크게 세 단락으로 나뉜다. 인생의 무상함으로 인한 생로병사의 괴로움을 노래하고 있는 첫째 단락과, 이에 대한 대안으로 염불하고 선심하여 동방정토인 부동국과 서방정토인 극락국에 갈 것을 권하고 있는 둘째 단락, 그리고 부동국에 왕생하기 위한 구체적인 방법을 제시하고 있는 셋째 단락이 그것이다. 불교가사에서 서방정토인 극락세계가 아닌 부동국에 태어나기를 권하는 노래는 이 작품이 유일한 예에 속한다.

《권선곡》은 《전설인과곡》과 마찬가지로 연작가사의 형태를 띠고 있

---

[27] '전설인과곡'의 제명과 〈지옥도송〉 사이에, 소제목 없이 106구로 서술되어 있는 가사를 가리킨다. 《권선곡》의 〈서곡〉 역시 이와 마찬가지로 필자가 명명한 것이다.

다. '권선곡'이라는 제명 아래, 〈서곡〉·〈선중권곡禪衆勸曲〉·〈명리권곡名利勸曲〉·〈재가권곡在家勸曲〉·〈빈인권곡貧人勸曲〉 등 다섯 편의 가사가 하나로 묶여 있다. 이들 작품에는 제목에 명시된 청자가 그 첫머리에 다시 제시되어 있는데, 각 작품의 화자는 제시된 청자의 처지와 성격에 따라 그에 적합한 내용을 노래하고 있다.

〈서곡〉·〈선중권곡〉은 '수도선중修道禪衆'을 대상으로 참선하여 자성自性을 찾을 것을 권하고 있으며, 〈명리권곡〉은 '명리화상名利和尙'에게 공덕을 쌓고 염불하여 극락에 왕생할 것을 권하고 있다. '명리화상'은 절의 일을 맡아 보며 세속의 명리에 관심을 갖고 있는 사판승事判僧을 가리킨다. 〈재가권곡〉과 〈빈인권곡〉의 경우는, 각각 충효·보시·선심으로 극락에 왕생할 수 있음과 선심만으로도 후생에 부귀한 몸으로 태어날 수 있음을 강조하고 있다. 이상의 내용을 통해, 《권선곡》을 구성하는 다섯 편의 가사는 '권선곡'이라는 이름 아래 함께 묶여 있기는 하지만, 그 내용 및 성격이 다른 별개의 작품들임을 알 수 있다.

〈참선곡〉은 내용상 네 단락으로 나뉜다. 첫째 단락은 자성을 찾아 해탈하라는 선문禪門의 가르침이 공허한 것임을 비판하고 있고, 둘째 단락은 이러한 비판에 대해 반론을 제기하고 있다. 셋째 단락은 참선 수행의 구체적인 방법을 제시하고 이로 인한 오도悟道의 경지를 노래하고 있으며, 마지막 단락에서는 참선 수행에 정진하기를 거듭 당부하고 있다.

(가) 現前相을 主人삼아 圓覺山中 깁푼골의
ⓐ法性寺를 차자드러 自己寶劍 쎅여들고
戒城郭을 놉히싸코 六根門을 구디닫고
六賊中의 흔놈이나 자최업시 빈최거든

劒鋒으로 打殺ᄒ고 後자최를 아조끈코
씨드닷케 ᄀ다듬아 煩惱賊을 다버히고
政事官이 되야안저 萬般政事 다스리되
…(중략)…
體同太虛 本寂ᄒ니 다른商量 ᄂㅣ디말고
ⓑ是甚麼로 方便삼아 展轉이 擧覺ᄒ면
百千方便 億萬說話 이고즤ᄂ 쓸ᄃㅣ업ᄂ
語黙動靜 二邊上의 寸步間도 여읨업시
惺惺不昧 擧覺ᄒ되 이무삼 道理런고
드ᄂ 者를 되드오면 無去無來 亦無住라

(나) 取也不得 捨也不得 當處現前 昭昭ᄒ나
不在身內 不在身外 廓落太虛의 起淸風
相耶아 無相耶아 行住坐臥 語黙動靜
念念不昧 是甚麼오 行也坐也 同運ᄒ며
去也來也 여읨업ᄂ 前念後念 頓斷ᄒ고
一念現前 圓明道理 衆生諸佛 增減업ᄂ
歷千劫以 不古ᄒ고 亘萬世而 長今이란
이말삼이 올ᄉ오니 自己上의 잇ᄂ 寶物
나ᄂ 알고 쓰거니와 남들도 알으신디[28]

인용문은 〈참선곡〉의 셋째 단락으로, (가)는 참선 수행의 구체적인

---

28 지형, 〈참선곡〉(임기중, 앞의 책, 2000, pp.204~206)

방법, (나)는 깨달음의 경지에 관한 내용이다. 《권선곡》의 〈서곡〉·〈선중권곡〉이 참선 수행을 권하면서도 그 구체적인 방법에 대해서는 언급이 없었던 것에 비해, 이 작품은 제목처럼 본격적인 참선 노래의 면모를 보여 준다.

(가)는 '참선'이라는 어휘를 사용하지 않으면서도 참선 수행의 방법을 효과적으로 제시하고 있다. ⓐ의 '자기보검自己寶劍'은 〈서왕가〉의 '막야검'과 마찬가지로 '선법', 곧 참선 수행을 가리키고, ⓑ는 화두를 통한 참선 수행 방법인 간화선을 의미한다. ⓑ의 '시심마是甚麼'가 육조 혜능六祖慧能(638~713)이 그 제자에게 "시심마물임마래是心麼物恁麼來(어떤 물건이 이렇게 왔는가?)"라고 물은 데서 유래한 화두이기 때문이다. (나)의 경우는 (가)에서 제시한 참선 수행의 결과로 얻게 되는 깨달음의 경지를 생경한 한자어의 나열을 통해 표현하고 있다.

이상, 지형의 가사 작품에 대해 살펴보았는데, 지형은 참선과 교학에 모두 능한 인물로, 청자의 근기에 따라 그 성격을 달리하는 작품을 남기고 있다. 특히, "불립문자不立文字 교외별전敎外別傳"을 표방하는 선가에서 선취나 선리禪理를 읊은 선시는 종종 지어졌으나, 가사라는 문학 양식으로 참선 수행의 구체적인 방법을 설명하는 작품은 그 이전에는 볼 수 없었던 것이다. 더구나, 이러한 참선 노래가 재가신자에 의해 지어졌다는 사실은 불교가사의 역사적 전개에 있어서 주목할 점이라고 하겠다.

III. 19세기 불교가사의 대중화

남호南湖의 〈광대모연가〉·〈장안걸식가〉

남호 영기南湖永奇(1820~1872)는 경전의 간행과 보급에 일생을 바친 인물이다. 특히, 1855년(철종 6) 봉은사에서 『화엄경소초華嚴經疏鈔』 80권과 『행원품별행行願品別行』 1권 등을 간행하고 장경각藏經閣을 지어 봉안할 때, 봉은사의 주지로서 주도적인 역할을 하였다.[29] 필사본 『화엄경소초중간조연서華嚴經疏鈔重刊助緣序』(1855)에 순 한글로 표기된 〈광대모연가廣大募緣歌〉와 〈장안걸식가長安乞食歌〉가 실려 있다.

〈광대모연가〉의 원명은 '딕방광불화엄경판긱 광딕모연가'로, 『화엄경소초』의 판각에 소요되는 경비를 마련하기 위해 지은 가사이다. 이 가사는 내용상 세 단락으로 나뉜다. 서사에서 화자는 인생의 무상함과 괴로움을 서술하고 있고, 본사는 이러한 괴로움을 없애는 방법으로 '『화엄경』의 봉지奉持'를 제시한 뒤, 청자들이 이 경전의 판각 및 유포에 동참할 것을 권하고 있다. 그리고 결사는 『화엄경』의 판각·인출을 돕는 대중들이 그 공덕으로 인해 모두 극락세계와 연화장세계에 태어나기를 바라는 화자의 축원으로 되어 있다.

이처럼, 〈광대모연가〉는 모연을 위한 가사임을 명시한 제목 그대로, 『화엄경』의 가치, 『화엄경』 판각의 당위성, 『화엄경』 판각을 위한 보시의 당부, 시주施主들에 대한 축원 등이 내용의 대부분을 이루고 있는 '모연가사'의 성격을 띠고 있는 것이다. 이 작품은 불교가사가 불사佛事의 모

---

29 김종진, 『불교가사의 연행과 전승』, 서울: 이회문화사, 2002, p.35

연을 위한 매체로도 기능하였음을 보여 준다는 점에서 그 의의를 지적할 수 있다.

〈광대모연가〉가 괴로움에서 벗어나기 위해 『화엄경』의 판각에 동참하기를 권하고 있다면, 〈장안걸식가〉는 괴로움에서 벗어나는 방법으로 자성自性을 찾아 성불成佛할 것을 권하고 있다. 이 가사는 내용 전개의 맥락에 따라 서사·본사 1·본사 2·결사의 네 단락으로 나눌 수 있다. '탁발승'으로 설정된 화자는 서사에서, 제불諸佛의 열반은 사욕捨欲과 고행苦行 때문이고 중생의 번뇌·괴로움은 탐욕을 버리지 못했기 때문이라고 전제한 뒤, '자성불과自性佛果'를 이루기 위해서는 염불·참선과 함께 청정한 걸식이 필요함을 노래하고 있다. 그리고 결사에서는 '자성'을 모르고는 '연화장세계'를 볼 수 없다고 하면서, 견성오도見性悟道하여 부처의 지혜를 이을 것을 당부하고 있다.

> 장안성듕 둘너보니 어화조흘 조흘씨고
> 극락셰게 싸로업고 게가즉시 게로구나
> 이변으로 그러컨만 사변으로 그러찬타
> 거록하다 인왕산아 원각산니 웨못되고
> 인아산니 되어넌야 넨들원각 안일소냐
> 사바셰게 나온사람 삼도고희 듀직도야
> 인인기기 너를보고 삼각이라 하여쑤나
> 긔특허다 동남산아 법셩산니 웨몯되고
> 암남산니 되어너야 넨들법셩 아닐소냐
> 오싴능밍 안암되야 법셩진쳬 몰나구나
> 유덕ᄒ다 한강슈아 감노법슈 웨몯되고

장뉴슈가 되야넌냐
　　…(중략)…
빅슈풍진 져노인임 이닉말삼 드러보오
블닉없는 노병사를 진실식지 차자보오
졀노듁은 져사람아 불이싱사 둘아니믈
듁는다니 웬말인가 오입장아 네듯거라
기시오입 웨못ᄒ고 광난실셩 허여너냐
산두도감 네듯거라 쳬공셩ᄉ 닉지말고
슈연불변 잇들마라 장안공인 네듯거라
건달바왕 웨못되고 져약슈가 되여너냐
장안기싱 네듯거라 미륵쳔녀 웨못되고
칠반쳔인 되여너냐[30]

〈장안걸식가〉에서 가장 큰 비중을 차지하고 있는 본사 1은, '탁발승'인 화자가 서울 장안의 여러 곳을 다니면서 산·강·궁전·종각 등의 무정물과 문무백관·청춘호걸·노인·기생 등의 사람들, 그리고 오리·붕어·거위 등의 축생들을 만나 그들에게 질문하는 내용으로 되어 있다. 인용문은 그중의 일부로, 화자는 인왕산·종남산·한강과 노인·오입장이·산대도감山臺都監·공인·기생에게 각각 왜 불교와 관련된 존재 또는 불교적인 삶을 살지 않고 지금의 상태가 되었는가를 묻고 있다. 질문이라기보다는 질책 내지 힐난에 가깝다고 할 수 있는데, 화자는 서울 장안에 있는 모든 군상들의 미망迷妄에 사로잡힌 현상에 대해 낱낱이 실상을

---

[30] 남호 영기, 〈장안걸식가〉(임기중, 앞의 책, 2000, pp.239~242)

폭로하고 본래의 진면목을 제시하며 깨우치고 있는 것이다.[31]

본사 2는 미망에서 벗어나 본래의 진면목을 찾는 방법으로 불법佛法에 대한 '발심發心'을 제시하고 있다. 그리고 발심의 강조에 이어, '동모임늬'·'납즈 되스입늬'·'걸늬허든 동모님늬'의 청자들에게 차례대로 각각 자성불과를 이루고 중생을 제도할 것과, 분별하는 마음을 갖지 말 것과, 염불·극락을 비방하지 말 것을 당부하고 있다. '동모임늬'는 청자와 같은 탁발승을, '납즈 되스입늬'와 '걸늬허든 동모님늬'는 선사와 재가자를 가리킨다. 이를 통해, 이 작품은 지형의 《권선곡》과 마찬가지로, 청자의 신분 내지 근기에 따라 그에 맞는 가르침을 전하고 있음을 알 수 있다.

〈장안걸식가〉는 서울 장안의 다양한 인간 군상과 물상을 하나하나 나열하되 모두 꿈에서 깨어나지 못한 존재로 의미 부여를 하고, 그들이 미몽迷夢에서 깨어나기를 당부하는 가사이다.[32] 이 작품의 여러 곳에서 반복·강조하고 있는 '성불'은 앞의 Ⅲ장에서 살펴본 작품들에서는 볼 수 없었던 것으로, 17·18세기와는 다른 19세기 불교가사의 새로운 경향을 보여 준다고 하겠다.

〈자책가〉와 〈토굴가〉

작자 미상의 불교가사인 〈자책가〉는 범어사에서 간행된 목판본 『권왕문』(1908)에 순 한글 표기로 수록되어 있다. 현재까지 확인된 〈자책가〉

---

31 김종진, 「1850년대 불서간행운동과 불교가사」, 『불교가사의 계보학, 그 문화사적 탐색』, 서울: 소명출판, 2009, p.139
32 김종진, 위의 논문, 2009, p.138

의 이본은 모두 여덟 편으로, 필사본『자칙가』·『육갑회심곡』(1895)·『증도가』(19세기 후반)와 활자본『조선신가유편朝鮮神歌遺篇』(1930)·『불교』88호(1931)·『화청』(1969) 등에 전한다. 향찰로 표기된 필사본 〈나옹화상승원가〉 역시 〈자책가〉의 이본이다. 이들 이본 중,『권왕문』·『조선신가유편』·『불교』88호에 수록된 작품과 〈나옹화상승원가〉는 모두 경남 동래에서 판각되거나 필사되었다는 공통점을 갖는다.[33]

〈자책가〉는 "쥬인공 쥬인공아"라는 청자 환기의 관용구가 반복되어 나타나는데, 이 관용구로 인해 여섯 단락으로 구분된다. 첫째 단락은 서사, 둘째 단락에서 다섯째 단락은 본사, 마지막 단락은 결사에 해당한다. 서사에서 화자는 세상일에 대한 지나친 애착을 경계한 뒤, 염불하여 극락에 왕생할 것을 권하고 있으며, 결사는 본사에서 서술한 내용이 부처의 가르침에 다름 아님을 밝히면서 청자의 결단을 재촉하고 있다. 본사의 경우는 '재물 욕심에 대한 경계(제2단락)→ 재물만 탐내고 염불하지 않은 결과의 제시(제3단락)→ 염불의 방법 서술과 극락세계의 모습 묘사(제4단락)→ 염불 수행에 대한 당부(제5단락)'의 내용 전개를 보인다.

(가) 쥬인공 쥬인공아 맹셔ᄒ고 념불ᄒᄌ
셔가셰존 권ᄒ념불 십뉵관경 일온말솜
ⓐ일몰관이 뎨일이니 셔산에 지는히를
기목에ᄂ 폐목에ᄂ 안정에 거러두고
ⓑ우미타불 디셩호를 쥬야업시 외우리라

---

[33] 김종진, 앞의 논문, 1996, p.305

졍념이 도망ᄒ고 줍념이 셧돌거던
권ᄒ며 자책ᄒ야 환ᄌ갓치 근심ᄒ고
셰ᄉ갓치 익착ᄒ야 일구월심 공부ᄒ면
셰졍은 적어가고 념불이 쥬쟝되야
일심졍념 어드리라

(나) 경각에 도피ᄒ니 극낙셰계 쟝엄보쇼
황금으로 짜이되고 칠보지 너른못시
쳐쳐에 싱겨시되 팔공덕슈 묽근물이
가득히 실어잇고
　　　　…(중략)…
쳥학빅학 잉무공쟉 가릉빈가 공명조라
가지가지 싀즘셩이 칠보지 항슈간에
이리나라 져리가며 져리나라 이리오며
가며오며 우ᄂᆞ소리 소리마다 셜법이오
쳥풍이 건들불면 칠보항슈 움지길졔
엥경뎅경 나ᄂᆞ소리 빅쳔풍뉴 울니ᄂᆞ덧
들니ᄂᆞ 소리마다 념불셜법 ᄲᅮᆫ이로다

(다) 념불인을 다리다가 져리조혼 년화디에
두려시 안치두고 ᄋᆞ미타불 금싴신이
녹나의샹 조흔옷시 홍가ᄉᆞ를 입우시고
옥호광을 노으시며 무샹셜법 일으시며
왼손은 가삼에두고 오른손은 듸리오ᄉ

이마를 만지시며 일성수긔 준다ᄒᆞ니[34]

　인용문은 〈자책가〉에서 가장 많은 분량으로 서술되어 있는 넷째 단락을 옮긴 것이다. (가)는 염불의 구체적인 방법, (나)는 극락세계의 모습에 해당하고, (다)는 아미타불이 극락에 왕생한 사람들에게 설법한 뒤, 부처가 될 것이라는 수기授記를 주는 광경을 서술하고 있다. 극락세계를 노래하고 있는 불교가사 가운데 인용문의 (다)처럼 '아미타불의 수기'까지 자세하게 묘사하고 있는 경우는 보기 드문 예에 속한다.

　인용문 (가)의 ⓐ와 ⓑ는 "십뉵관경 일온말슴"이라고 하여, 16관경觀經, 곧 『관무량수경』이 그 출전임을 밝히고 있다. 구체적으로는 16관 중의 '초관初觀'에 해당하는 내용이다. 그런데 "ᄋᆞ미타불 딕셩호를 쥬야업시 외우리라"의 ⓑ는 『관무량수경』에 없는 것으로, 『관무량수경』의 초관은 "마땅히 생각을 일으켜 서쪽을 향해 바르게 앉아, 지는 해를 자세히 보도록 하라. 마음을 굳게 하고 생각을 가다듬어 움직이지 말고, 해가 지려는 형상이 마치 매달린 북과 같음을 보아야 한다. 해를 보고 난 뒤에도 눈을 감거나 뜨거나 그 형상이 분명하도록 해야 한다."[35]라고 되어 있다.

　일반적으로, 염불의 방법 내지 종류에는 칭명염불 · 관상염불觀像念佛 · 관상염불觀想念佛 · 실상염불實相念佛 등이 있는데, 칭명염불을 제외한 세 가지는 관념염불觀念念佛에 속한다.[36] 『관무량수경』의 '16관'은 관

---

34 작자 미상, 〈자책가〉(임기중, 앞의 책, 2000, pp.634~636)
35 畺良耶舍 譯, 『佛說觀無量壽經』(『大正藏』12, 342a)
36 "칭명염불은 口稱念佛로서 입으로 부처님의 명호를 부르는 염불이고, 觀像염불은 부처님의 존상을 관념하는 염불이며, 觀想염불은 부처님의 상호공덕을 관념하는 염불이고, 實相염불은 부처님의 法身理體를 관하는 염불이다."(한태식, 「정토교의

념염불로, 칭명염불과는 그 성격이 다른 것이다. 그럼에도 아미타불의 이름을 부르는 ⓑ의 구절이 삽입된 것은, 〈자책가〉에서 강조·반복하고 있는 '염불'이 '칭명염불'임을 보여 주기 위한 작자의 의도에 기인한 것이라 할 수 있다.

인용문 (나)의 경우는, 이 ⓑ와는 달리 『아미타경』의 관련 내용을 충실하게 옮기고 있다. 앞에서 살펴본 〈서왕가〉가 극락세계의 새들이 염불을 하고, 극락세계의 도처에서 염불 소리가 들리는 광경을 묘사하고 있음에 반해, 여기에서는 "우는소리 소리마다 셜법이요", "들니는 소리마다 념불셜법 쑨이로다"라고 노래하고 있는 것이다.

한편, 〈토굴가〉는 1850년 전후에 영암 취학靈岩就學(생몰년 미상)이 지은 불교가사이다. 서울 효자동에 살던 정대월화鄭大月華가 충남 아산군의 봉곡사鳳谷寺에서 가져와 읽던 순 한글 표기의 필사본이다. 영암은 금강산 표훈사에 주석하였으며 참선 수행으로 명성이 자자했다는 기록이 『동사열전』의 「영암선백전靈岩禪伯傳」에 전한다. 또한 "한 권의 〈토굴가〉를 지으니 시전의 종이가 품절되고, 산야에 귀가 시끄러울 정도였다."[37]라는 기록이 같은 책에 수록되어 있어, 이미 당시에 금강산을 중심으로 〈토굴가〉가 널리 향유되었음을 알 수 있다.[38]

　　남이진심 닐지라도 진심으로 갑지마쇼
　　그역시 몽즁이라 불여 아미타불이요

　　수행방법론」, 『정토학연구』 11, 서울: 한국정토학회, 2008, pp.78~79)
37　梵海 覺岸, 『東師列傳』 권5, 「靈岩禪伯傳」(『한국불교전서』 10, 1051c)
38　김종진, 「〈토굴가〉 전승경로와 19세기 참선곡류 가사의 향방」, 『불교가사의 계보학, 그 문화사적 탐색』, 서울: 소명출판, 2009, p.239

남은욕을 혈지라도 부듸욕을 갑지마소
그도역시 몽즁이라 불여 아미타불이요
남이나을 츌지라도 츄ᄂ것슬 줏타마쇼
불여 아미타불이요 희헌말을 듯드릐도
갑흘싱각 부듸마쇼 선원슈 갑흐랴면
후원슈 가지나니 불여 아미타불이라
　　　…(중략)…
열업신 영암당은 쑬병갓치 얼근노장
몽즁말만 ᄭᅮ민다고 허망타고 말을말고
몽즁으로 아는놈을 시심마로 방변ᄉᆞ아
일구월심 공부허며 듸각셰존 져몽불이
무비쳐쳐 아미타라 아미타로 바라보니
미타아님 별노업닉[39]

〈토굴가〉는 서사·본사·결사의 세 부분으로 나뉘고, 본사는 다시 세 단락으로 나눌 수 있다. 서사는 세상사의 허망함과 생사의 두려움에 관한 내용이고, 본사는 이러한 문제를 해결하기 위한 방법으로 토굴에서의 불도 수행을 제안하고 있다. 구체적으로 말하면, 본사 1에서는 출가·수도의 어려움에 대해 서술한 뒤, 수행처로서의 토굴의 존재를 강조하고 있다. 본사 2는 토굴을 짓는 과정과 토굴 생활의 즐거움을, 본사 3은 토굴에서의 불도 수행을 노래하고 있다. 그리고 결사는 진정한 의미의 토굴은 자신의 마음속에 있다고 하면서, "우리염불 동무들아 어셔밧비

---

[39] 영암 취학, 〈토굴가〉(임기중, 앞의 책, 2000, pp.574~575)

염불ᄒᆞ여/우리국왕 부모형제 모든벗님 다시만나/법계일체 고혼으로 동왕극낙 ᄒᆞ압시다"라는 결구로 끝맺고 있다.

위의 인용문은 본사 3의 일부로, 불도 수행의 구체적인 방법을 서술하고 있는 부분이다. 인용문의 '불여不如 아미타불'은 아미타불만 못하다는 뜻으로, 여기서는 '아미타불의 이름을 부르는 것만 못하다'라는 의미로 해석된다. 이 구절은 극락왕생이 아닌 수도의 방법으로 '칭명염불'을 제시하고 있는 것이다. 그리고 '시심마'는 지형의 〈참선곡〉에서 살펴보았던 육조 혜능의 화두로, "시심마로 방변슴아 일구월심 공부허며"는 '간화선'의 참선 수행에 정진하는 것을 가리킨다. 곧 〈토굴가〉의 작자는 '칭명염불'과 '간화선'을 불도 수행을 위한, 서로 걸림이 없는 하나의 길로 인식하고 있는 것이다.

이와 같은 염불과 참선의 겸수兼修 내지 통섭은 19세기에 창작된 작자 미상의 〈진여자성가〉·〈육도가〉·〈몽환별곡〉 등에서도 찾을 수 있다는 점에서, '성불의 강조'에 이어 이 시기 불교가사에 나타난 또 다른 경향성으로 지적할 수 있다.

'회심곡'류 불교가사

'회심곡'류 불교가사는 1800년대 민중 예술의 발흥이라는 시대적 분위기에서 연출된 대중적인 노래로, 사십구재·수륙재·예수재 등의 불교 의식에서 구연되거나, 걸립패·탁발승·향두꾼 등에 의해 일반 대중들에게 널리 확산된 것이다.[40] 〈별회심곡〉·〈선심가〉·〈특별회심곡〉·〈환참

---

40 김종진, 앞의 책, 2002, pp.319~320

곡〉·〈속회심곡〉·〈사제가〉·〈무량가〉 등의 작품이 이에 해당하는데, 이들 가사는 인생무상·저승길의 여정·선인善人에 대한 보상과 악인惡 人에 대한 응징이라는 공통된 내용 전개를 보인다.[41]

    (가) 제일전에 진광대왕 제이전에 초광대왕
    제삼전에 송제대왕 제사전에 오광대왕
    제오전에 염라대왕 제륙전에 방성대왕
    제칠전에 태산대왕 제팔전에 평등대왕
    제구전에 도시대왕 제십전에 전륜대왕
    열시왕의 부린사자 일직사자 월직사자
           …(중략)…

    (나) 남자죄인 잡아들여 형벌하며 무는말이
    이놈들아 드러보라 선심하랴 발원하고
    인세간에 나아가서 무삼선심 하여는가
    바른대 아뢰여라 용방비간 뻔을바다
    님금님계 극간하여 나라에 충성하며
    부모님 효도하여 가범을 세웟시며
    배곱흔이 밥을주어 아사구제 하엿는가
    헐벗은이 옷을주어 구란공덕 하엿는가
    조흔곳에 집을지어 행인공덕 하엿느가
    깁흔물에 다리노아 월천공덕 하엿느가

---

41 김종진, 앞의 책, 2002, pp.143~147

목마른이 물을주어 급수공덕 하엿는가
병든사람 약을주어 활인공덕 하엿는가
놉흔산에 불당지어 중생공덕 하여는가
조흔밧에 원두심어 행인해갈 하엿는가
부처님께 고양들여 마음닥고 선심하야
념불공덕 하여는가

…(중략)…

남자죄인 처결한후 녀자죄인 잡아들여
시부모와 친부모께 지성효도 하엿느냐
동생항열 우애하며 친척화목 하엿느냐
괴악하고 간특한년 부모말삼 거역하고
동생간에 이간하고 형제불목 하게하며
세상간악 다부리며 열두시로 마음변화
못듯는대 육을하고 마조안저 우슴낙담
군말하고 성내는년 남의말을 일삼는년
시긔하고 조와한년 풍도옥에 가두리라

(다) 죄목을 무른후에 온갓형벌 하느구나
차례대로 처결할제 도산지옥 화산지옥
한빙지옥 검수지옥 발서지옥 독사지옥
아침지옥 거해지옥 각처지옥 분부하야
모든죄인 처결한후[42]

---

42 작자 미상, 〈별회심곡〉(임기중, 앞의 책, pp.393~399)

인용문은 '회심곡'류 불교가사 중의 하나인 〈별회심곡〉을 옮긴 것이다. 인용문의 (가)·(나)·(다)는 각각 〈인과문〉의 '저승길의 여정'·'시왕의 심판'·'지옥의 징벌' 화소에 대응된다. 먼저, 저승길 단락의 (가)에는 시왕의 구체적인 이름이 나열되어 있는데, '시왕의 나열'은 '회심곡'류 가사의 모든 작품에 보이는 공통된 특징이다. '회심곡'류 가사에서 제시하고 있는 시왕의 명칭은 당唐의 사문沙門 장천藏川이 찬술한 『불설예수시왕생칠경佛說預修十王生七經』(이하 『시왕경』으로 약칭)에 근거한 것으로,[43] 이 경전은 시왕 신앙의 소의경전이기도 하다.

다음으로, 인용문 (나)는 '시왕의 심판' 단락 중, 시왕이 명부에 도착한 망자를 심문하는 부분이다. 인용문에서 우선 눈에 띄는 것은 죄인을 남자와 여자로 구분한 뒤, 남자 죄인에게는 '~하였는가'라는 심문 형식을 통해 선행의 덕목을, 여자 죄인에게는 심문의 형식 없이 악행의 항목을 제시하고 있는 점이다. 이러한 점은 남녀의 구분 없이 선행의 덕목만을 노래하고 있는 〈사제가〉·〈무량가〉를 제외한 여타의 '회심곡'류 불교가사에서도 볼 수 있는 또 다른 특징이라 할 수 있다.

〈별회심곡〉은 선행의 덕목으로 충성·효도·아사구제餓死救濟·구난공덕救難功德·행인공덕行人功德·월천공덕越川功德·급수공덕給水功德·활인공덕活人功德·중생공덕衆生功德·행인해갈行人解渴·염불공덕 등의 열한 가지 항목을 제시하고 있다. '아사구제'부터 '행인해갈'까지의 항목들은 불교에서 말하는 '보시행'의 범주에 속한다고 할 수 있다. 보시행과 관련된 이들 항목은 다른 '회심곡'류 가사에서도 공통적으로 노래하고 있는데, 〈선심가〉는 '행인해갈', 〈무량가〉는 '행인공덕'·'행인해갈'의 항

---

43 『卍新纂大日本續藏經』1, 409b~c

목이 빠져 있을 뿐이다.

그렇지만 '보시' 이외의 덕목들은 작품에 따라 조금씩 차이를 보인다. 곧 〈특별회심곡〉은 '노인공경', 〈사제가〉는 '일가구제一家救濟'·'동생후덕同生厚德'·'붕우유신朋友有信'·'치민선정治民善政', 〈속회심곡〉·〈환참곡〉은 각각 '동기우애'·'친척화목'·'공제국사共濟國事'와, '노인공경'·'형우제공兄友弟恭'·'부화부순夫和婦順'·'붕유유신朋友有信' 등의 항목을 추가하고 있다. 이들 작품에서 새롭게 추가된 항목들은 대체로 '삼강오륜三綱五倫'을 포함한 유교적 윤리 덕목에 해당한다.

여자 죄인의 경우는, 지성효도·친척화목의 '선행'과 부모 말씀 거역하기, 형제불목兄弟不睦, 열두 시로 마음 변화, 안 듣는 데에서 욕을 하고 마주 앉아 낙담樂談하기, 군말하고 성내기, 남의 말 일삼기, 시기하기 등의 '악행'이 제시되어 있다. 이들 중, '군말하고 성내기'·'남의 말 일삼기' 등 '말'과 관련된 항목들은 불교의 '십악' 가운데 입으로 짓는 악업인 '망어妄語·양설兩舌·악구惡口·기어綺語'와 관련이 있어 보인다.

그러나 나머지 항목들은 불교와 직접적인 관련이 없고 오히려 남자 죄인의 '선행덕목'과 마찬가지로, 유교 사회에서 지켜야 하거나 범해서는 안 되는 일상적인 윤리 규범이라 할 수 있다. 〈별회심곡〉의 여성 관련 항목들은 〈선심가〉·〈특별회심곡〉에서도 항목의 가감 없이 그대로 반복되고 있는데, 〈속회심곡〉과 〈환참곡〉은 각각 22항목과 19항목을 제시하고 있다. 전자는 13항목, 후자는 10항목이 새로 추가된 것으로, 추가된 항목들 역시 일상적인 윤리 규범에 해당한다.

끝으로, 지옥행의 원인에 관한 (나)의 서술이 확장되어 있는 데 비해, 인용문 (다)에서는 현저하게 축소되어 있는 모습을 보인다. 곧 〈별회심곡〉의 '징벌' 단락은 도산刀山·화산火山·한빙寒氷·검수劍樹 등의 지옥 이름을 열거한 뒤 "각처지옥 분부하여 모든죄인 처결한후"라고 하여, 징벌의 양상은 생략하고 그 결과만 노래하고 있다. 징벌 화소의 축소는 여타의 '회심곡'류 가사에서도 나타나는데, 〈속회심곡〉만 유일하게 열두 가지의 지옥 이름과 함께, "단근허고 혀를쎅여 져울츄의 다라보며/몸을 쑤셔 피를닉여", "기름쓰려 살무면셔/쇠청이로 뒤져기니"라는 징벌의 양상을 묘사하고 있다. 그렇지만 앞에서 살펴본 〈인과문〉과 비교할 때, 이 작품 역시 '징벌'의 화소가 축소되었음을 알 수 있다.

이상의 내용들은, '회심곡'류 불교가사의 관심 내지 지향이 '지옥의 징벌'보다는 '지옥행의 이유'에 있음을 보여 준다. 그리고 지옥행의 이유로 유교 사회에서 범해서는 안 되는 일상적인 윤리 규범을 강조하고 있는 점은, '회심곡'류 가사를 여타의 불교가사와 구별 짓는 가장 큰 특징이라 할 수 있다.

IV. 20세기 불교가사의 새로운 전개

경허鏡虛・만공滿空・한암漢巖의 〈참선곡〉

경허 성우鏡虛惺牛(1849~1912)는 한국 근·현대불교의 중흥조라 평가받고 있는 인물이다. 그의 가사 작품으로는 〈가가가음〉·〈법문곡〉·〈참선곡〉이 『경허집』에 수록되어 전하는데, 이 노래들을 통해서도 근대 선의 중흥조인 경허의 면모를 엿볼 수 있다. 즉, 이 세 편의 가사는 모두 참선 수행을 권하고 있으며, 구체적인 방법을 제시하고 있다.

(가) 닥난길을 말하랴면 허다히 만컷마는
대강추려 적어보세 안꼬서고 보고듯고
착의끽반 대인접어 일체처 일체시에
소소령령 지각하난 이것이 어떤겐고
　　　　　…(중략)…
의심하고 의심하되 고양이가 쥐잡듯이
주린사람 밥찻듯이 목마른이 물찻듯이
육칠십 늘근과부 자식을 일흔후에
자식생각 간절틋이 생각생각 잊이말고
깊이궁구 하여가되 일념만년 되게하야
폐침망손 할지경에 대오하기 각갑도다

(나) 선지식을 차저가서 요연이 인가마저
닷이의심 없은후에
　　　　　…(중략)…
오온색신 생각하되 거품갖이 관을하고
밧같으로 역순경계 몽중으로 생각하야
희노심을 내지말고 허영한 내의마음
허공과 같은줄로 진실이 생각하야
팔풍오욕 일체경계 부동한 이마음을
태산갖이 써나가세[44]

---

[44] 경허 성우, 〈참선곡〉(임기중, 앞의 책, 2000, pp.779~781)

인용문은 〈참선곡〉의 일부로, 참선의 방법을 구체적으로 제시하고 있는 (가)와 오도悟道 이후의 보림保任에 관해 노래하고 있는 (나)를 옮긴 것이다. 보림은 '보호임지保護任持'의 준말로, 깨달은 뒤에 그 깨달음의 경지를 잃지 않기 위해 꾸준히 정진하는 것을 말한다.

먼저, (가)는 참선 수행의 방법을 구체적이면서도 알기 쉬운 표현으로 서술하고 있는 특징을 보인다. 침굉이 선가禪家의 화두로 참선 수행의 방법을 간접적으로 제시하고 있고, 지형이 어려운 불교 어휘로 표현하고 있는 데 비해, 경허는 알기 쉬운 어휘를 사용하여 수행 방법을 자세히 풀어서 설명하고 있다. 인용문 (나)는 보림의 방법을 노래한 것으로, 같은 작자의 작품인 〈가가가음〉·〈법문곡〉에 없는 부분이다. (나)를 통해 경허의 돈오점수頓悟漸修 사상을 엿볼 수 있는데, 깨달음을 진정한 닦음의 출발로 인식하는 돈오점수에서는 보림을 강조할 수밖에 없는 것이다.[45]

한편, 〈가가가음〉과 〈법문곡〉은 각각 "일업는 경허당이 노래하나 지여내니/세상사람 들어보소"와 "오호라 세상사람 나의노래 들어보소"로 시작하고 있어 주목을 요한다. 이는 침굉과 지형의 참선 노래가 그 청자를 승려 계층으로 한정하고 있음에 반해, 승려뿐만 아니라 재가자들까지 청자로 설정하고 있음을 보여 주기 때문이다. 이 점 또한 경허의 가사작품이 갖는 특징이라 할 수 있는데, 이러한 특징은 그의 제자인 만공의 〈참선곡〉에서도 이어지고 있다.

결국, 경허의 불교가사는 참선 수행의 방법을 구체적으로 제시하면서도, 난행도難行道인 참선을 일반 대중을 대상으로 알기 쉬운 입말로 노래하고 있다는 점에서, 불교가사의 역사적 전개에 있어 그 의의가 있

---

[45] 김호성, 「참선곡을 통해 본 한국선의 흐름」, 『방한암선사』, 서울: 민족사, 1996, p.158

다고 할 수 있다.

경허 선사가 불교가사의 작가로서 차지하는 중요한 위치는 그의 전법제자인 만공 월면滿空月面(1872~1946)과 한암 중원漢巖重遠(1876~1951)이 각각 참선을 권하는 가사 작품을 남기고 있는 점에서도 확인된다. 만공과 한암은 스승인 경허와 더불어 근·현대를 대표하는 선지식이다.

만공의 가사 작품은 문집인 『만공법어』에 〈참선곡〉·〈산에 들어가 중이 되는 법〉·〈참선을 배워 정진하는 법〉의 세 편이 수록되어 있다. 〈참선곡〉은 '석가를 본받아 나의 불성佛性을 찾자'는 내용으로, 불성을 찾기 위한 방법으로 참선을 제시하고 있지만 구체적인 방법에 대해서는 아무런 언급이 없다. 서두 부분에는 "오탁악세 수고중생 다겁업장 지중하여/참선이란 무엇인지 아지못한 저분들께"라는 구절이 보이는데, 이를 통해 이 노래는 승려를 포함하여 근기가 낮은 신자들을 그 청자로 제시하고 있음을 알 수 있다. 따라서, 이 〈참선곡〉은 근기가 낮은 청자들이 참선에 관심을 갖게 하기 위해 지어진 것이므로, 수행 방법의 제시 없이 다만 참선이 무엇인가 하는 점과 참선을 통해 성불한 석가의 생애만을 노래한 것이라 여겨진다.

불성을 찾기 위한 첫 단계로서 승려가 되는 방법은 〈산에 들어가 중이 되는 법〉에 서술되어 있다. 그러나 여기에서도 구체적인 참선 방법은 제시되어 있지 않으며, 다만 "무삼방편 행하여야 허물된병 다고치고/진실도에 정진할꼬"라는 물음으로 끝을 맺고 있다. 이에 대한 답은 〈참선을 배워 정진하는 법〉에 제시되어 있는데, 해당 부분을 인용하면 다음과 같다.

    사람사람 무삼도리 행하와야 허망된법

다버리고 진실도에 정진될까

…(중략)…

무삼방편 행하와야 허망된법 다버리고

진실도에 정진할고 진실의 정진법은

일천칠백 공업이뇨 일천칠백 공안중에

조주무자 최상이라 무자화두 드는법을

세밀하게 설하오니 이화두를 결택하여

진실도에 정진하면 부처되기 아주쉽소[46]

만공은 〈참선곡〉에서 제기한 불성을 찾는 방법과 〈산에 들어가 중이 되는 법〉에서 제기한 진실도에 정진하는 방법에 대한 해결책으로 간화선을 제시하고 있으며, 그중에서도 조주 선사의 무자無字 화두를 강조하고 있다. 이 화두는, "개도 불성이 있습니까, 없습니까?"라는 어떤 승려의 물음에 조주 선사가 "없다(無)."라고 대답한 데서 유래한 것이다. 무자 화두를 통한 수행 방법은 경허 선사가 수행 중의 만공 선사에게 권한 것으로,[47] 무자 화두의 강조는 작자 자신의 체험에 근거한 것이라 할 수 있다.

한암은 그의 문집인 『한암일발록』에 〈참선곡〉 한 편을 남기고 있다. 이 가사는 1922년 금강산 건봉사에서 있었던 결사結社의 해제일을 맞아 당시 지전知殿을 맡았던 하담 스님의 청에 의해 지은 것[48]이다. 작품의 말미에도 "오날이 壬戌年 正月十五日이올시다"라는 구절이 보인다. 한

---

46 만공 월면, 〈참선을 배워 정진하는 법〉(임기중, 앞의 책, 2000, pp.869~870)
47 『만공법어』, 서울: 능인선원, 1968, p.122
48 김호성, 앞의 논문, 1996, p.155

암의 〈참선곡〉은 경허의 〈참선곡〉과 유사한 내용으로 되어 있는데, 다른 점은 작품의 끝 부분에 '유지장부有志丈夫'·'출격장부出格丈夫'라고 하여 청자를 구체적으로 제시하고 있다는 것이다. 이 가사에 경허의 〈참선곡〉의 몇몇 구절이 그대로 나타나 있는 이유는 그 창작 배경에 기인한 것으로 보인다. 이 작품은 한암이 본래 의도한 것이 아니라 다른 승려의 청으로 지어진 것이므로, 그 과정에서 자신의 스승인 경허의 노래 구절이 자연스럽게 들어간 것으로 생각할 수 있기 때문이다. 한암은 평소 경허의 〈참선곡〉을 외우고 있었음을 짐작할 수 있다.

이상, 만공과 한암의 가사 작품에 대해 살펴보았는데, 이 두 선사의 작품은 직·간접적으로 모두 경허의 영향 아래에서 지어진 것임을 확인할 수 있다. 이러한 사실은 불교가사의 창작에 있어 작가의 법맥法脈이 하나의 중요한 요인으로 작용하고 있음을 보여 준다는 점에서 주목을 요한다.

용성龍城의 대각교 가사

용성 진종龍城震鍾(1864~1940)은 근·현대 불교계를 대표하는 선지식 중의 한 분으로, 동시대의 여느 선사들과는 달리 다양한 면모를 보이고 있다. 즉, 그는 산중의 선원과 서울의 포교당에서 선풍禪風을 널리 진작시킨 고승 대덕이면서도, 3·1운동에 적극 가담한 독립운동가였으며, 아울러 청정지계淸淨持戒와 선농일치禪農一致를 주장한 개혁승이었던 것이다. 그런데 이러한 용성의 다양한 모습은, 불교의 개혁과 대중화를 위해 그가 창립하고 주도한 대각교大覺敎 운동에서 비롯되는 것이라 할 수 있다.

대각교는 용성이 3·1운동에 참여한 혐의로 옥고를 치르고 난 후인

1921년에 삼장역회三藏譯會를 조직하면서 창립되었다. '대각교'라는 명칭은, 왜색화되고 다른 종교의 도전을 받고 있던 당시 불교의 이미지를 혁신하고 불교 본연의 독자성을 새롭게 부각시키기 위해, 불교의 진면목을 드러낼 수 있는 교의로서의 '각覺'에 착안하여 명명한 것이다.[49]

그의 가사 작품으로는 〈권세가〉·〈세계기시가〉·〈입산가〉·〈중생기시가〉·〈중생상속가〉 등의 다섯 편이 『용성선사어록』에 실려 있다. 먼저, 〈권세가〉는 내용상 네 단락으로 나뉜다. 첫째 단락은 "주인공아 잠을깨오 대각마다 도를깻어/만반쾌락 자재한데 우리들은 무삼일노/삼계고해 빻어있어 벗어날줄 몰으나뇨"로 시작하여 인생의 무상함을 서술하고 있고, 둘째 단락은 깨달음의 경지와 그에 이르는 방법을 제시하고 있다. 그리고 셋째 단락에서는 화자 자신의 수행 생활을 노래하고 있으며, 마지막 단락은 "선지식을 친근하며 내부텨님 내가찾어" 빨리 깨달음에 이르기를 다시 한 번 권하고 있다.

〈입산가〉의 경우는 내용상 크게 두 단락으로 나눌 수 있다. 도시에서의 포교 활동에 지친 화자의 심정을 술회하고 있는 첫째 단락과 산에 들어가 선적 흥취를 노래하고 있는 둘째 단락이 그것이다. 이 〈입산가〉는 용성의 가사 중에서 교술적인 성격이 가장 약화되어 있으며, 자신의 포교 활동에 회의를 품고 있는 용성의 인간적인 모습이 드러나 있다. 그러나 이 노래 역시 본질적인 성격에 있어서는 용성의 다른 작품들에서 크게 벗어나지 않는다. 비록 자성을 찾고 마음공부에 힘쓰라는 직접적인 언급은 없지만, 수행의 즐거움과 선적 흥취를 자세히 서술함으로써 자연스럽게 청자들에게 수행 정진을 권하고 있는 효과를 거두고 있기 때

---

[49] 한보광, 『용성선사연구』, 서울: 감로당, 1981, p.37

문이다.

〈세계기시가〉·〈중생기시가〉·〈중생상속가〉의 세 편은 삼부작의 형태를 띠고 있다. 114구의 〈세계기시가〉는 세계가 형성되는 과정을 다음과 같이 노래하고 있다.

> 참된성품 미묘하야 제자성을 직히잔코
> 대해바다 파도일듯 무진연긔 발생한다
> 식심지각 없는성품 식심파도 닐어나서
> 불생불멸 저성품이 반분생멸 되엿도다
> 진과망이 화합하여 제팔식이 되었으니
> 고요하야 허공되고 요동하여 세계된다
> 어둔매긔 흙이되고 밝은긔운 물이되여
> 수토배합 성립하니 오행차서 닐어나네
> …(중략)…
> 한량없는 물겁품이 닐어나기 시작한다
> 두텁기도 한량없고 광대하기 무량하네
> 점점굳어 고톄되여 금은류리 칠보세게
> 미묘하고 정결하다 세력장한 맹풍력이
> 허공중에 덮어두어 색구경텬 닐웟세라
> 한량없는 해를지나 물이점점 감축되어
> 몇만유순 나려오니 대풍륜이 다시닐어
> 칠보세게 좋은텬당 엄정하게 닐웟도다[50]

---

50 용성 진종, 〈세계기시가〉(임기중, 앞의 책, 2000, pp.817~818)

화자는 참된 성품이 제 자성을 지키지 않아서 제8식인 아뢰야식阿賴耶識으로 변하고, 이 아뢰야식에 의해 세계가 형성되는 과정을 그 순서대로 자세하게 서술하고 있다. 또한, 일정한 간격으로 '~다'로 끝나는 어휘를 구절의 끝마다 배치함으로써 세계가 일어나는 모습을 생동감 있게 표현하고 있다.

이 노래의 결구는 "세계전톄 마음이라 삼계유심 분명하니/구박범부 다몰으고 고금천하 무궁겁에/진비잡셜 도도하다 텬디동근 여아일톄/어서어서 깨칩시다"라고 되어 있다. 삼계三界가 유심唯心임에도 불구하고 '진비잡셜塵飛雜說'이 유행하고 있다는 화자의 언술은, 용성이 이 가사와 〈중생기시가〉·〈중생상속가〉를 지은 이유의 일단을 짐작하게 한다.

그는 기독교도들이 불교를 비방하는 데 자극을 받아, 기독교에 대한 불교의 교리적 논박서라 할 수 있는 『귀원정종歸源正宗』(1913)을 저술한 바 있는데,[51] 이러한 점으로 미루어 본다면 여기에서의 '진비잡셜'은 직접적으로는 기독교의 천지창조설을 가리키는 것으로 여겨진다. 따라서 이 노래는 당시 그 교세를 확장하던 기독교의 천지창조설에 대응하여 '만물일체유심조萬物一切唯心造'의 불교 교리를 알리기 위해 지은 것이라고 할 수 있다.

다음으로, 30구의 단형가사인 〈중생기시가〉는 〈세계기시가〉에 이어 무정無情·유정有情의 중생이 태어나는 과정과 삼계에서 겪는 고통을 노래하고 있는데, "세계성립 되온후에 태란습화 십이류생/곳곳마다 충만하여 삼계고해 무량고초/해탈할길 전여없다"로 끝맺고 있다. 〈중생상속가〉 역시 36구의 짧은 노래로, 중생이 어떻게 삼계에서 고통을 받고 있

---

51 한보광, 앞의 책, 1981, p.32

는지를 서술한 다음, 그 고통을 극복하는 방법으로 회광반조廻光返照를 제시하고 있다. 여기에서의 회광반조는 구체적으로 우리의 본래면목인 '대원각성大圓覺性'을 찾는 것을 의미한다. "나의본성 통달하면 생사륜회 본래없어/무위탕탕 자재하다"라는 결구는 이 노래의 결사가 되면서 동시에 〈세계기시가〉 삼부작의 결사가 된다고 하겠다.

이상, 용성의 가사 작품에 대해 살펴보았는데, 이들 노래는 대체로 우리의 자성을 깨달아 해탈하기를 권하고 있다는 공통점을 보인다. 그러나 〈권세가〉·〈입산가〉가 주로 화자 자신의 체험을 바탕으로 자성을 깨칠 것을 노래하고 있음에 비해, 〈세계기시가〉·〈중생기시가〉·〈중생상속가〉는 중생이 해탈할 수 있는 근거를 제시하여 자성을 깨칠 것을 권하고 있는 점에서 차이가 있다. 후자의 작품들은 세계와 중생의 근원이 우리의 자성인 대원각성, 곧 불성佛性임을 밝힌 뒤, 중생들이 이 사실을 깨닫고 본래면목을 찾기 위해 정진한다면 모두 해탈하여 성불할 수 있음을 환기하고 있는 것이다.

학명鶴鳴의 단형가사

학명 계종鶴鳴啓宗(1867~1929)은 1920년대에 내장사에 선원禪院을 세우고 '반농반선半農半禪'을 표방하면서 노동과 참선 수행을 함께하는 불교혁신운동을 펼친 인물이다.[52] 학명은 불교가사의 작가 중 가장 많은 작품을 남기고 있다. 문집인 『백농유고白農遺稿』가 소실된 관계로 잡지 『불교』와 불교의식집인 『석문의범』에 수록되어 전한다. 그의 가사 작

---

52 김종진, 「학명의 가사 〈선원곡〉에 대하여」, 『동악어문논집』 33, 서울: 동악어문학회, 1998, p.231.

품으로는 〈망월가〉·〈선원곡〉·〈신년가〉·〈왕생가〉·〈원적가〉·〈참선곡〉·〈해탈곡〉 등의 일곱 편이 있다. 〈선원곡〉과 〈원적가〉를 제외한 나머지 작품들은 모두 그 분량이 50구가 채 되지 않는 단형의 가사이다.

〈참선곡〉은 세상사의 무상함을 중국 고사故事의 예를 들어 길게 서술한 뒤, 이를 극복하는 방법으로 '시심마是甚麼' 화두를 참구하는 간화선을 권하고 있다. '시심마'는 지형과 영암의 작품에서도 참선 수행의 방법으로 제시되었던 것인데, 학명과 동시대의 경허 및 만공이 조주 선사의 무자 화두를 강조한 것과 차이를 보인다.

〈왕생가〉는 극락세계의 모습을 요약하여 서술한 후, 왕생의 방법으로 무념無念의 반조자성返照自性을 제시하고 있다. 극락왕생을 권하는 불교가사가 일반적으로 칭명염불稱名念佛과 선심적덕善心積德을 강조하고 있다면, 이 작품은 염불이 아닌 반조자성을 제시하고 있는 것이다. 물론, 영암의 〈토굴가〉처럼 염불과 참선을 함께 강조하고 있는 작품들이 있지만, 학명의 〈왕생가〉와 같이 극락왕생을 위해 참선의 방법을 제시하고 있는 경우는 보기 드문 예에 속한다. 이러한 점은, 마음속에 정토가 있고 자신의 본래 성품을 찾는 것이 곧 정토에 왕생하는 것이라는 유심정토唯心淨土 사상에 기인한다. 이를 통해 학명이 선정禪淨을 겸수兼修하기보다는 오로지 선에 철저한 선사였음을 알 수 있다.

虛妄하고 無常하다 人間歲月 쌔르도다
정든해는 간곳업고 세해 다시 도라왓네
묵은해는 가도말고 새해亦是 오도마소
어린아기 少年되고 少年으로 靑年된다
靑年부터 老人되고 老人되면 될것업서

富貴貧賤 强弱업시 멀고먼길 가고마네
다시엇기 어려워라 金쪽갓흔 이내몸과
틀님업는 이내마음 새해부터 나아가세
<u>독긔들고 山에들면 덤불처서 개량하고</u>
<u>광이들고 돌밧파면 荒蕪地가 沃土된다</u>
보우리밧헤 리싹은 눈속에도 푸러잇고
우리새음 물줄기는 소래치고 흘러간다
부질부질 나아가면 새천지를 아니볼까
정신잇는 우리사람 사람중에 사람되세[53]

　인용문은 〈신년가〉의 전문全文으로, 새해를 맞아 더욱 수행 정진에 힘쓰자는 내용이다. 이 작품은 여느 불교가사와는 달리 불교 어휘가 보이지 않고, 내용 또한 불교 신자에게만 국한되는 것이 아님을 알 수 있다. 그런데 이 가사에는 학명이 주창한 '반농반선'을 직접적으로 표현하고 있는 대목이 있어 주목을 요한다. 곧 인용문의 밑줄 친 부분인 "독긔들고 산에들면 덤불처서 개량하고/광이들고 돌밧파면 황무지가 옥토된다"의 노랫말이 그것인데, 노동의 강조는 아래의 노래에서 더욱 구체화되어 나타난다.

時機싸라 坐變하니 鶴鳴手中 農器로다
야야우리 農夫님네 農夫되기 싸닭업다
高樓巨閣 閑逸터니 田中勞力 왼일인가

---

53 학명 계종, 〈신년가〉(임기중, 앞의 책, 2000, p.859)

俗風따라 農業하니 外道知見 이아닌가
야야우리 스승님네 僧侶되기 까닭업다
終日토록 閑談하고 밤새도록 잠자기네
재조적이 잇다하나 佛法信心 全혀업고
四敎大敎 마첫스나 佛法知見 망연하네
新式文學 갈쳐스나 山鷄野鶩 되고만다
아하우리 農夫님네 밋친이내 말삼듯소
佛祖窠窟 처부수고 寺利廢風 改良하세
勞働하고 運動하니 身體따라 健康하다
精中工夫 그만두고 鬧中工夫 하여보세
야야우리 동무님네 쌍파면서 노래하세[54]

위의 인용문은 〈선원곡〉의 일부로, 화자는 당시 불교계의 문제점을 비판하면서 노동과 함께하는 참선 수행인 '요중공부鬧中工夫'를 권하고 있다. 인용문을 통해 농부를 청자로 제시하고 있음을 알 수 있는데, 여기서의 농부는 승려와 동일시되고 있다. 비록 인용하지는 않았지만, 인용문의 바로 뒤부터는 호미로 땅을 파는 행위가 참선 수행의 과정과 교차적으로 서술되어 있다. 이 작품은 노동을 강조하고 있으나 단편적인 언급에 머물러 있던 〈신년가〉에서 더 나아가 작자의 선농일치禪農一致 사상을 본격적으로 보여 주고 있는 것이다.

〈망월가〉의 경우는 '공즉시색空卽是色 색즉시공色卽是空'의 불교 교리를 달이 기울고 차는 것에 비유하여 노래하고 있다. 〈해탈곡〉은 정신 수

---

[54] 학명 계종, 〈선원곡〉(임기중, 앞의 책, 2000, p.852)

양에 힘써 빨리 해탈하자는 내용이고, 〈원적가〉는 "구식으로 구든사람 날보와서 혁신하소"와 "노예심이 만흔사람 날보와서 독립하소" 등의 구절을 통해 변화하는 시대에 맞는 인간형을 제시하고 있다.

이상의 내용을 통해, 학명은 가장 많은 불교가사 작품을 지었으며, 그 내용 또한 여타의 불교가사에 비해 다양함을 알 수 있다. 그중에서도 〈선원곡〉은 그의 반농반선 내지는 선농일치의 사상을 노래한 작품으로, 불교개혁운동의 이념을 가사문학으로 선명하게 표현했다는 점에서 그 의의를 지적할 수 있을 것이다.

극락極樂 가기와 자성自性 찾기

　불교가사는 불교의 사상 및 교리를 승려 내지는 일반 대중들에게 보다 쉽게 널리 알리기 위해 지어진 것으로, 현재 전하는 불교가사 작품에는 불교의 제諸 사상思想이 드러나 있다. 불교가사에 나타나 있는 불교사상은 정토 사상淨土思想과 선 사상禪思想이 그 핵심을 이룬다고 하겠는데, 이 두 사상은 현재 전하는 불교가사의 내용 및 성격을 대별해 주는 기준으로도 적용할 수 있다.

　정토 사상에 근거하여 고해苦海인 이 사바세계에서 벗어나 서방정토인 극락세계에 왕생하기를 염원하고 권하는 내용의 작품들과, 극락왕생에 관심을 두기보다는 인간의 '자성自性'을 강조하여 참선 수행을 통해 이 자성을 깨치고 자신의 본래면목을 찾을 것을 권하는 일군의 가사들이 그것이다. 편의상 전자는 '왕생 노래' 또는 '왕생계 불교가사', 후자는 '참선 노래' 또는 '참선계 불교가사'라 부를 수 있을 것이다.

　이 왕생계 불교가사와 참선계 불교가사는 서로 구별되는 몇 가지 특징을 보인다. 먼저, 전자는 작자가 확실하지 않거나 여러 사람들에 의해 형성되었다고 여겨지는 작품들 및 작자 미상으로 전하는 불교가사에서 흔히 볼 수 있다. 그리고 사후의 문제와 관련되어 있고, 알기 쉬운 내용으로 인해 일반 대중들 사이에서 널리 향유되었다. 또한 재齋의 현장에서 가창되기도 하였는데, 불교의식 음악인 화청은 대부분 왕생 노래인 것이다.

　반면에, 후자는 주로 청자를 승려 계층으로 한정하고 있고, 작자의 대부분이 저명한 선사들이며, 대체로 그들의 어록이나 문집에 수록되어 있다는 공통점을 갖고 있다. 물론, 일반적으로 불교가사라고 하면 왕생 노래를 가리키는 것으로 생각하고 있지만, 참선 수행을 강조하고 그 방법을 제시하고 있는 이 작품들 또한 불교가사의 큰 흐름을 형성하고 있다. 작가가 알려진 작품들에 있어서는 왕생계 불교가사보다 오히려 참선계 불교가사의 비중이 더 큰 것이다.

 이상과 같은 불교가사의 두 계열은 조선 후기 불교계의 사상적 동향을 투영하고 있는 동시에, 불교가사의 작가 및 향유층의 지향 내지 관심이 '극락 가기'와 '자성 찾기'의 '두 갈래 길'로 나뉘어 있음을 보여 준다고 하겠다. 불교가사

| 참고문헌 |

김동국, 『회심곡 연구』, 서울: 한국학술정보, 2008.
김종진, 『불교가사의 연행과 전승』, 서울: 이회문화사, 2002.
김종진, 『불교가사의 계보학, 그 문화사적 탐색』, 서울: 소명출판, 2009.
김주곤, 『한국불교가사연구』, 서울: 집문당, 1994.
전재강, 『한국 불교가사의 유형적 존재 양상』, 서울: 보고사, 2013.
이상보, 『한국불교가사전집』, 서울: 집문당, 1980.
임기중, 『불교가사 원전연구』, 서울: 동국대학교출판부, 2000.
임기중, 『불교가사연구』, 서울: 동국대학교출판부, 2001.

김기종, 「불교가사 작가에 관한 일고찰」, 『한국불교시가의 구도와 전개』, 서울: 보고사, 2014.
김기종, 「〈서왕가〉의 주제의식과 18세기 불교사의 맥락」, 『한국시가연구』 46, 서울: 한국시가학회, 2019.

문화와 의례

재회 齋會

· 김성순

I. 재회齋會의 의미와 기원

　　재회란 무엇인가/ 재승齋僧과 우란분재盂蘭盆齋/

　　시식施食과 시아귀회

II. 한국불교 재회의 종류와 구성

　　재회의 종류/ 재회를 위한 의례집

III. 망자의 천도를 위한 재회

　　평등한 구제의식: 수륙재/

　　중음기의 망혼을 위한 천도의식: 사십구재

IV. 사후를 대비하는 산 자들의 재회

　　생전예수재의 교의적 배경과 역사/ 생전예수재의 절차와 구성

■ 한국불교의 재회와 불교문화

I. 재회齋會의 의미와 기원

재회란 무엇인가

재회齋會는 재齋와 회會가 합쳐진 용어이다. '삼가다', '부정을 피한다'는 의미의 재는 Uposadha로, 일정한 날을 정하여 계율을 지키는 것을 뜻하며, 불보살에 공양을 올리는 불사佛事나 불공佛供 법회를 일컫기도 하였다. 재계齋戒라는 용어의 의미가 말해 주듯 재는 근본적으로 수행법의 차원에서 실천되는 행위이다. 적어도 중국에서의 재―특히 유교적 의미에서―는 단독 수행으로서의 의미도 가지고 있다.

하지만 이 재의 개념에 회會가 더해지면 집단 수행의 범주로 확장된다. 인도불교의 '우포사다Uposadha'는 하안거 기간에 행한 잘못을 고백하고 훈계하는 집단 참회 수행을 말한다. '포살布薩'로 한역된 이 집단 참회 수행과, 안거를 마친 승려들에 대한 공양인 재승齋僧이 같은 날에 시차를 두고 행해지면서 재회라는 집단 공양의 의미 범주를 갖게 된다.

불교 전래 이전 중국에서의 재회의 본래 개념은 『후한서後漢書』의 「탁노위류열전卓魯魏劉列傳」에 나온 한대漢代의 천자와 제후들이 종묘에 제사하던 때의 집회를 말한다. 불교에서는 이 재회의 개념을 ① '법회에 모인 승려들에게 재식(채식)을 공양하는 것', ② '불교사원에서의 특정 기일의 집회'라는 중층적인 의미로 수용했다. 다시 말해, 불교에서의 재회는 경전을 강독하거나 교설하기 위한 모임이라는 성격과, 승려들에게 음식을 공양하여 내세의 구제를 얻기 위한 공덕을 쌓는 이른바 '재승齋

僧'의식으로서의 의미를 함께 갖고 있는 것이다. 한국에 전래되어 정착하고, 시대를 거치면서 재해석·확장된 여러 재회에서 공양의 절차가 빠지지 않는 것은 재회의 성립이 '재승'의 개념을 바탕으로 하고 있기 때문일 것이다.

불교에서는 신身·구口·의意 삼업을 정제하여 악업을 짓지 않는 것으로 해석했던 재의 의미 범주가 점차 확장되어 계율에 맞는 식사 내지 오후불식午後不食의 수행법을 가리키고, 더 나아가서 승려들과 속인들에게 음식을 공양하는 것까지 포괄하게 된다. 실제로 현대 중화권 불교에서는 '자이판(齋飯)'이라 하면 한국불교의 발우공양에 해당되는 채식 내지 탁발식을 말한다. 한편 『세종실록』에는 불당경찬회를 마치고 승려와 속인들에게까지 재반을 공궤하는 것에 대해 신료들이 반대하자, 세종이 무슨 상관이 있겠느냐고 무시하는 기록이 나온다.[1] 조선시대에는 이미 재승 내지 재반의 개념이 승려는 물론 속인에 대한 공양으로까지 명확히 자리 잡았음을 보여 주는 대목이다.

그렇다면 언제부터 한국불교에서 '~재' 하는 식의 용어가 자리 잡게 된 것일까? 19세기 초에 발간된 종합의례서인 『작법귀감』에도 특정 재의 명칭이 등장하지는 않는다. 따라서 재의 의미가 공양보다 불교의식 전체를 가리키는 것으로 확장된 것은 빨라도 19세기 중반 이후일 것으로 짐작해 볼 수 있다. 근대 이후 한국에서는 재의 개념이 '불=승'에 대한 공양에서 망자를 위한 천도의식에까지 의미가 확장되어 온 것이다. 이에 따라 오늘날의 한국에서는 일반적으로 재라고 하면 천도재로 인식하기에 이르렀다.

---

1 『세종실록』 권122, 30년 11월 25일

또한 재회에 대한 일반의 질문 중에 자주 나오는 것 중 하나가 '사십구재를 치렀으면 천도가 완성된 것이 아닌가, 왜 그 후로도 다른 천도의식을 치르는가'라는 것이다. 망자를 좋은 곳으로 보내기 위한 천도薦度의식이 사후 49일간의 중유中有의 기간만이 아니라 망자를 대상으로 한 의식을 치를 때마다 거듭되는 것은 중국의 천태 교단에서 재회의 기본구도를 완성했다는 것도 한 원인이 될 것이다. 이는 천태의 예참법, 즉 예경과 참회 의식이 재회의 기본 배경에 있기 때문에 의식을 치르는 것 자체가 공덕을 보태는 의미가 되는 것이다. 다시 말해, 재를 치를수록 재자齋者 자신의 공덕의 부피도 자라나고 망자에 회향되는 복도 커지리라는 믿음이 교의적 괴리도 덮어 버린 결과라 하겠다. 결국 재회 안에는 동아시아 대승불교의 두터운 공덕 신앙, 즉 선조를 포함한 모든 유주무주의 망혼들에 대한 시식의 공덕, 불보살의 법문에 의한 가피력, 재승의 공덕에 대한 신앙 등이 모두 융해되어 있는 것으로 볼 수 있을 것이다.

재승齋僧과 우란분재盂蘭盆齋

재승의 교의적 근거가 되는 경전을 제시하자면 먼저 『우란분경盂蘭盆經』을 들 수 있을 것이다. 목련 존자가 아귀도에 떨어진 모친을 구제하기 위해 석가모니의 가르침대로 90일간의 우기 수행을 마치는 7월 15일에 승려들에게 공양을 바친 연기緣起에 근거하여, 승려들에게 음식을 공양한 공덕으로 망자의 추선을 기원하는 것이 우란분의 기원이다.

한국의 우란분재 거행에 대한 최초의 기록은 『고려사』 세가世家 12, 예종睿宗 원년(1106) 7월 조이다. 고려시대에는 기일에 승려들을 청하여 공양하는 반승飯僧을 주로 행했지만, 조선시대에는 재승이라는 명목으로 승려가 아닌 이들에게까지도 공양을 베풀었던 기록이 보인다. 이처럼 재회가 설행되는 사찰 내 공간에 들어오지 못한 속인들을 위해 해탈문 밖에서 음식을 베푸는 '전奠시식'을 행하고 있는 것이 한국 수륙재의 또 하나의 특징이라 할 수 있다.

『동국세시기東國歲時記』에도 고려시대와 조선시대의 백중일에 재승을 했던 습속에 대해 서술하는 대목이 나온다. 고려시대에는 모두 142회의 반승이 열렸는데 최대 10만 명에서 적게는 1만 명의 승려에게 공양하는 대규모의 반승재로 발전했다고 한다. 조선시대에는 우란분절일과 동일한 날짜에 백중百中·백종百種이라는 이름으로 농경 축제적 절일을 지냈다. 김내창은 백중의 기원에 대해 "중들이 죽은 사람의 령혼을 위로한다고 하면서 음력 7월 보름날에 절간에서 제사를 지내는 행사였는데, 이날 백 가지 종류의 꽃과 과일을 갖춘다고 하여 그 이름을 백종날이라고 하였다."라고 설명하고 있다.[2] 여러 기록으로 보건대, 조선시대 중기 이후에는 이전 고려시대처럼 공식적인 대단위의 반승 행사는 없었으며, 백중절에 민간에서 여러 공양물을 사찰에 시주하는 형식으로 이어졌던 것으로 생각된다.

근자에 들어서는 백중절이 '우란분회', '영가천도재', '백중천도재' 등의 이름으로 사찰의 세시적歲時的 천도의식일로 변모해 가고 있다. 특히 사십구재를 신청하는 사람들은 집안에 고인이 된 분들의 위패를 마련하여 우란분절 직전에 불단에 순서대로 천도재를 지내 주고, 음력 7월 15일에 모두 함께 모여 우란분재를 지낸 다음, 위패를 들고 스님들의 안내에 따라 경내를 돌고, 탑돌이를 하며, 사찰 경외에 위패와 꽃들을 모두

---

2 『림하필기』 권12(김내창, 『조선풍속사』, 평양: 사회과학출판사, 1992, 영인: 한국문화사, 1998, p.288)

쌓아 놓고 불사르는 것으로 재를 마감한다. 이는 농경 축제적 성격이 강한 백중이 현대에 들어 퇴색되면서 다시 선조의 망혼을 천도하는 재회의 성격이 강화된 것으로도 해석할 수 있을 것이다.

우란분의식과 시아귀의식은 고통받는 망령들에게 시식을 한다는 점에서는 서로 유사성이 많아 보이지만 그 세부적 지향점은 다르다. 우란분의식은 사원 승려들의 3개월에 걸친 하안거를 통해 증진된 공덕으로 아귀가 천도될 수 있으리라 믿고 승려들에 공양하는 것이다. 이에 비해 시아귀의식은 다라니의 법력에 의해 양과 질이 변화된(變食加持) 음식으로 아귀들을 고통으로부터 구제함으로써 공덕을 얻는다는 것이다.

중국불교의 경우를 들자면, 수륙법회를 '무차회無遮會' 혹은 '수륙무차회水陸無遮會'·'수륙대무차회水陸大無遮會'로 부르는 경우도 많은데, 이른바 무차회라는 것은 '재승대시회齋僧大施會', 즉 승려들에게 공양을 하는 법회를 말한다. 또한 의정義淨의 『남해기귀내법전南海寄歸內法傳』 권1 「수재궤칙受齋軌則」에서는 재승이 단지 승려를 청하여 음식을 공양하는 것만이 아니라 승려에 대한 보시, 개광開光(점안), 강경설법 등 일련의 의식 절차를 포괄한다고 밝히고 있다. 결국 무차수륙대회로 재해석되어 온 수륙법회에는 재와 재승의 함의가 공존하고 있으며, 재승의 궁극적인 목적은 공양을 통해 얻어진 공덕으로 망혼을 천도하는 데 있는 것이다.

시식施食과 시아귀회施餓鬼會

고대 인도에서는 사람이 죽어 다음 생을 받을 때까지의 중유의 상태를 쁘레따(preta; peta)라 하고, 쁘레따의 단계를 거쳐 조상신으로 자리하려면 일종의 공양의식이라 할 수 있는 조령제祖靈祭를 지내야 한다고 생각했다. 이 쁘레따의 개념이 '아귀'로 한역되면서 천도되지 못한 영가를 위한 의식을 시아귀회施餓鬼會라고 불렀는데, 이는 말 그대로 '아귀에게 먹을 것을 베푸는 의식'이라는 의미이다.

한편, 초기 경전인 싱갈라경(Siṅgālovāda-sutta)에서 붓다는 재가자에게 다섯 가지 방법으로 부모를 존경하고 봉양해야 함을 가르치고 있는데, 그중 하나가 돌아가신 부모님을 위해 '적당한 시기에 공물을 바치라'는 것이다. 이와 유사하게 『장외경牆外經』에서도 돌아가신 조상에게 여법하고 청정한 음식을 바치라는 내용이 등장한다. 이러한 교의들을 통해 그 당시 인도에서도 조상에 대한 제사가 매우 중요시되었음을 확인할 수 있다. 인도불교에서도 효를 중요한 윤리 덕목으로 존중했을 뿐 아니라, 망자에 대한 공양 역시 적극적으로 실천했던 것이다. 고대 인도인들이 제사의 대상으로 인식한 귀鬼는 늘 굶주려 있는 상태이며, 미혹함과 업의 굴레에서 벗어나지 못한 존재였다. 이러한 종교 문화적 배경이 있었기 때문에 조상의 망혼은 후손이 의식을 통한 공양을 실천해야만 구원이 가능한 것으로 인식되었으며, 불교의 윤회 사상과 결합된 공양의식이 행해졌던 것이다.

시식은 거의 모든 천도의식의 절차에 수용되지만, 그 대상이 무주고혼, 즉 아귀에 대한 시식으로 특정화된 의식이 바로 시아귀회이다. 북송대 자운 준식慈雲遵式(964~1032)은 『금광명경金光明經』에 근거하여 무주고혼을 달래고 삼악도에 떨어진 조상들을 천도하기 위해서 매일 다라니를 외고 음식을 공양하는 시아귀의식을 실천했다. 전 장에서 서술했듯이, 우란분재는 매년 음력 7월 보름 주기적으로 승려들에게 공양을 바치는 연례적 명절 축일의 성격을 가지고 있었다. 이에 비해, 시아귀의식은 모든 승려와 신도들이 가정과 사원에서 시아귀법을 주기적으로 실천하게 되면서 일상의 의례로 자리 잡게 되었다. 시간이 지나면서 우란분재와 시아귀회 두 의식이 서로 융합되어 선조의 망혼까지 공양 대상에 포함하고, 나아가 승려에 대한 공양의 공덕까지 포함하게 된다. 결국 시아귀회는 승려에게 공양하고 아귀에게 음식을 베풀어 천도하는 공덕으로, 망혼의 천도는 물론 시주자 자신의 사후의 복덕을 쌓고 수명을 늘리기 위해 설행하는 수륙재 성격의 의식이 된 것이다. 현재 중국 불교계에서 사용하는『수륙의궤회본水陸儀軌會本』[3]을 편찬한 인광印光 대사(1862~1940) 역시 그 서문에서 "아귀면연餓鬼面然 시식법의 인연으로부터 수륙재회로 변화했다."라고 서술하고 있다.

일본불교에서는 가마쿠라시대에 들어서 구카이(空海, 774~835)를 비롯한 많은 대당 유학승들에 의해 시아귀법이 전래되어 이를 각 종파들이 수용하게 된다. 원래 시아귀회와 우란분회는 별개의 의식이지만 중세 일본불교에서는 우란분절, 즉 오봉(お盆)의 습속 안에 시아귀의식의 의미가 합쳐지게 된 것이다. 이에 따라, 중세 일본에서의 우란분회는 조령祖靈뿐만 아니라 아귀들의 영혼까지 맞이하고 성대히 접대하여 돌려보내는 날로 인식되었다. 다시 말해, 일본불교의 우란분회는 아귀도에 빠진 조령을 구하는 것이 아니라 집으로 찾아오는 조령을 위로하고 공양하는 행사로 변하게 된 것이다. 이에 따라 사원에서 우란분회를 설행할 필요가 없어졌기 때문에 시아귀회라는 명목으로 별도의 행사를 치르게 된다.

시아귀법 관련 의례집에 대해 살펴보자면, 중국불교에서 나온 문헌으로는『구발염구아귀다라니경救發焰口餓鬼陀羅尼經』외에도『유가집요

---

3 1924년에「廣陵後學法裕增補儀略」의 중각회본 4권과『수륙의궤회본』을 융합하여 편집한 것이다.

구아난다라니염구의궤경瑜伽集要救阿難陀羅尼焰口儀軌經』, 『유가집요염구시식기교아난다연유瑜伽集要焰口施食起敎阿難陀緣由』, 『시제아귀음식급수법施諸餓鬼飮食及水法』 등이 있다. 시아귀법에서는 시식과 법식法食, 즉 물리적인 음식뿐만 아니라 법문도 함께 들려주어 아귀도의 고통을 면하게 하는 것을 지향하기 때문에 다라니 염송을 강조하는 것을 볼 수 있다.

한국불교의 경우 고려 선종宣宗 7년(1090) 최사겸이 송에서 『수륙의문』을 들여온 이래 몽산 덕이蒙山德異(1231~1308?)의 『증수선교시식의문增修禪敎施食儀文』 복간을 필두로 많은 의식서가 출간되었다. 이후에 나온 의례집은 대부분 덕이의 『증수선교시식의문』을 답습하는 수준이었기 때문에, 한국불교의 시아귀회 관련 의궤는 덕이본을 저본으로 하고 있다고 할 수 있다. 그 후 수백 년이 지나 도광道光 6년(1827)에 이르러서야 백파 긍선에 의해 의식문의 착오와 결함을 보충하고, 여러 의식집들을 통일한 『작법귀감作法龜鑑』이 나오게 된다.

현행 한국불교에서는 시아귀회라는 이름으로 별도로 재회가 행해지지는 않지만 거의 모든 재회의 절차 안에 '시식施食'이 포함되어 있는 것을 볼 수 있다. 또한 일상 의례로서 행해지는 시식 중에서 가장 눈에 띄는 것은 발우공양을 마친 후 청수를 모아 공양하는 건물 바로 앞에 있는 '아귀구'에 붓는 것이다. 통상 이 아귀구는 돌로 쌓은 퇴수구에 몇 장의 기와를 사각형 혹은 원형으로 둘러 세운 형태를 하고 있다. 이러한 시식 의례는 일본불교의 발우공양이라 할 수 있는 '오료키(應量器)'에서도 유사한 형태로 실천된다.

II. 한국불교 재회齋會의 종류와 구성

재회의 종류

현재 한국불교에서 전승되는 주요한 재의식에는 상주권공재常住勸公齋, 시왕각배재十王各拜齋, 생전예수재生前豫修齋, 수륙재水陸齋, 영산재靈山齋 등의 다섯 종이 있다. 일반적으로 재는 영가천도를 위해 설행하는 의식으로 알려져 있지만, 개인의 수복壽福, 국가나 조직체의 안녕, 그리고 현대에 이르러서는 국가적 인류 무형 유산의 하나로서 마치 공연문화처럼 행해지기도 한다.

재의 절차 차원에서 보면 최소한의 짧은 절차로 구성되어 서민들의 경제적 부담을 줄일 수 있는 상주권공재도 있고, 모든 절차를 다 포함하여 장시간에 걸쳐 치러지는 수륙재도 있다. 내용 면에서 보면 사십구재, 영산재, 수륙재, 상주권공재는 망자의 명복을 빌고 고혼이 극락왕생하도록 발원하는 천도재의 성격을 지니고 있다.

이 중 시왕각배재는 시왕만 별도로 청하여 각각의 시왕과 그 권속에게 필요한 의례를 행하는 의식이다. 그래서 각 절차가 구체성을 지니고 있으며, 진행 시간도 길어져서 삼일재, 칠일재 등의 형식으로 행하게 된다. 이는 모든 불보살을 한꺼번에 청하여 상단에 모시는 다른 재의식의 권청과 달리 낱낱의 시왕을 청하기 때문이다.

영산재는 조선조에 발간된 여러 불교의식집에서 작법作法·영산대회작법靈山大會作法·영산회작법靈山會作法·영산작법靈山作法·영산회靈山會·영산각배靈山各拜 등의 다양한 명칭으로 불린다. 영산재에서 가장 큰 규모로 행해지는 절차는 '영산작법'이다. '영산작법'은 영취산에서의 불보살의 모임을 재현한 것이라고 하는데, 상위上位의 신들을 도량으로 청해서 설법을 듣고, 그 가피력으로 모든 고혼들이 깨달음을 얻기를 발원하는 내용으로 구성된다. '영산작법' 절차는 모든 재의 절차에 포함되며, 영산재의 뒤에는 항상 각배재가 따르게 된다. 또한 수륙재나 예수재의 전반부 절차에는 영산재와 각배재가 설행된다. 다만 상주권공재나 각배재, 수륙재 등에서는 '영산작법'에서 불리는 많은 범패보다는 더 적은 분량이 불린다. 결국 의식 절차의 구성과 소요 인원의 다소에 따라 상주권공재, 각배재, 영산재 등으로 명칭이 나뉘는 것이다.

상주권공재는 사십구재나 백일재, 소상 혹은 대상 때 개인이 재주가 되어 설행하는 가장 소규모의 간략한 재의식이다. 설행 시간이 대략 서너 시간 정도이고, 길어도 하루를 넘기지 않고 밤까지 이어지지 않는다. 상주권공재는 범패와 작법무 등이 가장 최소한으로 행해지기 때문에 범패나 작법 전문승이 없을 때 이 상주권공재의 형식으로 설행한다. 오늘날의 재의식에서는 삼일재, 칠일재 등이 번잡하다고 하여 생략하게 되면서 영산재나 각배재를 이 상주권공재의 의례 형식에 맞추어 하루 만에 설행하는 경향이 있다.[4] 또한 망자의 천도를 위해 설행하는 천도재와 달리, 예수재는 재주 본인이 자신의 사후를 위한 공덕을 닦는 것을 목적으로 하며, 영산재나 각배재, 상주권공재 중의 한 형식을 택하여 설행하게 된다.

재의 설행 시기는 '우란분재'나 '팔관재八關齋'처럼 특정한 날에 지내는 경우도 있지만, 대개는 재주齋主의 설재 요청이 있을 경우에 설행하는 방식이다. 또 설행 방법과 기간은 전통적으로 7일에 한 번씩 49일간

---

4 (사)생전예수재보존회 편, 『생전예수재 연구』, 서울: 민속원, 2017, p.13

일곱 번을 지내는 칠칠재七七齋와 49일째 되는 날에 지내는 사십구재四十九齋, 백 일이 되는 날에 지내는 백일재百日齋가 있고, 하루간 지내는 권공재, 사흘간 지내는 영산재처럼 재의 종류에 따라 설행 기간이 정해져 있다. 상주권공재나 영산재처럼 낮에 지내는 '낮재'가 있는가 하면, 예수재나 각배재처럼 밤에 지내는 '밤재'도 있다.

또한 현재 전승되는 다섯 종의 재는 모두 독립된 의식인 것처럼 소개되고 있지만, 실제로는 상주권공재를 제외한 수륙재, 예수재, 영산재, 각배재의 네 종은 큰 재를 지낼 경우, 하나의 의식 안에서 절차상 선후 관계로 연결되는 것을 볼 수 있다. 즉 상주권공재는 준비 의식인 '시련', '대령', '관욕', '신중작법'과 본 의식인 '영산작법', 마무리 의식인 '시식'과 '봉송'으로 간단히 행해지지만, 나머지 네 종의 재는 '준비 의식(시련, 대령, 관욕, 신중작법, 괘불이운) → 영산재(영산작법) → 각배재(운수상단) → 수륙재 또는 예수재 → 마무리 의식(시식, 회향, 봉송)'으로 그 절차가 이루어져 있다. 따라서 영산재와 각배재, 수륙재와 예수재는 재의 절차 중 하나로 포함되는 것이다. 이처럼 여러 유형의 의식을 절차에 모두 포함시켜 대규모로 행하는 재를 조선조에서는 수륙재라 하였고, 현행 불교의식에서는 영산재로 부르고 있다.

비록 수륙재는 중국에서 발생하였지만 한국에 정착되는 과정에서 음악과 무용 등 여러 분야의 높은 예술성을 지닌 영산재라는 의례가 생성되었다. 또 수륙재 설행 때 고혼의 정화를 위해 등장한 지장보살에 대한 지장 신앙이나 도량의 결계와 청정을 위해 모시는 관세음보살에 대한 관음 신앙, 광명진언 신앙 등은 수륙재에서 새롭게 해석되고 분화된 신앙이라고 볼 수 있다.

재회를 위한 의례집

재회의 절차를 구성하는 근거가 되는 것은 의문儀文, 의식집 혹은 의궤儀軌라고도 부르는 각종 의례 문헌이다. 수륙재를 비롯하여 생전예수재나 사십구재, 칠칠재 등을 포함하는 영산재 등의 재회는 모두 특정 의식집에 근거하여 의식 절차를 진행하게 된다. 한국불교의 의식집은 대부분 중국불교에서 수입하여 이를 전승하거나, 시간이 흐르면서 자체적으로 재구성했으며, 조선시대에 이르러 재회가 유행하면서 간행 역시 활발하게 이루어졌음을 볼 수 있다.

먼저 고려시대를 살펴보면, 『고려사』에 선종 7년 최사겸崔士謙이 송나라에서 구해 온 『수륙의문水陸儀文』에 대한 언급이 있다. 또한 이제현이 쓴 혼구混丘(1251~1322)의 비명碑銘, 조선시대에 간행하여 현존하는 수륙의례집인 『천지명양수륙재의찬요天地冥陽水陸齋義纂要』·『천지명양수륙잡문天地冥陽水陸雜文』 등과 몇몇 발문 등에서 고려시대에 사용된 의례집에 관한 기록을 전하고 있다.

현존하는 수륙재 의례집은 고려 죽암竹庵 유공猷公이 편찬하여 대광사(1514)·안동 광흥사(1538)·용인 서봉사(1581) 등에서 펴낸 『수륙무차평등재의촬요』나 해인사(1641)·순천 송광사(1642)·함흥 개심사(1658) 등에서 펴낸 『천지명양수륙재의찬요』, 간행처(1496)를 알 수 없는 『천지명양수륙잡문』, 황해도 불봉암(1586)·신흥사(1661) 등에서 펴낸 『천지명양수륙재의』 등이 있다.

이들 의례집이 수입되거나 한국불교에서 간행되기까지의 도정을 살펴보면, 먼저 1090년경 중국불교 북수륙 계통의 『수륙의문』을 최사겸이 송으로부터 가져오게 된다. 뒤이어 13세기 말에서 14세기 초 혼구가 『신편수륙의문』을 찬집하고, 14세기 초반에는 촬요·결수문·소례 등으로 불리는『수륙무차평등재의』에 이어서 찬요·중례문으로 불리는『천지명양수륙재의』가 간행되었다. 15세기 전후로 지반문으로 불리는『법계성범수륙승회수재의궤』, 그리고 법석용 의식 절차인『작법절차』가 간행되었으며, 15세기 후반에는『천지명양수륙잡문』이 나왔다.

이상의 의문들은 신앙과 불교의식의 수요에 의해 간행되었으며 이후 수차례 복간되었다. 16세기 이후에는 '요문'·'제반문'·'청문' 등의 한계를 극복하기 위해『범음산보집』이나『영산대회작법절차』등과 같은 '산보刪補'와 '회편會編'의 간행이 이루어지게 된다. 이는 핵심만 간추려 의문집을 엮었다가, 후에 누락된 요소들을 세세하게 보완한 작업이라고 할 수 있을 것이다.

수륙재 의문을 중심으로 본다면『결수문』28본,『중례문』18종,『지반문』10종이 남아 있다. 이러한 의문집은 11세기 무렵에 중국에서 수입되어 한국불교에 유통되었으며, '찬요'·'촬요'·'지반문'이라는 형태로 새롭게 편찬된 것이다. 그 가운데 '촬요'·'결수문'으로 불리는『수륙무차평등재의』가 가장 한국적 특성을 가지고 있다고 할 수 있다. 또한 현행 한국불교 생전예수재 의식의 소의가 되는 의식집의 저본으로는 조선시대에 간행된『예수시왕생칠재의찬요預修十王生七齋儀纂要』를 꼽을 수 있다.

조선시대에 들어서면서 예수재 관련 의례집이 본격적으로 등장하게 된다. 고려시대에는『예수시왕생칠경』이 유일한 사례였지만, 조선시대에는 이를 포함하여『불설수생경』·『예수시왕생칠재의찬요』·『예수천왕통의』등이 간행되었다. 1564년 양양襄陽 보현사寶玄寺 간행본이 나왔고, 명종 21년(1566)에는『예수시왕생칠경찬요』판본이 나왔다. 조선시대 예수재는 바로『예수시왕생칠경』과『예수시왕생칠경찬요』의 두 권을 근거로 설행된다. 1566년 본이 현존하는 최고본이지만, 『중종실록』 등의 기록으로 보아 이미 16세기 초에 민간에 유통된 의례집에 근거한 예수재가 유행하고 있었음을 알 수 있다.[5]

현행 한국불교 의례 문헌 중 『오종범음집』은 기존의 의례서를 가장 간략하게 압축해 놓은 의식집으로 간주되며, 그 외 『진언권공』(1496) · 『영산대회작법절차』(1634) · 『오종범음집』(1661) · 『제반문』(1694) · 『산보범음집』(1713) · 『천지명양수륙재의범음산보집』(1739) 등은 시대별로 의식 절차가 점점 간소화되는 특징을 지닌다. 현존하는 의례집 중 가장 오래된 『진언권공』(1496)의 경우 예식이 엄격하게 갖추어져 있는 데 비해, 삼귀의의 경우에는 후대로 가면서 절차가 점차 갖추어져 가지만 그 외의 반복되는 절차는 점차 생략되고 간소화되는 경향을 보인다. 현행 불교의례의 전범이라 할 수 있는 『석문의범』에서 이러한 성격이 가장 여실히 드러난다.

III. 망자의 천도를 위한 재회

평등한 구제의식: 수륙재

1237년 간행된 종감宗鑑의 『석문정통釋門正統』에서는 아난이 꿈속에서 염구焰口아귀를 만난 후 시식을 베풀어서 아귀도행을 면한 연기를 빌려 양 무제가 수륙의문水陸儀文을 만들게 된 것을 수륙재의 기원으

---

[5] (사)생전예수재보존회 편, 앞의 책, 2017, p.44

로 삼고 있다.[6]

북송대 자운 준식은 「시식정명施食正名」 안에서 '수륙水陸'이라는 표현을 (문헌상 기록으로) 최초로 사용했다.[7] 송대에는 수륙재 관련 의식집 간행이 성행하였으며, 현재 전하는 형식의 수륙재가 시작되었다. 11세기경부터는 수륙의문이 활발하게 찬술되고 간행되었는데, 양악楊鍔(974~1020)의 『수륙의문水陸儀文』 3권이 가장 이른 시기의 것으로 알려져 있다. 또한 가장 대표적인 초기의 수륙재 관련 문헌은 송대 천태종 승려인 지반志磐(1220~1227)이 찬술한 「수륙재水陸齋」이다.[8] 지반의 「수륙재」에서는 양 무제가 꿈에 나타난 신승의 계시로 인해 직접 수륙의문을 만들고, 친히 수륙도량을 개설했다고 하고 있지만, 이는 역사적 사실과는 거리가 있는 것으로 논의되고 있다.

북송대 천태종 승려인 자운 준식이 시아귀의식을 수행법 차원으로 정비한 것, 남송대의 지반이 수륙재를 집대성한 것, 천태종 사찰인 월파사月波寺가 대표적인 수륙도량이었던 것은 수륙재의 성립에 있어서 천태종이 중요한 역할을 했음을 보여 준다. 『수륙의문』과 『수륙연기水陸緣起』가 만들어지면서 수륙재는 시아귀회에서 독립된 별도의 의식으로 설행되었다. 북송대 자운 준식의 시아귀의식에서 남송대의 수륙재로 발전하기까지는 천태종의 수행법과 교의적 자원이 큰 역할을 했으리라 생각된다.

수륙재는 특정 또는 불특정 다수의 무주無住(無主) 망자들의 사후에 추천을 위해 사성육범四聖六凡의 상중하의 모든 존재를 함께 청해 재를

---

6 宗鑑, 『釋門正統』 권4 「利生志」
7 遵式, 『金園集』 卷中 「施食正名」
8 志磐, 『佛祖統紀』 권34 「水陸齋」

올리는 의식이라고 정의할 수 있다. 사성四聖은 불·보살·성문·연각이며, 육범六凡은 천·인·아수라·지옥·아귀·축생을 가리키는데, 실질적으로 육범은 모든 중생을 포괄한다고 할 수 있다. 재의 명칭에 나타난 '수륙'은 문자적으로는 물과 육지이지만, 중생이 고통을 받는 모든 공간을 말한다. 또한 수륙재의 여러 명칭 중에 '무차無遮' 혹은 '평등平等'의 용어가 들어가 있는 것을 볼 수 있는데, 이는 망혼의 남녀노소와 고하를 가리지 않고 시식을 베푸는 수륙재의 특성을 표현한 것이라 하겠다.

한국불교의 수륙재와 관련된 문헌 기록을 통해 그 설행 목적을 확인해 보면 다음과 같다. 첫째는 고려의 건국 공신을 위한 공신재功臣齋이며, 둘째는 불성을 깨닫도록 하는 것으로서 진정 국사의 『호산록湖山錄』 「수륙재소水陸齋疏」에서 그 사례를 찾을 수 있다. 셋째는 추선을 위해 설행하는 의식으로서, 기록상 남아 있는 수륙재 중 가장 많은 횟수를 차지하고 있다. 넷째는 치병을 위해 설행하는 경우이며, 다섯째는 액난을 없애기 위한 것이다. 여섯째는 죄업을 소멸하기 위한 의식으로 행해진 것이다. 일곱째는 당시 민간 사회의 신앙으로 뿌리 깊게 자리하고 있던 불교의식인 수륙재를 통해 백성들을 위무하고 민심의 통합을 이루고자 한 것이다.

고려시대에 어떻게 수륙재가 설행되었는지에 대해서는 아직까지 자세히 밝혀지지 않았다. 그 단서는 『고려사』에 무차수륙회로 명기된 최초의 기사인 성종 2년(982)에 최승로(927~989)가 상소문과 함께 올린 「시무28조」를 통해서이다. 최승로는 이 수륙재의 폐단이 광종 때부터 시작되었으며, "자기의 죄업을 없애고자 인민의 고혈을 짜내서 불교 행사를 많이 거행하고, 혹은 비로자나참회법을 베풀거나 혹은 구정에서 승려들에게 음식을 주기도 하였으며, 혹은 귀법사에서 무차수륙회無遮水陸會도

베풀었다."라고 공격하고 있다.⁹

문헌 안에서 수륙도량으로서의 구체적인 모습이 언급된 것은 권근의 『양촌집』에 실린 「진관사수륙사조성기」이다. 이 기록에 따르면, 태조 6년(1397) 1월부터 9월까지 9개월에 걸쳐 진관사에 59칸이나 되는 수륙사水陸社를 건립한 것으로 되어 있다. 권근은 "『수륙의문』 37본을 간행하고는 무차평등대회無遮平等大會를 세 곳에 베풀게 하고, 각각 『묘법연화경』 1본, 의문儀文 7본씩을 비치하되, 영구히 그곳에 보관해 두고서 거행하게 하였다."라고 적고 있다. 즉, 조선 태조가 새로운 왕조를 건국한 후 무참하게 죽인 고려 왕씨들의 천도를 위해 『수륙의문』 37본을 간행하고 비치하도록 하였을 뿐만 아니라 무차평등대회를 베풀도록 하였다는 것이다.¹⁰

또한 정종 2년(1400)에는 흥천사에 사리전이 낙성되고 수륙재를 베풀었는데, 조선 왕실의 선조뿐만 아니라 고려 왕실 사람들까지 그 천도 대상에 포함하고 있었다.¹¹ 수륙재는 세조 연간(1455~1468)에 들어서 보다 많은 사찰로 확대되어 거행되었다. 세조 2년(1456)에는 봄·가을로 수륙재를 베풀게 했으며, 세조 9년(1463)에는 장의사壯義寺에 수륙사를 건립하게 하고, 세조 12년(1466)에는 표훈사에서 수륙회를 개최하였다. 이때 수륙회를 주관한 곳은 간경도감이었다. 조선 후기에 들어서도 불교의례 중에서 수륙재가 가장 성행했던 것을 볼 수 있다. 15세기에서 18세기에 이르는 동안 수륙재 관련 의례집은 11종 143건이 확인된다. 이 문헌들은 17세기에 집중적으로 인출되는데, 바로 이 시기에 예수재가 널리 성행했음을 짐작할 수 있다.

---

9 최승로, 『고려사』 권93, 「열전」 6
10 권근, 『陽村集』 권22, 跋語類, 「水陸儀文跋 奉敎撰」
11 『정종실록』 권2, 1년 10월 19일

이처럼 수륙재는 조선시대에 들어 국행 의례가 되면서 사찰은 물론 민간에서도 유행하게 되지만, 중종 대 이후 주자가례가 확립되면서 점차 약화되었다. 유교 예제가 확립된 이후의 수륙재는 사찰과 민간의 의례로만 지속되었던 것을 볼 수 있다.

한국불교에서의 수륙재 절차는 '시련侍輦-대령對靈-관욕灌浴-신중작법神衆作法-상단권공上壇勸供-중단권공中壇勸供-시식施食-전시식奠施食-봉송奉送'의 순서로 행해진다. 재의 규모와 상황, 근거로 삼는 의례집에 따라 절차 내에서의 차이는 있을 수 있지만, 의식의 전체 흐름은 거의 동일하다.

이들 절차 중에서 시련에서 신중작법에 이르는 과정과 마지막의 봉송 절차는 오늘날의 각종 천도재에서도 거의 설행하고 있는 절차이다. 다음에 이어지는 상단권공·중단권공·하단권공(시식 및 전시식)은 한국불교 수륙재의 특색 가운데 하나인 삼단三壇의 설치와 관련되는 것이다. 동아시아불교 내에서 한국 불교의식의 차별성을 보여 주고 있는 삼단 구조는 역사 기록이나 여타 문헌에서도 종종 나타난다.

태조 6년(1397)에 임금이 친히 진관사에 행차하여 수륙사水陸社의 삼단을 정했다는 기록[12]으로 미루어서 이 당시에도 상중하 삼단에 부응하는 의식 절차가 행해졌음을 짐작할 수 있다. 실록뿐만 아니라, 권근의 「진관사수륙사조성기」에서도 확인할 수 있듯이 수륙재를 지내기 위한 공간 구성에서 이미 삼단의 중요성이 확인되고 있으며, 조선 전기에 유통되었던 수륙재 관련 의식집에서도 절차상에 있어 삼단의 구조가 나타나고 있다. 한국 불교의식을 이해하는 데 있어서 삼단 구조의 의미는 중요하

---

12 『陽村集』 권12, 「津寬寺水陸社造成記」.

다. 한국불교의 사원 구조에서도 삼단이 나타나고 있으며, 조석예불이나 각종 법회에서도 삼단에 대한 공양이 행해지기 때문이다.

중국의 수륙재는 내단과 외단으로 나누어 의식을 진행하는데, 내단은 법당 안에 단을 세워 의식을 거행하고, 외단은 법당 밖에 단을 세워 주로 독경 의식을 거행한다고 한다. 내단에서도 상·하단의 분류를 하고 있으며, 시대에 따라 공양의 대상이 변화하고 있다. 이러한 양단 구조의 수륙재는 중국불교의 특징적인 형식으로 볼 수 있다. 이처럼 한국불교에서 주로 신중 공양이 행해지는 중단이 중국의 수륙재에서는 보이지 않는다는 점에서 중단권공은 한국 불교의식만의 차별성이라 볼 수 있을 것이다. 더욱이 이 중단권공에서 승려들에 대한 공양이 이루어진다는 점도 한국적인 특성이다.

중음기의 망혼을 위한 천도의식: 사십구재

사십구재는 임종 후 매 7일마다 일곱 번에 걸쳐 치르는 천도의식인 칠칠재七七齋에서 분기되어 생겨난 개념이며, 사십구재라는 용어 자체는 1980년대 전후로 생겨난 것이다. 49일째 되는 날 망혼이 중유中有(中陰)에서 벗어난다고 보기 때문에 일곱 번째인 막재를 가장 중시하며, '막재=사십구재'라는 인식을 바탕으로 막재만을 치르기도 한다.

사십구재는 일반적으로 망혼을 맞이하여(對靈) 생전에 지은 업을 씻어 준 뒤(灌浴) 불보살 앞으로 함께 나아가 천도를 기원하며(上壇勸供) 제사를 지내고(觀音施食) 돌려보내는(奉送) 다섯 단계로 이루어진다. 이 기본 구도는 동일하되, 규모 등에 따라 기본 형식인 상주권공재常住勸供齋, 상주권공에 개별 시왕에 대한 예배가 첨가된 시왕각배재十王各拜齋, 기본 요소를 확대시킨 영산재靈山齋 등 크게 세 가지 유형으로 나눌 수 있다. 이 세 가지 유형 중에서 역시 영산재 유형이 범패와 작법무가 수반되고, 의례 절차도 훨씬 세분화된 큰 재회라고 할 수 있다.

현행 사십구재는 장지에서 매장을 마친 유족들이 곧장 사찰로 향하여 망혼의 영정과 위패를 법당의 영단靈壇에 모시는 반혼재返魂齋를 올리는, 이른바 입재入齋에서부터 시작된다. 대령 절차를 통해 멀리서 온 망혼을 하단인 영단營團에 모시고 먼저 간단한 요깃거리를 대접한다. 이때 유족들은 절을 올리고 의례를 행하게 된 연유를 고한 후 망혼을 영단에 청하는 염송인 향연청香煙請을 하게 된다.

대령이 끝나면 망혼은 승려에 의해 정화 의례인 관욕을 거치게 된다. 이 관욕 절차는 일종의 상징적인 정화 의례로서 의식을 진행하는 승려 외에는 볼 수 없도록 병풍 등으로 차단한 '관욕단灌浴壇'에서 행해지게 된다. 관욕 절차는 병풍 바깥에서 법주가 망혼에게 관욕단으로 나아가도록 청한 후(인예향욕소引詣香浴疏), 관욕단의 입실을 알리고(입실게入室偈), 씻는 과정을 알리며(가지조욕소加持操浴疏), 새로운 해탈복으로 갈아입었음을 예고한 다음(가지화의소加持化衣疏), 청정해진 망혼이 관욕단을 나와 부처님을 친견하도록 알리는(출욕참성소出浴參聖疏) 과정으로 진행된다.

병풍 뒤에서는 법주의 염송에 따라 미리 갖추어 놓은 대야의 향탕수에 망혼을 의미하는 글자가 쓰인 지의紙衣를 담갔다가 태우는 등의 과정을 통해 관욕 절차를 실현한다. 이러한 관욕은 생전에 지은 신·구·의 삼업을 정화하는 의미를 가지는 절차이며, 이를 통해 청정한 상태가 된 이후라야 비로소 불보살 앞으로 나아갈 수 있다.

사십구재를 설행하면서 법당 내에서 관욕 절차를 행하는 것은 비교적 근래의 일이며, 조선 후기만 하더라도 영가의 망혼은 일주문 밖에 설치한 별도의 관욕소에서 정화를 거친 후에야 경내로 들어올 수 있었다. 대령과 관욕은 일주문 밖의 별도의 공간에서 행해져야 했던 것이다.

현재 대부분의 사찰에서는 대령과 관욕을 법당에서 치르는 것이 관례화되어 있는데, 의식 장소를 이동하는 것이 유족들에게 번거로운 상황일 수 있다는 것도 한 원인일 것이다. 관욕이 끝나면 상단 의례로 들어가게 된다. 상단 절차에서는 관세음보살과 지장보살이 주요 예배 대상이 된다. 이는 두 보살이 각기 자비 구제와 지옥중생 구제의 상징이기 때문일 것으로 생각된다.

또한 사십구재의 한 종류인 시왕각배재에서는 망자가 생전에 지은 선악을 판결하는 개별 시왕에게 예불을 올리는 과정이 첨가되며, 상주권공재라 하더라도 명부전 또는 지장전에서 의례를 행할 경우, 지장보살과 함께 모셔진 시왕은 주요 의례 대상이 된다.

상단의 불보살에 대한 공양을 마치면 중단으로 퇴공退供, 즉 공양물을 옮기게 된다. 중단공양은 도상으로 모신 신중을 향해 공양과 예배를 올리는 절차이며, 상단불공 이후에 행해지는 일상적 의례이기도 하다. 중단공양을 마치면 신중단의 공양물을 다시 하단으로 퇴공함으로써 사십구재 전체 재의식에 있어서의 삼단 구조를 보여 준다.

중단 의례는 매우 짧은 시간에 걸쳐 간략하게 진행되고, 상단 의례를 행한 자리에서 중단을 향해 서서 단지 2~3분 정도의 염송과 반배로써 의례를 마치는 경우가 대부분이다. 또한 상단의 몇 가지 재물만 중단으로 퇴공하여 상단에서 중단으로 절차가 이동했음을 드러내는 방식으로 진행한다. 곧이어 하단에서 영가에 대한 시식 절차가 있기 때문에 신중공양인 중단 의례는 형식화된 경향이 나타나고 있는 것이다.

하단에 자리한 영가가 주인공이 되는 관음시식觀音施食은 망자가 친족들의 공양을 받는 절차이다. 망혼은 대령對靈-관욕灌浴을 거쳐 청정해진 상태로 법당으로 들어와 상단 불보살의 가피를 입고, 중단 신중의 외호를 받으면서 가족들의 극락왕생 발원과 함께 공양 절차에 자리하게 되는 것이다. 하단공양 절차에서 법사는 망혼에게 마지막으로 법문을 들려주고 각종 진언과 염불로써 극락왕생의 길을 열어 주게 된다.

봉송奉送은 천도하기 위해 법당으로 청한 망혼을 다시 떠나보내는 의례이다. 하단 의례인 관음시식을 마치고 나면 유족들은 위패·영정과 망혼의 새 옷 한 벌·장엄용구 등을 들고 의례에 참석한 모든 이들과 함께 법당을 세 바퀴 돈 후 불단에 절을 하며 망혼의 떠남을 고한다. 사십구재 천도의례의 마무리를 짓기 위해 사찰 한편의 소대燒臺에서 재에 쓰인 모든 물품을 불사른다.

IV. 사후를 대비하는 산 자들의 재회

생전예수재의 교의적 배경과 역사

생전예수재生前預修齋란 말 그대로 죽은 뒤에 행할 불사를 생전에 미리 닦아서 사후의 복을 빌기 위한 의식이다. 예수재의 명칭으로는 '예수재預修齋', '시왕생칠재十王生七齋', '예수시왕재預修十王齋', '생전시왕재生前十王齋', '생전발원재生前發願齋', '생재生齋', '예수대례預修大禮', '예수무차회預修無遮會' 등이 있다. 예수재는 『지장보살본원경地藏菩薩本願經』·『불설예수시왕생칠경佛說預修十王生七經』·『불설염마왕수기사중역수생칠왕생정토경佛說閻魔王授記四衆逆修生七往生淨土經』·『불설수생경佛說壽生經』·『불설관정수원왕생시방정토경佛說灌頂隨願往生十方淨土經』에서 그 교의적 근거를 찾아볼 수 있다. 『지장경』「이익존망품利益存亡品」과 『관정경灌頂經』 등에서는 사후에 친척 권속들이 훌륭한 공덕을 지어 회향하더라도 망자는 그 7분의 1만 얻게 되지만, 스스로 닦으면 그 공덕의 전부를 얻을 수 있다고 예수재 설행의 공덕을 설명하고 있다.

생전예수재는 사십구재 등의 천도재와는 달리 살아 있는 본인이 죽은 뒤에 지낼 재를 미리 지낸다는 것이 큰 특징이다. 사후에 명부에서 망자를 10차에 걸쳐 심판하게 되는 시왕 신앙이 의식을 설행하는 근거이다. 비로자나불·노사나불·석가모니불을 위시하여 지장보살·육광보살·육대천조·도명존자·무독귀왕·대범천왕·제석천왕 등을 증명으로 모신 후 전생에 진 빚을 명부시왕과 그에 딸린 권속인 판관·귀왕·장군·동자 등에게 헌공한 뒤 이를 명부 세계의 고사庫司·판관判官에게 헌납하고 염라궁 업경대에 기록을 남겨서 사후의 복을 발원하려는 목적으로 설행하는 것이다. 간단하게 정리하자면, 사후에 시왕에게 받게 될 심판에 대비하는 의식이 생전예수재인 것이다.

예수재의 기원은 중국 당나라 시기로 소급해 볼 수 있다. 이 시기에 칠칠재(사십구재) 등의 천도재가 정착되고, 『지장보살본원경』·『예수시왕생칠경』 등의 편찬으로 시왕 사상이 성행하면서 사람이 죽으면 명부 세계를 다스리는 열 명의 시왕으로부터 심판을 받게 된다는 신앙이 생겨났다. 이에 따라 칠칠재에 백일·소상小祥·대상大祥까지 더하여 열 번의 재를 지내는 시왕재가 널리 행해졌으며, 점차 재주가 살아 있을 때 본인의 예수재를 지내는 풍습도 생겨나게 된 것이다. 또한 당시 유행했던 도교의 명부심판 신앙도 불교의 시왕 신앙에 크게 영향을 주게 된다.

한국불교의 경우, 헌종 6년(1840) 무렵에 완성된 『동국세시기東國歲時記』에 보면 예수재가 민간의 전통 풍속으로 등장하고 있다. 경기도 광주 봉은사에 장안의 여인들이 다투어 와서 불공을 드리고, 돈을 탑 위에 놓으면 죽어서 극락으로 간다고 믿었다는 것이다.[13] 윤달 내내 이러한 사람들이 끊임없이 모여드는데, 윤달에는 시왕이 한곳에 모여 휴가를 즐기는 시기이므로 이때 정성껏 공양을 바침으로써 업장을 소멸받는다는 신앙에 근거한 것이다. 또한 집안에 노인이 있는 경우, 망자의 마지막 의복인 수의壽衣를 대부분 윤달에 미리 지어 두는 것이 민간의 습속이다. 사후를 미리 대비한다는 점에서 '윤달=수의=예수재'라는 등식이 성립되었을 것으로 생각된다.

『불설수생경』에서 제시하는 예수재 설행의 교의적 근거는 수생전壽生錢을 바침으로써 이제까지 지은 죄업을 갚는다는 것이다. 모든 중생은 자신이 태어난 해에 따라 각자 지닌 업이 다르다. 각자의 태어난 띠(십이지)에 따라 명부에서 수생전을 빌려 생명을 받아 태어났기 때문에 이를 갚아야 한다. 이를 갚지 않으면 온갖 고통과 재앙을 받게 되지만, 갚게 되면 열여덟 가지 액운이 소멸된다. 『수생경』과 『금강경』을 봉독하고, 수생전을 불살라 명부전에 바침으로써 모든 액운과 재앙에서 벗어나게 되고, 마침내 극락에 왕생하게 된다. 또한 예수재에서 수생전으로 사용되는 금전과 은전은 일반적인 화폐가 아닌 종이일 뿐이지만 의식을 거쳐서 명부에서 유통될 수 있는 의미와 가치를 지니게 된다. 명부에서 통용되는 화폐를 만드는 조전법造錢法은 법사가 버드나무 가지로 만든 발 위에 지전을 놓고 진언을 외면서 물을 뿌리는 의식을 행하는 것이다.

---

13 洪錫謨 외, 『東國歲時記』, 서울: 大提閣, 1987, p.128

우리나라에서 예수 신앙이 처음 시작된 것은 고려 초기이며, 이미 이 시기부터 예수 신앙의 골격을 이루는 시왕 신앙이 등장하게 된다. 사후에 생전의 죄업에 대한 심판을 받는 시기와 그 담당자인 시왕은 다음과 같다. 임종 후 초7일에 진광왕秦廣王, 2칠일에 초강왕初江王, 3칠일에 송제왕宋帝王, 4칠일에 오관왕五官王, 5칠일에 염마왕閻魔王, 6칠일에 변성왕變成王, 7칠일에 태산왕泰山王, 100일에 평등왕平等王, 1주년에 도시왕都市王, 3주년에 오도전륜왕五道轉輪王이다. 시왕 신앙은 바로 이들 시왕에 대한 공양을 통해 자신이 생전에 지은 죄업을 소멸하기 위한 실천이라고 할 수 있다. 적어도 10세기경부터 이러한 시왕 사상에 입각한 사후의 칠칠재나 명부의 시왕에 권공하여 명복을 비는 신앙이 발달한 것으로 보인다. 10세기 말에는 김치양金致陽(?~1009)이 개경의 궁성 서북쪽에 시왕사十王寺를 창건하였고, 숙종 7년(1102)에는 흥복사興福寺에 시왕당을 건립하였다.

고려시대 예수 신앙의 흔적을 살펴볼 수 있는 유일한 사례가 『예수시왕생칠경』(국보 제206-10호)의 간행이다. 최우崔瑀의 조카인 정안鄭晏(?~1251)이 고종 33년(1246)에 주도하여 간행하였다. 조선 세종조에는 왕실의 기신재 형식으로 치러진 시왕재의 비용을 대기 위해 위전 50결이 하사되기도 했다.[14]

한편 한국불교에 '예수재'라는 명칭이 성행한 것은 16세기 중엽으로 보고 있다. 16세기 초만 해도 '시왕재'라고 하고 있지만, 왕실의 기신재가 폐지된 1516년 이후에는 '소번재燒幡齋'라는 이름으로 시왕재가 행해지게 된다. 또한 16세기는 예수재가 민간에서 행해지기 시작한 시기이

---

14 『세종실록』 권41, 10년 9월 20일

며, 17세기는 전성기, 18세기 이후로는 점차 줄어든 것으로 보고 있다.[15] 특히 조선 중기인 16~17세기에 예수재가 성행했던 것은 그 시기에 자연재해가 자주 발생하고, 양란으로 인해 수많은 죽음이 발생하게 되면서 자연스럽게 천도재 형식의 의례가 많이 필요해진 것으로 생각해 볼 수 있다. 19세기~20세기 초에는 사찰계인 시왕계十王契의 계원들이 예수재를 개설하기도 한다. 1906년에 송광사의 시왕계에서 예수재를 설행했는데, 그 재회의 이름을 '예수무차회預修無遮會'라고 하였다.[16] 이 예수재에서는 금명 보정錦溟寶鼎(1861~1930)이 화주 소임을 맡은 것으로 되어 있다.

생전예수재의 절차와 구성

윤달에 집중적으로 행해지는 생전예수재는 현재 동아시아불교 내에서 한국불교의 차별성이 두드러지는 불교의식이라고 할 수 있다. 사람이 살아가면서 지은 크고 작은 죄 혹은 천부적으로 지고 나온 죄를 저승에서 쓰이는 화폐와 경전 독송의 수행으로 갚음으로써 사후를 위한 공덕을 쌓는 것이 예수재의식의 핵심이다.

응운 공여應雲空如(1794~?)가 찬한 「예수함합별문預修緘合別文」은 함합소緘合疏라고도 하는데, 예수재를 봉행함으로써 전생의 빚을 모두 갚았음을 증명하는 영수증이다. 예수재에 참여한 재자齋者들은 각자의 이름과 주소, 타고난 띠에 따라서 갚아야 할 전생의 빚과 경전명, 경전을 읽어야 할 횟수를 적은 함합소를 받게 된다. 이 함합소에 적힌 대로 금은

---

15 (사)생전예수재보존회 편, 앞의 책, 2017, p.52
16 『다송문고茶松文稿』,「행록초行錄草」

전을 바치고, 경전을 읽은 후에 함합소를 반으로 갈라, 한쪽은 본인이 지니고, 나머지 한쪽은 재의 마지막 절차에서 금은전, 경전 등과 함께 태우게 된다. 나중에 재자가 임종한 후에 명부에서 무덤 속에 함께 가져간 절반과 전에 불태운 절반이 맞은 후에야 예수재 설행의 공덕을 인정받게 된다.

현재 조계종에서 행하는 예수재의 절차는 봉원사 영산재 작법무 보유자였던 고 일응一鷹(1920~2003) 소장의 『예수작법 예수시왕생칠재의찬문』을 따르고 있다. 예수재의식 절차는 크게 예수재를 준비하는 과정과 예수재 본 의식을 진행하는 과정, 재를 마무리하는 의식으로 구분된다. 준비하는 의식에는 시왕전에 바칠 금은전을 만들고 재단齋壇으로 옮겨 점안하는 '금은전 조전', '이운', '점안' 의식이 해당된다.

본 의식은 예수재를 지내게 된 동기를 밝히는 '통서인유通敍因由'부터 시작하여 사자使者, 성현, 명부의 모든 신 등을 청하여 좌정시키고 공양하는 '소청사자召請使者'에서 '소청고사판관召請庫司判官'까지와 명부의 세계까지 짐을 실어 나르는 마소들을 공양하는 '마구단馬廐壇 권공'까지이다. 마무리 의식은 재에 초청된 모든 신들을 돌려보내는 봉송회향과 모든 고혼들을 청해 시식하고 회향하는 절차로 이루어진다.

전체 절차를 좀 더 세분하여 나열하면, '삼귀의례三歸依禮-대령관욕對靈灌浴-신중작법神衆作法-전점안錢點眼-전이운錢移運-상공上供-설교說敎-상중법청上中法請-시왕각배十王各拜-전이운錢移運-함합소緘合疏 낭독-시식施食-회향回向'의 순서로 진행된다. 예수재에서 모시는 신적 존재는 상단·중단·하단으로 위계가 나뉘어 있다. 불보살을 모시는 상단은 증명단의 구실을 하고, 핵심적인 위치를 차지하는 중단은 시왕 등을 중심으로 명부의 권속을 모시며, 하단은 부속단에 해당한다. 예수재를 설행하는 공간은 증명단인 상단의 큰 법당과 시왕단의 명부전이다. 명부전이 없는 절에서는 임시로 시왕단을 설치하기도 한다.

예수재는 사찰에 따라 하루나 삼칠일간 치르기도 하고, 7일마다 일곱 번에 걸쳐 칠칠재로 지내기도 한다. 칠칠재로 치르는 것은 사람이 죽은 뒤 다음 생을 받기까지 49일간 중음中陰에 머무른다고 보아 이때 치르는 사십구재를 생전 의례에 그대로 적용한 것이다.

예전에는 해가 지고 나서 밤재 중심으로 예수재·수륙재·사십구재 등의 천도 관련 의식을 치렀다. 그러나 밤재를 설행하면서 따르게 되는 여러 가지 부담 때문에 낮재로 바뀐 지 오래되었고, 이에 따라 의식의 형식 역시 본래 모습과 달라지게 되었다.

예수재에서 독송하는 주요 소의경전은 『금강경』이다. 생전예수재의 교의적 근거를 제공하고 있는 『불설예수시왕생칠경』에는 초하루 보름의 재일에 시왕에 공양을 올리고, 죽기 직전에 삼칠일을 역수逆修하라고 되어 있다. 현재와 같이 '윤달'에 설행하라고 하는 내용은 보이지 않는다. 현행 한국불교의 예수재는 일반적으로 윤달이 든 해에 거행하지만, 그 시일이 일정하게 정해져 있는 것은 아니다. 또한 예수재는 재주齋主 1인이 단독으로 설재하는 것이 아니라, 수많은 설재자가 동참하는 것이므로 동참자들끼리 합의하여 시기를 정하게 된다.

예수재 관련 경전과 신앙은 중국에서 전래되었지만, 현재 중국과 일본에서는 더 이상 예수재가 시행되지 않고 있다. 따라서 생전예수재는 동아시아불교 중에서 한국불교만이 21세기 현재까지 윤달 민속과 중첩되어 지속하고 있는 재회라고 할 수 있다.

한국불교의 재회와 불교문화

　재회를 설행하기 위해서는 먼저 재회의 설판을 요청하고 참여하는 재자가 있어야 하고, 그들이 재를 위해 보시한 재물이 있어야 하며, 재단에 올릴 육법六法공양물, 괘불을 포함한 여러 불보살과 신중의 도상, 지화紙花·위패·번幡·법고, 최소 네 명 이상의 악기 연주자 등을 모두 갖추어야 한다. 다음으로 범패와 진언을 창송唱誦할 어산魚山과 작법무를 추는 작법승, 법주, 증명법사 등의 승려들이 필요하다. 그리고 가장 기본적으로 의식을 진행할 절차와 각 단계에서 불리는 범패·진언 등이 고루 찬집되어 있는 의문儀文, 즉 의례집이 먼저 있어야 한다. 중국불교와 일본불교에서 예수재가 더 이상 전승되지 않고, 우란분재와 수륙재가 오봉으로 융합되어 버린 일본불교의 현 상황으로 볼 때, 이상 열거한 요소들은 시간이 지날수록 동아시아불교 내에서 한국불교만의 차별성과 독자성을 드러낼 수 있는 문화 현상으로 돋보이게 될 가능성이 크다.

　그중에서도 재회의 단에 걸리는 감로탱甘露幀은 '영단탱화靈壇幀畵' 혹은 '하단탱화下壇幀畵'라고도 부르는 것으로 궁극적으로는 망혼의 천도를 목적으로 한다. 굶주린 아귀나 지옥중생에게 감로미甘露味를 베푼다는 의미에서 '감로도甘露圖'라고도 한다.

　감로도의 경우에는 『세종실록』[17]에서 말하고 있는 것처럼 "천당과 지옥을 그리고, 사생과 화복의 응보를 보여 주니, 이에 귀천과 남녀를 막론하고 모두가 보고 듣고자 모여"들게 만들었던 포교의 자원이었음을

---

17 『세종실록』 권64, 16년 4월 11일

알 수 있다. 실록에서 말하는 당시의 재회는 '무차지회無遮之會'였는데, 한강 가에 감로탱을 걸어 놓고 재회에 오는 남녀노소가 쉽게 이해할 수 있도록 범패와 도상 등을 이용하여 시청각적으로 불교의 교의를 설명하던 모습을 상상해 볼 수 있다. 다시 말해, 무차회에 모여드는 백성들 대부분이 경전의 교의를 독해할 수 없는 문맹이었기 때문에 생사와 윤회, 인과의 기본적인 교의를 생생하게 그림으로 그려 시각적인 학습과 함께 장식적인 기능까지 더한 것이 바로 감로도였던 것이다.

　재의식의 감로도는 목련경 신앙, 시아귀 신앙, 정토 신앙, 인로왕보살 신앙, 지장 신앙 등이 복합적으로 융합하여 형성된 것이다. 이 때문에 보통 감로도는 정토내영도淨土來迎圖, 정토접인도淨土接引圖, 칠여래탱화, 지옥도, 육도도六道圖 등이 복합적으로 이루어져서 구성되거나 독립해서 각각의 탱화를 이루게 된다. 특히 감로도는 동아시아의 불화 중에 한국에만 나타나는 형식이다. 중국 수륙화의 경우 장면별로 한 장의 그림으로 분리하여 그리지만, 감로탱은 하나의 탱화에 상·중·하단의 장면을 모두 그려 놓았다. 기본적인 의식 구조가 중국처럼 내단과 외단의 양단 구조가 아니라, 상·중·하의 삼단 구조를 취하기 때문에 그에 따른 장엄물 역시 달라질 수밖에 없었던 것이다.

　다음으로, 재의 절차를 진행하는 데 반드시 필요한 요소인 범패를 들 수 있을 것이다.

　불교가 중국에 전입된 시점부터 인도와 서역의 고승들에 의해 한역된 경전과 동시에 불교음악도 전파되었다. 중국에서 가장 이른 시기에 창작된 범패는 조조曹操의 아들인 진사왕陳思王 조식曹植이『서응본기경瑞應本起經』에 근거하여 지은 '어산범패魚山梵唄'이다.

　한국에서는 신라의 진감 선사眞鑑禪師가 당 유학 후 830년에 돌아와 옥천사玉泉寺(현 쌍계사)에서 범패를 전한 기록이 비명에 남아 있다. 또한 9세기경 엔닌(圓仁, 794~864)의 『입당구법순례행기入唐求法巡禮行記』에는 신라의 범패가 인도 고유의 고풍古風, 중국화한 당풍唐風, 한국화한 향풍鄕風의 세 가지로 구분되어 있어 신라에서의 범패 전승 양상을 확인할 수 있다.

범패가 불교와 더불어 들어왔다는 것은 교의를 들려주고, 설명하는 데 있어서 필요 불가결한 기능이 있기 때문일 것이다. 실제로 재를 설행할 때는 어산魚山으로 불리는 범패승들이 범패 음조를 이용하여 의식 절차의 불보살의 명호名號나 게송 등을 창송하게 되어 있다. 다시 말해 재의 모든 절차 하나하나가 범패승의 창송을 통해 진행된다는 것이다. 또한 범패는 석존의 영축산 설법의 소리를 재현하는 것을 이상으로 삼기 때문에 범패가 불린다는 것은 곧 해당 의례의 장을 석존 재세 시의 영축산 회상으로 재현한다는 상징적 의미를 지니게 된다. 바로 이러한 이유들로 인해 범패가 각종 불교의례에 빠지지 않는 필수적 요소가 되는 것이다. 범패를 다른 말로 '인도引導소리'라고 하고 의식승 가운데 범패승을 '인도引導'라고 하는데, 이는 절차를 이끌어 가는 범패의 기능에서 온 명칭일 것으로 생각된다.

한국불교에서의 범패의 역사와 전개 상황은 불교의식의 의례집을 통해서 드러난다. 현재 전하고 있는 범패 관련 의식집은 조선시대 후기에 간행된 것들이며, 이는 조선 정부의 억불 정책에도 불구하고, 민간 차원에서는 지속적으로 불교의식이 요구되었음을 의미한다. 먼저 현종 2년(1661)에 범패승 지선智禪에 의해 발간된 『오종범음집五種梵音集』이 있는데, 여기서의 5종은 불교의식의 의문儀文, 즉 영산작법·중례작법·결수작법·예수문·지반문을 말한다.

영조 24년(1748)에는 승려 대휘大輝가 장흥 보림사에서 범패승의 계보를 기록한 『범음종보梵音宗譜』를 펴냈다. 이 의식집은 인도 이래의 범음과 범패의 기원, 전승 경로와 함께 우리나라 범패의 계보를 밝힌 귀중한 자료이다. 순조 26년(1826)에 백파 긍선白坡亘璇이 쓴 『작법귀감作法龜鑑』은 불전과 신중에 올리는 재공의식에 관한 작법의 절차를 기록한 의례집으로서 범패의 교본이라고 할 수 있다.

이후 범패는 근대 개혁론자들에 의해 무속과 함께 철폐의 대상이 되었으며, 1911년에는 일제 총독부의 사찰령으로 인해 금지되기에 이르렀다. 그러나 이러한 안팎의 비판에도 불구하고 범패승들의 꾸준한 활동과 전승 교육을 통해 범패는 지속적으로 생명을 유지하고 있었다. 현재 조계종의 경우는 '어산작법학교'에서, 그리고 태고종은 '옥천범음대학'에서 범패 교육을 맡고 있으며, 이 밖에도 어산급 승려들에 의해 개인적으로 사찰에서 전수되기도 한다.

다음으로 재의 절차 안에 '작법作法'이라는 이름으로 연행되는 불교무용인 작법무는 바라무, 착복무, 법고무, 타주무가 대표적이다.

① 바라무는 불보살의 강림이나 의식이 행해지는 도량의 옹호를 청원할 때 바라를 들고 추는 춤이다. 불보살들을 찬탄하고 도량에 악한 기운이나 악귀의 접근을 막고 선한 영혼에게 지혜를 넣어 주어 깨달음을 얻게 하는 상징적 의미를 지니고 있다. 바라무에는 요잡바라, 천수바라, 화의재진언바라, 사다라니바라, 명바라, 관욕쇠바라, 내림게바라의 일곱 종류가 있다.

② 착복무는 흰색 육수장삼과 홍색 가사를 입고 고깔을 쓰며 연꽃을 양손에 들고 추는 춤이다. 두 사람이 어울려 기다란 소매를 늘어뜨리며 추는 모습이 마치 나비의 양 날갯짓처럼 보여서 '나비춤'이라고도 한다.

③ 법고무는 북을 두드리며 추는 춤이다. 상단의 법고무는 도량이 청정해지면서 정토가 이루어짐을 찬탄하는 의미를 나타낸다. 대형 법고를 사이에 두고 두 사람이 함께 쳐 가면서 작법을 진행하는데, 유연성이 필요한 동작들이 많아서인지 대부분 비구니가 연행하는 것을 볼 수 있다.

④ 타주무打柱舞는 '식당작법' 의식에서 추는 춤이다. 타주로 불리는 두 사람이 중앙에 팔정도가 쓰인 팔각기둥을 두고 춤을 진행한다.

이상 열거한 감로도·범패·작법무의 세 가지 외에도 무속에까지 영향을 준 지화 역시 중요한 불교문화의 하나로서 상당히 많은 선행 연구가 축적되어 있지만 지면상 생략했다.

'한국불교'의 범주 안에 넣을 수 있는 교학적 성과들의 분량도 있겠지만, 시야를 넓혀서 불교의식인 재회를 바라본다면 바로 거기에 한국인들의 역사적 체험과 신앙, 현실의 고난과 구원에 대한 열망의 간극을 채웠던 실천들이 소담하게 자리하고 있음을 발견하게 될 것이다. 조금 더 대담하게 얘기하자면 중국의 문화혁명과 일본의 메이지유신이 놓아 버린 불교문화 중에 한국만이 고집스럽게, 여전히 풍요롭게 간직하고 있는 것이 바로 재회일 것이라고 생각한다. 재회

| 참고문헌 |

(사)생전예수재보존회,『생전예수재 연구』, 서울: 민속원, 2017.
구미래,『존엄한 죽음의 문화사』, 서울: 모시는 사람들, 2015.
김용덕,『한국 불교민속문화의 현장론적 고찰』, 서울: 민속원, 2014.

강호선,「송·원대 水陸齋의 성립과 변천」,『역사학보』206, 역사학회, 2010.
문상련,「불교의 喪·祭禮를 통해 본 죽음인식」,『보조사상』28집, 2007.8.
심효섭,「조선전기 수륙재의 설행과 의례」,『동국사학』40, 동국역사문화연구소, 2004.
이성운,「영산재와 수륙재의 성격 탐색과 관계」,『한국불교학』73, 한국불교학회, 2015.
장휘주,「齋의 절차와 성격으로 보는 齋의 유형」,『동아시아불교문화』7, 동아시아불교문화학회, 2011.
한상길,「한국 근대불교의 의례와 범패」,『한국선학』29, 한국선학회, 2011.

侯 冲,『漢傳佛敎·宗敎儀式與經典文獻之研究』, 臺北: 博揚文化, 2016.

찾아보기

ㄱ

〈가가가음〉 317, 319
가사歌辭 280, 283
가상현실(Virtual Reality) 260
가와베 신조(川邊眞藏) 183
가쿠조(覺盛) 149, 156
각훈覺訓 184
간경도감刊經都監 228
간화선 302, 312
감악산 224
감응感應 212, 213
감응연感應緣 214
감진感進 178
감통感通 212
「감통感通」 214, 222, 223
『개원석교록開元釋教錄』 86
건초사建初寺 216
건타륵揵陁勒 173
경境 95
『경덕전등록景德傳燈錄』 184, 187
경사經師 169
경사승 174
경허 성우鏡虛惺牛 317

『경허집』 317
『계관세음응험기繋觀世音應驗記』 217
『고려사』 202
고묘(護明) 107
「고번경증의대덕원측화상휘일문故翻經證義
  大德圓測和尙諱日文」 84
고봉 원묘高峰原妙 288
고센 쇼톤(高泉性潡) 180, 181
고승高僧 173
고승전高僧傳 164
『고승전高僧傳』 171, 200, 214
고주계 137
고칸 시렌(虎關師鍊) 178
공덕 227
공진共振 185
과果 95
과거칠불 185
관념염불觀念念佛 309
『관무량수경』 309
『관세음응험기觀世音應驗記』 218
관욕灌浴 355
관음시식觀音施食 357
관음신앙 219, 227, 228
〈광대모연가廣大募緣歌〉 303, 304
『광세음응험기光世音應驗記』 214, 217

370

교넨(凝然) 92, 149
교신(行信) 107
교체론敎體論 103, 114~117
교판敎判 112
구나발마求那跋摩 127
구루마 타쿠도(來馬琢道) 182
구마라집鳩摩羅什 95, 129, 172
구식설九識說 110
구유식舊有識 93, 97, 98, 100, 102, 111~114, 119
구화산九華山 223
국청사 228
권상로 187
《권선곡勸禪曲》 298, 299, 302, 306
〈권세가〉 323, 326
『권왕문』 306
〈귀산곡〉 286
극락세계 296, 299, 309, 310, 327, 331
『근세선림언행록近世禪林言行錄』 182
『근세선승전近世禪僧傳』 183
『금강경』 217, 218, 225, 233
『금강경발문金剛經跋文』 225
금강경탑 225
『금강반야경소론찬요조현록金剛般若經疏論纂要助顯綠』 225
『금강반야경집험기金剛般若經集驗記』 217
『금강반야바라밀경찬金剛般若波羅密經贊』 225
『금강삼매경金剛三昧經』 44, 70
『금강삼매경론金剛三昧經論』 45, 73
금명 보정錦溟寶鼎 187, 196
금파 행우錦波幸祐 194
기도우싱(義堂心) 180
기적 212

『꾼쉬깐텔Yid dang kun-gzhi'i dka'-'grel』 109, 110

ㄴ

나옹 혜근懶翁慧勤 186, 283
〈낙도가〉 283
남호 영기南湖永奇 303
노우盧祐 228
뇌우雷雨 231

ㄷ

다라니 229
다라니경 229
다이쿄(大狂) 182
단흥檀興 178
달기보살 151
담광曇曠 109
담무참曇無讖 126, 127, 129, 134
담악曇崿 87
『당고승전唐高僧傳』 175
당임唐臨 217
대가 희옥待價希玉 197
대각교大覺敎 322, 323
『대동선교고大東禪敎考』 186
『대명고승전大明高僧傳』 168, 171, 177, 200
『대반열반경』 126, 127, 129, 139, 140
대불정다라니大佛頂陀羅尼 230
대비심다라니大悲心陀羅尼 230
『대승광백론석론大乘廣百論釋論』 118

『대승기신론』 65~67
『대승기신론의기』 71, 72
『대일본불교전서』 189
『대장일람大藏一覽』 192
『대정신수대장경』 189
「대주서명사고대덕원측법사불사리탑명병서大周西明寺故大德圓測法師佛舍利塔銘并序」 84
대한불교조계종 196
대현大賢 106
대혜 종고大慧宗杲 288
데이터 마이닝Data Mining 253
도선道宣 174, 175, 214, 223
도세道世 214
도솔천궁 222
도수度受 178
도증道證 89, 91, 99, 104~107
독송讀誦 218
독철讀徹 176
『동국고승전東國高僧傳』 181
『동국승니록東國僧尼錄』 186
『동문선』 233
『동사열전東師列傳』 187, 189, 190, 310
『동제당문록洞濟當門錄』 181
동중서董仲舒 213
둔륜遁倫 101
둔황 102, 109
디지털 문해文解(Digital literacy) 258
디지털 아카이브 250
디지털 아트 243
디지털인문학 238
『디지털인문학 동반자(A Companion to Digital Humanities)』 244
디지털 큐레이션 248

ㄹ

『렉쉐닝뽀Drang-nges legs-bshad snying-po』 109
렘다와(Redḥ madḥ ba gṣon nu blo gros) 110
로베르토 부사Roberto Busa 242
류쿄(隆曉) 181

ㅁ

마흥도馬弘道 176
만겐 시만(卍元師蠻) 179, 181
『만공법어』 320
만공 월면滿空月面 320
말세 227, 229
〈망월가〉 327, 329
맹헌충孟獻忠 217
명계明戒 178
명계冥界 214, 217
명랑明朗 222
명률明律 169
명률승 174
『명보기冥報記』 217
명부冥府 225
『명상기冥祥記』 217
명승전 164
『명승전名僧傳』 166, 173
명연明衍 290
명하明河 176
모진毛晉 176
모치즈키 신코(望月信亨) 129, 133
몽산 덕이蒙山德異 343
〈몽환별곡〉 312

『무구정광대다라니경無垢淨光大陀羅尼經』
　　221, 222
무당 232, 233
〈무량가〉 313, 315
무루無漏 223
무상無相 223
무성유정無性有情 118
무애 68, 69
무외 정오無畏丁午 227
무용 수연無用秀演 197
무이 59~61
무학 자초無學自超 185
묵암 최눌黙庵最訥 197
문과방목文科枋目 245
문두루비법 222
문聞·시思·수修 177
문수보살 223
문학과 언어학 전산화 협회(ALLC, the Association for Literary and Linguistic Computing) 242
'물결21' 프로젝트 254
미타산彌陀山 221
민장사 219
민지閔漬 226
밀본密本 222
밀주密呪 216

ㅂ

바라이 136
바라이죄 134
바라제목차 134, 135
반승飯僧 338
『반야경』 223

『반야바라밀다심경찬般若婆羅蜜多心經贊』
　　94, 96
『반야심경략소般若心經略疏』 103
『반야심경찬般若心經贊』 103
발정發正 218
방계 91, 112, 113
방응方應 178
배자야裵子野 166
백곡 처능白谷處能 197
백법교帛法橋 173
『백법론소百法論疏』 107
백수자 290
백시리밀다라帛尸梨密多羅 216
백암 성총栢庵性聰 197
백운 경한白雲景閑 191
『백운화상초록불조직지심체요질白雲和尚抄錄佛祖直指心體要節』 184, 191
백율사 219
백의관음 228
백중百中 339
버츄얼교토 255
범경문范景文 176
『범망경고적기梵網經古迹記』 147
『범망경략초梵網經略抄』 148
『범망경보살계본사기』 146
『범망경보살계본소』 139, 145, 149
『범망경술기』 147
『범망경하권고적기술적초梵網經下卷古迹記述迹鈔』 106
범망계 152
『범망계본소일주초梵網戒本疏日珠鈔』 149
범패梵唄 281
범해 각안梵海覺岸 187, 190
〈법문곡〉 317, 319

찾아보기······373

법보 165
법사리法舍利 221
법상法常 85, 103
법상유식 111
법상유식종 88, 90, 92, 107, 112, 113
법상유식학파法相唯識學派 97
법상종 90, 91, 102, 108, 113, 119
『법원주림法苑珠林』 214
법장法藏 71, 72, 102, 103, 112, 139, 145, 146, 148, 149, 221
법진 126
『법화경』 218, 233
『법화경집험기法華經集驗記』 218, 233
법화신앙 219
『법화영험전法華靈驗傳』 189, 228, 233
벽담 행인碧潭幸仁 186, 195
벽암 각성碧巖覺性 197
『변정경辨正經』 199
변증법 70
별수別受 153, 156
〈별회심곡〉 312, 315, 316
보개寶開 219
보리류지菩提流志 86
보림保任 319
보살 124, 151
보살계 124~126, 135
『보살계본소』 147
『보살계본지범요기』 150
『보살계의소』 136, 144
보살바라제목차 132, 133
『보살선계경菩薩善戒經』 127, 128, 133, 134
『보살영락본업경』 129, 130, 141, 153
『보살영락본업경소』 52

「보살지菩薩地」 125, 126, 128
『보살지지경菩薩地持經』 126~128, 133, 134
『보속고승전補續高僧傳』 176
보시 316
보조 지눌普照知訥 186
보창寶唱 166
복장 228
『본조고승전本朝高僧傳』 179
봉직封職 178
부동국 299
부량傅亮 217
『부상선림승보전부속전扶桑禪林僧寶傳附續傳』 180
부휴 선수浮休善修 186
분신사리 227
분황사 219
불가득지不可得知 212
불교가사 280~283, 290, 302, 310, 312, 319, 322, 331, 332
불교문화지佛敎文化志 178
불교의례집 230
불교의식佛敎儀式 281, 283, 312, 331
불도징佛圖澄 173, 215
불보 165
『불사佛史』 173
불사리탑 220
『불설수생경佛說修生經』 359
불성 262
『불성론佛性論』 118
불식육계 140
불이 55, 57, 59, 60
불일 55, 57
불정존승다라니佛頂尊勝陀羅尼 230

『불조역대통재佛祖歷代通載』 187
『불조종파지도佛祖宗派之圖』 185
『불조직지심체요절佛祖直指心體要節』 184

ㅅ

사교판 64, 65
『사기』 178
사리 220
사리신앙 220, 221
『사리영이기』 233
「사리탑명」 84, 104
사마천司馬遷 178
『사문전沙門傳』 173
『사분율』 145, 154
『사분의극략사기四分義極略私記』 108
사상寺像 178
사십구재四十九齋 346
사암 채영獅巖采永 185, 194
사이버스페이스Cyberspace 260
사이초(最澄) 154~156
〈사제가〉 313, 315, 316
4차 산업혁명 263
〈산에 들어가 중이 되는 법〉 320, 321
산천山川 230, 231
산천신 231
삼강오륜三綱五倫 316
『삼국불법전통연기三國佛法傳通緣起』 92, 179
『삼국사기三國史記』 104, 186
『삼국유사』 42, 44, 201, 222, 233
삼론종 48, 49, 64
삼보 165

『삼보기전三寶記傳』 173
삼취정계 125~128, 132, 138, 142, 145~148, 152, 153
상감상응相感相應 214
상서祥瑞 216
상주권공재常住勸公齋 344
생불生佛 232
생전예수재生前豫修齋 344
서당화상비 41
서명 90
서명사西明寺 85, 86, 104
서명파西明派 89~92, 98
서명학파西明學派 90
서사書寫 218
서상瑞像 216
시설序說 178
『서역중화해동불조원류西域中華海東佛祖源流』 185, 194
〈서왕가〉 283~285, 290, 293, 294, 296~298, 310
서천조사西天祖師 185
석담수釋曇邃 173
석도안釋道安 172
석도조釋道照 173
석륵石勒 215
석법현釋法顯 172
석승연釋僧淵 172
석옥 청공石屋淸珙 191
석혜원釋慧遠 172
석혜유釋慧猷 173
석호石虎 215
선교종禪教宗 197
선도개單道開 215
선 사상禪思想 331

〈선심가〉 312, 315, 316
〈선원곡〉 327, 329, 330
선인仙人 216
섭론종攝論宗 97
섭률의계 142, 145, 147
섭마등攝摩騰 172
섭선법계 125, 126, 142, 147
섭중생계 126, 142, 147
성불 291, 296
성승군釋僧群 173
『성유식론成唯識論』 85, 90, 92, 105
『성유식론동학초成唯識論同學鈔』 108
『성유식론소成唯識論疏』 89
『성유식론요의등成唯識論了義燈』 89
『성유식론요집成唯識論要集』 90
『성유식론장중독단成唯識論掌中獨斷』 88
『성유식론장중추요成唯識論掌中樞要』 92
『성유식론학기成唯識論學記』 106
성황城隍 231
〈세계기시가〉 323~326
『속고승전續高僧傳』 168, 171, 214, 223
『속광세음응험기續光世音應驗記』 217
『속부상선림승보부전續扶桑禪林僧寶傳附續傳』 180
『속부상은일전續扶桑隱逸傳』 180
『속일본고승전續日本高僧傳』 182
『속장경』 117
『속전續傳』 175
〈속회심곡〉 313, 316
송경誦經 169
『송고승전宋高僧傳』 84, 86~90, 104, 168, 171, 176, 201, 223
송광사 199
송복宋復 84, 104

송악산 224
쇼온(照遠) 106
수구즉득다라니隨求卽得陀羅尼 230
〈수도가〉 283
수륙재水陸齋 344
〈수선곡修善曲〉 298, 299
수선사修禪社 196
숭묵崇黙 185, 192
습선習禪 169
습선승 174
습이拾異 178
승려 233
승변僧辨 85, 103
승보 166
승우僧祐 132
〈승원가〉 283, 284
승장勝莊 103, 146, 147
시각화 255
시간 교넨(示觀凝然) 179
시심마是甚麽 302, 312, 327
시아귀회施餓鬼會 340
시왕 297, 315
시왕각배재十王各拜齋 344
『시왕경』 315
〈신년가〉 327~329
신돈辛旽 202
신사神祠 224
신사리身舍利 221
『신수과분육학승전新修科分六學僧傳』 87, 88
신유식新唯識 93, 97, 100~102, 111~114, 119
신이神異 169
「신이神異」 214

신이사관 226, 233
신이승神異僧 174, 215
신주神主 231
신주神呪 215
「신주神呪」 222
神解 73
실차난타實叉難陀 86, 103
십과十科 168
십무진계 143
십선도 124
십일면관음보살 223
10중重 48경계輕戒 132, 135, 141, 147, 152~154

ㅇ

『아미타경』 295, 310
아미타불 309
아쇼카왕 216
아육왕 220
아육왕상阿育王像 216
안넨(安然) 155
약례略例 178
『양고승전』 167, 175
양기파楊岐派 186, 195
업 215
에이존(叡尊) 149, 156
에피독EpiDoc 프로젝트 251
여래장 사상 111
여래장연기종如來藏緣起宗 112
『여산승전廬山僧傳』 173
여산 혜원廬山慧遠 213
여성如惺 177

여환呂還 232
역경譯經 169
역경승 174
역유力遊 178
연기법송緣起法頌 222
『연보전등록延寶傳燈錄』 181
염라대왕 297
염라왕閻羅王 217
염불 294, 295, 309, 312
『염불보권문』 284, 285, 290, 291
염불선念佛禪 285
『영락경』 141~143
영무하원靈武下院 223
영산재靈山齋 344
영암 취학靈岩就學 310
영이靈異 226
영해 약탄影海若坦 197
영험靈驗 212, 227, 233
영험기靈驗記 214
영험담 217
영험설화 219
『영험약초』 233
『영험약초』 230
「영험약초언해」 230
『예수시왕생칠경豫修十王生七經』 348
『오가정통일람五家正統一覽』 181
오노 호도(大野法道) 129
『오대진언五大眞言』 228
오성각별 119
오성각별설五性各別說 100, 101, 112, 114~116
오신채 139, 140
『오종범음집五種梵音集』 349
오행五行 213

온톨로지/시멘틱 웹 250
왕궁리 218
왕만영王曼穎 167
왕발王勃 185
왕생 291, 296, 309, 331
〈왕생가〉 327
왕염王琰 217
요원了圓 189, 228
『요의등』 89, 91, 99, 105, 107
요익유정계 125
요집 90, 105
『용성선사어록』 323
용성 진종龍城震鍾 322
우란분재盂蘭盆齋 338
우바새優婆塞 166
『우바새계경』 134, 135
우바이優婆夷 166
원기론元氣論 212
원당願堂 227
원돈계圓頓戒 155
원잡願雜 178
〈원적가〉 327, 330
원조圓照 86
『원형석서』 178
원홍元弘 221
원효元曉 40, 146, 150, 152
월령月令 231
월저 도안月渚道安 185
유가계 128, 138, 152
『유가론기瑜伽論記』 101
『유가사지론瑜伽師地論』 85, 125, 126, 128
유서류書 214
유식법상종 91
『유식분량결唯識分量決』 108

『유식의등증명기唯識義燈增明記』 107
유신遺身 169
유위불惟衛佛 216
육고陸杲 217
〈육도가〉 312
육식 139
육조 혜능六祖慧能 302
윤회 212, 214, 215
율의계 125~127
음양陰陽 213
음예音藝 178
음주계 138
의적義寂 146, 147, 152, 153, 155, 156, 218
의해義解 169
의해승 174, 200
이계 88, 90, 91, 112
이능화 187
이력과정履歷課程 289
이성理性 102
이적異跡 230, 233
이제 51~56, 62
인격신 231
인공지능(Artificial Intelligence) 261
〈인과문〉 290, 297, 298
인과응보 214
인수대비仁粹大妃 228
『인왕경』 95, 96, 129, 130
『인왕경소』 93~96, 98, 107
『인왕반야경소仁王般若經疏』 107
『인왕호국반야바라밀경仁王護國般若波羅蜜經』 95, 129
인행忍行 178
『일본각종고승전日本各宗高僧傳』 182

『일본영이기日本靈異記』 220
일분수 152, 153
일심 66~68, 72
일심이문 66, 67
일음교 64
일체개성 119
일체개성설一切皆成說 100~102, 111, 114, 115
임제종臨濟宗 195
〈입산가〉 323, 326

ㅈ

자경自扃 176
자서수계 127, 142, 152, 154, 156
자성自性 323, 325, 331, 332
자은 89~93, 98, 104, 105, 107, 108, 112, 119
자은계 97
자은파慈恩派 89~92, 98
자은학파慈恩學派 90
자장 221
〈자책가〉 284, 306, 307, 309, 310
자치표資治表 178
작법作法 344
『작법귀감作法龜鑑』 343
장간사長干寺 216
장사사長沙寺 216
〈장안걸식가長安乞食歌〉 303~306
장연張演 217
재승齋僧 336
재회齋會 336
저승 217

전독轉讀 218
전등록傳燈錄 165, 177
전륜성왕 220
전분수 153
전산인문학 241
《전설인과곡燉說因果曲》 298, 299
전지傳智 178
정계 88, 90, 91
정보기술 240
정선淨禪 178
정약용丁若鏞 186
『정원신정석교목록貞元新定釋教目錄』 86
정중사淨衆寺 223
정토 사상淨土思想 331
제석정사 218
제종諸宗 178
젠주(善珠) 107, 108, 148, 149
『조계고승전曹溪高僧傳』 187, 194~196
조계종曹溪宗 196
조사祖師 284, 285, 294
『조선불교약사朝鮮佛教略史』 187
『조선불교통사朝鮮佛教通史』 187, 189
『조선왕조실록』 245
『조원통록祖源通錄』 185, 192
조주 종심趙州從諗 290
조케이(貞慶) 149, 156
종남산終南山 85, 104
종밀 72, 73
종성種性 100, 101, 113, 116, 118
종성론 115, 118
종타수계 154
주례 74
주사행朱士行 172
주상(仲算) 108

찾아보기……379

주영년周永年 176
준제다라니准提陀羅尼 222
중국 역대 인물 데이터베이스(中國歷代人物傳記資料庫) 251
중도 62, 63, 68
〈중생기시가〉 323~326
중생사 219
〈중생상속가〉 323~326
중화조사中華祖師 185
지공指空 191, 227
지괴志怪 214, 217
지눌知訥 225
지리산 224
지모밀지枳募蜜地 218
지승智昇 86
지엄智儼 102, 103
지옥 219, 297, 298, 315, 316
지의智顗 136, 143, 144, 146, 147, 154
지장地藏 223
지주智周 90, 92
지교 74
지쿠 도카이(竺道契) 182
지통론智通論 178
지파가라地婆訶羅 85, 103
지형 298, 302, 306, 312
『직지심경直指心經』 184
『직지심체요절』 191
진신사리 227
진실眞實 185
진실陳實 192
진언집 229
진여법신불성眞如法身佛性 102
〈진여자성가〉 312
진제眞諦 96~101, 110, 111, 116, 118, 119
『집신주삼보감통록集神州三寶感通錄』 220
쫑카파Tsongkhapa 109, 110

ㅊ

착융笮融 215
찬녕贊寧 84, 88, 223
찬불가 281
참선 294, 296, 301, 302, 312, 319, 329, 331, 332
〈참선곡參禪曲〉 298, 300, 301, 312, 317, 319~322, 327
〈참선을 배워 정진하는 법〉 320
창도唱導 169
창도승 174
처경處瓊 232
천도薦度 338
천인감응 230
천인감응론天人感應論 213
천책天頙 228
청문聽聞 218
청변淸辨 92
〈청학동가〉 286
청허 휴정淸虛休靜 186, 288
초왕영楚王英 215
총수總受 153
최치원崔致遠 84, 86
축도생竺道生 172
축승현竺僧顯 173
축혜달竺慧達 173
『출삼장기집出三藏記集』 132, 173
출쟁出爭 178

췌둡Chösgrub 94, 109
취미 수초翠微守初 197
측천무후則天武后 86, 87
『치성광명경熾盛光明經』 199
7중계 147
칠칠재七七齋 346
『침굉집』 286
침굉 현변枕肱懸辯 286
칭명염불稱名念佛 285, 291, 296, 309, 312

ㅋ

카이조(戒定) 88
『컴퓨터와 인문학(Computers and the Humanities)』 242
컴퓨터와 인문학 협회(ACH, the Association for Computers and the Humanities) 242

ㅌ

태고 보우太古普愚 186
『태고어록』 202
〈태평곡〉 286, 288
태현太賢 147, 148, 152~156
〈토굴가〉 310~312, 327
통도사 227
『통록촬요通錄撮要』 185, 191, 192
통별 68
통수通受 156
투루판 73
〈특별회심곡〉 312, 316

티베트 102, 109, 110, 117

ㅍ

팔만사천탑 220
팔부중도 58
편양 언기鞭羊彦機 194
평등 62, 63
표원表員 64
풍암 세찰楓巖世察 197
풍운風雲 231

ㅎ

학명 계종鶴鳴啓宗 326
학수學修 178
학조學祖 229
『한암일발록』 321
한암 중원漢巖重遠 320
『해동고승전海東高僧傳』 184, 189
『해동문헌총록海東文獻總錄』 189
『해동법화전홍록海東法華傳弘錄』 228, 233
『해동불조원류海東佛祖源流』 187, 194
해동선파정전도海東禪派正傳圖 186
해동원류海東源流 185
『해심밀경解深密經』 94
『해심밀경소』 93, 94, 96, 98, 99, 101, 103, 109, 110, 115, 117, 118
〈해탈곡〉 327, 329
행行 95
행성行性 102
향가 223

허적許積 232
현광玄光 223
현장玄奘 85, 92, 93, 97, 99, 111~113, 119
혜교慧皎 166, 214
혜균慧均 70
혜상慧祥 218
혜소慧沼 89~92, 97~99, 105, 107
혜심慧心 225
혜통惠通 222
혜해惠解 178
호국삼부경護國三部經 96
호법護法 113, 118
호상 127, 142, 154
『홍찬법화전弘贊法華傳』 218
『화엄경』 65, 69, 86, 103, 303, 304
『화엄경소초華嚴經疏鈔』 303
『화엄경소초중간조연서華嚴經疏鈔重刊助緣序』 303
『화엄경탐현기花嚴經探玄記』 103
화엄종華嚴宗 102
화쟁 47, 50, 58, 69, 70

화쟁논법 49, 51
화청 281~283, 331
환제桓帝 215
〈환참곡〉 312, 316
황단백黃端伯 176
황로黃老 215
황해도 232
회심곡 298, 312, 315, 317
회암사 228
회의會儀 178
회통 47, 50, 69, 70
후나야마 토루(船山徹) 132, 133
「휘일문」 84, 86
흥복興福 169
희명希明 219

CBETA 265
Index Thomisticus 242
NGSM 266
TEI(Text Encoding Initiative) 243
umbrella term 240

저자 소개

김용태

동국대 HK교수, 한국불교사 전공, 서울대 국사학과 박사. 『韓國佛敎史』(일본 春秋社, 2017), *Glocal History of Korean Buddhism*(Dongguk University Press, 2014), 『조선후기 불교사 연구 — 임제법통과 교학전통』(신구문화사, 2010), 「조선 불교, 고려 불교의 단절인가 연속인가?」, 「조선후기 불교문헌의 가치와 선과 교의 이중주」, 「역사학에서 본 한국불교사 연구 100년」, "The Establishment of the Approach of Chanting Amitābha's Name and the Proliferation of Pure Land Buddhism in Late Chosŏn"

조윤경

동국대 HK연구교수, 삼론학 전공, 중국 北京大學 철학과 박사. 「삼론종에서의 깨달음, 궁극적 경지인가 점진적인 과정인가?」, 「법랑法朗의 '상즉相卽' 개념」, 「삼론종의 이원적 범주 연구―『大乘四論玄義記』제1권 「初章中假義」의 소밀疏密, 횡수橫竪, 단복單複, 쌍척雙隻, 통별通別에 대한 논의를 중심으로」, 「삼론교학에 나타난 '방편方便'의 의미―'방편方便'과 '권權'의 비교 고찰을 중심으로」, 「『大乘玄論』길장 찬술설에 대한 재고찰―「二諦義」를 중심으로」

이수미

동국대 HK연구교수, 동아시아 유식불교 전공, 미국 UCLA 박사, 서울대 강사 역임. "The Meaning of 'Mind-made Body'(S. manomaya-kāya, C. yisheng shen 意生身) in Buddhist Cosmological and Soteriological systems,"「공유논쟁空有論爭을 통해 본 원효元曉의 기신론관起信論觀 재고」, "Redefining the 'Dharma Characteristics School' and East Asian Yogācāra Buddhism,"「여래장사상과 유식사상의 전통적 이분법에 관한 제문제」, "On the *Ālayavijñāna in the Awakening of Faith*: Comparing and Contrasting Wŏnhyo and Fazang's Views on *Tathāgatagarbha and Ālayavijñāna*"

이자랑

동국대 HK교수, 초기불교교단사 및 계율 전공, 일본 東京대학 인도철학·불교학과 박사, 일본 東京대학 외국인특별연구원 역임.『나를 일깨우는 계율 이야기』(불교시대사, 2009),『붓다와 39인의 제자』(한걸음 더, 2015),『도표로 읽는 불교입문』(공저, 민족사, 2016),『율장의 이념과 한국불교의 정향』(동국대출판부, 2017),「신라사원노비의 발생과 사신」

김호귀

동국대 HK교수, 선학 전공, 동국대 선학과 박사, 동국대 불교문화연구원 전임연구원 역임.『묵조선 연구』(민족사, 2001),『선문답의 세계』(석란, 2005),『선과 수행』(석란, 2008),『선리연구』(하얀 연꽃, 2015),『유마경의소』(중도,

2018), 「『寶鏡三昧本義』에 나타난 截流行策의 오위관 고찰」, 「용성진종의 「總論禪病章」에 나타난 십종병 고찰」

박광연
동국대(경주) 국사학 전공교수, 한국불교사 전공, 이화여대 사학과 박사, 동국대 HK연구교수 역임. 『신라 법화사상사 연구』(혜안, 2013), 「경흥 『삼미륵경소』의 도솔천 왕생관-신라 중대 유식 승려의 미륵신앙 새고찰」, 「한국불교와 '종파'」, 「보살계 사상의 전개와 원효 『菩薩戒本持犯要記』의 성격」, 「史書로서의 『삼국유사』와 『古記』 연구의 흐름」

박보람
충북대 철학과 조교수, 화엄학 전공, 동국대 불교학과 박사. 『華嚴敎學의 一切智 硏究』(2016), 『지론종 연구』(공저, 2017), 「……번뇌를 끊음이라는 번뇌를 끊음 없다는…… —의상화엄의 단혹설—」, 「티베트어역 『화엄경』의 구성에 관한 고찰」, 「디지털 인문학 시대, 불교학의 대응 현황과 과제」, "Authorship Attribution in Huayan Texts by Machine Learning using N-gram and SVM"

김기종
동국대 HK연구교수, 고전시가 전공, 동국대 국어국문학과 박사, 고려대 BK21 한국어문학교육연구단 연구교수 역임. 『한국고전문학과 불교』(동국대출판부, 2019), 『(역주) 월인천강지곡』(보고사, 2018), 『불교와 한글』(동국대출판부, 2015), 『한국 불교시가의 구도와 전개』(보고사, 2014), 『월인천강지곡의 저경과 문학적 성격』(보고사, 2010)

김성순

한국 전통문화대 강사, 동아시아불교 전공, 서울대 종교학과 박사, 전남대 강사 역임. 『왕생요집』譯(불광출판사, 2019), 『돈황학대사전』共譯(소명출판사, 2016), 『동아시아 염불결사의 연구: 천태교단을 중심으로』(비움과 소통, 2014), 「동아시아불교의 발우공양 의례 ─ 보시와 자비의 각인 ─」, 「중세 불교결사에서 근세 종단으로: 융통염불 강講과 융통염불종」, 「조선후기 염불결사의 수행문화 고찰 : 재가자의 참여에 따른 영향을 중심으로」

인문한국불교총서 7

테마Thema 한국불교 7

2019년 8월 20일 초판 1쇄 인쇄
2019년 8월 30일 초판 1쇄 발행

엮은이 동국대학교 불교문화연구원 HK연구단
펴낸이 윤성이
펴낸곳 동국대학교출판부

출판등록 제2-163(1973. 6. 28)
주 소 04620 서울시 중구 필동로 1길 30
전 화 02) 2260-3483~4
팩 스 02) 2268-7851
Homepage http://dgpress.dongguk.edu
E-mail book@dongguk.edu
편집디자인 나라연
인쇄처 네오프린텍(주)

ISBN 978-89-7801-973-6 94220

값 20,000원

이 책의 무단 전재나 복제 행위는 저작권법 제98조에 따라 처벌받게 됩니다.